Polnische
Post, Danzig

Seebad
Prora, Rügen

Rathaus,
Stralsund

Heilig-Geist-Spital, Lübeck
~wen-Apotheke, Lübeck

W0236531

Kloster
Chorin

Reichstag
Bundeskanzleramt
Detlev-Rohwedder-Haus
Field Station Berlin

Brandenburger Tor
Humboldt-Forum
BERLIN
Berliner Mauer
Zeughaus

Stiftskirche
Walbeck

Schloss Cecilienhof,
Potsdam

Magdeburger
Dom

~rpfalz,
~ar

Bauhaus-
gebäude,
Dessau

Schlosskirche,
Wittenberg

Kaplanei 10,
Quedlinburg

Nikolaikirche,
Leipzig

Kornhaus,
Burg Querfurt

Gartenstadt Hellerau,
Dresden

Deutsches Nationaltheater, Weimar
Goethe-Haus, Weimar

Naumburger Dom

Marion Bayer

Eine GESCHICHTE DEUTSCHLANDS *in* 100 BAUWERKEN

QUADRIGA

Originalausgabe

Copyright © 2015 by Bastei Lübbe AG, Köln

Textredaktion: Dr. Anita Krätzer
Umschlaggestaltung: Massimo Peter
Umschlagmotiv: © shutterstock/Marnikus
Satz: fuxbux, Berlin
Gesetzt aus der Milo
Druck und Einband: PRINT CONSULT GmbH, München

Printed in Czech Republic
ISBN 978-3-86995-079-2

1   3   5   4   2

Sie finden uns im Internet unter www.quadrigaverlag.de
Bitte beachten Sie auch www.luebbe.de

Für Silke, Daniel, Alexander
und Viktoria

Inhalt

SPÄTMITTELALTER

FRÜHE NEUZEIT

1

Das Humboldt-Forum

Berlins neues Stadtschloss
Eine Einleitung

BAUZEIT: seit 2013

Mitten in Berlin, umgeben von einer stattlichen Anzahl von Kränen, wächst ein Rohbau in die Höhe. Das allein ist in einer Stadt wie Berlin, in der es das eine oder andere Bauvorhaben bis in die überregionalen Medien schafft, nichts Besonderes. Das Besondere an dieser Baustelle verkünden große Lettern am Bauzaun: »Hier wird ein Schloss gebaut.« Ein Schloss? Zumindest etwas, das an drei Seiten aussehen soll wie ein Schloss. Wie das Berliner Stadtschloss. Inzwischen ist der Rohbau weitgehend fertig. An der Westfassade erinnert das Stahlskelett einer Kuppel schon an die Gestalt des barocken Hohenzollernschlosses.

Es mag verwundern, dass das erste Bauwerk, mit dem diese Geschichte Deutschlands beginnt, ein Bauwerk ist, das gerade erst entsteht. Es ist (noch?) kein bedeutender Schauplatz deutscher Geschichte.

Natürlich geht es in diesem Buch auch um Bauwerke, die zu Schauplätzen historischer Ereignisse wurden. Aber nicht nur. Bauwerke sind mehr als nur Foren für menschliches Handeln. Sie bieten Obdach in der dunklen Nacht, Schutz vor Regen und Wind, Sicherheit vor Feinden. Menschen wohnen in Bauwerken, markieren ihr Territorium mit ihnen, versammeln sich in ihnen zu Rat, Spiel und Gebet. Architektur ist mehr als bloße Funktion. Wie Kleidung ist sie ein nach außen hin sichtbares Zeichen. Ein Zeichen von Macht, Stand und Gesinnung. Als solches wird sie eingesetzt, um Ideen und Ansprüche zu verkörpern. Und um Ideen und Ansprüche anderer zu übertönen oder gar zu überschreiben.

Architektur entsteht im Kontext ihrer Umgebung. Sie existiert über das Leben ihrer Bauherrinnen und -herren hinaus und dient späteren Generationen. Sie ist von ihnen abhängig. Sie kann erhalten, verändert, zerstört oder wieder aufgebaut werden.

Das Humboldt-Forum, wie das Bauprojekt auf der Spreeinsel in Berlin genannt wird, verkörpert eine Architektur, über die gestritten, gegen die demonstriert und über die auf höchster politischer Ebene entschieden wurde. Es ist ein Bauwerk, das einen vorherigen Bau überschreibt und einen noch weiter zurückliegenden Bau nach außen wiederherstellen soll. Das Humboldt-Forum und seine Vorgängerbauten spiegeln den Wechsel der Regime im 20. Jahrhundert wider und führen sogar zurück ins ausgehende Mittelalter, als Bürgerinnen und Bürger gegen den ersten Schlossbau protestierten. Mit diesem Bauwerk als Zeichen und seinen Vorgängerbauten als Schauplätzen beginnt diese Geschichte Deutschlands.

Erste Pläne oder vielleicht besser Hoffnungen, die Residenz der Hohenzollern wieder zu errichten, kamen bald nach der Wiedervereinigung an die Öffentlichkeit. Zu diesem Zeitpunkt stand der Vorgängerbau noch: der Palast der Republik. Nach heftigen Debatten, unzähligen Demonstrationen und kunsthistorischen Auseinandersetzungen wurde entschieden, dass der asbestverseuchte Palast abgerissen werden sollte. Stattdessen sollte das Humboldt-Forum entstehen – kein »Regierungsgebäude«, aber um des Stadtensembles willen gern ein Gebäude in Schlossform.

Der 1976 feierlich eröffnete Palast der Republik verfügte ganz bewusst über eine Form, die niemanden an ein Schloss erinnern sollte. Der lang gestreckte Quader mit seiner gläsernen Fassade war in seiner Gestalt so modern, so sachlich wie möglich, der Zukunft zugewandt. Auf kostbare Materialien und politische Zeichen wurde dennoch nicht verzichtet. Naturstein, edle Hölzer und 10 000 Glühbirnen zierten das Innere. Weißer Marmor und das Staatswappen der DDR schmückten die Hauptfassade.

Bauherrin war die Staats- und Parteiführung der DDR. Der Palast sollte das repräsentative Gebäude der souveränen DDR werden. Er war

Sitz der Volkskammer, dem Parlament der DDR. Die Innenarchitektur, die keine Arbeitsräume für die Abgeordneten vorsah, machte allerdings deutlich, dass die Volkskammer wenig zu entscheiden hatte. Ein zweiter Teil des *Volkspalastes* stand der Bevölkerung zur Verfügung. In einem großen Saal wurden Fernsehshows aufgezeichnet. Milchbar, Weinbar und Jugendtreff luden Menschen zum Verweilen ein.

In der Nacht vom 22. auf den 23. August 1990 wurde der Palast der Republik zum Schauplatz einer wichtigen Etappe der Wiedervereinigung der beiden deutschen Staaten. Die erste frei gewählte Volkskammer beschloss den Beitritt der DDR zum Geltungsbereich des Grundgesetzes der Bundesrepublik Deutschland mit der Wirkung vom 3. Oktober 1990. Die Sondersitzung der Volkskammer fand im kleinen Saal des Palastes statt. Das Wappen der DDR, das noch im April über den Köpfen der Abgeordneten prangte, war zu diesem Zeitpunkt bereits entfernt worden. Als die Volkskammerpräsidentin Sabine Bergmann-Pohl die Zahl der Ja-Stimmen für den Beitritt verlas, brandete tosender Applaus auf, in dem einzelne Zwischenrufe derer, denen das Ergebnis missfiel, untergingen.

Am 7. September 1950 bot das Areal ein ganz anderes Bild. Auch an diesem Tag gab es Applaus und Protestrufe. Ein anderes, größeres Gebäude stand an der Spree. Das Stadtschloss machte einen jämmerlichen Eindruck. Die Scheiben in den Fenstern fehlten, der Putz bröckelte, die große Kuppel der Westfassade war nur noch ein Gerippe. 1945 war das Schloss nach einem schweren Bombenangriff auf das Berliner Stadtzentrum ausgebrannt. Das Artilleriefeuer während der Schlacht um Berlin zwischen deutschen Soldaten und der Roten Armee im Mai 1945 und die nur minimale Bausicherung nach dem Krieg taten ihr Weiteres; das Schloss verkam immer mehr.

Nach der Gründung der DDR begannen die Vorbereitungen für die Beseitigung des Schlosses. Als »ausgeglühter Schutt« bezeichnete es der zuständige staatliche Denkmalpfleger. Das Stadtschloss als Symbol des deutschen Kaiserreiches (1871–1918, offizieller Name: Deutsches Reich) und der Monarchie hatte keinen Platz im sozialistischen Staat. 13 000 Kilogramm Sprengstoff sorgten dafür, dass der Großbau verschwand. Als Letztes brach am 30. Dezember 1950 das Wahrzeichen des Schlosses, die große Kuppel, mit einer fürchterlichen Staubwolke zusammen. In den folgenden Jahrzehnten diente der frei gewordene Raum als Aufmarschplatz mit fester Tribüne für das SED-Regime, bevor dann 1973 mit dem Bau des Palastes der Republik der Bauplatz neu beschrieben wurde.

Ein Teil des Schlosses wurde allerdings sorgsam erhalten: das Portal an der Platzseite des Schlosses, vor dem und von dessen Balkon Karl Liebknecht am 9. November 1918 die sozialistische Republik ausgerufen hatte (→ 78). Anfang der 1960er Jahre wurde es in das in seinen Maßen auf das Portal ausgerichtete Staatsratgebäude eingebaut, wo es immer noch zu sehen ist.

Nicht ganz 50 Jahre zuvor war das Stadtschloss ein beliebtes Motiv für Zeichnungen, die Künstler am Wegesrand an spazierende Paare verkauften. Es war die Residenz des Kaisers des ersten einheitlichen deutschen Nationalstaats. Der dritte und letzte Kaiser des deutschen Kaiserreiches, Wilhelm II., trat am 31. Juli 1914 – am Vorabend des Ersten Weltkriegs – auf eben jenen Balkon und wandte sich an die versammelte Menschenmenge im Lustgarten. Er sprach von einer notwendigen Verteidigung, falls es ihm nicht in letzter Stunde gelinge, »die Gegner zum Einsehen zu bringen«, und empfahl den Bürgerinnen und Bürgern, für das »brave Heer« zu beten. Einen Tag später stand er erneut auf dem Balkon und beschwor im Angesicht der Kriegserklärung an Russland die nationale Einheit, über Konfessionen hinweg, denn alle seien »heute ... deutsche Brüder und nur noch deutsche Brüder«.

Dass Berlin und der Platz auf der Spreeinsel zum Zentrum eines deutschen Kaiserreiches wurden, verdankten sie Friedrich II. dem Eisernen, der 1440–1470 als Markgraf die Mark Brandenburg regierte. Der Beiname bezog sich auf seinen eisernen, autoritären Herrschaftsstil. Sein Interesse konzentrierte sich ganz auf die Mark Brandenburg; aus der Reichspolitik (Heiliges Römisches Reich 962–1806) hielt er sich heraus. Ein besonderer Dorn im Auge waren ihm die mächtigen Städte in der Mark, deren Macht er eindämmte. Besonders traf es die

Doppelstadt Berlin-Cölln, die Friedrich 1442 nach einer langen Auseinandersetzung unterwarf. Auf der Spreeinsel zwischen den Stadtteilen ließ er den Bau eines Schlosses beginnen und ordnete gleichzeitig eine Überprüfung der Besitzverhältnisse der Bürgerschaft an. Die Bürger und Bürgerinnen Berlin-Cöllns waren erzürnt. 1447/48 wagten sie ein weiteres Mal den Aufstand. Ihr Unwille richtete sich gegen die Vertreter des Markgrafen, die Kanzlei mit den Urkunden und ganz besonders gegen die Schlossbaustelle. Aufgebracht stürmten sie unter Rädelsführung der reichen Ratsfamilien das Baugelände und zerstörten ein für die Anlage eines Schlossgrabens errichtetes Wehr. Das Wasser der Spree überflutete das erste, noch im Entstehen begriffene Schloss in Berlin.

Nicht jedes Bauwerk und nicht jeder Bauplatz haben solch stürmische Zeiten hinter sich. Die in diesem Buch an einhundert Bauwerken skizzierte Geschichte Deutschlands beschreibt Orte quer durch das Land, manchmal darüber hinaus. Deutschland ist dabei ein Hilfsbegriff, denn einen deutschen Nationalstaat gibt es erst mit dem Kaiserreich. Zuvor gab es nur deutsche Lande; im Reich mit seinen weiten Grenzregionen lebten Menschen mit unterschiedlichsten Sprachen.

Die hier vorgelegte Geschichte ist nur eine ausschnitthafte; sie kann und will nicht vollständig sein. Sie geht dahin, wohin die Bauten sie führen, und erzählt von großen Ereignissen, einfachen Verhältnissen oder tiefgreifenden Veränderungen. Sie ist ein realer, begehbarer »Gedächtnispalast« – eine Erinnerungstechnik, die schon in der Antike bekannt war und Wissensinhalte mit Orten in einem imaginären Palast verknüpft. Bauwerk um Bauwerk wird Geschichte veranschaulicht und im wahrsten Sinne des Wortes begreifbar, einen Sonntagsausflug wert. Und zu guter Letzt ist das vorliegende Buch eine Aufforderung, Bauwerke genau anzuschauen, wertzuschätzen und zu bewahren.

2

Die Aachener Pfalzkapelle

*Karl der Große,
Europa und die Kaiserkrone*

BAUZEIT: um 800

Das lang gestreckte Äußere des Aachener Doms umfasst einen ver-
wirrenden Zusammenschluss unterschiedlicher Baukörper aus verschiedenen Epochen und eine Aneinanderreihung ungleicher Dach-
formen – ein Walmdach im Süden, in der Mitte eine barocke Haube
mit geschweifter Kontur und etwas abseits im Westen eine hohe
Turmspitze. Unter den beiden letztgenannten Dächern befindet sich,
umringt von vier gotischen und einem barocken Anbau, die Pfalzkapelle Karls des Großen. Sie ist mit über 1200 Jahren eines der ältesten nicht-römischen Bauwerke in Deutschland.

330 verlegt Kaiser Konstantin die Hauptstadt des Römischen Reiches nach Konstantinopel (vormals Byzanz), gegen Ende des Jahrhunderts teilt sich das Imperium in ein west- und ein oströmisches
Reich, bevor das weströmische um 476 ganz zerfällt. Für Jahrhunderte
kommt der Bau monumentaler Architekturen zum Erliegen, um dann
mit einem »Wunderwerk«, wie der Karlsbiograf Einhard die Aachener
Pfalzkapelle nennt, wieder zu beginnen. Kapelle ist allerdings eine
irreführende Bezeichnung, denn der Bau übertrifft mit 30 m Höhe und
einer Kuppel von 15 m Spannweite (eine Meisterleistung!) alle Dimensionen der fränkischen Baukunst.

Franken? Der Begriff taucht erstmals in römischen Schriftquellen
des 3. Jahrhunderts auf und bezeichnet verschiedene Germanenstäm-
me im Rheingebiet. Mit dem Ende des weströmischen Reiches dehnen
sich die Gebiete der Franken aus. Franken als politische Einheit gibt es

allerdings erst seit Endes des 5. Jahrhunderts, als sich der Merowinger Chlodwig taufen lässt und alle anderen fränkischen Könige absetzen kann. Das vereinte Frankenreich wächst. Im 6. Jahrhundert umfasst es auch Thüringen und die Maingebiete. Hausmeier verwalten die riesigen Territorien. Sie sind bald mächtiger als der König. Über zwei Generationen regieren Hausmeier vom Geschlecht der Karolinger das Frankenreich, während ein Merowinger nomineller König ist. Mit dem Rückhalt des Papstes gelingt es Pippin dem Jüngeren schließlich, selbst König zu werden. Er ist der Vater Karls des Großen.

771 übernimmt der 24 Jahre alte Karl die Herrschaft über das gesamte Frankenreich. Er besiegt die Bayern, bezwingt und christianisiert die Sachsen (→ 5). Bis zu seinem Tod 814 beherrscht Karl Europa von den friesischen Küsten bis Oberitalien und von den Pyrenäen bis zur Elbe. Gen Osten reicht sein Einfluss sogar bis an die Oder.

Karl bemüht sich um eine Zentralisierung des Reiches und entscheidet sich, in Aachen eine Pfalz zu bauen. Mit dem Begriff Pfalz (lat. *palatium*, Palast → 11) wird ein repräsentativer Regierungssitz auf königlichem Boden bezeichnet. Die Kapelle gehört zu den wichtigsten Gebäuden einer Pfalz. Die Pfalzkapelle in Aachen wird um 803 fertiggestellt.

Der Westbau, die Eingangshalle, war ursprünglich offen. Erst am Übergang zum Oktogon mit seinem zweigeschossigen Umgang befand sich die schwere Bronzetür, die nun die barocke Vorhalle am Westbau verschließt. Die achteckige Form des Oktogons ist am besten ganz oben an der Kuppel zu erkennen. Darunter öffnet sich die Wand in hohen Bögen, den Arkaden. Hinter ihnen verläuft ein Umgang, oben als Empore, unten als Erweiterung des Oktogons. Die Bauform erinnert an römisch-byzantinische Bauten. Auch in der Ausstattung mit Spolien (wiederverwendeten Bauteilen) aus Rom und Ravenna und antiken Kunstformen (Bronzeguss und Mosaik) ist ein deutlicher Bezug auf das römische Reich und die römische Kultur zu erkennen.

Diese Referenz verwendet König Karl für seine Kapelle, noch bevor ihm Papst Leo III. zu Weihnachten 800 in Rom die Kaiserkrone aufsetzt – ein Akt, über den Einhard mit Unmut berichtet. Dieser Unmut richtet sich nicht gegen die Rangerhöhung. Karl sieht sich bereits, wie die Kapelle zeigt, als Herrscher über ein neues Frankenreich, das das römische Imperium weiterführt. Es gilt als das vierte Reich und darf nicht untergehen, denn die Prophezeiung des biblischen Daniel, der von vier Weltreichen spricht, wird als Ankündigung des Weltendes nach dem Fall des vierten Reiches interpretiert (Vier-Reiche-Lehre). Über Rom als Zentrum des Oströmischen Reiches wird das vierte Reich nun auf das Frankenreich übertragen (*Translatio imperii*). Dass sich Karl allerdings vom Papst krönen lässt, statt den Titel mit dem Thron einfach zu besitzen, bewirkt eine Neugewichtung des Kaisertums – in Einhards Augen eine unnötige.

Die Verbindung mit den Karolingern ist äußerst günstig für das Papsttum. Wie sein Vater ist Karl Schutzherr der Römer und der römischen Kirche (*Patricius Romanorum*). Bei seinem ersten Romzug bestätigt Karl päpstliche Gebietsansprüche in Italien und ermöglicht so die Durchsetzung des Kirchenstaates und damit die Loslösung des Papsttums von Konstantinopel. Statt wie zuvor die Oberhoheit des byzantinischen Kaisers anzuerkennen und sein Bildnis auf Münzen zu prägen, gibt sich der Papst nun eine entscheidende Rolle bei der Krönung des fränkischen Kaisers.

Karl deutet indes das Ereignis in seinen Urkunden ganz anders: Er nennt sich »von Gott gekrönter Kaiser«. Sein Thron ist erhalten und steht an höchster Stelle im Westen auf der Empore gegenüber dem Altar [Bild]. Der schmucklose Thron wirkt wenig beeindruckend, ist im späteren römisch-deutschen Reich dennoch eines der wichtigsten Herrschaftszeichen. Seit der Thronsetzung Ottos I. im Jahr 936 gilt er als entscheidender Bestandteil des Krönungsrituals. Aber nicht nur für die späteren Könige ist die Berührung des Throns wichtig. Er wird zur Reliquie, unter der unzählige Pilgerinnen und Pilger hindurchgekrochen sind. Ihre Verehrung hat Spuren hinterlassen, die an der Platte, auf der der Thron steht, deutlich zu erkennen sind.

3

Die Einhardsbasilika
in Steinbach (Michelstadt)

Einhard und die karolingische Bildungsreform

BAUZEIT: 825–827

»Einsam« und vom »Volksverkehr abgelegen« sei der Ort, den er im Jahr 815 von Kaiser Ludwig dem Frommen erhalten habe, schreibt Karlsbiograf Einhard. Mehr als eine Lichtung mit einer schlichten, hölzernen Kirche und einigen Hofstätten inmitten des Odenwalds dürfte es nicht gewesen sein. Doch Einhard hat große Pläne für den kleinen Ort. Etwa zehn Jahre später lässt er dort eine steinerne Basilika bauen, die als Grabstätte für ihn und seine Frau gedacht ist und mit Reliquien eines Heiligen ausgestattet werden soll.

Eine Basilika basiert auf der Form des Kreuzes: Ein Querhaus durchdringt das mehrschiffige Langhaus. Der Innenraum des Langhauses wird als Schiff bezeichnet; gibt es eine Unterteilung in meist drei oder mehr längsrechteckige Raumpartien, ist die Kirche mehrschiffig. Im Osten schließt der Chor, der Raum für das Chorgebet der Geistlichen (→ 25), das Gebäude als Haupt ab. In Steinbach ist nur das Mittelschiff erhalten. Die alten Seitenschiffe sind zerstört, und die Arkaden des Mittelschiffs wurden verschlossen, um die Kirche weiter nutzen zu können. In den 1970er Jahren wurden – schweren Herzens – neue »Seitenschiffe« aufgemauert, um die Mittelschiffswände zu stützen. Der Chor bildet einen halbrunden Raum, die Apsis. Er wurde ursprünglich von zwei kleineren Apsiden begleitet. Die südliche samt des südlichen Querhausarms existiert nicht mehr, und an den Nordquerhausarm wurde im 12. Jahrhundert ein länglicher Bau angefügt. Etwas Besonderes ist die Krypta, ein überdeckter Gang unter dem Chor.

FRÜHMITTELALTER

In ihr gibt es zwei Grabnischen, die für die Bestattung Einhards und seiner Frau vorgesehen gewesen sein dürften.

Einhards Basilika war kein schlichter, einfacher Bau in der Abgeschiedenheit, wie die sorgfältig gemeißelten, blanken Steinquader der Außenwand bezeugen. An der Apsis und im oberen, durchfensterten Wandbereich des Mittelschiffs, dem Obergaden, befinden sich zudem kaum erkennbare Reste einer Wandmalerei. Einen solchen Bau konnte sich Einhard nur dank der karolingischen Reform und seiner langen Jahre am kaiserlichen Hof leisten.

Einhard stammt aus einer Adelsfamilie im Odenwald. Seine Eltern schicken den aufgeweckten Jungen nach Fulda in die Klosterschule. Einhard soll nicht etwa Mönch werden; sein Aufenthalt im Kloster dient seiner Bildung. Nur ein kleiner Teil der Bevölkerung kann Ende des 8. Jahrhunderts lesen, ein noch geringerer schreiben. Selbst Karl der Große ist des Schreibens nur mäßig mächtig, obwohl er, wie Einhard in seiner berühmten Biografie *Vita Karoli Magni* berichtet, Latein genauso gut spricht wie seine Muttersprache.

In einen Brief an den Abt Baugulf von Fulda kritisiert Karl 784/85 das schlechte Latein der Mönche. Die antike Grammatik, Rechtschreibung und Aussprache war nach dem Zerfall des weströmischen Reiches immer mehr in Vergessenheit geraten. Die Wiedereinführung eines korrekten Lateins als Mittel zur Durchsetzung des christlichen Glaubens ist eines der großen Anliegen des Königs. Nur wer ein korrektes Latein spreche und schreibe, könne die frühchristlichen Texte wirklich verstehen, ein gottgefälliges Leben führen und den rechten Glauben vermitteln. Deshalb veranlasst Karl eine Bildungsreform, die als karolingische Reform oder Renaissance in die Geschichte einging. An seinem Hof umgibt er sich statt mit militärischen Beratern mit den renommiertesten Gelehrten seiner Zeit. Unter ihnen befindet sich sein einstiger Lehrer, der Angelsachse Alkuin. Ihm kommt die Aufgabe zu, die weit verbreitete lateinische Bibelübersetzung, die Vulgata, zu korrigieren und eine Musterfassung in korrektem Latein zu erstellen. Diese Fassung sowie Texte nicht-christlicher antiker Autoren wie Cicero oder Vergil sollen zur Hebung des Sprachniveaus für den

Lateinunterricht in den Klöstern verwendet werden. Die reformierten Texte werden in einer neuen Schriftart, der karolingischen Minuskel, geschrieben. Im Gegensatz zu den zuvor üblichen Schriftformen, bei denen Buchstaben häufig zusammengezogen wurden (Ligaturen), wird bei der neuen Schrift jeder Buchstabe für sich geschrieben, was das Lesen und Abschreiben erleichtert.

Auch Einhard lernt das reformierte Latein, das sich allerdings vom antiken Latein zum Beispiel durch neue Wörter unterscheidet und deshalb heute als Mittellatein bezeichnet wird. Eine Zeit lang ist er in Fulda als Urkundenschreiber tätig. Beeindruckt von seiner Gelehrsamkeit, schickt ihn der Abt nach Aachen, wo Einhard ein Schüler Alkuins wird und später in den Beraterkreis Karls aufsteigt.

Nach Karls Tod übernimmt dessen einziger überlebender Sohn Ludwig der Fromme die Herrschaft. Statt Einhard wie die anderen Berater des Vaters vom Hof zu verbannen, vertraut ihm Ludwig. Er ernennt ihn sogar zum Erzieher seines erstgeborenen Sohnes. Für diese treuen Dienste erhält Einhard das Stück Land im Odenwald.

Nach etwa drei Jahren Bauzeit ist die Einhardsbasilika fertig. Doch Einhard zögert mit der Weihe des Gotteshauses. Noch fehlen ihm die Reliquien für seine Kirche. Deshalb schickt er einen Vertrauten nach Rom, um dort die Gebeine eines Heiligen zu beschaffen. Tatsächlich kehrt der Vertraute mit den Gebeinen zweier Heiliger zurück, die er unter abenteuerlichen Umständen aus einer römischen Kirche entwendet hat – eine schwere Straftat. Die Heiligen scheinen den Frevel nicht übel zu nehmen; mit ihrer neuen Ruhestätte sind sie allerdings nicht zufrieden. Träume offenbaren ihren Unmut. Doch erst ein Blutwunder kann Einhard davon überzeugen, eine Tagesreise entfernt noch eine Kirche zu bauen. So wird nicht die Einhardsbasilika in Steinbach, sondern die in Seligenstadt die letzte Ruhestätte des Karlsbiografen.

FRÜHMITTELALTER

4

Die Torhalle
des Klosters Lorsch

Das Ostfränkische Reich entsteht

BAUZEIT: nach 830

Zweigeschossig, mit spitzem Satteldach und zwei niedrigen Treppentürmen an den Seiten steht der geheimnisvolle Bau quer zum städtischen Platz, der auf ihn zuführt. Drei große Torbögen öffnen das Erdgeschoss, sodass der Blick durch sie hindurch auf die Überreste der Klosterkirche fällt.

Die Torhalle, wie das Gebäude genannt wird, hat die Jahrhunderte mit nur geringen Veränderungen überdauert. Wer auf sie zutritt, sieht wie der Gast vor über 1100 Jahren das rötlich-weiße Muster der Fassade. Es mag überraschen, dass das Muster erhalten blieb, doch die Steine sind nicht als Verzierung auf die Mauer gesetzt. Sie sind die Mauer – genauer gesagt, die äußere Schale des Mauerwerks. Der Baumeister hat dabei nicht nur verschiedene Steinarten mit unterschiedlichen Farben benutzt, sondern das Muster auch durch unterschiedliche Formen gestaltet. Besonders beeindruckend sind die achteckigen Steine im Obergeschoss. Solche Verzierungen kommen sonst eher in Innenräumen vor.

Das Kloster wird im 8. Jahrhundert gegründet. Als eines der ersten Klöster besitzt es die Reliquien eines römischen Märtyrers. Die Menschen kommen von weit her, um die Gebeine des Heiligen zu berühren und in ihrer Nähe zu beten, damit sich der Heilige ihrer als Beschützer und Fürsprecher bei Gott annimmt. Vielen Gebeten wird durch kleinere oder größere Geschenke an den Heiligen und damit an das Kloster Nachdruck verliehen. Das Kloster wächst und ist bald mit etwa

60 Mönchen eines der größten Klöster des Frankenreiches. 772 überträgt der Abt das Kloster mit seinem leistungsfähigen Skriptorium, der Schreibstube, an Karl den Großen.

Als Karl der Große 814 stirbt, fallen die Herrschaft über das Frankenreich und der Kaisertitel an seinen Sohn Ludwig den Frommen. Der neue Kaiser hat drei Söhne: Lothar I., Pippin und Ludwig den Deutschen. Anders als nach dem fränkischen Erbrecht üblich, will er die Einheit des Frankenreiches auch in der nächsten Generation bewahren und eine gleichmäßige Teilung unter den Söhnen verhindern. 817 bestimmt er Lothar zum Mitkaiser und Erben des gesamten Gebietes. Die beiden jüngeren Söhne erhalten ein Unterkönigreich, in dem sie stellvertretend für den Kaiser regieren. Mit 11 Jahren wird der Jüngste, Ludwig der Deutsche, so Unterkönig von Baiern.

Bei dieser Regelung bleibt es allerdings nicht. Der Kaiser heiratet ein zweites Mal. 823 wird ein weiterer Sohn, Karl der Kahle, geboren. Auch dieser soll ein Erbe erhalten, was ein jahrzehntelanges Hin und Her der Machtinteressen auslöst. Die Söhne wollen ihre Anteile nicht geschmälert sehen, und die Großen des Frankenreiches haben Angst um ihren Wohlstand und ihren Einfluss. Bündnisse werden geschlossen und wieder gebrochen.

Als Ludwig der Fromme 840 stirbt – Pippin ist ebenfalls schon gestorben –, geht der Streit unter den überlebenden Söhnen weiter. Lothar sucht Bündnispartner, um die Anerkennung seiner Oberherrschaft durchzusetzen. Der Abt des Klosters Lorsch stellt sich auf seine Seite. Das reiche Kloster besitzt Ländereien in verschiedenen Teilen des Frankenreiches, und ein einheitliches Reich sichert den Zugriff auf sie. Die Unterstützung durch einige Mächtige reicht aber nicht aus, um die Herrschaft zu behaupten. Im Juni 841 versucht Lothar seine Brüder deshalb militärisch zu bezwingen, doch kann er deren vereinten Kräften nicht standhalten. Lothars Unterstützer schwinden, und die Halbbrüder Ludwig und Karl bestärken ihr Bündnis. Am 14. Februar 842 treffen sich die beiden in Straßburg und schwören, das gegenseitige Bündnis zu wahren und Lothar nicht zum Nachteil des anderen zu unterstützen. Die *Straßburger Eide* sind ein Zeugnis für die unterschiedlichen Sprachen, die im Frankenreich gesprochen werden. Die Brüder sind mit ihren Heeren angerückt. Ihre Soldaten verstehen kein Latein. Damit die Heere den Schwur des anderen bezeugen können, leistet Ludwig seinen Eid in altfranzösisch (*romana lingua*), während Karl auf althochdeutsch (*teudisca lingua*) schwört.

Ein Jahr später kommt es zu einer Einigung mit Lothar. Im Vertrag von Verdun bestätigen die Brüder die Aufteilung des Frankenreiches. Karl der Kahle erhält das westfränkische Reich und Ludwig die Gebiete östlich des Rheins sowie die Städte Worms, Mainz und Speyer. Lothar bekommt den Kaisertitel und das Mittelreich, ein schmales Gebiet, das von der Nordseeküste bis nach Italien reicht und Lotharingien mit der Pfalz Aachen umfasst. Als Lothar 855 stirbt, teilen die Halbbrüder auch Lotharingien unter sich auf, und Aachen fällt dem ostfränkischen Reich zu.

Das ostfränkische Reich umfasst verschiedene Stämme: Franken, Bayern und Alemannen, die alle Althochdeutsch sprechen, und Sachsen, die Niederdeutsch sprechen. Lorsch liegt innerhalb von Ludwigs Herrschaftsraum. Nach der anfänglichen Opposition entsteht eine enge Verbindung zwischen dem Kloster und dem ostfränkischen König. Aus dieser Zeit dürfte auch die Torhalle stammen.

Nach Jahrhunderten der Vergessenheit wird das ungewöhnliche Gebäude anfangs als Torhalle in der Klostermauer interpretiert. Doch Grabungen ergaben, dass das Gebäude immer frei stand. Die Klostermauer befand sich weiter westlich. Welche Funktion mag die Torhalle dann gehabt haben?

Es wurde viel spekuliert: Königshalle, Gerichtshalle, Bibliothek. Aufgrund des Standorts mitten auf dem Weg zwischen Tor und Kirche und des aufwändigen Schmucks des Gebäudes muss sie einen besonderen Nutzen gehabt haben, einen Nutzen, der wahrscheinlich mit dem Besuch oder der Stellvertretung des Königs zusammenhing.

876 stirbt Ludwig. Sein Sohn lässt ihn in Lorsch beisetzen. Der Sarkophag, der vermutlich Ludwigs letzte Ruhestätte war, ist übrigens mit ähnlichen architektonischen Verzierungen versehen wie die Torhalle.

5

Das Westwerk der
Klosterkirche in Corvey

Mission und Herrschaft in Sachsen

BAUZEIT: 873–885

Es ist kein Zufall, dass die ersten Bauwerke dieser Geschichte alle Sakralbauten sind. Einfache Wohngebäude waren im Frühmittelalter meist aus Holz, Lehm und anderen vergänglichen Materialien gefertigt. Sie zerfielen, wurden abgetragen und verändert, bis von der ursprünglichen Substanz nichts mehr übrig war. Auch steinerne Bauwerke – zur Zeit der Karolinger waren dies Kirchen und Klöster sowie die Profanbauten der Großen – entgingen diesem Schicksal langfristig nicht. Nur wenig ist erhalten und noch weniger wurde nicht umfassend verändert oder überbaut.

Von dem bedeutenden sächsischen Kloster Corvey stammt lediglich das Westwerk, der eigenständige Bauteil im Westen einer Kirche, aus dem 9. Jahrhundert. Der Großteil der Gebäude wurde im Dreißigjährigen Krieg zerstört und durch eine barocke Residenz ersetzt. Der gewichtige Schlossbau drängt das Westwerk an die Seite. Es lohnt sich deshalb, den Hauptweg zu verlassen.

Die monumentale Westfassade mit ihren zwei Türmen macht einen schlichten, wehrhaften Eindruck. Das bräunliche Bruchsteinmauerwerk ist unverziert. Nur im Mittelteil gibt es größere Öffnungen: im Erdgeschoss eine Dreierarkade, die in die Vorhalle führt, und darüber zwei Dreierreihen mit Rundbogenfenstern. Die Öffnungen darüber und die Turmspitzen stammen aus dem 12. Jahrhundert.

Die einfache Fassade verbirgt ein komplexes Inneres. Im Erdgeschoss bildet ein Quadrat aus vier stämmigen Säulen mit korinthischen Kapitellen und umstehenden Pfeilern das Zentrum. Sie tragen schwere Gewölbe. Der Eindruck im Obergeschoss ist konträr. Das unten verstellte Quadrat ist hier frei und reicht über beide Obergeschosse. Auf drei Seiten sind Emporen eingezogen. Nach Osten wurde auf die Empore verzichtet, um den Blick ins Langhaus und auf den Chor zu ermöglichen, der heute durch die Rückwand der barocken Orgel verstellt ist. Die Funktion des Westwerks ist umstritten. Auf der Westempore befand sich möglicherweise dem Aachener Beispiel (→ 2) folgend ein Herrschersitz.

Der Raum war reich geschmückt. Lebensgroße Stuckfiguren begleiteten die Pfeiler der Emporen, deren Gewölbe bemalt waren. Von beidem sind nur noch Bruchstücke erhalten. Auf blauem Grund tummelten sich Delphine, Sirenen und Meerungeheuer. Eines der noch erkennbaren Ungeheuer hat einen langen, gewundenen Schwanz. Drei Hundekörper entwachsen seiner Taille. Wild stehen die Haare vom Kopf. Das Wesen hat einen Arm erhoben, der andere umschlingt eine hilflose menschliche Gestalt. Es ist Skylla, das Fabelwesen aus Homers Odysseus, das mehrere Gefährten des antiken Helden in den Tod reißt, während dieser machtlos zusehen muss. Die karolingischen Mönche kannten Homers Text nicht, aber die Geschichte war ihnen dennoch geläufig. Odysseus galt als Weiser, der den Verlockungen der Welt widerstehen konnte. In Corvey gelingt es ihm sogar, die Skylla zu besiegen. Er steht auf ihrem Schwanz und stößt ihr einen Speer in den Leib.

Das antike Thema des wilden Meeres, in dem grausame und trügerische Kreaturen lauern, wird im Mittelalter als Allegorie (Sinnbild eines abstrakten Begriffs) für die sündige Welt genutzt. Ungeheuern gleich, verlocken unterschiedliche Versuchungen den Menschen dazu, vom rechten Weg abzuweichen. »Nur die Schiffe der Kirche fahren sicher über das Meer«, schreibt Kirchenvater Augustinus.

Das »Meer«, das die Kirche im 8. und 9. Jahrhundert in Sachsen befährt, ist besonders rau. Das damalige Sachsen stimmt nicht mit dem heutigen Bundesland überein, sondern umfasst Nordwestdeutschland. 772 zieht Karl zum ersten Mal gegen die Sachsen. Er lässt die heidnische Irminsul zerstören, eine Kultstätte, deren einstiger Ort in der Wissenschaft umstritten ist. Anders als in anderen von ihm eingegliederten Gebieten, setzt Karl hier auf die christliche Religion als Mittel zur Einigung und Unterwerfung der Sachsen. Fortschritte und Rückschläge bei der Christianisierung und Befriedung des Landes lassen sich am Reichstag in Lippspringe 782 ablesen. Einerseits ernennt Karl zahlreiche bekehrte sächsische Große zu Grafen als seine Stellvertreter, andererseits verabschiedet er für Sachsen ein besonders hartes Gesetz gegen heidnische Praktiken (*Capitulatio de partibus Saxoniae*). Wer etwa den heidnischen Glauben praktiziert, sich nicht taufen lässt oder in der Fastenzeit Fleisch isst, dem droht die Todesstrafe.

Um den neuen Glauben durchzusetzen, schickt Karl Missionare aus dem Kloster Fulda nach Sachsen. Wie die *Capitulatio* zeigt, handelt es sich nicht um eine friedliche Missionierung mit einer freien Entscheidung zum Glauben. Massenhafte Zwangstaufen von Menschen, die die Inhalte der neuen Religion gar nicht kennen, sind üblich.

Drei Jahrzehnte lang kämpft Karl gegen die heidnischen Sachsen, bis er das Land endlich unterworfen hat. Ein Grund für die Länge der Sachsenkriege besteht darin, dass es »die« Sachsen als politische Einheit nicht gibt. Ist ein Teil der Bevölkerung bezwungen, erhebt sich ein anderer. Ist ein Teil missioniert, wendet sich ein anderer erneut dem Heidentum zu.

Die Mönche haben deshalb neben der ersten Missionierung für die Vermittlung der Religionsinhalte zu sorgen. Karl plant zur Sicherung der Religion in Sachsen die Errichtung eines Klosters. Zu seiner Lebenszeit kommt es aber nicht mehr dazu. 822 gründen dann Verwandte des karolingischen Königshauses das Königskloster Corvey. Der Bau des Westwerks beginnt etwa 50 Jahre später. Das Kloster prosperiert. Viele sächsische Adelige schicken Söhne nach Corvey. Das Land ist befriedet, christlich und Teil des (ost-)fränkischen Reiches.

FRÜHMITTELALTER

6

Die Ruine der Stiftskirche
in Walbeck

*Otto I. und die Anfänge
des Heiligen Römischen Reiches*

BAUZEIT: ab 942

Beim Bau dieser Kirche schallte sicherlich manch verzweifelter Ausruf über den Hügel. Mitte des 10. Jahrhunderts waren nördlich des Rheins monumentale Steinbauten noch eine Seltenheit, und ebenso selten waren Baumeister, die die Kunstfertigkeit besaßen, etwas Derartiges zu errichten. Ihre Kenntnis war gefragt. Baumeister kamen und gingen, je nachdem wer das beste Angebot abgab.

Wer die Bauleute in Walbeck waren und was sie zuvor und danach gebaut haben, ist nicht bekannt. Einige Erfahrung mit dem Steinbau dürften sie jedoch besessen haben, denn sie verwenden eine schon in der Antike genutzte dreiteilige Mauertechnik, bei der zwischen zwei Mauerschalen (der Außen- und Innenhaut der Wand) ein Gemisch aus kleinen Steinbrocken und Mörtel eingefüllt wird, das der Mauer ihre Stabilität gibt. Doch scheinen sie unsicher gewesen zu sein, wie sie mit den ihnen zur Verfügung stehenden Steinen am besten umgehen sollten. Die Steine haben unterschiedlichste Formate: kleine und solche, die wie riesige Quader wirken. Die riesigen Formate – manche haben eine sichtbare Fläche von fast einem Quadratmeter – sind tatsächlich nur große Platten mit einer Dicke von zum Teil nur 30 cm. Die Bauleute versetzten sie hochkant, gingen dabei aber unsystematisch vor. Auf horizontal durchlaufende Fugen achteten sie nicht, vielmehr versetzten sie die Steine in willkürlicher Reihenfolge. Dicke Mörtelfugen zeigen, wie wenig es den Bauleuten gelang, die Steine aneinanderzufügen.

FRÜHMITTELALTER

35

Die Stiftskirche hatte ursprünglich nur ein Langhausschiff. Während die Arkaden bei der Einhardsbasilika (→ 3) vermauert wurden, um das Gebäude als Saalkirche weiter zu nutzen, wurden die Mauern in Walbeck im 11. Jahrhundert durchbrochen, und die Stiftskirche erhielt die Gestalt einer Basilika. Das Querhaus ist für die ursprüngliche Saalkirche erstaunlich breit. Dies ist ein Mittel der ottonischen Zeit, auch »bescheidenere« Bauten mächtig wirken zu lassen. Obwohl keine große Basilika vorgesehen war, bekam der Bau durch vorgetäuschte Quader und das breite Querhaus etwas Imposantes. Die Kirche musste beeindrucken, denn sie wurde als Sühneleistung gebaut.

Im Jahr 911 stirbt der letzte ostfränkische Karolinger – eine entscheidende Zäsur. Wie die Lotharingier hätten sich die Großen der Sachsen, Franken, Alemannen und Bayern den westfränkischen Karolingern anschließen können. Stattdessen entscheiden sie, die Trennung beizubehalten und unter sich einen König zu wählen. Es wird der Frankenherzog Konrad. Er erhält in Forchheim – Aachen ist mit Lotharingien an Westfranken gegangen – die Krone und wird anders als die Karolinger, die durch ihre Blutsverwandtschaft als zur Herrschaft befähigt galten, durch eine kirchliche Salbung zum König. Sieben Jahre später stirbt Konrad I. kinderlos, empfiehlt aber auf dem Totenbett einen Nachfolger. Erstmals wird ein Nicht-Franke, der Sachsenherzog Heinrich, König. Ihm gelingt es 925, Lotharingien – und damit Aachen – wieder an das ostfränkisch-deutsche Reich anzuschließen. 929 bestimmt auch er entgegen fränkischem Recht (→ 4) seinen ältesten Sohn Otto zum alleinigen Nachfolger. Nach seinem Tod 936 wird dieser zum König gewählt. Als Otto I. erhält er in Aachen die Königskrone sowie die Salbung zum König und nimmt auf dem Thron Karls des Großen Platz. Dem Krönungsritual folgt ein Festmahl, bei dem die Herzöge der Franken, Lotharingier, Alemannen und Bayern den König bedienen. Dies ist einerseits eine Auszeichnung für die Herzöge, andererseits eine deutliche Klarstellung der Hierarchie.

So friedlich der Eindruck während der Krönung auch scheint, die Anfangsjahre von Ottos Herrschaft verlaufen alles andere als problemlos. Zu den Konflikten in den Grenzräumen – Einfälle der Ungarn sowie Aufstände der Slawen – kommen schwere Krisen im Inneren des Reiches. Otto I. der Große liegt fast mit jedem irgendwann im Streit – mit den Großen, den Bischöfen, seinem älteren Halbbruder Thangmar und seinem Bruder Heinrich. Dieser versucht mehrfach den Aufstand. Im Jahr 941 plant Heinrich sogar, den Bruder zu Ostern am Grab des Vaters in Quedlinburg ermorden zu lassen, um selbst König zu werden. Doch Otto erfährt von dem Komplott. Statt den Besuch in Quedlinburg zu meiden, umgibt er sich die ganze Zeit mit einem dichten Ring Vertrauter, sodass die Verschwörer keine Chance erhalten, ihren Plan in die Tat umzusetzen. Nach Ostern lässt Otto die Verschwörer verhaften und zum Großteil hinrichten. Heinrich wirft sich zu Weihnachten barfuß – ein Zeichen des Bittstellers – vor Otto nieder und wird begnadigt.

Zu den Verschwörern gehört auch Graf Lothar II., dessen Erbbesitz in Walbeck liegt. Er verliert nicht seinen Kopf und kann ein Jahr später die Gunst des Königs zurückgewinnen. Wie sein berühmter Nachkomme Thietmar von Merseburg in seiner Biografie der Ottonen, in der er von den Taten Ottos I. und seiner Nachfahren erzählt, schreibt, richtet Lothar als Sühne in Walbeck ein Kanonikerstift ein, eine klösterliche Gemeinschaft von Weltgeistlichen. In der Stiftskirche findet er dann auch seine letzte Ruhestätte. Dort beten die Kanoniker noch nach dem Tod des Stifters für dessen Seelenheil und für die Vergebung seiner Sünden.

Nach dem Sieg über die Ungarn 955 wird Otto I. als Retter der Christenheit gefeiert. Die Zeitgenossen sehen in ihm einen neuen Kaiser, eine Würde, nach der Otto strebt. Er erreicht sein Ziel aber erst, als Papst Johannes XII. ihn um militärische Hilfe anruft. Am 2. Februar 962 erhält Otto gemeinsam mit seiner Frau Adelheid in Rom die Kaiserkrone.

Damit beginnt in der Geschichtsschreibung das Heilige Römische Reich, das 844 Jahre Bestand haben wird.

FRÜHMITTELALTER

7

St. Georg in
Reichenau-Oberzell

Das Skriptorium –
ein Zentrum mittelalterlicher Buchproduktion

BAUZEIT: um 896

In den Sommermonaten, wenn der Wind durch ein Meer bunter Blumen weht, versammeln sich zweimal am Tag Menschen vor dem Eingangstor der St.-Georgs-Basilika. Das außen schlichte Bauwerk ist eine von drei früh- beziehungsweise hochmittelalterlichen Kirchen, die von dem einst einflussreichen Benediktinerkloster auf der Bodenseeinsel Reichenau zeugen. Die Ende des 9. Jahrhunderts gebaute Basilika beherbergt in ihrer unterirdischen Krypta das Haupt des Heiligen Georg, der ihr den Namen gab. Die wartenden Gäste vor dem Tor interessieren sich aber weniger für die Reliquie des Drachentöters als vielmehr für die ottonischen Wandmalereien, die vermutlich in der zweiten Hälfte des 10. Jahrhunderts geschaffen wurden.

Nahezu in jeder Kirche des mittelalterlichen Abendlandes dürfte es figürliche und ornamentale Wandmalereien gegeben haben. Sie dienten der visuellen Unterstützung des Gottesdienstes. Einerseits sprachen sie jene an, die nicht lesen konnten, anderseits veranschaulichten sie hochkomplexe Vorstellungen und Zusammenhänge, die nur Gebildete verstehen konnten.

In St. Georg ist ein Zyklus ottonischer Wandmalerei erhalten, der seinesgleichen sucht. Südlich der Alpen, wo mehr Wandmalereien erhalten sind, entstanden diese meist als Fresko. Die Farben wurden dabei auf den noch feuchten, frischen Putz aufgetragen und härteten mit diesem langsam aus. Diese Technik sorgte für klare Farben und Konturen und die Langlebigkeit der Werke. Nördlich der Alpen

FRÜHMITTELALTER

herrschte die weniger beständige Secco- oder Trockentechnik vor. Dabei wurden die Farben mit Hilfe eines Bindemittels – Kalk, Öl oder Leim – auf den bereits trockenen Putz aufgemalt. Häufig sind dann Spuren des Verputzens zu sehen, was die Konturen verschwimmen lässt. In St. Georg wurde der Putz mit einer groben Bürste aufgetragen. Um den umfangreichen Bestand möglichst gut zu erhalten, ist eine genaue Regulierung des Innenklimas notwendig, denn warme Luft, die beim Öffnen der Türen in die Kirche gelangt, führt zur Bildung von Kondenswasser und damit zu Schimmel. Um häufiges Türöffnen zu vermeiden, ist der Zugang von Mai bis September nur zu bestimmten Zeiten möglich.

Während von den Malereien im Chor und in den Seitenschiffen nur noch geringe Spuren erhalten sind, lassen sich an der kompletten Hochschiffswand im Mittelschiff, also im Bereich oberhalb der Arkaden, die überwiegend roten, blauen und gelben Farbschattierungen noch deutlich erkennen. Plastisch wirkende Mäander – Ornamente mit rechtwinklig verlaufenden Bändern – trennen drei Bildzonen voneinander und grenzen die Malerei zur Holzdecke ab.

In der unteren Zone sind in den Arkadenzwickeln Medaillons mit Brustbildern von Mönchen zu sehen. In der obersten Zone stehen jeweils sechs Apostel oder Propheten zwischen den Obergadenfenstern. Sie wurden rekonstruiert. Die mittlere Ebene ist die bedeutendste. In großen Bildfeldern werden die acht Wundertaten Christi dargestellt. Die vier Bilder der Nordwand sind überwiegend im Originalzustand erhalten. Hier – auf der Seeseite – finden sich alle Wundertaten, die einen Bezug zum Wasser haben. Besonders deutlich wird dies am vorletzten Bild, dem Sturm auf dem See. Das bauchige Schiff mit Jesus und seinen Jüngern hat sich bereits ein Stück vom Ufer entfernt. Gehörnte Personifikationen des Ost- und Südwindes blasen mit grimmigen Gesichtern in das Segel. Am Heck des Bootes schläft Jesus, während er am Bug die Winde mit einer Geste zum Schweigen bringt. Die Dopplung von handelnden Personen im selben Bild ist eine im Mittelalter häufige Form der Darstellung einer Geschichte. Sie findet sich auch in der Buchmalerei, etwa im berühmten Evangeliar Ottos III., das um

1000 im Kloster Reichenau entstanden ist und eine sehr ähnliche Abbildung des Sturms auf dem See enthält.

Bis ins Spätmittelalter hinein wurden die damals noch handschriftlichen Bücher (Codex, Pl. Codices) fast ausschließlich in Klöstern hergestellt. Nonnen und Mönche, die zu der kleinen des Lesens und Schreibens kundigen Minderheit der damaligen Zeit gehörten, fertigten die Codices in mühevoller Handarbeit an. Ihre Bücher dienten meist dem Eigenbedarf, wurden mit anderen Klöstern getauscht oder entstanden im Auftrag reicher Personen. Das erwähnte Evangeliar, das heute in der Staatsbibliothek München verwahrt wird, gilt als Auftragsarbeit für Kaiser Otto III. und verfügt über 29 feine, ganzseitige Miniaturen. Nicht alle Codices waren so kostbar, aber auch die Herstellung kleiner Handschriften war teuer und aufwendig.

Als Material für die Buchseiten diente zwischen dem 4. und 14. Jahrhundert Pergament (gebeizte und getrocknete Tierhaut). Es wurde in einem langwierigen Prozess aus der Haut von Schafen, Ziegen oder Kälbern gewonnen. Die Haut eines Tieres reichte dabei für zwei durchschnittlich große Doppelseiten. Für ein Werk wie das Evangeliar Ottos III. mit 277 Blättern war eine ganze Herde nötig. Während dieser Codex aus Pergament keinerlei Mängel aufweist, sind Löcher, Knicke oder Verfärbungen bei weniger prachtvollen Handschriften üblich. Die Mönche und Nonnen schrieben einfach um die fehlerhaften Stellen herum.

Nicht nur die Buchseiten, auch die Tinten und Farben wurden in den Skriptorien selbst hergestellt. Dafür wurden dieselben Rohstoffe benutzt wie in der Wandmalerei. Schwarz oder dunkelblau etwa wurde aus Schlehen gewonnen. Andere Rohstoffe, etwa Lapislazuli für leuchtende Blautöne, gab es nicht im Umfeld der Klöster, sie wurden aus dem Orient importiert.

Die mühsame Arbeit der Mönche auf der Reichenau zählt seit dem Jahr 2000 zum UNESCO-Weltkulturerbe. Eine liebevolle Ausstellung unweit der Kirche bietet weitere Eindrücke von der Welt des Klosters – nicht nur für die Augen, sondern auch für Ohren und Nase.

41

8

St. Pantaleon
in Köln

Frauen an der Macht

BAUZEIT DES WESTWERKS: um 991

Theophanu »war, obgleich als Weib nicht frei von der Schwäche ihres Geschlechts, doch voll bescheidener Festigkeit ... Sie wahrte, indem sie mit wahrhaft männlicher Kraft über ihren Sohn wachte, das Reich«, vermerkt Thietmar von Merseburg in seiner Ottonenchronik.

Die Kaiserin wurde in St. Pantaleon in Köln bestattet. Ihre im Laufe der Jahrhunderte mehrfach umgebetteten Gebeine liegen nun in einem Marmorsarkophag im Westwerk der Kirche. Das Westwerk erinnert im Inneren an die Obergeschosse in Corvey (→ 5). Eine dreiseitige Empore umfasst das innere Viereck, das sich komplett – und darin ganz anders als Corvey – mit dem Langhaus verbindet. Die mächtigen Bögen der Arkaden sind mit abwechselnd roten und hellgrauen Steinen aufgemauert worden. Die Zeitgenossen dürften die Hinweise auf die anderen Bauten verstanden haben und sich dessen bewusst gewesen sein, dass dies ein Bauwerk von königlichem Rang war.

Der Außenbau dagegen probiert etwas Neues. Zwar sind von dem beeindruckenden Skulpturenprogramm leider nur noch Fragmente erhalten, aber die feine Gliederung der Fassade ist noch immer gut zu erkennen. Sie ist wegweisend für die folgenden 300 Jahre. Schmale Pilaster – Wandpfeiler mit Kapitell – unterscheiden im Obergeschoss drei Flächen. Etwas Ähnliches ist an der Lorscher Torhalle (→ 4) zu sehen. Während sie dort von den Ecken abgerückt stehen, fassen die Pilaster von St. Pantaleon zum ersten Mal die Ecken des Bauteils und rahmen die Mauerflächen. Sie werden von schwach aus der Mauer tre-

tenden senkrechten Vorlagen, Lisenen, begleitet, die in einen Rundbogenfries übergehen, ein in der Romanik allgegenwärtiges Bauornament.

Jedes Jahr an Theophanus Todestag am 15. Juni wird in Köln von
katholischen und orthodoxen Geistlichen eine Seelenmesse für die
Kaiserin gehalten. Die zwei Konfessionen versinnbildlichen die zwei
Welten, in denen Theophanu gelebt hat.

Als Zwölfjährige kommt sie 972 ins Reich. Theophanu ist die
Nichte des byzantinischen Kaisers, des Basileus, und soll die Gemahlin Ottos II. werden. Sein Vater Otto der Große hatte auf eine purpur-
geborene Braut, die Tochter eines Kaisers, gehofft, doch der Basileus
verwehrt ihm diese größte Ehre, denn sie hätte die unzweifelhafte
Anerkennung eines römisch-deutschen Kaisertums bedeutet, und er
beharrt auf dem universalen Anspruch seines Kaiserreichs. Wider-
willige Stimmen im Reich drängen deshalb, das Mädchen zurückzu-
schicken, doch Otto der Große geht nicht darauf ein. Stattdessen wird
Theophanu mit allen Ehren empfangen. Die Trauung wird Mitte April
vom Papst in St. Peter in Rom vollzogen, der Theophanu zugleich zur
Kaiserin salbt und krönt.

Wie bereitwillig Theophanu nach Westen gezogen ist, lässt sich
nicht sagen. Sie wird ebenso wenig Mitspracherecht gehabt haben
wie Otto II. Generell waren Frauen den Männern hierarchisch und
rechtlich untergeordnet. Sie konnten zwar Besitz haben, bedurften
aber eines Vormunds, der ihn verwaltete; zumeist war das der Vater,
Ehemann oder ein männlicher Verwandter. In der Praxis übernahmen
aber gerade adelige Frauen oft eine verwaltende Funktion. So war es
die Aufgabe der Königin, den königlichen Hof zu führen und die jährlichen Abgaben der Lehnsnehmer (→ 12) zu verwalten, während der
König das Reich zu lenken und zu bewahren hatte.

Theophanu erhält mit der Heirat von Otto II. einen überraschend
großen Besitz als Morgengabe, der sie für den Fall des Witwentums
absichern soll. Eine prachtvolle purpurfarbende Heiratsurkunde, die
im Staatsarchiv Wolfenbüttel verwahrt wird, bestätigt die Schenkung.
In ihr bezeichnet Otto II. Theophanu als *consortium imperii*, als »Teil-

haberin am Reich« – eine Rolle, die zuvor keiner Kaiserin zugebilligt worden war. Und tatsächlich übernimmt Theophanu nicht nur die Verwaltung des herrschaftlichen Hofes, sondern agiert auch als politische Ansprechpartnerin, die Anliegen an ihren Mann heranträgt. Bis zum Tod Ottos II. 983 taucht sie entsprechend häufig als Fürsprecherin in Urkunden auf.

Weihnachten 983 wird ohne Bekanntwerden des Todes von Otto II. der Sohn des Kaiserpaares, Otto III., gekrönt. Erstaunlicherweise findet dieses Ereignis nicht nur ohne den Vater, sondern auch ohne Theophanu statt, die gerade in Italien weilt. Der Dreijährige ist jetzt formell alleiniger König. Obwohl das Kleinkind rechtlich als herrschaftsfähig gilt, übernimmt ein Vormund bis zu Ottos Mündigkeit die Regentschaft. Im Byzantinischen Reich wäre dies die Witwe, die auch im Fall der Kinderlosigkeit den Thron besetzt, bis ein neuer Herrscher gekrönt ist. Nördlich der Alpen ist dies dagegen nicht üblich.

Heinrich der Zänker, ein Gegner Ottos II., entführt den Knaben, um so die Regentschaft und schlussendlich die Krone an sich zu reißen. Doch Theophanu gelingt es, Unterstützung zu finden und Kind und Reich zurückzugewinnen. Theophanu regiert das Reich, wie Thietmar urteilt, mit männlicher Kraft. In Italien, nahe des byzantinischen Einflussgebietes spricht sie in einer Urkunde sogar einmal in der männlichen Form von sich: *Theophanius ... imperator.*

Während ihrer Regentschaft zeigt die Kaiserin ein großes Interesse an St. Pantaleon. Der Schutzpatron des Klosters ist ein in Byzanz sehr verehrter Heiliger, für die Kaiserin in der Fremde ein »Vertrauter«. Sie wird zur Gönnerin des Klosters und veranlasst möglicherweise auch den Bau des Westwerks. Als sie 991 stirbt, wird sie wunschgemäß in der Klosterkirche bestattet. Die Vormundschaft über ihren Sohn erhält nun ihre Schwiegermutter Adelheid unabhängig von ihrem Geschlecht ohne Schwierigkeiten.

9

Die Bartholomäuskapelle
in Paderborn

König, Bischöfe und die Apokalypse

BAUZEIT: um 1017

An sonnigen Nachmittagen fällt der Schatten des Paderborner Doms mit seinem weißen Turm und den hochragenden gotischen Seitenkapellen auf ein kleines, beinahe unscheinbares Gebäude. Lediglich die halbrunde Apsis und das filigrane Kreuz auf dem einfachen Satteldach geben einen Hinweis, dass es sich um ein Sakralgebäude handelt. Es ist die Bartholomäuskapelle, die zu Beginn des zweiten Jahrtausends im Auftrag des Paderborner Bischofs Meinwerk erbaut und über die Jahrhunderte kaum verändert wurde.

Hinter dem Mauerwerk aus unregelmäßig verteilten weißen und bräunlichen Bruch- und Werksteinen verbirgt sich einen einziger Raum. Zwei Reihen mit je drei hohen und erstaunlich schlanken Säulen leiten durch die kleine Halle. Die Bartholomäuskapelle ist eine Hallenkirche – eine neue Bauform nördlich der Alpen. Obwohl die Säulen drei Schiffe kennzeichnen, ist das Mittelschiff nicht höher als die Seitenschiffe und ohne zusätzliche Beleuchtung durch Obergadenfenster (→ 3). Dennoch ist der stille Raum licht und leicht und in seiner optischen Einfachheit elegant. Doch ein genauer Blick offenbart, dass die Kapitelle nicht schlicht sind, sondern vielmehr komplexe Formen bilden. Eine weitere beeindruckende Besonderheit ist unter dem weißen Putz verborgen. Die Wölbung besteht nicht aus Kreuzgratgewölben (→ 13, 15), sondern aus Hängekuppeln.

Kuppeln sind während des Frühmittelalters nördlich der Alpen ungewöhnlich. Im Byzantinischen Reich kommen sie dagegen häufiger vor. Vergleiche haben gezeigt, dass die Kuppeln in byzantinischer Manier gebaut wurden. Die Gewölbehalbkugel wurde nicht Ring für Ring aufgemauert, vielmehr wurden Bruchsteine auf eine Schalung gelegt und mit Mörtel vergossen. Nach dem Aushärten wurde die Schale wieder entfernt. Die Gewölbe wurden von Bauleuten aus dem griechisch sprechenden Teil des Byzantinischen Reiches gebaut, wie sich aus der Biografie Meinwerks schließen lässt, die etwa ein Jahrhundert nach der Vollendung des Baus geschrieben wurde.

Die neue Bauform, die eleganten Säulen mit ihren kunstvollen Kapitellen und die Beschäftigung byzantinischer Bauleute zeigen den Enthusiasmus, mit dem Bischof Meinwerk sein Bauvorhaben verfolgt. Es ist nicht sein einziges. Meinwerk lässt auch den Bischofssitz und die angrenzende Pfalz sowie eine weitere Kirche in Paderborn ausbauen. Wie er bauen auch die anderen Bischöfe seiner Zeit. Neue und prachtvolle Kirchen entstehen überall im Reich, als würde »die Kirche ihr altes Gewand ablegen und ein neues, hell strahlendes Kleid aus Bauwerken überstreifen«, wie ein Mönch aus Burgund urteilt. Er hatte für das Jahr 1000 das Ende der Welt und die Apokalypse erwartet und zeigt sich, ähnlich wie Thietmar von Merseburg, erleichtert, als der Jahrtausendwechsel überstanden war. Dennoch sorgt er sich, dass das in der Johannes-Offenbarung angekündigte Ende der Zeit doch bald eintreten wird, denn möglicherweise begannen die entscheidenden 1000 Jahre erst mit dem Tod Christi.

Eine Endzeiterwartung lässt sich auch bei Kaiser Heinrich II., dem Nachfolger Ottos III., ausmachen. Er ist davon überzeugt, dass in der Zeit seines Kaisertums das Jüngste Gericht stattfinden und über Erlösung oder Verdammnis jedes Menschen entschieden wird. Der Bau von Kirchen gehört nach Ansicht der damaligen Zeitgenossen zu den gottgefälligsten Werken. Wer es sich leisten kann, stiftet daher eine Kirche oder Kapelle, um sein Seelenheil zu sichern. Heinrich II. stiftet das Bistum Bamberg und lässt einen großen Dom bauen.

Nördlich der Alpen entstanden im 8. Jahrhundert viele Bistümer im päpstlichen Auftrag. Otto der Große gründet dann das Erzbistum in Magdeburg. Aber jede Neugründung bedeutet eine Verkleinerung der anderen Bistümer oder Erzbistümer. Heinrich II. wirft sich deshalb 1007 vor den auf einer Synode versammelten Bischöfen auf die Knie und bittet um ihre Zustimmung, obwohl der Kaiser keineswegs in der Hierarchie unterhalb der Kirche und den Bischöfen steht. Durch seine Salbung ist er kein Laie mehr. Er wird zwar kein Bischof, ist als Geweihter aber ein Teil der Kirche. Durch die Salbung wird er zum weltlichen Stellvertreter Christi auf Erden, eine Auffassung, die auch auf der berühmten, heute in Wien aufbewahrten Reichskrone in den dem thronenden Christus zugeordneten Worten »Durch mich herrschen die Könige« ihren Ausdruck findet. Die kniefällige Bitte Heinrichs ist vielmehr ein Mittel, die Bischöfe mehr oder weniger zur Zustimmung zu zwingen.

Als Vertreter Christi ist der Kaiser zur Zeit der Ottonen sogar in die Wahl neuer Bischöfe mit einbezogen. Während der zehn Jahre seiner Herrschaft werden es 64. Mit Ausnahme eines Falles entscheidet Heinrich sogar, in Beratung mit den anderen Bischöfen, über die Kandidaten. Dabei ernennt er vor allem Geistliche aus dem eigenen Umfeld, insbesondere aus seiner Hofkapelle, da die Verwaltung des Reiches zu einem großen Teil durch die Bischöfe getragen wird.

Auch Bischof Meinwerk wird 1009 durch Heinrich eingesetzt. Die beiden sind enge Vertraute. Meinwerk, der aus einer reichen sächsischen Adelsfamilie stammt, hat gemeinsam mit dem späteren Kaiser die Domschule in Hildesheim besucht. Heinrich und Meinwerk verfügen also über einen ähnlichen Bildungshintergrund. Meinwerks Investitur, seine feierliche Einsetzung als Bischof, vollzieht Heinrich. Der Biografie Meinwerks zufolge überreicht der König ihm das Amt symbolisch mit einem Handschuh – ein eher ungewöhnliches Symbol, meist sind es ein Ring und ein Stab. Die Wahl ist gut getroffen, denn das Bistum Paderborn ist vergleichsweise arm. Meinwerk verfügt jedoch über die nötigen finanziellen Mittel und den religiösen Ehrgeiz, das Bistum zu festigen, auszubauen und durch Bauwerke für die Endzeit zu wappnen.

FRÜHMITTELALTER

49

10

St. Michael
in Hildesheim

Idealbau und Memoria

BAUZEIT: 1010–1033

Gelbe Mehrfamilienhäuser säumen die Hügelkuppe. Der Rasen ist akkurat gestutzt. Scheinwerfer beleuchten das Gebäude auf der Kuppe bei Nacht. Kaum vorstellbar scheint der Anblick, der sich Bischof Bernward von Hildesheim Ende des ersten Jahrtausends geboten haben muss, wenn er den Dombezirk verließ.

Er ließ Dickicht und Dornensträucher roden und ein kleines Kloster bauen. Die ersten Mönche kamen aus St. Pantaleon in Köln. Bernward sicherte die wirtschaftliche Basis der Glaubensgemeinschaft durch die Übertragung eines Dorfes, eines Waldes, eines Weinbergs und eines Obstgartens sowie anderer Ländereien. Das Kloster bewahrte einen kostbaren Schatz, einen Splitter des Kreuzes Christi, den Bernward von seinem ehemaligen Schüler Otto III. erhalten hatte.

Bernward ist die Stiftung schon bald nicht mehr groß genug. Als wichtiger Vertrauter des Kaisers und dessen Nachfolgers Heinrich II. reist er durch das Reich nach Italien, führt seine Leute für das Reich in die Schlacht und sammelt überall Reliquien ein. Zurück in Hildesheim, beginnt er mit der Vergrößerung des Klosters und mit einem ehrgeizigen Bauprojekt, das als *der* Idealbau der ottonischen Architektur gilt. Es ist eine der größten erhaltenen ottonischen Kirchen, ein Vorreiter der Romanik (→ 11–20); es ist aber auch in großen Teilen eine Rekonstruktion, die eine bauhistorische Idealvorstellung widerspiegelt. Notwendig war dies, weil die Kirche 1945 stark zerstört wurde. Beim Wiederaufbau entschieden sich die Verantwortlichen nicht etwa

FRÜHMITTELALTER

51

dafür, den Vorkriegszustand wiederherzustellen, der auf den ersten
Blick komplett anders wirkt, sondern den Ursprungsbau.

St. Michael ist eine Basilika. Eine Besonderheit des Gotteshauses
besteht darin, dass es über einen Ost- und einen Westchor verfügt.
Doppelchörige Anlage nennen das die Fachleute. Die Idee dazu findet
sich bereits im St. Galler Klosterplan, einem auf der Reichenau um 830
erstellten Architekturplan. Dennoch ist ein doppelter Chor im frühen
11. Jahrhundert eher selten. Begleitet werden die Chöre jeweils von
einem Querhaus. Die Querhäuser und das Langhaus sind wohlpro-
portioniert. Das Grundmaß folgt der Vierung, also dem Schnittraum
zwischen Mittelschiff und Querhaus. Dieses Grundviereck wird im
Langhaus drei Mal wiederholt.

Die Stützen geben den Rhythmus wieder: Ein Viereckpfeiler wird
von zwei Säulen begleitet. Ihre Kapitelle sind wegweisend. Statt wie
etwa bei den Kapitellen der Bartholomäuskapelle (→ 9) durch Blätter
und Figuren von der runden Form des Säulenschaftes zum Viereck
des Gebälks und den Kanten der Arkaden zu vermitteln, gehen abge-
rundete Ecken in einen Würfel über. In die Würfelkapitelle – einige
wurden im 12. Jahrhundert durch Figurenkapitelle ersetzt – ließ Bernward die Reliquien einsetzen, die er zusammengetragen hatte. Auf
diese Weise tragen die Märtyrer im wahrsten Sinne des Wortes seine
Kirche.

Bernward wählte zudem Alt-St.-Peter in Rom als Vorbild für den
Bau – der Grundstein für den heutigen Petersdom wurde erst 1506
gelegt. Wie bei Alt-St.-Peter ist der Chor im Westen der Hauptchor der
Kirche. Darunter befindet sich eine mehrschiffige Hallenkrypta. Auch
das ist etwas Neues. Dort, in der durch das Licht der hohen Rundbogenfenster gut erhellten Krypta, will Bernward seine letzte Ruhestätte finden. Die Krypta wird 1015 geweiht. Als Bernward sieben Jahre
später stirbt, wird er in einem Sarkophag vor dem Marienaltar der
Krypta bestattet. Die Inschrift drückt seine Hoffnung aus, beim Jüngsten Gericht ins Himmelreich aufgenommen zu werden.

Der Bau der Kirche und die Spende kostbarer Bücher, der Bronze-
säule und der Bronzetüren des Doms sind nur einige der Stiftungen

des Bischofs. Das Christentum ist eine Erinnerungsreligion. »Tue dies zu meinem Gedächtnis«, heißt es in der Eucharistie. Es ist die Erinnerung an Christus, die damit gemeint ist. Aber nicht nur Christus' soll gedacht werden, sondern auch der Gemeinschaft der Lebenden und der Toten. Nach der mittelalterlichen Vorstellung kann die Erlösung eines Menschen durch das Gedenken anderer gefördert werden. Zu diesem Zweck baute Bernward – ebenso wie viele andere – die Klosterkirche und stiftete kostbare Bücher und liturgische Geräte. Mit all diesen Schenkungen ist sein Name verbunden. In St. Michael verweisen eine Bauinschrift und sein Grab und in einem Codex ein Widmungsbild, das Bernward zeigt, der das Buch an die Gottesmutter reicht, auf ihn. Das Bild ist im doppelten Sinne zu verstehen: Einerseits ist das Evangeliar ein »Geschenk« an Maria, andererseits erinnert es jene, die es anschauen – und das schon seit 1000 Jahren – an den Bischof. Die Stiftung bleibender Dinge erhält den Ruhm noch in der Nachwelt, sie ist eine der wichtigsten Formen der Memoria, der Erinnerung.

Eine andere ist der Zusammenschluss zu Gebetsbruderschaften, die sich zum gegenseitigen Gebet verpflichten. Personen, die nicht zu einer Gebetsgemeinschaft gehörten, konnten um Aufnahme in eine Liste derer, für die in der Messe gebetet wurde, ersuchen. Sie wurden dann in die *Libri Memoriales*, die Gedächtnisbücher, eingetragen. Diese Bücher mit den Namen Lebender und Verstorbener wurden während der Messe auf den Altar gelegt, die Namen wurden an bestimmten Tagen verlesen. Verstärkt wurde dieses Seelengedächtnis häufig durch Spenden wie Kerzen, deren Schenkung die Stifterin oder der Stifter mit der konkreten Auflage verband, an wen wann gedacht werden sollte. Die Praxis der Memorialstiftungen blieb bis lange in die Neuzeit erhalten. Auch die Fuggerei in Augsburg gehört dazu (→ 41).

In St. Michael ist die Kirche so sehr mit Bernward verbunden, dass die Krypta mit seinem Grab katholisch blieb, obwohl die Kirche mit der Reformation protestantisch wurde.

FRÜHMITTELALTER

53

11

Das Kaiserhaus der
Goslarer Pfalz

Der reisende Herrscher

BAUZEIT: um 1040/50

Vor dem Palas, dem herrschaftlichen Wohn- und Saalbau der Goslarer Pfalz, sitzen zwei bronzene Kaiser vereint zu Pferde. Es sind Wilhelm I. (⚜ 1871–1888) und Friedrich I. Barbarossa (⚜ 1155–1190), die den Blick auf diejenigen richten, die den Weg zur Pfalz emporkommen.

Hinter ihnen auf der Kuppe des Liebfrauenberges erhebt sich das langgestreckte Kaiserhaus, der Palas. Das Kaiserhaus gilt als ältester Profanbau seiner Größe mit ursprünglicher Bausubstanz im aufgehenden Mauerwerk in Deutschland. An der Ostfassade ist die alte Bausubstanz im Untergeschoss auszumachen. Weiße, regelmäßige Quader in unterschiedlichen Größen sind sorgsam in horizontalen Reihen verfugt. Mauerbögen zeigen an, dass statt der rechteckigen Fenster ursprünglich größere zweiteilige Rundbogenfenster das Untergeschoss durchbrachen. Im Obergeschoss belichten große dreiteilige Öffnungen den Saal. Lediglich der letzte Pfeiler der nördlichen Fensterarkade mit den vorgestellten Doppelsäulen gilt als ursprünglich. Dieser Befund reicht, um eine Betonung des oberen Geschosses nachzuweisen, das dem heutigen Zustand ansatzweise ähnlich gewesen sein dürfte.

Die Mittelachse des Gebäudes ist betont. Im Ursprungsbau war diese Betonung wohl noch deutlicher ausgeprägt. Statt der Strebepfeiler lässt sich ein querhausartiger Vorbau vermuten. Die Akzentuierung ist entscheidend, denn sie markiert den vornehmsten Ort innerhalb des Gebäudes: Im Obergeschoss in der Mitte des durchgehenden Saales saß der Kaiser.

Sowohl Barbarossa, in dessen Herrschaft die Veränderungen des Baus im 12. Jahrhundert fallen dürften, als auch Wilhelm I. haben wahrscheinlich dort Platz genommen. Wilhelm I., der erste Kaiser des Deutschen Reiches (→ 71) hat den Wiederaufbau der Pfalz im späten 19. Jahrhundert unterstützt.

Die beiden Kaiser unterscheidet aber nicht nur, dass sie unterschiedliche Reiche regierten, sondern auch, von wo aus sie dies taten. Während Wilhelm I. in der Reichshauptstadt Berlin eine Residenz besaß, reiste Barbarossa (→ 16) ständig durch sein Reich und weilte mal in dieser, mal in jener Pfalz.

Drei Faktoren definieren eine Pfalz: die Zugehörigkeit zum Reichsgut, das unabhängig vom Herrschergeschlecht von König zu König überging, die Ausstattung mit repräsentativen Gebäuden, darunter zumindest ein Palas, eine Kapelle und Wohn- und Wirtschaftsgebäude, sowie die Nutzung für wichtige Versammlungen wie Hoftage oder Synoden. Der Ottone Heinrich II. hält zum ersten Mal in Goslar einen Hoftag ab, bei dem er die wichtigsten Vertreter des Adels versammelt und unter anderem Meinwerk als Bischof von Paderborn einführt (→ 9). Doch es ist Heinrich III. aus dem Geschlecht der Salier, das für 101 Jahre (von 1024 bis 1125) das Reich lenkt, der den Bau des heutigen Palas veranlasst.

Goslar ist für Heinrich III. eine wichtige Pfalz. So verweilt er im Jahr 1050 im Februar und dann wieder von September bis zum Weihnachtsfest dort. In dieser Zeit wird sein Sohn Heinrich IV. geboren, der später durch den Gang nach Canossa (→ 13) berühmt werden wird. In Goslar, so verfügt Heinrich III., soll sein Herz bestattet werden, während sein restlicher Leib im Dom zu Speyer seine letzte Ruhe finden wird. Trotz seiner Vorliebe für Goslar reist Heinrich III., wie es für die früh- und hochmittelalterlichen Herrscher des römisch-deutschen Reiches üblich ist, stetig durch sein Herrschaftsgebiet.

Die Herrschaft eines Königs begann mit einem Umritt. Er reiste durch das riesige Reich, um seinen Machtanspruch zu demonstrieren und die Huldigung der Großen entgegenzunehmen. Dabei weilte der Herrscher auf den verstreuten Königsgütern und Pfalzen. Vor

Durchsetzung der Geldwirtschaft konnte der König so die auf seinen Gütern erwirtschafteten Erträge verbrauchen. Zudem zog er vor Ort die fälligen Abgaben und Dienste ein, zu denen die Untertanen verpflichtet waren. Einen Aufenthalt von mehr als sechs Monaten hätte aber auch eine wirtschaftlich starke Pfalz wie Goslar nicht sichern können. Kehrte der König bei seinen Großen ein, war dies ein Zeichen der Gunst und der Hierarchie zugleich. Der König nahm die Gastgeberpflicht der Fürsten in Anspruch – was manchen Großen an den Rand des Ruins trieb.

Die Reiseherrschaft diente über ihre wirtschaftlichen und politischen Gründe hinaus der Herstellung der direkten Kommunikation. Empfänger von Urkunden reisten zum König und trugen ihre Anliegen vor Zeugen vor, die in der Urkunde vermerkt wurden. Zudem ermöglichte das persönliche Treffen die effektive Intervention des Herrschers in Streitfällen, sei es als Richter oder als Schlichter.

Die mobile Herrschaft des Königs diente auch dem Volk, das nicht unmittelbar mit dem Herrscher kommunizierte, als Beruhigung. Für die Untertanen waren der königliche Zug, der vor den Orten von den Herrschern der Region empfangen und begleitet wurde, wie auch seine prachtvollen Bauten wichtige Zeichen für den Schutz, den der König ihnen schuldete.

Die Geschwindigkeit, mit der der König durchs Reich reiste, hing von vielen Faktoren ab: dem Gelände, den Reisemitteln, der Dauer der Reise und der Dringlichkeit der Ankunft. Heinrich III. reist im Jahr 1040 in 53 Tagen 1198 Kilometer, also durchschnittlich 23 Kilometer pro Tag. Dabei führt ihn sein Ritt von Straßburg über Fritzlar nach Goslar und von dort über Hersfeld nach Regensburg und weiter nach Cham in der Oberpfalz. Barbarossa bringt etwa ein Jahrhundert später einen Spitzenwert zustande. Um an einem Sonntag in Aachen gekrönt werden zu können, legt er die Strecke von Frankfurt nach Aachen mit einer Geschwindigkeit von 87 Kilometern pro Tag zurück. Im 21. Jahrhundert reisen nicht mehr Kaiser nach Goslar, sondern Gäste aus aller Welt, um das Weltkulturerbe zu besichtigen.

12

Das Kornhaus der
Burg Querfurt

Burg- und Landleben – Lehen und Hörigkeit

BAUZEIT: 11.–16. Jahrhundert

Filmcrews belagern 2012 wochenlang die Burg Querfurt in Sachsen-Anhalt. Es geht um Dreharbeiten für den Film *Der Medicus*. Die Handlung versetzt die Burg in die – mit einer ordentlichen Portion künstlerischer Freiheit interpretierte – erste Hälfte des 11. Jahrhunderts. Künstlicher Wind greift in bunte Fahnen, runde Zelte säumen eine mächtige Mauer, auf der im fertigen Film mit dem Computer eingefügte mehrgeschossige Fachwerkhäuser zu sehen sind – ein Anachronismus, also eine falsche zeitliche Einordnung, da Fachwerkbauten erst nach 1200 mehrere Geschosse aufweisen und die Mauern der Burgen und Städte zu dieser Zeit höchstens mit Wehrgängen versehen waren. Heute stammt nur noch ein kleiner Rest der Bausubstanz aus der Zeit, in der die Handlung des Filmes spielt.

Diese Reste sind in ein gewaltiges Kornhaus integriert, das in den Jahren 1680–1685 errichtet wurde. Sie gehen auf zwei verschiedene Gebäude zurück, ein Wohnhaus und ein Torhaus. Das Bodenniveau des Burghofs ist gegenüber der ersten Steinbauphase erhöht, sodass die ehemalige Torhalle nun zum sogenannten Ottonenkeller, gehört. Ein neuer Zugang führt direkt in den zweischiffigen Raum (auch bei Profanbauten wird der Begriff Schiff zur Bezeichnung einer Raumunterteilung durch Pfeiler oder Säulen verwendet). Ein quadratischer Pfeiler aus Sandstein stützt die schweren Kreuzgratgewölbe. Eine später eingefügte Tür führt in weitere tonnengewölbte Kellerräume. Deren Nordwand stammt zum Teil von einem rechteckigen Wohnbau,

HOCHMITTELALTER

der, ursprünglich nur durch eine Mauer mit dem Torhaus verbunden, weiter westlich stand.

Die Burg war der Stammsitz der Edlen Herren von Querfurt, einer mit den Ottonen entfernt verwandten Familie, die immer wieder bedeutende Kirchenmänner und weltliche Würdenträger stellte. Möglicherweise entstand die erste Befestigung auf Veranlassung König Heinrichs I. Der erste sächsische König ließ im ostfränkisch-deutschen Reich ein dichtes Netz an Burgen bauen, beziehen und verstärken. Sie sollten das Reich gegen äußere Feinde befestigen. »Zunächst wählte er [Heinrich I.] unter den ... Kriegern jeden neunten aus und ließ ihn in Burgen wohnen, um für seine acht Genossen Wohnungen zu errichten ...«, schreibt Widukind von Corvey im 10. Jahrhundert in seiner Sachsengeschichte über Heinrichs Burgenverordnung.

Burgen dienten aber nicht nur zur Befestigung des Herrschaftsgebietes. Sie waren zudem Bezugs- und Verwaltungspunkt für die Bevölkerung der Umgebung. Im Frühmittelalter dürfte etwa 90 Prozent der Bevölkerung auf dem Land gelebt haben. Für sie war das Leben durch die Grundherrschaft bestimmt – ein Begriff der Geschichtsschreibung, der auf Quellen aus dem 13. Jahrhundert verweist, in denen von *dominus fundi*, Grundherren, die Rede ist. Ein Herr verfügte über Grund und Boden sowie über die darauf lebenden Menschen, die einen Teil des Landes erhielten, um es zu bewirtschaften und davon zu leben. Dafür verlangte der Herr einen Teil ihrer Erträge und ihrer Arbeitskraft, wofür er ihnen wiederum Schutz bot. Positiv formuliert gab es also zwischen dem Herrn und den Beherrschten ein wechselseitiges Verhältnis von Schutz und Arbeitsleistung.

Der Begriff Bauern taucht in den Quellen erst im Hochmittelalter auf, zuvor sprechen sie von Freien und Unfreien, wobei der Grad der Unfreiheit je nach Fall sehr unterschiedlich war. Zudem ist die Trennung zwischen Freien und Unfreien nicht immer klar, da manche Freie sich freiwillig in die Abhängigkeit von einem Grundherrn gaben. Neben der Pflicht zu Abgaben und Frondiensten unterstanden die Unfreien gemeinhin auch der Gerichtsbarkeit ihrer Herren. Sie waren an das Land, die Scholle, gebunden und konnten mit ihm vom Herrn verkauft oder verschenkt werden. Der Herr konnte sie aber nicht ohne ihre Scholle weitergeben. Die Stellung der Unfreien verbesserte sich mit der Zeit. Unter den staufischen Königen (→ 14–24) gelang es manchen Unfreien, zu Ministerialen, also zu Verwaltern aufzusteigen, und einige von ihnen wurden sogar in den Adelsstand erhoben.

Die Grundherren gehörten im Früh- und Hochmittelalter zum Stand der Adligen – den *nobiles* oder Edelfreien – oder waren Kleriker. Auch Klöster und Bistümer konnten Land und Leute besitzen. Ab dem späten 12. Jahrhundert wurden auch Städte, einzelne Bürger und Hospitäler zu Grundherren.

Die Grundherren waren ebenfalls in ein kompliziertes Beziehungsgeflecht eingebunden, an dessen Spitze der König stand. Er stattete die Großen des Reiches mit Lehen aus. Das bedeutet, dass er ihnen Land und Rechte, Regalien, verlieh. Im Gegenzug forderte er *consilium et auxilium*, Rat und Hilfe. Während »Rat« die Großen als Kronvasallen (lat. *vassus* – Knecht) verpflichtete den Hoftagen des Königs beizuwohnen, erforderte die »Hilfe« Gefolgstreue und insbesondere militärische Unterstützung. Ihr Verhältnis besiegelten beide Parteien in einem formalen Akt, der Investitur, Einsetzung. Hierbei überreichte der König seinen Lehnsnehmern oder Vasallen ein Symbol – meist eine Fahne, eine Lanze oder ein Amtssymbol. Ein gegenseitiger Eid, der bei Bruch der Treue die Strafe Gottes heraufbeschwor, sicherte das Verhältnis.

(Erz-)Bischöfe und Äbte waren ebenfalls Lehnsnehmer des Königs, sie machten unter den Großen sogar den Hauptteil aus. Der König belehnte sie mit dem weltlichen Besitz ihres Territoriums und weltlichen Rechten. Über das Lehnsverhältnis der Edlen Herren von Querfurt im Frühmittelalter ist nichts bekannt. Ab 1126 sind sie als Lehnsleute des Erzbischofs von Magdeburg nachgewiesen. Fortan sind sie die Burggrafen von Magdeburg und damit die höchsten weltlichen Würdenträger im Bistum.

13

Der Dom zu Speyer

König versus Kirche –
der Investiturstreit

BAUZEIT: Speyer II ca.1082–1106

Heute zählt Speyer, eine der ältesten Städte Deutschlands, knapp 50 000 Einwohnerinnen und Einwohner und umfasst eine Fläche von fast 43 km². Vor tausend Jahren war Speyer zwar Bischofssitz, aber mit lediglich rund 12 Hektar Fläche in seinen Dimensionen äußerst bescheiden. Ein Domschüler und späterer Bischof bezeichnete Speyer als »Kuhdorf«, und ein Bamberger freute sich über die gute Gesundheit eines Speyerer Dekans, was in der wegen ihres schlechten Klimas verrufenen Stadt keine Selbstverständlichkeit sei.

Trotz und zum Teil wegen dieser miserablen Voraussetzungen ließ der erste salische König Konrad II. hier ab etwa 1025 einen mächtigen Dom bauen, der die Grablege der Salier werden sollte. Speyer, im Stammgebiet der Salier gelegen, war die letzte Bischofsstadt, die im 11. Jahrhundert noch keinen Ausbau durch ihren Bischof oder den König erfahren hatte.

Der neue Dom, eine Pfeilerbasilika, hat gigantische Ausmaße. Das Mittelschiff ist 72 m lang, 14 m breit und 32 m hoch – nur wenige gotische Kathedralen können damit konkurrieren. Unterhalb des Chors lässt Konrad eine weitläufige Hallenkrypta anlegen, die allein einen Besuch wert ist. Dort findet er 1039, etwa 20 Jahre vor der Vollendung, seine letzte Ruhestätte und ist der erste Kaiser, der in dieser später überdynastisch genutzten Grablege bestattet wird. Vollendet wird der Bau (Speyer I) 1061 unter seinem noch unmündigen Enkel Heinrich IV.

Gute zwei Jahrzehnte später veranlasst dieser einen tiefgreifenden Umbau des Doms. Die auffälligste und spektakulärste Veränderung betrifft das Mittelschiff. Hier wird die alte flache Holzdecke abgetragen und durch Gewölbe ersetzt. Das mag im 21. Jahrhundert nicht spektakulär wirken, doch zum ersten Mal wird mit Speyer II ein Raum dieser Dimension und in solch schwindelnder Höhe gewölbt. Gurtbögen aus rötlichem Stein trennen die sechs riesigen, weiß verputzten Kreuzgratgewölbe (Gewölbe aus zwei sich kreuzförmig durchdringenden Tonnengewölben). Dort, wo die Gurtbögen und Gewölbeecken auf der Wandvorlage lasten, wurden die dünnen Halbsäulen durch zwei übereinanderstehende stärkere Säulen ersetzt, und oberhalb der Obergadenfenster fällt Licht durch ein zusätzliches Fenster.

Was mag Heinrich IV. bewogen haben, so bald nach der Fertigstellung des Doms ein derartiges Projekt zu beginnen?

Im 11. Jahrhundert entwickeln sich Reformbewegungen, die eine Rückbesinnung der Kirche auf ihre Urform fordern. Besonders die Käuflichkeit von kirchlichen Ämtern ist den Reformern ein Dorn im Auge. Heinrichs Vater, Heinrich III., steht solchen Veränderungen sehr aufgeschlossen gegenüber. Er setzt drei Päpste wegen Simonie ab, wie eine derartige Käuflichkeit unter Anspielung auf den biblischen Magier Simon bezeichnet wird, der versuchte, die Gabe des Heiligen Geistes zu kaufen. Und er bestimmt mehrfach einen Reformer als Nachfolger auf dem Stuhl Petri.

Papsttum und Kaisertum sind auf einem Höhepunkt des Zusammenwirkens. Doch als Heinrich III. 1056 stirbt, zerbricht diese starke Verbindung. Sein sechsjähriger Sohn Heinrich IV. ist noch unmündig. Seine Mutter Agnes übernimmt als letzte Kaiserin die Regentschaft. 1061 ernennt sie auf Vorschlag römischer Adliger und italienischer Bischöfe einen der Reform kritisch gegenüberstehenden Papst, obwohl wenige Woche zuvor der Reformpapst Alexander II. inthronisiert worden ist. Im Reich entlädt sich daraufhin der Unmut vieler weltlicher und geistlicher Großer. Heinrich wird in Kaiserswerth entführt und die Kaiserin entmachtet. Im Namen des unmündigen Königs entscheiden die Bischöfe im Reich, dass Alexander II. bleiben soll.

Das Verhältnis von Bischöfen und sakralem Herrscher ist von nun an gestört und führt auch nach der Mündigkeit Heinrichs 1065 weiter zu Konflikten. Auch mit vielen weltlichen Großen liegt Heinrich im Zwist. In dieser gespannten innenpolitischen Situation gerät Heinrich in einen Streit mit dem Papst über den Nachfolger auf dem Mailänder Erzbischofsstuhl, den Heinrich gemäß Gewohnheitsrecht, aber gegen das Verständnis der Reformer bestimmt. Alexander exkommuniziert im Verlauf der Auseinandersetzung mehrere königliche Berater. Doch erst Alexanders Nachfolger Gregor VII. geht so weit, Gehorsam vom König zu fordern und ihm mit der Absetzung zu drohen, woraufhin Heinrich die Wahl Gregors für ungültig erklärt. Dieser aber zeigt sich unbeeindruckt und exkommuniziert Heinrich im Februar 1076. Heinrich IV. ist der erste deutsche König, der exkommuniziert wird, und er wird nicht der letzte sein.

Im Reichsinneren schwach und durch den Gegenkönig Rudolf von Rheinfelden in der Herrschaft bedroht, muss sich Heinrich dem Papst beugen und begibt sich 1077 auf den Gang nach Canossa, wo er barfüßig und nach dreitätiger Buße wieder in die Kirche aufgenommen wird. Die Unterwerfung ist zugleich ein Triumph, denn Gregor hatte keine andere Wahl, als dem Büßer zu vergeben. Heinrich kann so die Anerkennung Rudolfs durch den Papst verhindern und schafft es, die Kräfte im Inneren zu beruhigen.

Als Gregor 1080 erneut den Kirchenbann über Heinrich verhängt, bleibt dies im Reich ohne große Wirkung, zumal Rudolf im selben Jahr stirbt. Stattdessen wird Gregor entmachtet und muss zusehen, wie Heinrich 1084 zum Kaiser gekrönt wird. In etwa diese Zeit fällt der Beginn des Umbaus des Doms zu Speyer. Heinrich setzt ein Zeichen seiner Macht und seines Triumphes, indem er die Hauptkirche des Bistums wie eine Eigenkirche ausbaut.

Die Einigung im Investiturstreit erfolgt erst unter Heinrich V. Fortan gilt das kanonische Wahlrecht, die Domkapitel wählen die Bischöfe. Der König stimmt der Wahl nur noch zu und überreicht die weltlichen Lehen in Form eines Zepters. Die geistliche Investitur mit Stab und Ring erfolgt durch die Bischöfe.

14

Die Steinerne Brücke
von Regensburg

Brücken und Straßen

BAUZEIT: 1135–1146

Das grünliche Wasser der Donau strömt mit vehementer Kraft durch die Bögen der Steinernen Brücke. Zu jeder Zeit scheint jemand die Brücke zu überqueren oder sie einfach nur zu betreten, um sich an die Brüstung zu lehnen und den Blick schweifen zu lassen. Am Südufer drängt sich hinter dem orangeroten Turm des Brückenkopfes die Altstadt von Regensburg, aus deren Mitte die Doppeltürme des Doms emporragen. Nördlich der Flussmitte sind die ehemals kleinen Inseln Unterer und Oberer Wöhrd verlandet, und einige Brückenpfeiler stehen auf dem Trockenen. Das Nordufer wirkt grün und licht. Dort liegt die Gemeinde Stadtamhof, seit 1942 ein Stadtbezirk Regensburgs.

Von Ufer zu Ufer streckt sich die Brücke auf 308 Meter. 14 freie Rundbögen unterschiedlicher Weite erheben sich über der noch jungen Donau. Ein weiterer am Südufer wurde 1551 verfüllt, als ein Lagerhaus für das wichtige Handelsgut Salz gebaut wurde. Das noch erhaltene Gebäude des Salzstadels wurde ab 1616 errichtet. Auch der sechzehnte Bogen am Nordufer ist heute weitgehend verdeckt.

Sanft steigt die Brücke zur Mitte hin an. Dort am Scheitel ist sie etwa fünf Meter höher als an den Brückenköpfen. Die Steigung gibt ihr das so charakteristische Aussehen einer monumentalen steinernen Bogenbrücke. Sie ist zwar nicht die erste ihrer Art, die im Hochmittelalter im Reich gebaut wurde, doch in ihrer Länge zur Bauzeit unübertroffen – ein beeindruckendes Zeugnis mittelalterlicher Ingenieurskunst, nachdem die antike Brückenbautechnik lange vergessen war.

HOCHMITTELALTER

Auch fast neunhundert Jahre nach ihrer Errichtung dient die Brücke mit großen Teilen ihrer originalen Bausubstanz ihrer ursprünglichen Bestimmung.

Schon Karl der Große hat versucht, eine Brücke über die Donau bauen zu lassen, mit geringem Erfolg – Strömung und Wetter rissen die Konstruktion immer wieder fort. Mit dem Bau der Steinernen Brücke wird 1135 begonnen. Es ist ein trockenes Jahr. Die Donau führt nur wenig Wasser. Eilig beginnen die Bauleute mit der Errichtung von kleinen Dämmen, um dann mitten im Fluss auf mehr oder weniger trockenem Fuße Eichenroste anzulegen, auf denen die Brückenpfeiler zu ruhen kommen. Diese bestehen aus Gussmauerwerk, das von sorgfältig behauenen und gesetzten Quadern aus regionalem Grünsandstein und Donaukalkstein umschlossen wird. Zum Schutz vor der Gewalt des Wassers umgeben kleine Inselchen (Beschächte) die Pfeiler; auf ihnen findet in den folgenden Jahrhunderten ein reger Betrieb statt. Alle möglichen Mühlen – von der Walkmühle bis zur Schleifmühle – siedeln sich hier an, um die Wasserkraft der Donau zu nutzen. Der Bau dauert gerade mal 11 Jahre. 1146 ist die Brücke fertig.

Erstaunlicherweise gibt es keine Quellen, die berichten, wer den Bau initiiert hat. Vielleicht war der Bauherr für die Zeitgenossen so selbstverständlich, dass er nicht der Erwähnung wert war. Der Bau selbst ist dagegen so einschneidend, dass ein Mönch aus Stadtamhof eine Urkunde sogar mit dem Vermerk »im dritten Jahr nach dem Beginn des Brückenbaus« datiert. Sowohl der bayerische Herzog Heinrich X. der Stolze als auch König Konrad III. – der erste Staufer – sind als Bauherren möglich. Die Stadt mit ihrer weitläufigen Pfalz ist sowohl einer der wichtigsten Orte des Reiches als auch ein Zentrum für die bayerischen Herzöge.

Regensburg zählt im 12. Jahrhundert etwa 12 000 Einwohnerinnen und Einwohner und ist nach Köln die zweitgrößte Metropole des Reiches. Menschen aus vielen verschiedenen Regionen leben hier, angelockt von dem regen Handel und den Gütern, die in Regensburg umgeschlagen werden: Stoff und Tuch, Gewürze, Wein und Früchte aus Konstantinopel und Venedig. Hinzu kommen Rohstoffe aus Russland und Ungarn. Zu Land und zu Wasser werden sie transportiert. Der Fernhandel macht Regensburg zu einer reichen und einflussreichen Stadt, in der gegen Ende des 12. Jahrhunderts die kaufmännische Bürgerschaft im Zusammenspiel mit den staufischen Kaisern und Königen bestimmend wird.

1182 verleiht Kaiser Friedrich I. Barbarossa ein Brückenprivileg. Es besagt, dass von keinem Reisenden, der die Brücke passiert, ein Landeszoll gefordert werden darf, wohl aber ein Passiergeld zum Erhalt der Brücke, das von dem namentlich erwähnten städtischen Brückenmeister Herbold verwaltet wird. Auch Barbarossas Sohn, König Philipp von Schwaben, fördert den Aufstieg der Stadt. Seinen Schutz danken die Regensburgerinnen und Regensburger dem König: Mit Skulpturen von Philipp und seiner Frau Irene zieren sie die Brückentürme. Sie befinden sich heute im Historischen Museum.

Die Brücke dient jedoch nicht nur der Überwindung der Donau, sie wird zugleich auch ein neues Zentrum für die Stadt. Im Umfeld der Brücke entstanden beispielsweise soziale Einrichtungen wie das Katharinenhospital am Nordufer. Solche Einrichtungen nahmen Pilgerinnen und Pilger auf, die neben den Kaufleuten zu den ideellen Zielgruppen des mittelalterlichen Brückenbaus gehörten. Mit dem Bau einer Brücke eine Pilgerfahrt zu unterstützen war eine gottgefällige Tat. Darüber hinaus wurde auf der Brücke Gericht gehalten und im 16. Jahrhundert die Wasserstrafe, der Tod durch Ertrinken, am 13. Bogen von Norden aus vollstreckt.

Mit der Steinernen Brücke erhielt Regensburg zudem eine weit bekannte Wegmarke. 1147/48 überquerten Tausende von Kreuzfahrern und auch einige Kreuzfahrerinnen die Brücke, um sich dem zweiten Kreuzzug anzuschließen. Und auch 1189 sammelten sich die Truppen unter Friedrich Barbarossa an der Brücke zum dritten Kreuzzug. Glücklicherweise blieb der Steinernen Brücke dabei das Schicksal der Rhônebrücke von Lyon erspart, die unter dem Gewicht des englisch-französischen Zuges zusammenbrach.

15

Das Refektorium des Johanniter Hospitals in Akkon

Die Kreuzzüge

BAUZEIT: Mitte des 12. Jahrhunderts

Mit dem Refektorium, dem Speisesaal in Akkon verlässt diese Geschichte den geografischen Raum des Reiches. Doch bevor das Kapitel in den Nahen Osten schweift, beginnt es am 18. November 1095 in Frankreich, genauer gesagt in Clermont in der Auvergne. An diesem Tag endet ein Konzil unter Leitung des Reformpapstes Urban II. Deutsche Geistliche sind nicht anwesend, weil Kaiser Heinrich IV. den Gegenpapst Clemens III. unterstützt.

Urban spricht vor Geistlichen und Laien – eine Rede, die berühmt wird, denn in ihr ruft der Papst zum Kreuzzug auf. Die Türken, ein persischer Volksstamm, seien weit auf römisches Territorium vorgedrungen und haben Gottes Königreich verwüstet, erklärt Urban. Tatsächlich sind seldschukische Krieger tief in byzantinisches Gebiet vorgerückt und haben die byzantinische Armee 1071 empfindlich geschlagen. Basileus Alexios I. Komnenos hat deshalb den westlichen Papst um Unterstützung bei der Rekrutierung von Freiwilligen gebeten, um die eroberten Gebiete zurückzugewinnen. Urban kommt dieser Bitte nach. Die christlichen Brüder im Osten bräuchten die Hilfe der westlichen Kirche. Ritter und Fußsoldaten, Reiche und Arme und jene, die gegen Brüder und Verwandte kämpften, sollten gegen die Barbaren kämpfen. Und jene, die käuflich gewesen seien, sollten, wenn sie gegen die Ungläubigen kämpfen, nun ihren ewigen Lohn empfangen. Papst Urban verspricht jedem, der dem Befehl Gottes nachkomme, die Vergebung seiner Sünden.

Ob er bereits zu diesem Zeitpunkt die Wiedergewinnung des heiligen Landes beabsichtigt oder dieses Ziel erst später Angelpunkt des Kreuzzugsgedankens wird, ist ungeklärt. Auf die Menge hat die Rede jedenfalls eine mitreißende Wirkung. Eine dramatisch ausgeschmückte Quelle eines Mönchs namens Robert gibt an, die Menge habe mit dem Ruf »Gott will es« geantwortet und sich das Kreuz als Zeichen angenäht.

Aber ob Roberts Erzählung nun zu trauen ist oder nicht, zwischen dem Frühjahr 1096 und dem Frühjahr 1101 machen sich schätzungsweise 120 000 Männer und einige Frauen aus verschiedenen Regionen Westeuropas im Zeichen der Kreuzes auf den Weg nach Osten. Sie gelten als kriegerische Pilger und Pilgerinnen auf einer Wallfahrt. Als äußeres Zeichen tragen sie ein aufgenähtes Kreuz auf ihrer Kleidung, ein Erkennungsmerkmal, das von Zöllen und Steuern befreit. Die Kreuznahme wird von einem Gelübde begleitet, und wer es nicht einhalten kann oder will, »vererbt« es automatisch an die Kinder. Viel wird spekuliert über die Gründe, die Arme wie Reiche zur Kreuznahme veranlasst hat. An dem ersten Kreuzzug beteiligen sich nur etwa 10 Prozent Adlige, und weder der deutsche noch der französische Kaiser beziehungsweise König nehmen daran teil. Religiöse Gründe und die Aussicht auf Erlösung dürften dabei nicht zu überschätzen sein.

Von den drei Wellen des ersten Kreuzzuges kommt nur die mittlere mit erheblichen Verlusten in Jerusalem an. Die Stadt scheint für das erschöpfte Heer uneinnehmbar. Nach wochenlanger Belagerung gelingt es dann doch, sie mit mühsam zusammengebauten Belagerungsmaschinen zu bezwingen. Das Heer fällt plündernd und mordend ein und ruft das christliche Königreich Jerusalem aus. In den nächsten Jahren expandiert das Königreich unter König Balduin I.

1104 fällt auch die Küstenstadt Akkon (Israel) in die Hände der christlichen Streitkräfte. Die Stadt verfügt über einen Mittelmeerhafen, in dem die Landung von Schiffen bei jedem Wetter möglich ist. Schnell sind es nicht nur die christlichen Pilger und Pilgerinnen, die auf dem Weg nach Jerusalem in Akkon landen, sondern auch christliche Kaufleute nutzen den Hafen, um mit Waren aus dem rund 180 km entfernten Damaskus zu handeln. Die Stadt blüht auf.

Bald nach der Eroberung Jerusalems werden zwei geistliche Ritterorden gegründet: die Templer, deren Ziel der Schutz der Christinnen und Christen vor den Andersgläubigen ist, und die Johanniter, die an der Grabeskirche in Jerusalem ein Hospital betreiben. Beide Orden lassen sich auch in Akkon nieder. Ihr Einfluss in der Hafenstadt zeigt sich auch im Stadtbild: Sie dominieren jeweils ein ganzes Viertel.

Mitte des 12. Jahrhunderts leben ungefähr 45 000 Menschen in Akkon. »Überall sieht man Schweine und Kreuze«, berichtet ein muslimischer Reisender. 1291 wird die Stadt von einem muslimischen Heer zurückerobert und zerstört. Sie versinkt in die Bedeutungslosigkeit. Die prachtvollen Bauten der Ritterorden liegen unter Schutt begraben. Erst im 19. Jahrhundert werden neue Gebäude auf den verschütteten Bauten errichtet.

1955 erwacht das Spital der Johanniter zu neuem Leben. Die nun unterirdischen Räume werden von Trümmern und Schutt befreit. Zu Tage kommt dabei die Große Halle des Spitals. Dass es sich dabei um das Refektorium, den Speisesaal für die durchreisenden Pilgerinnen und Pilger, handelt, belegen unzählige Bruchstücke von mit dem Johanniterkreuz bemalten Essensschalen. Die zweischiffige Halle ist zehn Meter hoch. Drei massive Rundpfeiler mit einem Durchmesser von drei Metern stützen die acht großen Kreuzrippengewölbe. Bei einem Kreuzrippengewölbe sind die diagonalen Grate des Gewölbes durch tragende Rippen verstärkt. Die Flächen zwischen den sich kreuzenden Rippen sind nur Füllwerk ohne tragende Funktion. Schub und Druck lasten beim Kreuzrippengewölbe, anders als beim Kreuzgratgewölbe (→ 13), nicht mehr auf der Wand, sondern auf den Pfeilern. Dies ermöglicht es, die Wandstärke und die Wandfläche zu verringern und schafft die Voraussetzung für die große Durchfensterung der Gotik.

Auch wenn bereits im Dom zu Speyer nach 1081 Kreuzrippengewölbe in den Querschiffen eingesetzt wurden, gehören die Gewölbe des Refektoriums immer noch zu den ersten ihrer Art.

16

Die Kaiserpfalz zu Gelnhausen

Barbarossa und der Löwe

BAUZEIT: etwa 1165–1180

Als Kaiser Friedrich I. Barbarossa beschließt, am östlichen Rand des Main-Rheingebietes an der von Mainz über Frankfurt nach Gotha und Leipzig führenden Reichsstraße eine Pfalz zu errichten, wählt er einen problematischen Ort für sein Vorhaben. Der Bauplatz ist zwar von zwei Flussarmen der Kinzig sicher umschlossen, aber er bietet einen denkbar ungünstigen Untergrund. Der feuchte Humusboden liegt auf einer dicken, instabilen Schicht aus Sand und Kies; erst in 8 m Tiefe folgt ein tragfähiger Lehmboden. Die Bauleute lösen diese Schwierigkeit, indem sie in dichten Abständen Holzpfähle in den Boden rammen.

Die durch eine Vorburg geschützte Kernburg ist von einer dicken Ringmauer aus großen, rötlichen Sandsteinquadern umschlossen. Wer vor dem Eingang steht, sieht nur zwei verfallene Gebäude: das Torgebäude im Westen, das den einzigen Zugang zur Kernburg bietet, und den wehrhafte Torturm rechts daneben. Das Torgebäude ist zweigeschossig. Die ebenerdige Torhalle ist zweischiffig. Das nördliche Schiff ist im Westen geschlossen, das südliche nimmt das Tor auf. Nach Osten ist die gewölbte Halle geöffnet. Sie ist der einzige vollständig erhaltene Raum der Pfalz.

Die Kapelle im Obergeschoss ist zerfallen, ihr fehlen Dach und Gewölbe sowie Teile der Wände, und die Ostwand ist gänzlich eingestürzt. Der Palas an der Nordmauer – die Ringmauer im Norden ist zugleich die Wand des Palas – besteht nur noch aus zwei Wänden, die oberhalb des ersten Obergeschosses abbrechen. Ursprünglich besaß der Palas drei Geschosse. Ein breites Rundbogenportal, das aus der Mitte der Südfassade leicht nach Osten verschoben ist, führte einst in das Untergeschoss. Das kunstvoll verzierte Kleeblattportal über dem Rundbogen war der eigentliche Eingang in den Saalbau. Links und rechts sind vornehme Doppelsäulenarkaden erhalten. Neben den Details ihrer Kapitelle ist das fein gearbeitete Gesims bemerkenswert, das die Linie der Kämpfer, der Platten oberhalb des Kapitells, auf denen der Bogen lastet, über das Mauerwerk fortführt und so die Vertikale betont.

Durch den reichen Bauschmuck ist die Pfalz in Gelnhausen eine Besonderheit. Wer genau hinsieht, bemerkt, dass der Bauschmuck sehr unterschiedlich ist. Während das Kleeblattportal einen Rankenschmuck mit tief in den Stein eingearbeiteten Formen und Figuren aufweist, sind manche Kapitelle, wenn auch nicht weniger kunstvoll, eher flächig. Mindestens drei Meister und unzählige Gesellen haben an dem Bauschmuck gearbeitet, und ihre verschiedenen Vorlieben und Fähigkeiten prägen das Bild. Anhand von Steinmetzzeichen, mit denen die Steinmetze ihre Arbeit markierten, um die entsprechende Bezahlung zu erhalten, lassen sich sechzig verschiedene Steinmetze in Gelnhausen nachweisen – ein teures Unternehmen, das dem Rang eines Kaisers gerecht wurde.

Im April 1180 hält Barbarossa in der gerade fertiggestellten Pfalz einen wichtigen Hoftag ab. Nicht weniger als 35 Große aus weiten Teilen des Reiches sind anwesend. Im Beisein der Fürsten stellt Barbarossa eine Urkunde mit Goldbulle, einem goldenen Siegel, aus. Sie ist berühmt, denn sie enthält eine Zusammenfassung des Prozesses gegen den Welfen Heinrich den Löwen, in dessen Verlauf Heinrich im Januar die Herzogtümer Sachsen und Bayern entzogen werden und an den Kaiser zurückfallen.

Barbarossa und Heinrich sind Vettern. Ihre Väter hatten einst beide vergeblich versucht, die Königskrone zu erhalten. Der Staufer Friedrich II. von Schwaben war gegen Lothar von Süpplingenburg, Heinrichs Großvater, angetreten. Heinrichs gleichnamiger Vater, genannt der Stolze, Herzog von Sachsen und Bayern, war einen Herrscherwechsel später dem Staufer Konrad III., Barbarossas Onkel, unterlegen. Nachdem Konrad dem älteren Heinrich die Lehen entzogen hatte, dürfte Barbarossa 1142 bei der Rückgabe Sachsens an Heinrich den Löwen eine vermittelnde Rolle gespielt haben. Auch Bayern erhielt Heinrich durch Barbarossa erneut, allerdings ohne Österreich, das, um die Ehre des zeitweiligen Herzogs von Bayern nicht zu schmälern, bei diesem blieb.

Die Vettern sind einander zwei Jahrzehnte lang wichtige Stützen. Heinrich strebt allerdings skrupellos eine möglichst weitreichende Machtposition in Sachsen an. Beim Kaiser treffen zahlreiche Klagen ein, die er aber meist zugunsten des Löwen entscheidet. Vielleicht liegt der sich dann vollziehende Gesinnungswandel Barbarossas im königsgleichen Auftreten Heinrichs begründet, vielleicht in der Ausweitung seiner Macht, die dem Kaiser zu gefährlich wird, zum Teil vielleicht auch in der Weigerung des Löwen, im Konflikt in Italien 1076 Waffenhilfe zu leisten. Jedenfalls erhält Heinrich wegen »Unterdrückung der Freiheit der Kirchen und der Edlen des Reiches« eine Ladung vor Gericht. Doch er kommt dieser Ladung dreimal nicht nach, was die Fürsten dazu veranlasst, ihn als »widerspenstig« zu verurteilen. Heinrich wird mit der Acht belegt, und die Lehen fallen im Januar 1180 an den Kaiser zurück. Die Ächtung des Löwen und der Einzug seiner Lehen ist dem Kaiser nur im Konsens mit den Großen möglich. Auch über die Neuvergabe Sachsens entscheidet Barbarossa in Gelnhausen mit Rat und Einverständnis der Großen. Sachsen wird geteilt: Westfalen geht an die Kölner Kirche und der östliche Teil Sachsens an den Askanier Bernhard, Graf von Aschersleben. Bayern vergibt Barbarossa noch nicht neu, denn Heinrich hat noch die Möglichkeit zur Sühne. Erst als er diese nicht sucht, erhält Otto von Wittelsbach Bayern als Lehen.

Ein Jahr später, von seinen Unterstützern verlassen, unterwirft sich Heinrich dann doch dem Kaiser. Um den Frieden im Reich zu wahren, muss er nach England ins Exil gehen. Zweimal kehrt der Löwe von dort zurück und erlangt schließlich eine Aussöhnung mit Barbarossas Sohn Heinrich VI.

17

Die Kaiserpfalz
in Ingelheim

Das abgesagte Turnier –
das Rittertum und das Mainzer Hoffest

BAUZEIT: ab 800

Inmitten von Wohnhäusern finden sich hier und dort Reste der einst prachtvollen Kaiserpfalz in Ingelheim. Der Versammlungsort, die Königshalle, ist in ihren Ausmaßen noch immer zu erkennen. Der riesige Bau misst 40,5 m in der Länge und weist an der südwestlichen Schmalseite Mauerreste einer großen Apsis auf. Sie war der wichtigste Teil der Königshalle – hier saß der Kaiser. Die Überreste anderer Gebäude des Areals sind weniger deutlich zu identifizieren, konnten aber archäologisch geklärt werden. So befand sich am westlichen Ende des Komplexes gegenüber der Königshalle ein gigantischer halbkreisförmiger Bau, der in der Mitte das Tor der Pfalz aufnahm. Beide Bauten sind karolingisch, die wiederhergestellte Saalkirche ist im Kern ottonisch.

Die Herrscher beider Dynastien nutzten die Pfalz während ihrer ständigen Reisen durch das Reich. Otto III. hielt sich sogar 13 Mal in Ingelheim auf. Auch die Salier besuchten die Pfalz, wobei nun Mainz immer mehr in den Fokus der Herrscher rückte. Das Itinerar der Staufer Konrad III. und Friedrich I. Barbarossa, ein Verzeichnis der Aufenthaltsorte, zeigt, dass Ingelheim schließlich keine große Rolle mehr spielt. Dennoch schreibt Rahewin über Friedrich I. Barbarossa: »Die herrlichen, einst von Karl dem Großen errichteten Pfalzen und die mit großer Kunstfertigkeit ausgeschmückten Königshöfe in Nijmegen (Nimwegen) und bei dem Hof Ingelheim, äußerst starke, aber durch Vernachlässigung und Alter schon sehr morsch gewordene Bauwerke,

HOCHMITTELALTER

hat er aufs Herrlichste wiederhergestellt ...« Tatsächlich sind Spuren von Renovierungsmaßnahmen aus dieser Zeit erhalten. Anscheinend war es weniger eine pragmatische als eine ideelle Entscheidung: Da die Pfalz eine Schöpfung Karls war, wurde sie bewahrt.

1184 war allerdings für die Woche nach Pfingsten ein Aufenthalt des Kaisers geplant. Ein Ritterturnier sollte hier stattfinden, was mit emsiger Hektik in den Wochen zuvor verbunden war. Die Pfalz musste für den Kaiser und die unzähligen Gäste vorbereitet, der große Turnierplatz gestaltet werden. Doch zu dem freudig erwarteten Ereignis kam es nie.

Eine Woche vorher findet ein Hoffest in Mainz statt, zu dem Barbarossa bereits ein Jahr zuvor hatte laden lassen. Zahlreich sind die Gäste, die der Einladungen folgen. Die Chroniken und Quellen sprechen von mehreren 10 000 aus allen Teilen des Reiches und den westlichen Nachbarreichen Angereisten. Auch wenn die Zahl der Gäste vermutlich etwas übertrieben ist, ist im Stadtgebiet selbst nicht genug Platz. Daher wird auf der Maaraue vor den Toren Mainz' eine Art temporäre Stadt errichtet. In ihrem Zentrum stehen die Bauten für den Kaiser und seine Familie, der Palas und die Kirche, alles aus Holz gebaut und bald wieder verschwunden. Ein Ring aus kleineren Holzhäusern umzieht das Zentrum; hier finden die Fürsten, Erzbischöfe, Äbte und andere hohe Gäste Unterkunft. Der niedere Adel und das Gefolge schlägt ringsherum bunte Zelte auf. Die Pracht des Festes ist überwältigend. In großen Mengen werden mit Schiffen über den Rhein feinste Lebensmittel nach Mainz gebracht. Zwei Hühnerställe sind derart mit Tieren gefüllt, dass, so ein Chronist aus Lübeck, kein Blick zwischen den Tieren hindurchdringen kann.

Am Pfingstmontag findet die feierliche Schwertleite, die Erhebung der Kaisersöhne König Heinrich VI. und Herzog Friedrich von Schwaben zu Rittern statt – das Ritual des Ritterschlags kam erst im 13. Jahrhundert auf. Die Schwertleite ist der Anlass für das Fest und bietet Barbarossa Gelegenheit, den Fortbestand der Dynastie zu demonstrieren. Dem zeremoniellen Umbinden der Schwerter folgt im späteren Verlauf des Tages ein Schaureiten der Ritter, an dem neben den beiden

Brüdern auch Barbarossa selbst teilnimmt und sein Geschick beim Reiten und im Umgang mit Lanze und Schild beweist.

Dass sich der Kaiser als Ritter zeigt und die Erhebung seiner Söhne zu Rittern zelebriert, belegt den hohen Stellenwert, den das Rittertum im 12. Jahrhundert in Europa erreicht hatte. Im Frankenreich gab es schon länger die Entwicklung von Fußsoldaten zu spezialisierten und geübten berittenen Kämpfern. Die teure Ausrüstung und das intensive Training führten dazu, dass die Reiter zu Berufssoldaten wurden. Sie waren adlig oder hatten einen wohlhabenden Herrn. Im Frühmittelalter war der Stand des Soldaten aufgrund des biblischen Tötungsverbots noch wenig angesehen.

Die Umdeutung begann gegen Ende des 10. Jahrhunderts in Frankreich, wo der Klerus aufgrund der Schwäche des Königs selbst für die Sicherung der kirchlichen Einrichtungen sorgen musste. Die wiederentdeckte Unterscheidung des Kirchenvaters Augustinus zwischen einem gerechten und einem ungerechten Krieg (*bellum iustum/iniustum*) ermöglichte es, nicht den Einsatz der Waffen generell, sondern nur den Einsatz von Waffen aus niederen Gründen als sündhaft einzustufen. Der bewaffnete Kampf wurde nun mit dem Schutz von Wehrlosen gerechtfertigt – und dazu zählten auch die Kirchen und Klöster. Verstärkt wurde diese Sichtweise durch die Kreuzzüge, bei denen die bewaffnete Pilgerfahrt (→ 15) ausdrücklich als Weg zur Vergebung der Sünden betrachtet wurde. Der Ritter wurde zum selbstbewussten Soldaten Christi. Die Zuschaustellung des Rittertums und das Zelebrieren des bewaffneten Kampfes wurden hoffähig.

Zu dem an das Mainzer Hoffest anschließende Ritterturnier im nahen Ingelheim kommt es nicht mehr. Am Dienstag zieht während der Feierlichkeiten ein Sturm auf, der die hölzerne Kirche und andere Gebäude einreißt und 15 Männer unter den Trümmern begräbt. Das Turnier wird abgesagt.

18

Die Wormser Mikwe

Jüdisches Leben am Rhein

BAUZEIT: 1185–1186

Ein wertvolles Zeugnis jüdischer Kultur im mittelalterlichen Reich sind die monumentalen Tauchbäder, die Mikwaot. Eine Mikwe bezeichnet im Hebräischen die Sammlung von Wasser und dient der rituellen, nicht der hygienischen Reinigung. Der Kontakt mit Toten, der Besuch des Friedhofs oder der Ausfluss von Körperflüssigkeiten – insbesondere Blut – kann zur spirituellen Unreinheit führen. Durch das vollständige Untertauchen im Wasser erlangt eine Person ihre verlorene rituelle Reinheit zurück. Neben Synagoge und Friedhof ist die Mikwe ein zentrales Element des jüdischen Gemeindelebens. Die in Europa erhaltenen mittelalterlichen Mikwaot befinden sich überwiegend im alten Reichsgebiet, so auch in Worms.

Nur ein paar Schritte von der 1175 fertiggestellten romanischen Synagoge entfernt, führt im Hof eine steinerne Treppe in die Tiefe. Mit jedem Schritt nach unten wachsen links und rechts die moosigen Steinwände in die Höhe, bis die Treppe den Eingang passiert und komplett im Untergrund verschwindet. Dahinter liegt ein trapezförmiger Raum. Licht fällt von der Treppe in den Vorraum. Es riecht feucht. Links zweigt eine kleine, dunkle Nische ab; wahrscheinlich wurde sie zum Umkleiden genutzt. Die dem Eingang gegenüberliegende Wand ist großflächig durchbrochen. Über dem viereckigen, bodentiefen Doppelfenster reichen zwei große Rundbogenfenster fast bis an die Krümmung des Tonnengewölbes. Hinter den Fenstern befindet sich der Hauptteil der Mikwe, der Badeschacht. Eine dunkle Treppe führt in einem geschwungenem Bogen zum Grund des Badeschachts hinab. Dort, am tiefsten Punkt des Bauwerks, sieben Meter unter dem Hofniveau, tritt Grundwasser ein und sammelt sich in dem aus Steinquadern gefügten, stufigen Tauchbecken. Hoch über dem Bassin schließt sich die Decke in einem Tonnengewölbe, das in der Mitte eine Lichtöffnung aufweist.

Schon lange ist der Putz von den Wänden gefallen. An einigen Stellen lässt sich aber noch erkennen, dass das Bauwerk verputzt und farbig bemalt war. An der Wand des Badeschachts zum Beispiel lassen sich rote Farbreste ausmachen. Der Vorraum war zudem mit stilisierten Baumsymbolen geschmückt, die mit jenen von christlichen Steinmetzen der Dombauhütte oder ihres Umfelds geschaffenen Werken vergleichbar sind, die sich etwa in romanischen Kirchen in Worms finden. Dies spiegelt die enge Verbindung zwischen Bischof und jüdischer Gemeinde wider, was sich auch in anderen Städten, zum Beispiel Speyer, nachweisen lässt.

Ein Blick auf das Südportal des Wormser Doms mit den kurz vor 1300 entstandenen Personifikationen des Judentums, der Synagoge, und des Christentums, der Ecclesia – ein Gegensatzpaar mit langer Tradition –, verdeutlicht aber auch die Unterschiede zwischen Juden- und Christentum aus christlicher Sicht. Ecclesia steht überlegen über der mit verbundenen Augen abgebildeten Synagoge – sie ist »blind«. Während das Christentum in Jesus den im Alten Testament angekündigten Messias sieht, geht die jüdische Religion davon aus, dass der Erlöser erst noch erscheinen wird. Die Synagoge am Wormser Dom ist blind, da sie Christus nicht erkannt hat. Umgekehrt gibt es auch im Judentum Unverständnis für das Christentum und die Auffassung der Auserwähltheit.

Seit dem 9. Jahrhundert bildeten sich neben vereinzelten spätantiken jüdischen Siedlungen wie in Köln an den Handelswegen und insbesondere in den kaiserlichen Machtzentren neue jüdische Gemeinden. Ihre Verbindung zum Herrscher war deutlich ausgeprägt. Jüdische Händler bereisten als Gesandte Karls des Großen den Mittelmeerraum. So begleitete der Händler Issak den berühmten Elefanten, den Karl als Geschenk vom Kalifen Harun ar-Raschid erhielt, nach Aachen. Ein Jude namens Kalonymos – Zweige der Familie lebten später auch in Worms – soll einer Legende zufolge Kaiser Otto III. in einer Schlacht das Leben gerettet haben. Grundsätzlich wurden die Juden zu den besonders schutzbedürftigen Personen gezählt, zu deren Schutz der Herrscher verpflichtet war und an deren Schutz er auch ein wirtschaftliches Interesse hatte.

Die jüdische Gemeinde in Worms besteht seit Ende des ersten Jahrtausends. Von Heinrich IV. erhalten »alle Juden und anderen Wormser« 1074 Zollfreiheit an allen königlichen Zollstätten. Viele von ihnen sind Händler, aber auch jüdische Gelehrte versammeln sich in Worms und den verwandtschaftlich und intellektuell verbundenen Nachbargemeinden Mainz und Speyer. 1090 sichert Heinrich IV. der jüdischen Gemeinde in Worms seinen Schutz und viele Rechte wie eine eigene Gerichtsbarkeit und das garantierte Recht auf Eigentum und Grundbesitz zu. Bei Streitfragen dürfen sie sich an den König wenden. Zwangstaufen verbietet Heinrich. Es dürfen auch christliche Mägde, Ammen und andere Arbeitskräfte in jüdischen Haushalten beschäftigt werden, sofern sie die Möglichkeit bekommen, die christlichen Sonn- und Feiertage einzuhalten.

Die jüdische Gemeinde baut Häuser entlang der Stadtmauer. Immer noch sind Fenster in der mittelalterlichen Stadtmauer zu entdecken, für deren Durchbrechen es einer besonderen Genehmigung durch den Herrscher bedurfte. Beide Religionen leben in friedlicher Gemeinschaft miteinander. Doch im Rahmen des ersten Kreuzzugs fällt 1095 eine Schar Kreuzfahrer in Worms ein, verwüstet die Synagoge und ermordet zahllose Jüdinnen und Juden.

Während des 12. Jahrhunderts erholen sich die Gemeinden am Rhein von dem Pogrom. Eine neue Synagoge wird von einem Ehepaar der Gemeinde gestiftet, und Barbarossa bestätigt die Rechte der Gemeinde. 1185 entsteht die Mikwe. Und in der Folge bildet sich bis zum nächsten, großflächigen Pogrom 1349 ein reges, mitteleuropäisch geprägtes jüdisches Leben in Worms heraus.

19

Der Markusturm in Rothenburg
ob der Tauber

Eine Stadt entsteht

BAUZEIT: um 1200

Aufmerksam schweifen die Blicke von der mächtigen Stadtmauer über die hügelige Landschaft Frankens. Doch sind es nicht mehr die wachsamen Augen der Stadtwache, sondern jene unzähliger Gäste und Einheimischer der Stadt Rothenburg ob der Tauber, die die Idylle der Umgebung betrachten. Ihre Stadttore werden schon lange nicht mehr des Nachts verschlossen, und der Zugang zur Altstadt steht allen frei, ob fremd oder nicht. Das für seine mittelalterliche Atmosphäre berühmte Ensemble Rothenburgs mit seinen steilen roten Satteldächern und den engen Gässchen, bunten Blumen und glitzerndem Weihnachtsschmuck entstammt nur zum Teil dieser Epoche. Während die Kirchen sowie die städtischen Profanbauten meist zwischen dem 13. und 15. Jahrhundert entstanden sind, zieren viele der wunderschönen Fachwerkhäuser Jahreszahlen aus dem 16. oder 17. Jahrhundert. Dennoch fügen sie sich wie die Bauten, die 1945 nach dem Krieg wiederaufgebaut wurden, in den mittelalterlichen Grundriss der Stadt ein.

Keimzelle der Stadt ist die Rothenburg, die Konrad III. um 1140 errichten ließ und von der nur noch die kleine romanische Kapelle zeugt. Im Laufe des 12. Jahrhunderts wächst östlich der Burg eine möglicherweise schon bestehende Siedlung zu einer Stadt heran, wobei nicht zu sagen ist, wann sie die Stadtrechte erhält. Eine Urkunde wie zum Beispiel für Gelnhausen (→ 16), die Friedrich I. Barbarossa nach dem Bau der Pfalz gründet und mit Privilegien ausstattet, gibt es nicht.

HOCHMITTELALTER

Der Stadtkern entwickelt sich um zwei sich kreuzende Hauptach-sen. Die wichtigere von beiden, die Herrenstraße, führt vom ehemali-gen Burgareal gen Osten. Bald trifft sie die zweite Hauptachse. Hier im Zentrum liegt der Hauptmarkt mit dem stattlichen Rathaus im Stil der Renaissance. Hinter der Kreuzung verschmälert sich die Straße, die nun Hafengasse heißt. Zwei Straßenzüge, die den Stadtkern hufeisen-förmig umgeben, schneiden die Gasse. Der äußere der beiden zeigt den Verlauf der ersten Stadtmauer aus der Gründungszeit der Stadt an. Von ihr sind zwei Wachtürme erhalten: der Weiße Turm im Nordosten und auf der Hauptachse der Markusturm.

Der quadratische, 27 m hohe Turm wirkt schlicht und unzugäng-lich. Glatte Steinquader bilden die äußere Schale der dicken Mauern. Das einzige Gliederungselement, die Buckelquaderung der Turm-ecken, betont die Wehrfunktion des Turms und führt den Blick in die Höhe. Im oberen Teil des Turms weisen die Quader mehrere Zenti-meter tiefe Einkerbungen auf – Zangenlöcher. Das Heben von schwe-ren Materialien mit einer Zange lässt sich spätestens ab der zweiten Hälfte des 12. Jahrhunderts nachweisen. Sie ermöglichte den schnel-len Transport der Quader mitttels eines Seilzugs in schwindelnde Höhen. Damit die Zange eine feste Verankerung im Stein fand, wur-den die tiefen Einkerbungen an einer ausbalancierten Position in den Quader geschlagen.

Weite Gebiete des Reiches, die nicht zum antiken Römischen Reich gehört hatten, besaßen zu Beginn des Mittelalters keine urba-nen Lebensformen, und alte antike Städte wie Köln oder Trier erlebten einen deutlichen Rückgang der Bevölkerung und einen Zerfall der In-frastruktur. Nur langsam bildeten sich im 9. und 10. Jahrhundert neue Handels- und handwerkliche Produktionszentren mit einer nicht-agrarischen Einwohnerschaft heraus. Meist entstanden sie im Umfeld von Pfalzen und Burgen des Königs und des Adels sowie von Klöstern und Bischofssitzen. Im 11. und 12. Jahrhundert ließ sich – auch bedingt durch bessere Klimabedingungen, die wiederum zu ertragreicheren Ernten und damit zu einer wachsenden Bevölkerungszahl beitrugen – in Europa ein allgemeines Städtewachstum beobachten. Es begann mit dem Anstieg der Bevölkerung innerhalb der vorhandenen Städte. Anfang des 12. Jahrhunderts kamen dann gezielte Stadtgründungen durch König, Landesherren und Klöster hinzu. Freiburg im Breisgau gilt als erste, 1120 verzeichnete Gründung. Zu diesem Zeitpunkt gab es im Reich schätzungsweise 30 Fernhandelsorte mit 1000 bis 5000 Einwohnerinnen und Einwohnern sowie einige hundert Nahmarktorte mit einer Bevölkerungszahl zwischen 200 und 1000 Personen.

Während die Bewohnerschaft vom Stadtrecht profitierte, das ihnen weit mehr Freiräume als das Landleben gewährte (→ 30), erlangte der Stadtgründer eine Sicherung seiner Gebiete, da die Stadt durch die Stadtmauer ähnlich wie eine Burg befestigt wurde und zudem mit der Bürgerschaft über eine große Anzahl von Verteidigern verfügte. Gleichzeitig bescherten ihm Handel und Handwerk durch Zölle, Steuern und Abgaben große Einnahmen. Das Interesse der Staufer an Rothenburg ob der Tauber gründete vermutlich insbesondere auf der Landessicherung gegen das welfische Bayern. Wahrscheinlich war es auch ihre Förderung, die zum schnellen Wachstum innerhalb der sicheren Stadtmauer führte.

Anders als der Weiße Turm, der sich im Erdgeschoss zu einer Durchfahrt öffnet, erhebt sich der Markusturm nicht über der Straße, sondern steht südlich neben dem Tor. Im 16. Jahrhundert wurde der Röderbogen über der Straße gebaut. Der Turm erfüllte bald keine Befestigungsfunktion mehr, denn schon im letzten Drittel des 13. Jahrhunderts war die Stadt zu klein und dehnte sich stufenweise über die Stadtmauer aus. Auch der Verlauf der Stadtmauer wurde mehrfach erweitert. Der Rat finanzierte dies durch die Erhebung des Ungelds, einer Ausschanksteuer auf Wein, der ein lebenswichtiges Getränk darstellte, denn das Wasser war häufig verschmutzt. Zum Ende des 14. Jahrhunderts umschloss die Stadtmauer auch die komplette heutige Altstadt. Ihre zahlreichen imposanten Wachtürme an den Toren und auf den Mauern prägen noch immer das romantische Stadtbild.

HOCHMITTELALTER

20

Die Pfalzkapelle der
Nürnberger Burg

König, Kaiser und die Thronfolge

BAUZEIT: um 1200

Ein holpriger, steiler Weg führt von der Stadt zur Nürnberger Burg hinauf, direkt auf den Turm der Pfalzkapelle zu. Das kleine romanische Gotteshaus ist der älteste Gebäudeteil der Kaiserburg und eine echte Besonderheit, denn es besitzt zwei Kirchenräume, die direkt übereinanderliegen und durch eine Öffnung in der Decke miteinander verbunden sind. Doch es gibt keine Treppe, die von unten nach oben führt.

Der Eingang zur Unterkapelle befindet sich in der Vorburg. Nur noch selten öffnet sich die schwere Holztür Besucherinnen und Besuchern. Wer doch hineingelangt, tritt in einen dämmrigen Raum. Vier dicke Säulen aus Sandstein bilden in der Mitte des Raumes ein Quadrat. Das spärliche Licht betont die Tierfiguren der Säulenkapitelle. Eines zeigt wolfsartige Wesen, ein anderes pummelige Adler.

Wer zwischen die vier Säulen tritt, richtet die Augen unweigerlich nach oben. Hier öffnet sich die Decke und gibt den Blick in den oberen Kapellenraum frei. Auch dort tragen vier Säulen das Gewölbe, aber sie sind schlank, elegant und reichen weit in die Höhe [Bild]. Sie sind auch nicht aus heimischem Sandstein. Der kostbare Kalkstein stammt von weit her, vielleicht aus Kärnten. Außergewöhnlich sind auch die gotischen Blattkelchkapitelle, die die Säulen bekrönen.

Als die Doppelkapelle, wie dieser Bautyp genannt wird, errichtet wurde, gab es im Reich erst vereinzelte Vorreiter der neuen, aus Frankreich stammenden Gotik. Die moderne Kunstform, das kostbare Material und die lichte Höhe machen deutlich, dass es sich bei der Oberkapelle um einen Raum von höherem Rang handelt als die Unterkapelle. In ihr saß der König mit seinem Gefolge. Auf eine Treppe zwischen beiden Geschossen wurde bewusst verzichtet. Wer in der Unterkapelle war, durfte zwar staunend hinaufschauen und lauschen, gelangte aber nicht nach oben. 800 Jahre später gehört die Oberkapelle, die sich von außen erreichen lässt, zum Besichtigungsrundgang der Burg. Nun beugen sich Besucherinnen und Besucher weit über das Geländer der Öffnung, um tiefer in den schattigen Raum unten schauen zu können.

Der Bautyp geht auf die Pfalzkapelle in Aachen (→ 2) zurück. Er ist den Mächtigsten des Landes vorbehalten, insbesondere dem König. Die wichtigsten Beispiele sind die Kapellen der Pfalzen in Goslar, Nürnberg und Eger, das im heutigen Tschechien liegt, sowie die Kapellen an den Domen in Mainz und Speyer. Die Nürnberger Doppelkapelle wurde um 1200 gebaut – zu einer Zeit, da im Reich ein Streit um den rechten König herrschte.

Der Königsthron des Römischen Reiches war nicht vererbbar. Die Könige waren Könige von Gottes Gnaden. Die Thronfolge beruhte, ebenso wie beim Papsttum, auf einer von Gott inspirierten Wahl. Sie galt als Vorrecht des Reiches gegenüber allen anderen Königtümern. Der gewählte König des Römischen Reiches war der weltliche Führer der Christen. Als solcher erhielt er in Rom die Kaiserkrone durch den Papst.

Wählen durften die »Ersten« des Reiches, die Reichsfürsten. Das Volk besaß keine Stimme. Eine feste Regel, wer zur Wahl stand, gab es nicht. Es bedurfte aber Einflusses und Geldes, um als Kandidat in Betracht zu kommen. Die Blutsverwandtschaft mit dem vorherigen König war deshalb von Vorteil. Sie galt auch als Befähigung für die Thronfolge. Die Nachfolge des nächsten männlichen Erben war somit wahrscheinlich, aber nicht unumstößlich. Natürlich versuchte jeder König, die Wahl des Nachfolgers zu beeinflussen, weshalb er die eigenen Söhne schon im Kindesalter als Thronfolger vorschlug und zum Mitkönig wählen ließ.

Auch der Staufer Heinrich VI. lässt seinen einjährigen Sohn Friedrich 1196 zum Mitkönig wählen. Ein Jahr später stirbt Heinrich unerwartet. Friedrich, der mit seiner Mutter in Sizilien lebt, soll nun König werden. Der Versuch, ihn ins Reich zu holen, misslingt jedoch, und die Gegner der Staufer nutzen seine Abwesenheit, um Otto IV. von Braunschweig aus der Familie der Welfen zum König zu wählen. 1198 werden daher gleich zwei Könige gekrönt: Zuerst erhält Philipp von Schwaben, der Bruder Heinrichs, von den Anhängern der Staufer die Krone in Mainz. Dem folgt die Krönung Ottos in Aachen. Beiden Krönungen haftet ein Makel an: Philipp wird nicht am richtigen Ort – Aachen – gekrönt. Otto zwar schon, aber nicht mit der richtigen Krone. Die befindet sich im Besitz des Staufers, der sie bei seiner Krönung trug.

Der Konflikt um den Thron wird mit Waffen ausgetragen – und mit Symbolen. Otto stiftet Edelsteine für den Dreikönigenschrein in Köln. Auf der Vorderseite des Schreins lässt er sich als vierter König verewigen. Philipp wiederum dürfte den Neubau der Nürnberger Burg veranlasst haben – möglicherweise eine Reaktion auf die Entscheidung des Papstes, Otto die Kaiserkrone anzubieten. Erst wenige Jahrzehnte alte Gebäude werden nun abgetragen, um einer noch moderneren Burg Platz zu machen. Damit demonstriert der Staufer seine finanziellen Mittel. Die königliche Bauform ist ein steingewordenes Zeugnis seines Thronanspruchs. Und der Ort Nürnberg, ein altes salisch-staufisches Hausgut, verweist auf seine dynastische Befähigung zu herrschen.

Philipps Bemühungen sind erfolgreich. Die Anhänger Ottos wechseln die Seiten. Zudem schlägt er den Welfen 1206 in einer entscheidenden Schlacht. Nun scheint sogar eine Kaiserkrönung greifbar. Doch dazu kommt es nicht. 1208 wird Philipp in Bamberg heimtückisch ermordet, und Otto wird Kaiser.

Aber Ottos Regentschaft ist nur von kurzer Dauer. Schon 1211 wenden sich zahlreiche Fürsten wieder von ihm ab und wählen Friedrich in Nürnberg erneut zum König. Daraufhin eilt dieser ins Reich und besteigt 1212 als Friedrich II. den Thron.

HOCHMITTELALTER

21

Die Burgruine Wildenberg
bei Kirchzell

Höfische Dichtung

BAUZEIT: ca. 1180–1220

Wind rauscht durch die Baumwipfel im Odenwald, Vögel singen. Ein Waldweg steigt sacht zur Burgruine empor, die etwas versteckt zwischen Buchen und Kiefern auf einem Bergsporn thront. Ihre kleine Vorburg mit Wirtschaftsgebäuden und Wohnungen für das Gesinde ist verschwunden, und so sind es die grasüberwachsene Ringmauer und der hohe Bergfried der Kernburg, die zuerst aus dem Dickicht hervorstechen. Der Weg führt zu einem Torturm, der wie in Gelnhausen (→ 16) unten eine Durchfahrt aufweist und im Obergeschoss die Burgkapelle aufnimmt.

Das Gebäude aus leuchtend rotem Sandstein ist mit seinen wunderbaren Details sehr beeindruckend. So tritt der kleine Altarraum der Kapelle im Obergeschoss als Erker aus der östlichen Außenwand hervor. Und das Gewände, die schräg geführte Begrenzung der Maueröffnung, des großen, schmuckvollen Rundbogenportals ist mehrfach gestuft, sodass der Bogen nach innen kleiner wird. Schmale Säulen zieren die Bögen. Ein weiteres, ganz besonderes Detail wartet am zum Burghof führenden Torbogen. Dort wurde eine Inschrift eingeritzt: »DISE BVRHC MAHTE HER RVBREHT VON DVRN« (»Diese Burg schuf Ruprecht von Dürn«). Eine zweite Inschrift, die einen Burkhard von Dürn nennt, steht auf der gegenüberliegenden Seite des Bogens. Inschriften in der Sprache des Volkes, die den Bauherrn benennen, sind für die hochmittelalterlichen Burgen des Reichs eine Seltenheit.

Ruprecht von Dürn ist ein enger Vertrauter von Friedrich I. Barba-

HOCHMITTELALTER

95

rossa und tritt in nicht weniger als 140 Urkunden der Staufer als Zeuge auf. Mehrfach zieht er mit dem Kaiser nach Italien. Seine eigene Herrschaft übt er im Odenwald aus, wo er insbesondere die Vogtei über das Kloster Amorbach, unweit der Burg Wildenberg, innehat. Das Amt des Vogts macht ihn zum weltlichen Vertreter des Klosters, zum Beispiel vor Gericht, und zum Verwalter des Klostergutes.

Der um 1180 begonnene Bau der imposanten Burg wird dieser königsnahen Rolle gerecht. Die Nähe zu den Staufern ist auch am Bau selbst erkennbar, denn einige der Steinmetze, die in Gelnhausen gearbeitet und ihr Werk mit ihren Steinmetzzeichen markiert haben, sind auch in Wildenberg nachweisbar. Zwar kam es durchaus vor, dass zwei Steinmetze das gleiche Zeichen nutzten, doch hier liegt eine Vielzahl an wiederkehrenden Zeichen vor.

Zwei Bauleute, die an der Burg arbeiteten, scheinen mit den Zeichen allein nicht zufrieden gewesen zu sein. Sie ließen die Burg selbst sprechen. Die Inschrift im Erdgeschoss des Palas verrät: »Bertold murte [mauerte] mich – Ulrich hiwe [haute] mich«. Bertold könnte der Name des Werkmeisters als Leiter der Bauausführung sein, Ulrich ein Steinmetz. Für die hochwertige Bauplastik des Palas sind sie aber eher nicht verantwortlich, denn der frühgotische Stil der Fensterarkade datiert das Obergeschoss – im Gegensatz zum Erdgeschoss – auf das Ende der Bauzeit unter Ruprechts Enkel. Im mittleren Arkadenbogen ist die maßwerkartige Fenstergliederung nachzuvollziehen. Zwei Kleeblattbögen, deren Mittelsäule fehlt, sind von dem gefüllten Rundbogen der Arkade überfangen. Direkt über der fehlenden Säule durchbricht ein Vierpass die Füllung.

Eine weitere Inschrift im Palas ist interessant: »OWE MVTER« steht in der Nähe des riesigen Kamins in Stein gemeißelt. Die Worte haben unzählige Debatten in der Kunst- und Literaturgeschichte ausgelöst. »ôwê muoter, waz ist got?« (»O weh, Mutter, was ist Gott?«), fragt der junge Held Parzival in dem berühmten gleichnamigen höfischen Roman von Wolfram von Eschenbach seine Mutter. Wolfgang schreibt sein großes Werk zu Beginn des 13. Jahrhunderts. Parzival gelangt darin durch Fügung zur Gralsburg Munsalvaesche, was mit »Wildenberg«

übersetzt werden kann. Im Palas der Gralsburg brennen Feuer in den Kaminen, »so mächtige Feuer hat niemand jemals hier auf Wildenberg gesehen«. Der Vergleich mit einer Burg namens Wildenberg, die mögliche Übersetzung und die Inschrift wurden als Belege herangezogen, dass Wolfram zumindest Teile des *Parzival* auf der Burg geschrieben hat. Das ist denkbar, stammt der Dichter doch vermutlich aus Franken. Zudem sind die Edelherren von Dürn – der Enkel Konrad nennt sich 1222 »von Wildenberg« – an der höfischen Kunst interessiert, mit der auch der neue Baustil Verbreitung findet.

Bis ins Spätmittelalter waren die Verfasser von Schriften überwiegend Geistliche, unter ihnen auch Frauen wie Hildegard von Bingen. Ihre Inhalte waren überwiegend geistlicher Natur, und fast alle waren in Latein abgefasst. Werke wie die Sammlung germanischer Heldenlieder, die Karl der Große anfertigen ließ und die sein Sohn stoppte, hatten wenig Überlieferungschancen. Mit dem Aufkommen des Rittertums begann sich dieses Monopol langsam aufzulösen. Weltliche Autoren – und zumindest in Frankreich lässt sich auch eine Frau als Verfasserin eines Ritterepos nachweisen – konnten Fuß fassen. Während viele Adlige, darunter auch Heinrich VI., zum Zeitvertreib Minnedichtungen schrieben, waren Wolfram von Eschenbach und Walther von der Vogelweide Berufsdichter, die von Hof zu Hof, von Mäzen zu Mäzenin zogen. Das neue Selbstbewusstsein des Ritterstandes bewirkte zugleich die Säkularisierung und Emanzipation der Inhalte und der Sprache. Die Werte des Ritterstandes, die höfische Minne und die Suche der Ritter nach Abenteuern wurden Themen der weltlichen Schriften. Alles musste allerdings gottgefällig und mit den Werten des Christentums vereinbar sein.

Es ist also durchaus möglich, dass *Parzival* auf Burg Wildenberg geschrieben wurde, deren Kapelle dem Schutzheiligen der Ritter, dem heiligen Georg, geweiht ist.

HOCHMITTELALTER

22

Der Magdeburger Dom

*Das gotische Skulpturenportal
und die Großbaustelle*

BAUZEIT: 1207–1520

Im Stufengewände des Portals der Paradiesvorhalle des Magdeburger Doms stehen zehn Statuen. Sie wurden um 1240–1250 geschaffen und verkörpern die klugen und die törichten Jungfrauen. Zur Linken sind die klugen Damen platziert, die ihre Lampen vorsichtig in den Händen halten, als würden kleine Flammen darin brennen. Sie tragen alle ein sorgloses Lächeln auf den Lippen, während sich zwei zueinander drehen und einen Blick austauschen, der zu sagen scheint: Jetzt ist es so weit, jetzt kommt er. Im biblischen Gleichnis warten alle zehn Jungfrauen auf den Bräutigam, dem sie entgegengegangen sind. Doch dieser verspätet sich, sodass den törichten Jungfrauen, die kein zusätzliches Öl für die Lampen mitgenommen haben, das Licht erlöscht. Ihnen bleibt nichts anderes übrig als loszugehen, um neues Öl zu kaufen, und so verpassen sie die Ankunft des Bräutigams. Die klugen Jungfrauen aber haben vorsorglich Öl zum Nachfüllen mitgenommen. Sie sind bereit für seine Ankunft.

Die törichten Jungfrauen auf der rechten Seiten heben im Kummer darüber, dass sie den Bräutigam verpasst haben – sie sind zu einem späteren Zeitpunkt dargestellt als die Jungfrauen zur Linken –, die Hände zum Gesicht. In ihrer Rechten halten sie kraftlos die ausgebrannten Lampen, und der Jungfrau ganz links scheint die Lampe gar zu entgleiten. Die Skulpturen mit der Mimik ihrer Gesichter, den gedrehten Körpern und den manchmal nur einige Millimeter dicken Faltenstegen der Kleider sind meisterhaft gelungen. Sie waren einst aufwendig bemalt. Ihr Aufstellungsort im Paradiesportal ist nicht der ursprüngliche, wobei eine Aufstellung in einem Portal wahrscheinlich ist, da die vollplastischen Figuren (sie sind ringsum ausgearbeitet) am Rücken jeweils eine senkrechte Kehle aufweisen, um sie an eine Säule zu stellen. Das erste Portal ist den Umbauten am Querhaus um 1310–1320 zum Opfer gefallen, als die Paradiesvorhalle errichtet wurde.

Die Portalskulpturen sind nur ein Teil des aufwendigen Gestaltungsprogramms des Doms, zu dem filigrane Kapitelle, die farbigen Heiligenfiguren des Chors und auch der berühmte Magdeburger Reiter, eine vollplastische Reiterstatue – das erste nachantike Reiterstandbild –, gehören. Das Skulpturenprogramm ist wie ein Bilderbuch zu verstehen, das die Zeitgenossen ohne Schwierigkeiten deuten konnten. Jeder, der durch das Jungfrauenportal schritt, sah eindrucksvoll das kluge, gottgefällige Verhalten auf der linken, der »guten« Seite der Christus-Figur im Tympanon und das törichte, sündhafte Verhalten auf der rechten Gewändeseite. Verstärkt wird die Botschaft durch den Blick zweier kluger Jungfrauen, der auf die Herantretenden gerichtet ist. Sie werden so mit in den Kreis der Klugen gezogen.

Mit dem Dombau wird 1207 begonnen, nachdem der Vorgängerbau durch einen Brand zerstört wurde. Es ist ein Bau, der mit Stilkategorien nicht recht zu fassen ist. Der Grundriss mit dem Chorumgang und den sich eng anschmiegenden, polygonen, vieleckigen statt romanisch-runden Chorkapellen sieht gotisch aus. Der Aufbau der Wände hingegen wirkt trotz Spitzbögen und Bündelpfeilern, also Pfeilern, die rundum von Dreiviertelsäulen mit größerem und geringerem Durchmesser umstellt sind, eher romanisch.

Die Bezeichnung »gotisch« taucht erstmals 1435 in den Werken des Gelehrten Leon Alberti auf. Sie ist aus dem italienischen »gotiche«, grob, abgeleitet und ist, wie auch bei dem italienischen Architekten und Gelehrten Giorgio Vasari, der den Begriff 1550 aufgreift, negativ gemeint, als Abgrenzung zur verehrten antiken Kunst. Den Beginn der Gotik markiert der Neubau des Chors der Königsgrablege St. Denis in Frankreich 1141–1144. Im Reich lassen sich vor 1200 nur vereinzelte gotische Elemente nachweisen, danach beginnt der Bau gotischer

Großprojekte langsam. Der Baustil des Magdeburger Doms wird aufgrund seiner Uneindeutigkeit als »Übergangsstil« bezeichnet. Dieser Begriff ist zu hinterfragen, denn er geht von einer linearen Abfolge der Stile aus, die es so nicht gegeben hat. Verschiedene Stile werden bewusst miteinander kombiniert, um verschiedene Bauteile mit verschiedenen Aussagen zu belegen.

Die Großbaustellen des 12. und 13. Jahrhunderts verändern sich mit der Organisation der bauvorbereitenden und bauausführenden Arbeiten. Waren zuvor Steinquader von unterschiedlicher Höhe jeweils für eine bestimmte Reihe geschlagen worden, kommt es nun zur Festlegung auf eine durchgehende Höhe. Dies ermöglicht die Vorproduktion der Quader, eine Arbeit, die auch im Winter durchgeführt werden kann. Hütten schützten die Bauleute vor dem Wetter. Die Bezeichnung »Bauhütte« für die Gesamtheit der Bauleute einer Werkstatt geht auf diese Hütten zurück. Die Steinmetze sind auf die Fertigstellung der Skulpturen und die Ornamentierung der Steine spezialisiert. Qualifizierte Steinmetze sind gefragt, sie reisen von einem guten Angebot zum besseren durch ganz Europa.

Ein Aspekt, der durch Quellen nicht befriedigend geklärt werden kann, betrifft die Bauplanung. Erst ab der zweiten Hälfte des 13. Jahrhunderts lassen sich Bauzeichnungen nachweisen, die das Aussehen der Kirchen festlegten. Die Zeichnungen fertigte der Baumeister nach den Vorstellungen der Bauherren an. Häufig wird dabei auf bereits bestehende Gebäude verwiesen, um bestimmte Ideen zu verdeutlichen. Statikberechnungen gab es nicht. Die Baumeister lernten aus Fehlern. So versammelten sich Baumeister aus ganz Europa vor einem einsturzgefährdeten gotischen Chor in Frankreich, um daraus ihre Lehren zu ziehen. Wie die Baumeister orientierten sich auch die Steinmetze an anderen Bauten. Die Magdeburger Steinmetze übernahmen dabei das Motiv der Jungfrauen, stellen die Damen aber anders als bei den kleinformatigen französischen Vorbildern ganz groß in Szene.

23

Die Löwen-Apotheke
in Lübeck

Die Hanse

BAUZEIT: Rückgiebel um 1230, Vordergiebel um 1460

Holz, Lehm und Fachwerkbau bestimmten das Gründungsbild der Kaufmannssiedlung auf der Werder, der Flussinsel zwischen der beschiffbaren Trave und der Wakenitz. 1143 hatte sie den Namen einer während des Landausbaus (→ 26) zerstörten slawischen Siedlung vor Ort und das sächsische Stadtrecht erhalten. Das sächsische Stadtrecht gab den Kaufleuten Sicherheit, und so kamen sie aus Soest, Warendorf, Hildesheim und anderen sächsischen Gegenden und siedelten sich an in der neuen Stadt.

Dicht an dicht bauten sie ihre Häuser, doch vermochten Holz und Lehm den verheerenden Stadtbränden der nächsten 150 Jahre nicht standzuhalten. Nach dem ersten Brand unterstützte Heinrich der Löwe die lukrative Stadt, die er schon lange in seinen Besitz hatte bringen wollen. Nach den Bränden 1252 und 1276 beschloss der Stadtrat schließlich, die leicht brennbaren Fachwerkbauten zu verbieten. »Sternerne Muren« sollten alle Neubauten zukünftig bekommen. Naturstein ist an den Küsten rar. Backstein – rot, dunkelbraun oder verputzt – prägte deshalb seither das Gesicht der Stadt.

Einer, der sein Haus bereits vor dem Ratsbeschluss aus Backstein errichten ließ, war der Ratsherr Bertram Stalbruk. Nicht weit vom Marktzentrum baute er um 1230 ein prachtvolles Giebelhaus, dessen roter Rückgiebel, wenngleich verändert und zum Teil rekonstruiert, noch zur ursprünglichen Bausubstanz gehört. Seine Grundform mit den eingezogenen Schrägen zwischen der unteren Stufe und der Firstzinne ist auf eine Veränderung zurückzuführen; wahrscheinlich verfügte er über zwei weitere Stufen. Die Entstehung von Stufengiebeln hat technische Gründe. Durch die Stufung, die über die Dachschräge hinausreicht, muss keine Schräge gemauert werden.

Der Rückgiebel der Löwen-Apotheke macht deutlich, dass die Giebelfläche schon früh Ausdruck einer kunstvollen Baugliederung wird. Deutsche Bänder – eine für den Backsteinbau, aber auch für den romanischen Natursteinbau typische Friesform, bei der die Ziegel schräg und so gestellt werden, dass sie mit der Schmalseite zur Mauerflucht stehen – trennen drei Reihen mit gekuppelten Doppelarkaden in hohen Rundbögennischen voneinander. Nicht hinter allen Arkaden befindet sich ein Fenster, die äußeren sind lediglich Blendfenster. Glasfenster waren in Privathäusern noch lange nicht üblich, weshalb Öffnungen nur in kleiner Zahl vorkommen.

Über den Ratsherren Stalbruk ist nicht viel bekannt. Ein deratiges Giebelhaus wäre typisch für einen Kaufmann gewesen. Im Erdgeschoss verfügten Giebelhäuser meist über eine große offene, sehr hohe Diele. Dort oder dahinter wurden Waren gelagert, produziert und verkauft, und meist befanden sich im Erdgeschoss auch eine Küche und ein Essbereich. Die oberen Geschosse waren bis in den obersten Winkel des Daches Speicherböden. Enge Treppen und Leitern führten hinauf, und mit einem geschossübergreifenden Seilzug wurden die Waren hoch und runter transportiert.

Durch den Ostseehafen und die schnelle Landverbindung an die Nordsee und ins Hinterland war Lübeck ein zentraler Umschlagplatz für Waren des Ost-West- sowie des Nord-Süd-Handels. Fisch, insbesondere der für die Fastentage beliebte Hering, Salz, Getreide, Holz, Metalle, aber auch Pelze und Tücher wurden von Lübecker Kaufleuten gehandelt. Die Waren wurden meist mit großen Koggen – ein Schiffstyp mit besonders viel Lagervolumen – über die Nord- oder Ostsee verschifft.

Ein einzelnes Schiff allerdings wäre auf dem Seeweg ebenso leicht angreifbar gewesen wie ein einzelner Kaufmann auf dem Landweg. Deshalb schlossen sich die Kaufleute zu Fahrtengemeinschaften zusammen. Nicht ein Schiff machte sich nun auf den Weg, sondern mehrere. Ebenso verbündeten sich sächsische Kaufleute in den Handelsstädten außerhalb des Reichs, um ihre Sicherheit und ihre Interessen besser vertreten zu können. Eine derartige Gemeinschaft wurde entsprechend dem niederdeutschen Wort für »Schar« Hanse genannt. Über ihre hanseatische Gemeinschaft verhandelten die Kaufleute auch mit Landesherren und Fürsten, so 1229, als Händler aus Riga, Visby, Lübeck und Bremen sowie den westfälischen Städten Soest, Münster und Dortmund in Smolensk Handelsprivilegien erreichen können.

Da die wohlhabenden Kaufleute im Verlauf des 13. Jahrhunderts ihre eigene Reisetätigkeit aufgaben und mehrere Vertreter gleichzeitig entsandten, um die Waren zu kaufen und zu verkaufen, bot sich ihnen nun die Möglichkeit, als Ratsmitglieder ins politische Geschehen der Stadt einzugreifen. Langsam verdrängten sie die Großgrundbesitzer aus dem Rat, und so überrascht es nicht, dass nun auch die Städte begannen, sich zu Hansen zusammenzuschließen, um ihre handelspolitischen Ziele durchzusetzen.

Wann aus diesen verschiedenen Hansen die deutsche Hanse wurde, ist umstritten. Eine Gründungsurkunde, nach der die Hansestadt Bremen 1418 vergeblich suchte, liegt nicht vor. Die gemeinsamen Angelegenheiten besprachen die Vertreter der Städte auf Versammlungen, den Tagfahrten. Von der jährlichen Tagfahrt, dem Hansetag, sind ab Mitte des 14. Jahrhunderts Beschlussprotokolle erhalten. Spätestens für diesen Zeitpunkt kann von »der Hanse« gesprochen werden.

Lübeck nahm schon bald eine Sonderrolle innerhalb der Hanse ein. Ein Großteil der Hansetage fand hier statt, und ab 1418 leitete der Rat der Stadt die Geschicke der Hanse auch zwischen den Versammlungen. 1668 fand hier, auch nachdem die Hanse ihre politische Macht schon länger eingebüßt hatte, der letzte historische Hansetag statt. Beinahe hätte Lübeck Ende des 19. Jahrhunderts auch die Löwen-Apotheke verloren. Nur dem Eifer eines Apothekerlehrlings, der anonym die Abrisspläne seines Arbeitgebers bekannt gab, ist der Erhalt der beiden wunderschönen hanseatischen Giebel zu verdanken.

HOCHMITTELALTER

105

24

Das Castel del Monte
in Apulien

Das Reich und Italien

BAUZEIT: ca. 1240–1250

Die weißen Mauern des Castel del Monto, das auf Veranlassung Kaiser Friedrich II. auf dem höchsten Punkt der welligen apulischen Landschaft errichtet wurde, sind schon aus mehreren Kilometern Entfernung schemenhaft zu sehen. Dann nehmen sie plötzlich eine überraschende Gestalt an. Der Grundriss beruht auf einem exakt gleichseitigen Achteck, über dem sich der Bau 25 m in die Höhe erhebt. Jede der Ecken des Oktogons wird von einem vorspringenden, ebenfalls achteckigen Turm begleitet. Aus der Unterperspektive betrachtet, endet das Mauerwerk unvermittelt und ungewöhnlich, denn das Dach des Castels ist flach. Die Mauermassen, die auf jeder Seite des Achtecks durch nur zwei reich verzierte Fenster durchbrochen werden, sind durch scharfe Gesimse in Sockel, Erd- und Obergeschoss gegliedert.

Das Portal hebt sich vom weißen Kalkstein ab. Es wurde aus wunderschönem roten, grobkörnigen Stein gefertigt. Dahinter verbirgt sich ein trapezförmiger Raum. Die Form ergibt sich durch den achteckigen Innenhof in der Mitte des Baus, um den pro Geschoss acht Räume liegen. Der mittelalterlichen Architekturvorstellung folgend, aber für den Gast des 21. Jahrhunderts verwirrend, öffnet sich der erste Raum nicht zum Innenhof. Zudem sind nicht alle Räume untereinander verbunden, ein Rundgang ist nicht möglich. Die konsequente Anwendung von Sichtachsen und Symmetrie findet sich erst in der Renaissance wieder.

Der Bau ist einzigartig. Zwar gibt es in Europa und im byzantinischen wie im islamischen Kulturbereich geometrische Bauten, die eine Anregung gegeben haben könnten, doch übertrifft das Castel diese in der Exaktheit der geometrischen Form und ihrer konsequenten Anwendung. Phantasievolle Hypothesen wurden zu ihrer Erklärung angeführt. Verfügte Friedrich über ein geheimes Wissen, das schon bei der ägyptischen Cheops-Pyramide Anwendung fand? Versuchte er mit dem Bau eine bestimmte Sternenkonstellation nachzubilden? Am plausibelsten erscheinen Bezüge zum Oktogon der Pfalzkapelle in Aachen (→ 2) oder zur Grabeskirche in Jerusalem.

Rätselhaft erscheint auch die Funktion des Gebäudes. Friedrich selbst bezeichnete es in der einzigen zeitgenössischen Erwähnung als *castrum*, als Burg. Doch so trutzig das Bauwerk auf den ersten Blick auch wirkt, ihm fehlen wichtige wehrhafte Elemente. Die Türme weisen keine Schießscharten auf, die in dieser Zeit schon üblich sind, und es gibt auch keine Zinnen. Nur drei der Türme verfügen über Treppen, die anderen Türme beherbergen Schlafkammern und Aborte, die sogar eine Regenwasserspülung besaßen. Die Treppen entsprechen zudem nicht den üblichen Verteidigungsstandards: Ihre Windungen verlaufen anders als üblich gegen den Uhrzeigersinn. Die Windung im Uhrzeigersinn ermöglichte in einer Zeit, da die rechte Hand als Schwerthand galt, die bessere Kampfposition für den Verteidiger im Turm: Der Angreifer, der den Turm erstürmen wollte, hatte durch die Enge der Wendelspinne auf der rechten Seite keinen Platz, mit dem Schwert auszuholen, während der von oben kommende Verteidiger auf der linken (seiner rechten) Seite frei mit dem Schwert agieren konnte.

Aufgrund dieser Besonderheiten wurde vermutet, dass das Castel als reines Jagdschloss gedacht war. Wie viele seiner adligen Zeitgenossen war Friedrich ein leidenschaftlicher Jäger; insbesondere die Falkenjagd begeisterte ihn. Von ihm stammt auch das berühmte Falkenbuch, eine auch heute noch von Fachleuten konsultierte vogelkundliche Abhandlung über die Tiere und die Jagd mit ihnen. Interessanterweise bezeichnet Friedrich derartige Bauten in seinen Schreiben und Urkunden als *domus*, Haus.

Der geografische Raum des heutigen Italiens war zur Zeit der Staufer in drei Teile gegliedert: Zum einen das Königreich Sizilien, bestehend aus Süditalien und Sizilien; es wurde seit 1130 als Erbmonarchie von normannischen Königen geführt. Das zweite italienische Herrschaftsgebiet war der Kirchenstaat, *Patrimonium Petri*, mit Rom, Spoleto und Ancona, beherrscht vom Papst, der dem Kaiser, als Schutzherr der Römer (→ 2), militärische Unterstützung schuldete. Das dritte, das Königreich Italien, *Regnum Italiae*, umfasst die Lombardei, Tuscien (Toskana), Verona und Romagna sowie die Inseln Korsika und Sardinien. Es gehörte als ein Teilreich zum römisch-deutschen Reich – ebenso wie das Teilreich Burgund und das nordalpine »deutsche« Gebiet. Der politische Einfluss des römisch-deutschen Königs bzw. Kaisers war in den Randgebieten Italiens und Burgunds allerdings eher gering. Dennoch war die Herrschaft über das Königreich Italien insbesondere für die Sicherung des Zuges nach Rom und die dortige Kaiserkrönung entscheidend.

1186 heiratet Heinrich VI. die Tante Wilhelms II. von Sizilien, über die er nach dem Tod Wilhelms Ansprüche auf den Thron erhebt und schließlich durchsetzen kann. Nach dem Tod Heinrichs wird sein unmündiger Sohn Friedrich König von Sizilien, während im Reich der Thronstreit zwischen Staufern und Welfen ausbricht (→ 20). Das Königreich Sizilien bleibt für Friedrich II. trotz der ihm später verliehenen Kaiserwürde eine wichtige Region. Hier fördert er Philosophie und Rechtskunde, gründet in Neapel die erste Universität ohne kirchlichen Einfluss und durchzieht das Gebiet mit Burgen und Kastellen, die auch während seiner Abwesenheit von seiner Herrschaft künden. Castel del Monte spiegelt diesen Anspruch wie kein anderes Bauwerk wider.

Friedrich hat es nie in fertiger Form gesehen. Er stirbt 1250, von zahlreichen Menschen gepriesen, von anderen verdammt und als Antichrist verunglimpft. Das Castel wird 1266 zum Symbol des Endes der Stauferherrschaft. Der neue König von Sizilien wählt das stolze Castel als Gefängnis für die Enkel Friedrichs.

HOCHMITTELALTER

25

Der Westchor
des Naumburger Doms

Kleider machen Leute

BAUZEIT: 1243–1249

Uta von Naumburg – »Germany's first topmodel« wie das *Deutsche
Bahn Magazin* 2011 titelte – oder vielmehr die Statue der Uta ist sicherlich Deutschlands bekannteste mittelalterliche Skulptur. Sie residiert
zusammen mit elf weiteren Figuren im Westchor des Naumburger
Doms. Die vier weiblichen und acht männlichen Figuren ziehen die
Menschen in ihren Bann. Sie sind äußerst detailgetreu und wirken
sehr lebendig. Die Statue der Uta schaut verträumt, eine andere weibliche Statue leicht spöttisch, während einer der Männer misstrauisch
über seinen Schild späht. Die individuellen Gefühlsregungen werden
von sanften Bewegungen begleitet: hier ein Griff an die Mantelschnur,
dort ein gedrehter Oberkörper, an anderer Stelle Finger, die die Seiten
eines Buches – der Bibel – teilen. Auf den Häuptern tragen sie Kronen,
Schleier oder feine Mützen. Modisch sind die Taillen einiger Herren
gegürtet, während sie ihr Schwert aufstützen, in der Hand halten oder
hinter dem großen Schild verbergen.

Die überlebensgroßen Naumburger Figuren stellen Laien dar. Aber
wieso sind sie im Chorbereich aufgestellt, der nur den Geistlichen zugänglich ist? Die Trennung von Laien und Geistlichen ist im Dom noch
deutlich zu sehen. Chor und Langhaus werden durch eine mehrere
Meter hohe Mauer getrennt, den Lettner. Das mittige Portal bot Laien
die einzige Möglichkeit, einen Blick in den Chor zu erhaschen. Dort
wurde mehrfach täglich das Stundengebet gebetet. Die Domkanoni-
ker sangen dabei innerhalb einer Woche alle 150 Psalmen des Alten

Testaments. Zwei Chöre, die sich entlang der Längsachse der Kirche im Chor gegenüberstanden – das Chorgestühl zeugt von ihren Positionen – trugen Teile der Psalmen wechselseitig vor. Die Laien konnten dem Gesang zwar zuhören, blieben aber hinter dem Lettner verborgen. Und dennoch waren mit den Statuen Laien im Chor präsent, nicht Heiligenstatuen oder die zwölf Apostel wie in der nur wenige Jahre zuvor vorbildhaft gebauten Saint Chapelle in Paris.

Die Figuren geben den Hinweis auf eine Erklärung. Auf den Rändern der Schilde stehen Namen, wobei die Inschriften aus dem 16. Jahrhundert stammen. Auf dem Schild des Grafen Syzzo wurde zudem unter einer jüngeren Bemalung ein Wappen entdeckt, bei dem es sich um das Familienwappen des Trägers handeln dürfte, was den Inschriften Glaubwürdigkeit gibt. Wohlgemerkt ist es nicht das Wappen des Grafen selbst, denn die identifizierten Personen lebten Mitte des 11. Jahrhunderts, und erst im Verlauf des ersten Kreuzzugs kamen Wappen in Europa auf.

Im 17. Jahrhundert konnte ein Kleriker die Namen der Figuren mit Nennungen in Dokumenten des 13. Jahrhunderts, also der Bauzeit des Westchors, verbinden. Demnach erinnern die Statuen an Stifterinnen und Stifter aus der Anfangszeit des Bistums Naumburg, das 1028 durch Verlegung des Bistums Zeitz entstand. In einem Schreiben aus dem Jahr 1249 ruft der Naumburger Bischof zu Spenden für die Vollendung des Doms auf und nennt als gutes Beispiel elf Gönnerinnen und Gönner der Anfangszeit, darunter auch eine Markgräfin Uta und einen Markgraf Ekkehard.

Obwohl die Figuren lebendig und individuell wirken, handelt es sich bei ihnen nicht um Portraits im modernen Sinne eines realitätsnahen Abbildes. Vielmehr kommen einzelne Gesichtspartien, Mimiken und Körperhaltungen im Werk des Naumburger Meisters immer wieder variiert vor. Die Stifterfiguren konnten rund 200 Jahre nach dem Tod der beiden ohnehin keine lebensnahen Abbilder sein. Sie entsprechen in ihrer Gestaltung den Idealvorstellungen der höfischen Kultur des 13. Jahrhunderts, denen zufolge ein edler Geist in einem edlen Körper wohnte. Ihre Kleidung und ihr Schmuck drücken den hohen Stand aus, denn neben der praktischen Funktion des Schutzes vor Wind, Wetter und ungebetenen Blicken diente Kleidung im Mittelalter der Unterscheidung des gesellschaftlichen Ranges und der sozialen Zugehörigkeit. Adlige Frauen trugen im 13. Jahrhundert ein Hemd, darüber ein Obergewand mit Ärmeln und einen ärmellosen Mantel. Entgegen der französischen Mode, die die Taille betonte und im Reich immer mehr Zustimmung fand, hat der Steinmetzmeister die Gewänder der Frauen nicht gegürtet. Dadurch bieten sie ihm die Möglichkeit, mit tiefen Falten die Plastizität der Figuren zu erhöhen und durch ihren Fall Stofflichkeit darzustellen. Während Utas Mantel, den sie mit der einen Hand an der Taille rafft, eine Fülle von Stoff zu bieten scheint – ein Merkmal, das im 12. Jahrhundert genutzt wurde, um mit dem Übermaß an teurem Stoff Reichtum und Macht zu symbolisieren –, sind ihre Ärmel der körperbetonten Mode folgend sehr eng. Die Stoffe adliger Frauen konnten aus Brokat und Seide bestehen; auch Pelzbesätze waren üblich. Die Kleidung zeichnete sich durch leuchtende Farben aus – Grün, Indigoblau, Rot und sogar Purpur. Mehrfarbigkeit wurde durch das Übereinandertragen mehrerer unterschiedlich langer und unterschiedlich gefärbter Schichten erreicht. Bauersfrauen trugen eine vom Prinzip her ähnliche Kleidung, doch war sie anders als bei den Adligen kaum Schnittveränderungen unterworfen. Als Materialen dienten hier Leinen, Hanf und Nessel für die Unterkleidung und Wolle für die Oberkleidung. Die Farbpalette war gedeckt – Braun, Grau und andere Naturtöne.

Unabhängig von der tagesaktuellen Mode ist es wahrscheinlich Utas halb hinter dem Mantelkragen verborgener majestätischer Blick, der sie so berühmt gemacht hat. 1937 ist sie sogar das Vorbild für eine weltbekannte Figur, die böse Stiefmutter in dem Walt Disney Klassiker *Schneewittchen und die sieben Zwerge*. Doch der Ruhm hat auch seine Schattenseiten: Mitte des 21. Jahrhunderts wird sie zur nationalsozialistischen Symbolfigur.

HOCHMITTELALTER

113

26

Das Kloster Chorin

*Die Zisterzienser
und der Landesausbau*

BAUZEIT: um 1273–1305

Etwa 150 Jahre bevor das Kloster Chorin in der Mark Brandenburg gegründet wird, wettert ein Mönch namens Bernhard von Clairvaux gegen die Prunksucht seiner Zeit, die sich auch unter den Geistlichen und in den Klöstern ausgebreitet habe. Er ereifert sich über die »grenzenlose Höhe der Bethäuser, ihre übermäßige Länge und unnötige Breite, ihre kostspieligen Marmorarbeiten und Erstaunen erregenden Malereien« und fährt fort, die grotesken Figuren der Kapitelle würden mehr die Lust anregen, »in den Marmorbildern statt in den Codices zu lesen«.

Der wortgewaltige Mönch gehörte einem noch jungen Orden an, den Zisterziensern, die nach dem Ursprungskloster Cîteaux (von lat. *cistercium*) in Frankreich benannt worden waren. Der Gründer dieser Gemeinschaft, Robert von Molesme, war 1098 aus dem Benediktinerkloster Cluny ausgetreten, weil er fand, dass dort die Ordensregeln des heiligen Benedikts von Nursia nicht mehr ausreichend befolgt wurden. Das Leitmotiv der zwischen 530 und 560 verfassten Klosterregel ist die gemeinsame Suche der Mönche nach Gott. Ein disziplinierter Tagesablauf mit dem Wechsel von Gebet und Arbeit, Gehorsam gegenüber den Oberen und Gott, Demut, Nächstenliebe, Einfachheit und Beständigkeit auch durch Ortsfestigkeit stellt die Grundlagen dieser Suche dar.

Bernhard von Clairvaux, benannt nach einem der ersten Tochterklöster der Ursprungsabtei, dessen Gründungsabt er war, wird zum erfolgreichsten Verfechter des Ordens. Seinen Predigten und seinem Charisma, die später viele in Frankreich und im Reich für den zweiten Kreuzzug in den Jahren 1146 und 1147 begeistern, verdankt der Orden seinen Aufstieg. Im 12. und 13. Jahrhundert werden überall in Europa Männer- und – nach langem Widerstand des Generalkapitels während der jährlichen Versammlung aller Zisterzienseräbte in Cîteaux – schließlich auch Frauenklöster gegründet.

Das Männerkloster in Chorin geht auf eine Gründung durch die Brüder Johann I. und Otto III., den Markgrafen von Brandenburg, aus dem Jahr 1258 zurück. Das Kloster liegt zunächst etwa acht Kilometer weiter nördlich, wird aber nach wenigen Jahren mit Zustimmung des Generalkapitels und der Söhne von Johann wegen mehrerer Unbequemlichkeiten, wie es in der Urkunde heißt, verlegt. Den Mönchen fehlte wahrscheinlich fließendes Wasser, das sie unter anderem zur Trinkwasserversorgung und zum Betrieb von Mühlen benötigten.

Das neue Kloster liegt sowohl an einem See als auch an einem Flusslauf. Das warme Backsteinrot des Komplexes hebt sich malerisch vom Grün der hohen Bäume und fast noch schöner vom Weiß einer Winterlandschaft ab. Die Kirche hat die Form einer Basilika, wobei das Mittelschiff, das Querhaus und der Chorabschluss gleichmäßig zum Himmel streben und eine gemeinsame Firsthöhe erreichen. Einen Kirchturm, der scheinbar grenzenlos in die Höhe wächst wie bei anderen gotischen Kirchen, gibt es bei den Zisterzienserklöstern nicht. Ein kleiner Dachreiter nimmt die Glocke auf, die zum Gebet ruft.

Der Chorabschluss ist nicht rund, sondern polygonal, wie häufig in der Gotik. An den Ecken stützen schmale Strebepfeiler das Bauwerk, und Licht strömt durch die schmalen zweibahnigen Lanzettfenster mit ihren überhöhten Spitzbögen ins Innere. Die Kirchen der Zisterzienser verzichten auf Glasmalerei, wodurch das Licht als Sinnbild für die Schönheit Gottes ungehindert in den Altarraum fallen kann. Auch im nördlichen Querhausarm durchbricht ein großes, hier vierbahniges Fenster die Mauerfläche. Darüber erhebt sich ein Dreiecksgiebel, auf dessen Kanten kleine Zierformen, Krabben genannt, sitzen. Unterhalb des Fensters ist das Mauerwerk an einer Stelle heller. Dort, auf

Augenhöhe, befand sich ursprünglich eine Sichtöffnung, ein Hagioskop oder Heiligen-Fenster. Die Öffnung ermöglichte es den Besucherinnen und Besuchern des an der nördlichen Kirchenseite gelegenen Friedhofs, in den Altarraum zu sehen und so an seiner Wirkung teilzuhaben. Die vielen rechteckigen Löcher in der Außenwand stammen vom Baugerüst, das so verankert wurde. Meist wurden sie später zugesetzt, was in Chorin aber nicht der Fall ist.

Die Mark Brandenburg bestand zur Zeit des Klosterbaus gut hundert Jahre. Obwohl die Region nach der Einnahme der Siedlung Brandenburg unter dem ersten fränkisch-deutschen König Heinrich I. dem Reich tributpflichtig wurde, bestand ihre Bevölkerung weiter aus meist heidnischen Slawen unterschiedlicher Stämme. 983 hatten sie im Lutizenaufstand Brandenburg und Havelberg zurückerobert. Erst im 12. Jahrhundert kam es zu einer erneuten Annäherung, als der getaufte Hevellerfürst Pribislaw-Heinrich, der im Gebiet Brandenburg bis Spandau herrschte, gute Beziehungen zu den angrenzenden Reichsadligen pflegte. Insbesondere mit dem Askanier Albrecht dem Bären, dessen Stammsitz in Aschersleben am Rande des Harzes lag, unterhielt er einen engen Kontakt, der so intensiv war, dass der kinderlose Pribislaw-Heinrich die Patenschaft für Albrechts Erstgeborenen übernahm und den Bären als seinen Erben einsetzte. Albrecht gelang es dadurch, seine Macht nach Osten auszudehnen und sich sogar gegen den Slawen Jaxa von Köpenick durchzusetzen. Bald darauf nannte er sich Markgraf von Brandenburg.

Während des nächsten Jahrhunderts durchdrangen die Askanier die Mark immer stärker. Ein wichtiger Schritt dazu war die Urbarmachung des Landes. Als Orden, der seine Klöster am liebsten in der Wildnis baute, waren die Zisterzienser Experten auf diesem Gebiet. Sie hatten Erfahrung im Trockenlegen von Sümpfen und bewirtschafteten die erschlossenen Gebiete sehr erfolgreich. Die Förderung des Ordens war für Johann und Otto, die Ururgroßenkel Albrechts, daher eine naheliegende Maßnahme zum Landesausbau.

27

Das Freiburger
Münster

Der Rat und das Brot

BAUZEIT: ca. 1200–1513

Ob Sonne oder Regen – jeden Werktag herrscht vormittags auf dem Münsterplatz in Freiburg eine emsige Geschäftigkeit. Die Zipfel der bunten Dächer der Marktstände flattern im Wind. Saftiges Obst liegt zwischen frischem Gemüse und farbenfrohen Blumen. Der Duft von frischem Kaffee weht über den Platz. Inmitten des bunten Treibens steht das altehrwürdige Freiburger Münster.

Die Bauarbeiten begannen im ersten Jahrzehnt des 13. Jahrhunderts. Die alte Kirche, in der Bernhard von Clairvaux für den zweiten Kreuzzug predigte, war für die prosperierende Stadtgemeinde zu klein geworden. Der Silberbergbau und der Fernhandel brachten der Stadt Reichtum und eine wachsende Einwohnerzahl. Stück für Stück wurde die alte Kirche abgerissen und die prächtige neue Kathedrale hochgezogen. Als der Chor, das Querhaus und die Ostjoche so weit fertiggestellt waren, dass sie endlich genutzt werden konnten, wurde 1259 die erste Glocke für den Neubau gegossen. Sie erhielt den Namen Hosanna, war 3290 kg schwer und erklingt immer noch über der Stadt. Vermutlich war sie – ihr Gewicht machte es kaum anders möglich – direkt auf der Baustelle in einer Bodengrube gegossen worden. Zumindest für eine Glocke des Vorgängerbaus wurde die Gussgrube bei archäologischen Grabungen entdeckt. Die neue Glocke fand zunächst einen Platz im noch vorhandenen Turm des Vorgängerbaus, während die Bauleute weiter westlich die Arbeiten für die mächtige Vorhalle im Erdgeschoss des Turms und das westliche Langhaus anfingen. Sie errichteten die unteren Partien der schweren Strebepfeiler, die später den Westturm mit dem filigranen Maßwerkhelm stützten.

An den Strebepfeilern findet jeweils eine Sitzfigur der Grafen von Freiburg Platz. Die linke Skulptur hat den linken Knöchel auf das rechte Knie gelegt, auf dem Schoß liegt ein Schwert, dessen Griff der Graf mit der linken Hand locker umschließt. Es ist die Pose des Richters. Zusammen mit der Darstellung des Weltgerichts im Tympanon, dem Bogenfeld über dem inneren Portal der Vorhalle, kann dies als Hinweis verstanden werden, dass die Vorhalle als Gerichtsstätte genutzt wurde. Dies wäre keine ungewöhnliche Praxis. Sowohl für Frankfurt, Bamberg und Münster als auch für viele andere Dome ist sie nachzuweisen. In Freiburg wurde die Vorhalle in jedem Fall für die Bekanntgabe der durch den Rat festgelegten Maße verwendet. So zeigt hier ein festmontierter Eisenstab die Länge der in Freiburg gültigen Elle an; außerdem wurde die gültige Höhe und Bodenfläche eines Getreidemaßes (Sester) und eines Kohlenkorbs in den Stein geschlagen. Unterhalb der Skulptur des Freiburger Grafen sind ferner mehrere runde und schiffchenförmige, mit Jahreszahlen versehene Einritzungen zu sehen. Es handelt sich dabei um die vom Rat festgelegten Maße für Brotwaren, die für einen gleichbleibenden Preis – wohl für einen Pfennig – zu haben waren. Im Jahr 1320 war das runde Pfennigbrot von stattlicher Größe, mit einem heutigen Brotlaib vergleichbar. Auch im Jahr 1270 hatte das Brot eine gute Größe. Im Jahr 1317 dagegen, einem von mehreren hintereinander folgenden Regenjahren, war die Ernte schlecht, und da der Getreidepreis dementsprechend höher war, mussten kleinere Brote gebacken werden.

Getreide war das Grundnahrungsmittel des Mittelalters. Etwa die Hälfte des Energiebedarfs dürfte durch Brot und Getreidebrei abgedeckt worden sein. In der Stadt waren insbesondere Weizenbrote beliebt, während auf dem Land Schwarzbrot oder andere Getreidebrote gegessen wurden. Energiereiche Pflanzen wie die Kartoffel oder der Mais gelangten erst in der Neuzeit nach Europa; die Menschen waren deshalb auf Getreide angewiesen, das zwar in deutlich mehr Varianten angebaut wurde als heute, aber mit sehr viel weniger Ertrag. Der klimatisch günstigen Anbauphase im Hochmittelalter folgten ab dem 14. Jahrhundert immer wieder Missernten und damit verbunden Hungersnöte. Die Regulierung der Brotgrößen sollte die Versorgung der Bevölkerung sicherstellen. Die Einhaltung war durch das Einschreiben der Brotgrößen in Stein für jeden nachprüfbar. Verstöße gegen die Vorschriften führten zum Teil zu schweren Strafen. Aufzeichnungen aus Köln belegen, dass 1407 der Verkauf eines geringfügig leichteren Brotes mit einer Strafe in Höhe des dreifachen Preises geahndet wurde. Bei einer starken Abweichung konnte die Bäckerei geschlossen werden und der Bäcker oder die Bäckerin mit dem »Schlüpfen« bestraft werden, wobei die verurteilte Person unter dem Jubel der Menge in einem Korb mehrfach in das Wasser eines Flusses oder Teiches getaucht wurde.

Neben Getreideprodukten wurden Gemüse, Milchprodukte, Fisch und – mit steigender Tendenz insbesondere in der Oberschicht – Fleisch gegessen. Wer konnte, hielt ein Schwein, das im Dezember geschlachtet wurde. Obst war, wenn es nicht selbst angebaut wurde, teuer und damit hauptsächlich dem Adel und den reichen Kaufleuten vorbehalten. Wild gehörte dank der herrschaftlichen Jagdrechte zu den Speisen des Adels, dem auch Pfaue, Schwäne, Raben und Krähen serviert wurden. Manche Speise, die später zur Luxusware wird, war damals das Essen der einfachen Leute. So beschwerten sich Tagelöhner in der Normandie während des 13. Jahrhunderts über den immer wieder gereichten Lachs. Schon im 15. Jahrhundert wurde Lachs jedoch wegen Überfischung zu einer teuren Speise. Wasser, dünner Wein und Bier, gegen Ende des Mittelalters Hopfenbier, vervollständigten den Speiseplan.

Bier und Wein gehören immer noch zu den Lebensmitteln, die auf dem Markt gekauft werden können. Auch Brote und Brötchen werden feilgeboten. Zum Portal des Münsters geht allerdings heute niemand mehr, um sich von der rechten Größe der Backwaren zu überzeugen.

28

Das Heiligen-Geist-Hospital
in Lübeck

Armen- und Krankenpflege

BAUZEIT: ca. 1260–1286

Die stetige Sorge um das Seelenheil beschäftigte auch die städtische Bevölkerung, und vor allem die Kaufleute sorgten sich, dass es durch ihr Streben nach Gewinn gefährdet sein könnte. Daher versuchten sie, die göttliche Gunst durch Freigibigkeit, karitatives Engagement und gemeinnützige Stiftungen zu gewinnen. Das Leben in der Stadt bot zahlreiche Möglichkeiten zur Wohltätigkeit. Missernten wirkten sich insbesondere auf die arme Stadtbevölkerung aus, die oft einseitige Ernährung führte zu Mangelerscheinungen, und die schlechte Hygiene begünstigte die Ausbreitung von Krankheiten. Eines der beeindruckendsten Zeugnisse bürgerlicher Mildtätigkeit steht in bester Lage auf dem Lübecker Koberg; es ist zugleich ein Zeugnis bürgerlichen Repräsentationswillens.

Erbaut wurde das Heiligen-Geist-Hospital zwischen 1260 und 1286 im Auftrag des Stadtrats. Es ersetzte ein älteres Hospital, das bereits 1227 auf der anderen Werderseite gegründet wurde. Das neue Hospital ist eine gewaltige Anlage. Zum Markt ragt die breite dreischiffige Hospitalkirche im für Lübeck typischen roten Backstein empor. Jedes Schiff wird von einem eigenen Satteldach überfangen und zeichnet sich dementsprechend durch einen eigenen Giebel aus. Es sind keine hanseatischen Staffelgiebel, allerdings ist das Mittelschiff deutlich größer und der Mittelgiebel etwas erhöht, sodass die Giebel in sich eine Staffelung erreichen. Bei genauer Betrachtung fällt auf, dass die Fugen der Seitengiebel und der achteckigen Stiftstürme schmaler sind

SPÄTMITTELALTER

123

als jene der übrigen Mauerfläche. Sie sind vermutlich etwas später, Anfang des 14. Jahrhunderts, errichtet worden. Der Dachreiter und die goldene Uhr sind noch späteren Datums.

Durch gewaltige Spitzbogenfenster strömt das Licht in die weiträumige, zweijochige Halle im Inneren. Es mag verwundern, dass die Gewölbe im Mittelschiff die Fensterbahn oben überschneiden. Die schönen Sterngewölbe mit ihren sternenförmigen Rippen und ihrer filigranen Bemalung wurden um 1495 eingefügt, ohne dabei auf die Fensteröffnungen zu achten. Die Schiffe der Kirche sind komplett zueinander geöffnet, und die Gewölbe stützen sich auf zwei Mittelpfeiler aus Backstein.

Ein Lettner umfängt die beiden großen Portale, die in den Haupttrakt, das Lange Haus des Hospitals führen. Es schließt direkt an das Mittelschiff an und folgt diesem in seiner Breite. Vier Reihen kleiner hölzerner Zellen nehmen den einschiffigen, 88 m langen Saal (ohne Stützen) ein. Sie stammen aus dem 19. Jahrhundert und wurden von je einer Person bewohnt, die im Hospital ihren Lebensabend verbrachte. Das Hospital diente schon seit Anfang des 16. Jahrhunderts nur noch als Altenheim, in das sich die Wohlhabenden der Stadt für mehr Komfort einkaufen konnten. Ihr Einkommen (Pfründe) sicherte ihnen eine kleine Wohnung auf dem Komplex, während Alte ohne Vermögen im Saal wohnten und sich ihre Unterkunft so lange wie möglich durch Arbeit im Hospital verdienten.

Hospitäler wurden im Frühmittelalter vor allem von Klöstern und Kirchen betrieben. Sie richteten sich an Arme, Alte, Pilgerinnen und Pilger, alleinstehende Frauen und Kinder, die mit Nahrung und Kleidung versorgt wurden und eine gewisse medizinische Versorgung erhielten. Hilfe bekam, wer diese einforderte. Im Hochmittelalter bildeten sich, gerade im Zusammenhang mit den Kreuzzügen, dem Gebot der Nächstenliebe folgend Ordensgemeinschaften wie die Johanniter heraus, die zuerst im Heiligen Land, dann bald auch in ganz Europa auftraten. Die verschiedenen Orden ließen sich in den Städten nieder und betrieben dort Hospitäler. Mit dem Erstarken des Bürgertums entstanden außerdem städtische Fürsorgeeinrichtungen.

Die Zielgruppe der städtischen Hospitäler blieb gemischt. Gesunde Hilfsbedürftige fanden zusammen mit Kranken in langen Bettenreihen ein Lager. Meist streng nach Geschlechtern getrennt, teilten sie sich ein Bett mit mehreren Personen. Die medizinische Versorgung war meist dürftig, und die Visite eines Arztes eine Ausnahme. Schwerkranke mit ansteckenden Krankheiten fanden in den Hospitälern keinen Einlass. Sie wurden in Siechenhäusern (→ 31) vor der Stadt isoliert.

Heiler und Heilerinnen, die bis zur Akademisierung der Medizin in vielen Städten nachzuweisen sind, Hebammen und andere Berufszweige kümmerten sich um die Behandlung Kranker in deren Haushalt. Einfache Knochenbrüche konnten erfolgreich geschient werden, bei vielen Erkrankungen halfen Kräuter. Geburten wurden der Moral wegen primär von Frauen im Haushalt der Gebärenden begleitet. Die hohen Geburtenraten und die damals mit der Geburt verbundenen Risiken waren dafür verantwortlich, dass Frauen eine niedrigere Lebenserwartung (44 Jahre) als Männer (47 Jahre) hatten.

Die Pflege im Heiligen-Geist-Hospital in Lübeck übernahm eine Ordensgemeinschaft. Wie eng die Anbindung an den Heiligen-Geist-Orden war, der um 1170 in Montpellier entstand, ist ungeklärt. Eine bischöfliche Urkunde von 1263 gibt Auskunft über die Ordensregeln der Brüder und Schwestern. Sie gelobten keusch und in Armut zu leben und dem Hospitalmeister Gehorsam zu leisten. Ihre Ordenstracht (Habit) war aus einfacher weißer oder grauer Wolle, »wie sie von den Schafen kommt«. Eine medizinische Ausbildung wird nicht erwähnt. Diese war nach Auffassung der Kirche auch nicht nötig, denn die Heilung oblag Gottes Willen. So war auch die Teilnahme am Gebet und am Gottesdienst zwingend für die Hilfesuchenden.

Im Langen Haus riecht es inzwischen nicht mehr nach Krankheit und Desinfektionsmitteln. Bei Kunst- und Weihnachtsmärkten zieht vielmehr der Duft von Gebäck und Glühwein durch die Luft.

SPÄTMITTELALTER

125

29

Die Marienburg
im polnischen Malbork

Der Deutsche Orden

BAUZEIT: ab 1280

Die Marienburg ist eine der imposantesten Burgen Polens. Etwa 350 Kilometer von der deutsch-polnischen Grenze entfernt, erstreckt sie sich in drei Teilen am Ufer der Nogat. Vorburg, Mittelschloss und Hochschloss werden sie genannt. Die Unterscheidung von Burg und Schloss in der deutschen Sprache ist neueren Datums, in älteren Quellen werden beide Begriffe synonym benutzt, und im Lateinischen heißt beides *castrum*. Zudem dienten auch Burgen der Repräsentation, und selbst barocke Schlösser besaßen noch wehrhafte Elemente.

Die Wehrhaftigkeit der Marienburg ist nicht zu übersehen. Drei Mauerringe umgeben sie. Mittelschloss und Hochschloss erheben sich wie strenge Kolosse im rötlichen Abendlicht. Wer in den innersten Kern, das Hochschloss, möchte, durchquert 14 Tore, die zum Teil eher dunkle Gänge sind. Zu guter Letzt überspannt eine lange Zugbrücke einen Wassergraben, der inzwischen aber kein Wasser mehr führt.

Das heutige Erscheinungsbild der Marienburg ist das Resultat einer zweiten Restaurierung, nachdem im Zweiten Weltkrieg große Teile der Bausubstanz in Schutt und Asche gelegt wurden. Das Hochschloss ist der älteste Teil der Anlage. Es wurde Ende des 13. Jahrhunderts von Rittern des Deutschen Ordens gebaut. Der Vierflügelbau umgibt einen quadratischen Hof. Ein Kreuzgang zeigt hier, dass es sich nicht um eine weltliche Burg, sondern um eine Ordensburg handelt. Seltsamerweise liegt der Kreuzgang im ersten Obergeschoss. Es ist ein

HOCHMITTELALTER

127

lichter Ort; frische Luft und Sonnenstrahlen fallen durch die großen offenen Maßwerkfenster. Kreuzgratgewölbe decken den Gang. Die Schlusssteine, die Steine im Scheitelpunkt des Gewölbes, sind durch eine Blumenform hervorgehoben. Seit etwa 1200 wurden Ziegelsteine nicht mehr von einem Lehmblock abgeschnitten, sondern durch Formen hergestellt, in die der Lehm gestrichen wurde. Mit der Zeit wurden die Formen aufwendiger, sodass auch einfache Schlusssteine als Formstein hergestellt werden konnten. Die Glasierung erhielten sie später per Hand.

Der Kreuzgang ist der Verbindungsgang des Geschosses, an dem alle Räume liegen. Geradeaus geht es zum Schlafraum der Ordensritter, dem *dormatorium*. Das Portal ist durch Maßwerk ausgeschmückt. Links davon führt ein weiteres kunstvolles Portal mit Figurenschmuck zur Kapelle St. Marien. Der Gottesmutter und Namenspatronin der Burg ist auch die Kunst im Kreuzgang gewidmet. Auf halber Strecke ist ein Wandgemälde angebracht, das zwei Engel bei der Anbetung von Maria mit dem Christuskind zeigt. Über dem Dormatoriumsportal befand sich einst eine Kreuzigungsgruppe mit Maria auf der linken – vom gekreuzigten Christus aus auf der rechten (guten) – Seite des Kreuzes.

Der Deutsche Orden, eigentlich »Orden der Brüder vom Deutschen Haus Sankt Marien in Jerusalem«, wird um 1190 als dritter Spitalorden nach den Templern und den Johannitern (→ 15) in Akkon, Königreich Jerusalem, gegründet. Seine Erhebung zum Ritterorden erfolgt 1198. Die Anfangszeit liegt im Dunkeln, doch kann der Orden schnell Fuß fassen, insbesondere durch die Förderung des Stauferkaisers Friedrich II., der 1225 durch Heirat zum König von Jerusalem wird. Durch eine wachsende Zahl prominenter Adliger, die in den Orden eintreten, wächst der Ordensbesitz auch in Europa. 1291 wird Akkon als »letzte Bastion« der christlichen Kreuzfahrer durch die Truppen des Sultans erobert. Damit sind die Kreuzzüge endgültig gescheitert.

Zu diesem Zeitpunkt breitet sich der Orden schon seit einigen Jahrzehnten im Nordosten des Reiches und darüber hinaus aus. Auf den Hilferuf des polnischen Herzogs Konrad von Masowien, dessen

Territorium an der Nordgrenze durch die heidnischen Prussen, einem baltischen Volksstamm, in Bedrängnis gerät, und mit Privilegien des Kaisers und des Papstes ausgestattet, die ihnen mehr oder weniger die Herrschaft über eroberte Gebieten zugestehen, kommen Ordensritter ins Kulmer Land, die Region um Chełmno in Polen. Die Christianisierung mit dem Schwert ist brutal. Auf der Marienburg zeigt manches Relief das »heldenhafte« Vorgehen der Ordensritter.

Siedlerinnen und Siedler aus dem Reich werden im Kulmer Land sesshaft. Das Siedeln in den Ordensgebieten ist attraktiv. Die Bauernfamilien leben in Dorfverbänden und verfügen über Stadtrecht (Kulmer Recht), zudem müssen sie nur geringe Abgaben leisten, im Gegensatz zur angestammten Bevölkerung. Aber gerade in den höheren Schichten kommt es schnell zu einer Durchmischung – hieraus entstammt der spätere preußische Adel. Um das Land zu sichern, bauen die Ordensritter eine Kette von Burgen, eine davon ist die Marienburg. 1309, nachdem das Zentrum des Ordens einige Jahre in Venedig lag, wird die Marienburg zum neuen Hauptsitz des Ordens und zum Sitz des Hochmeisters. Jetzt entsteht die Mittelburg.

Bis zum Ende des Jahrhunderts beherrscht der Deutsche Orden das Gebiet zwischen Oder und finnischem Meerbusen. Aufgrund der immensen Expansionen der Ritter ist das Verhältnis zum Nachbarn Polen und zu Litauen angespannt. 1410 begegnet der Orden einer polnisch-litauischen Allianz in der Schlacht bei Tannenberg. Sie geht in die Geschichte ein. Der Hochmeister fällt, die überlebenden Ritter fliehen auf die Marienburg. Drei Jahre können sie sich dort noch halten; ein Brunnen in jedem Burghof und ein gefülltes Lebensmittel- und Waffenlager machen es möglich. Doch das Ende des Ordens in Preußen hat begonnen.

Das Ende der Marienburg ist das noch lange nicht. Erst wird sie zum Schloss des polnischen Königs, dann nach der Teilung Polens 1772 zur preußischen Kaserne, und heute ist die größte Backsteinburg der Welt eine der Touristenattraktionen Polens.

HOCHMITTELALTER

30

Das Rathaus von Stralsund

»Stadtluft macht frei«

BAUZEIT: ab 1309

Wer sich Stralsund von Norden her über das Wasser des Strelasunds nähert, erblickt eine beeindruckende Stadtsilhouette. Drei gotische Kirchen erheben sich mit ihren backsteinroten Mauern über die Häuser. Im Westen neben der Nikolaikirche ragt gerade noch der Schaugiebel des Rathauses mit acht steilen, mit spitzen Turmhelmen bestückten Wimpergen, giebelartigen Bekrönungen, über die sonstige Bebauung empor. Die Sonne verfängt sich in den Kleeblattarkaden des Giebels und schimmert auf den kupfernen Sternen der kreisrunden Windlöcher. Der Schaugiebel verdeckt die drei parallelen Satteldächer des Rathauses und steigt hoch über sie hinaus. Durch die so erreichte Höhe übertrifft das an erhöhter Stelle im Zentrum des ersten Stadtkerns gebaute Ratsgebäude die umliegenden hanseatischen Giebelhäuser, die seit dem 13. Jahrhundert am Marktplatz gebaut wurden. So grüßt es im Spätmittelalter unübersehbar die Kaufleute und Seefahrer, die den Hafen der Stadt ansteuern. Es zeigt ihnen, wer die Macht in der Stadt hat: der Stadtrat.

Genau genommen ist der Anblick nicht mehr der des 14. Jahrhunderts. Die Fassade wurde im Barock tiefgreifend verändert, verputzt und schließlich um 1900 wieder in einen gotischen Zustand zurückversetzt. Der 78 m lange und 30 m breite Bau umfasst zwei langgestreckte, parallele Flügel – der Kernbau –, die an den Schmalseiten im Süden und Norden jeweils von einem Vorbau flankiert werden. Der rechtwinklige Innenhof ist inzwischen überdacht, sodass die hölzer-

SPÄTMITTELALTER

ne Galerie aus dem 18. Jahrhundert vor Regen und Schnee geschützt ist. Ursprünglich diente der Kernbau als Kaufhaus. Er beherbergte 40 kleine Ladenräume, die sowohl von außen als auch vom Hof aus zugänglich waren. Dort verkauften die Kaufleute der Stadt vor Wind und Wetter geschützt ihre Waren, während der Keller und das Obergeschoss als Lagerräume genutzt wurden.

Der nördliche Vorbau mit dem Schaugiebel ist im Erdgeschoss durch Spitzbögen geöffnet. Nur dieser Bauteil wurde ursprünglich als Rathaus bezeichnet. Seine Gestaltung als Laube lässt erkennen, dass hier das städtische Gericht gehalten wurde. Der große Raum darüber war vermutlich der Fest- und Audienzsaal des Rats, in dem auch Hansetage (→ 23) stattfanden.

Stralsund erhält am 31. Oktober 1234 durch Fürst Wizlaw I. zu Rügen das Stadtrecht. Kaum sechs Jahre später erweitert der Fürst die Privilegien der Stadt noch. Er bestätigt den Verkauf von Ländereien an Stralsund, garantiert Zollfreiheit im gesamten Fürstentum und sichert den freien Fischfang und die Jagd auf Niederwild zu – beides adlige Vorrechte. Zwar gibt Wizlaw mit den Privilegien Rechte aus der Hand, aber er fördert dadurch zugleich den wirtschaftlichen Erfolg der Stadt und erhält dementsprechend höhere Abgaben von ihr.

Zu diesem Zeitpunkt dürfte es bereits einen Rat geben; die erste schriftliche Erwähnung des Rates stammt aus dem Jahr 1256. Während anfangs der Vogt als Vertreter des Landesherrn an der Leitung der Stadt beteiligt ist, erringt Stralsund 1290 die politische Unabhängigkeit und erlangt das Recht zur eigenen Gesetzgebung sowie die eigene Gerichtsbarkeit, die der Rat ausübt. In Stralsund besteht er meist aus 24 Mitgliedern, die in das Amt gewählt werden und es lebenslang innehaben. Der Rat schließt Verträge nach außen und führt Krieg, nach innen leitet und verwaltet er die Stadt, erlässt Gesetze und Verordnungen, zieht Steuern ein und beaufsichtigt Gewerbe und Handwerk. Er garantiert zudem jeder unfreien Person (→ 12) – Mann oder Frau – die Freiheit, sobald sie ein Jahr und einen Tag innerhalb der Stadtgrenzen gelebt hat. Danach kann der Grundherr die leibeigene Person nicht mehr zurückverlangen.

Der bekannte Ausspruch »Stadtluft macht frei« aus dem 19. Jahrhundert beschreibt diese Rechtsnorm, die in vielen Städten verbreitet war. Diese hatten ein großes Interesse daran, ihre Einwohnerzahl zu erhöhen, da sie von der Bürgerschaft Steuern und Gebühren verlangten. Allerdings war nicht jede Person in der Stadt auch Teil der Bürgerschaft. Randgruppen wie die arme Unterschicht, der Klerus sowie in manchen Städten der Adel, meist auch Juden und Jüdinnen sowie die Angehörigen der unehrlichen Berufe (→ 50) waren vom Bürgerrecht ausgeschlossen. Sie blieben bloß Einwohner und Einwohnerinnen. Bei der Unterschicht hatte dies vor allem finanzielle Gründe. Der Erwerb der Bürgerschaft war an eine Aufnahmegebühr, häufig auch an den Besitz eines Grundstücks geknüpft. Zudem brauchte jeder Bürgerschaftsanwärter jemanden aus der Bürgerschaft, der sich für seine Aufnahme verbürgte. Klerus und Adel durften kein Bürgerrecht erhalten und keinen Grund in der Stadt erwerben, damit die Privilegien nicht in die Hände dieser Gruppen zurückfielen. Frauen hingegen konnten grundsätzlich durchaus Bürgerinnen werden, vor allem in den Hansestädten, deren Stadtrecht meist dem Lübecker Vorbild folgte.

In Stralsund sind zwischen den Jahren 1370 und 1373 fünf Prozent der neu in die Bürgerschaft aufgenommen Personen Frauen. Als Bürgerinnen können sie Geschäfte führen, was besonders wichtig ist, da in vielen Kaufmannsfamilien die Männer oft auf Reisen sind. Außerdem können sie vor Gericht klagen und aussagen sowie über ihren Besitz frei verfügen. Als die Stadt zu Beginn eines Krieges im Jahr 1311 in Geldnot gerät, verpfändet der Rat die städtischen Einnahmen aus dem Kaufhaus für 1000 Mark an eine Frau. Bürgerinnen dürfen sogar städtische Ämter ausüben. Sie können allerdings ebenso wenig wie die Handwerker, die auch das Bürgerrecht besitzen, direkt an der Politik der Stadt teilhaben; die Wahl in den Stadtrat und der Einzug in das Rathaus ist ausgeschlossen.

SPÄTMITTELALTER

31

Der Siechhof in Eichstätt

Aussatz, Pestilenz
und Judenverfolgung

BAUZEIT: 14. Jahrhundert

Ein paar Jahre, vielleicht sogar ein paar Jahrzehnte bevor die erste große Pestwelle 1348/49 über Europa rollt, stiftet ein Mann namens Heinrich ein Wohnhaus und eine Kapelle für den Siechhof (von mhd. *siech* – krank, aussätzig) in Eichstätt. Noch war es vor allem der Aussatz, wie die Lepra früher genannt wurde, der den Menschen Angst und Schrecken einflößte und sie dazu brachte, die daran Erkrankten aus der Stadt zu weisen und zum Teil sogar für tot zu erklären. Die Gebäude des Eichstätter Siechhofs stehen daher in sicherer Entfernung von der mittelalterlichen Stadt.

Das Wohnhaus, die Kapelle sowie ein Wirtschaftsgebäude an der Straße nach Ingolstadt sind noch erhalten. Rote Fensterläden leuchten vor dem gelblichen Putz des zur Straße gewandten Wohnhauses. Es ist ein stattlicher Bau mit zwei Geschossen und einem flachen Satteldach über einem niedrigeren Dachgeschoss.

Die Kapelle, die mit der Längsseite zur Straße steht, verfügt über ein steiles Satteldach. Ihre geschwungenen Dachschrägen gehen auf einen Umbau im Barock zurück. Auch die Spitzbögen der Fenster sind verschwunden. Ein kleiner Rechteckchor streckt sich in Richtung des Wohnhauses. Eine Kapelle war wichtiger Bestandteil des Siechhofs. Ähnlich wie für die Hospitäler (→ 28) galt der Gottesdienst für die Siechhäuser und -höfe als so entscheidend, dass er auch den Aussätzigen nicht verwehrt werden durfte. Die Kapelle war einst den Heiligen Magdalena und Lazarus, dem Patron der Aussätzigen und Siechhäuser,

SPÄTMITTELALTER

135

geweiht. Sie ist allerdings schon lange nicht mehr als Sakralraum genutzt worden. Hinter dem Wohnhaus und der Kapelle steht ein langes, rechteckiges Gebäude, das anfangs wohl als Stall diente. Auch bei diesem Gebäude fällt die flache Dachneigung auf, ein typisches Merkmal der Häuser im Altmühltal, Jurahäuser genannt.

Wie viele Sieche hier im 14. Jahrhundert lebten, ist nicht bekannt. Seit 1179 wurden die Leprakranken mit päpstlicher Genehmigung von den Gesunden getrennt, und die Gemeindepfarrer wurden dazu verpflichtet, Verdachtsfälle sofort zu melden, andernfalls konnten sie exkommuniziert werden. Diejenigen, bei denen der städtische Wundarzt Lepra diagnostizierte, wurden aus der Stadt ausgestoßen, und sie verloren ihr Bürgerrecht und ihren Besitz. In manchen Regionen wurde ihnen sogar noch zu Lebzeiten die Totenmesse gelesen. Dennoch war damit nicht die Beendigung der Ehe verbunden; das Ehegelübde galt bis zum tatsächlichen Tod des oder der Erkrankten. Vielerorts musste deshalb sogar der noch gesunde Ehepartner mit ins Siechhaus ziehen.

Die Versorgung der Leprakranken übernahmen die Kirche und die Stadt. In den Hochzeiten der Seuche waren Schenkungen zugunsten der Siechhäuser sehr zahlreich. Darüber hinaus verdienten sich die Siechen durch Betteln zusätzliches Geld, weshalb die Siechhäuser an befahrenen Ausfallstraßen lagen. Um die Reisenden vor der Krankheit zu warnen, mussten sie allerdings eine Holzklapper tragen und schwingen, durch deren Geräusch sie sich schon von Weitem zu erkennen gaben.

Der Rückgang der Lepra war erstaunlicherweise mit der Pestwelle 1348/49 verbunden. Ein Jahr zuvor hatten Tataren die Stadt Kaffa (heute Feodosia) auf der Krim belagert. In ihren Heimatgebieten in Innerasien wütete lange die Pest. Da Kaffa uneinnehmbar für sie war, schleuderten die Tataren in einem letzten verzweifelten Versuch, vielleicht auch nur, um möglichst viel Schaden anzurichten, ihre Pesttoten über die Stadtmauern. Ob diese Legende stimmt oder ob Ratten aus dem Lager der Tataren in die Stadt drangen, ist umstritten. Händler aus Genua, die in der Stadt waren, ergriffen panisch die Flucht, nahmen dabei aber unweigerlich Pestbakterien mit. Wo immer ihre

Schiffe landeten, verbreitete sich die Pest in Windeseile. Genua verweigerte den Händlern schließlich die Einfahrt, aber der Zug der Pest war nicht mehr aufzuhalten. Bis 1353 breitete sie sich über ganz Europa und Russland aus und schlug in unregelmäßigen Abständen immer wieder zu. Erst Anfang des 18. Jahrhunderts entließ sie den Kontinent endgültig aus ihren Klauen.

Es ist schwer zu sagen, wie viele Menschen damals durch die Pest umkamen. Für England, wo es eine erstaunlich umfangreiche Quellenlage gibt, kann relativ verlässlich gesagt werden, dass ihr rund 40 Prozent der Bevölkerung zum Opfer fielen. Einige Regionen blieben zwar von der ersten Pestwelle verschont, wurden aber von der folgenden Welle umso heftiger getroffen, weil diejenigen, die der ersten Welle nicht ausgesetzt gewesen waren, keine Antikörper hatten bilden können. Kranke und Arme traf die Pest besonders hart, was auch den Rückgang des Aussatzes erklärt, da die Mehrzahl der ohnehin geschwächten Leprakranken am Schwarzen Tod starb. Aber auch Reiche wurden von plötzlichem Fieber, Beulen und schnellem Tod befallen.

In der dadurch ausbrechenden Panik schwindet die Menschlichkeit, urteilen reflektierende Zeitgenossen wie der Italiener Boccaccio, der in seinem Hauptwerk *Decamerone* von der Pest in Florenz berichtet. Familienbande zerreißen, Eltern überlassen aus Furcht ihre kranken Kinder sich selbst. Und schneller als die Pest selbst verbreiteten sich Gerüchte, die jüdische Bevölkerung sei durch Brunnenvergiftung an der Verbreitung der Krankheit schuld. Papst Clemens VI. versuchte die Judenverfolgung zu unterbinden. Unter Androhung der Exkommunikation untersagte er jede Ausschreitung und wies darauf hin, dass auch die jüdische Bevölkerung von der Pest betroffen war. Seine Worte fanden kein Gehör. In weiten Bereichen des Reichs wandte sich die aufgestachelte Masse mit unglaublicher Grausamkeit gegen die jüdischen Gemeinden, noch bevor die Pest eintraf. Auch in Eichstätt fiel die jüdische Gemeinde dem Mob zum Opfer.

SPÄTMITTELALTER

32

Der Veitsdom
in Prag

BAUZEIT: ab 1344

Im Herbst und Winter 2014/15 zeigte das Britische Museum in London eine viel beachtete Ausstellung über Deutschland und seine nationalen Erinnerungen. Gleich in den ersten Abschnitten der Ausstellung fragte das Ausstellungsteam:»Deutschland, wo liegt es?« – ein Zitat aus einem gemeinsamen Gedicht von Goethe und Schiller. Die Frage ist für das Reich so schwierig wie die Entwicklung des Namens.

Was heute als Heiliges Römisches Reich Deutscher Nation bekannt ist, erhält diesen Namen erst spät. Seit 1157 taucht in der kaiserlich-königlichen Kanzlei die Bezeichnung *sacrum imperium*, heiliges Reich, auf. 1254 wird sie erweitert zu *sacrum romanum imperium*, heiliges römisches Reich. Von dem *Heiligen Römischen Reich deutscher Nation* ist erst 1409 die Rede, als die Kanzlei schon einige Jahrzehnte überwiegend deutschsprachige Urkunden ausstellt.

Zum Reich gehörten Gebiete, die heute nicht mehr mit Deutschland verbunden werden. In der Ausstellung in London prangte diesbezüglich die Überschrift»Germany – no more« (Deutschland – nicht mehr) an der Wand, und dazu wurden Objekte aus der Schweiz, aus Straßburg, aus Königsberg (seit 1946 Kaliningrad) und aus Prag gezeigt.

Im Spätmittelalter wurde Prag eines der wichtigen kulturellen Zentren des Reiches. Die Prager Burg, die Karlsbrücke und der Veitsdom zeugen von dieser Blüte. Der Grundstein für den gotischen Dom wurde 1344 durch den böhmischen König Johann und seine Söhne Karl und Johann gelegt, dennoch dürfte der Bau auf die Initiative Karls

SPÄTMITTELALTER

zurückgegangen sein, der in Frankreich am Hof seines Onkels Karl IV. erzogen wurde. Der Blick von Osten auf den Chor mit seinem Kranz aus Kapellen und dem Südturm zeigt in etwa den Baufortschritt, den der Dom im Mittelalter erreicht hat. Am Turmaufsatz lässt sich ein Bauabschnitt aus dem 16. Jahrhundert erkennen, der den filigranen Baustil mit den schlanken, spitzen Zierformen (Filialen), die zum Beispiel die Strebebögen besetzen, einfach aufgibt. Vollendet wurde der Dom aufgrund vieler Bauunterbrechungen erst 1929.

Der gotische Bauteil ist ein Meisterwerk, das von dem französischen Baumeister Matthias von Arras und dann von dem aus Schwäbisch Gmünd stammenden Peter Parler sowie von dessen Söhnen errichtet wurde. Er folgt dem Beispiel der französischen Königskirchen, der königlichen Grablege Abtei St. Denis und der Krönungskathedrale in Reims, nimmt aber auch Elemente gotischer Architektur im Reich auf. Neben den skelettartigen Strebepfeilern, die von außen die Wucht der Kirchengewölbe auffangen, ist ein kleines, etwas schwer zu erkennendes Detail bemerkenswert. Es handelt sich um eine Wendeltreppe, die Parler in den Strebepfeiler rechts oberhalb des Südportals eingebaut hat (im Bild tritt sie rechts des Turms aus der Baumasse hervor). Die Wände des Pfeilers sind hier aufs Äußerste durchbrochen und mit Maßwerk verziert. Nicht nur das ist besonders, auch die Drehrichtung der Spindel ist eine bauliche Glanzleistung, denn sie wechselt mehrfach ihre Laufrichtung.

Als Karl 1344 mit seinem Vater und Bruder zeremoniell den Baubeginn einleitet, ist noch eine weitere Person anwesend: der Erzbischof von Prag. Dies ist deshalb sensationell, weil das Bistum Prag zuvor zum Erzbistum Mainz gehörte. Wer sich an Heinrich II. und seinen Kniefall erinnert (→ 9), kann in etwa erahnen, wie schwierig es war, einem Erzbistum ein Bistum zu entreißen. Möglich wird dies durch die Wahl des französischen Lehrers Karls zum neuen Papst Clemens VI. Die beiden sind einander äußerst vertraut, und Clemens unterstützt die Errichtung des neuen Erzbistums. Karl geht es dabei nicht nur um religiöse Aspekte, die Loslösung von Mainz bedeutet einen Machtgewinn für die Könige von Böhmen.

Das Königreich Böhmen stellt einen Sonderfall im Reich dar. Hier wird eine andere Sprache gesprochen, es gibt kein Reichsgut, und die neuen römisch-deutschen Könige besuchen es nicht auf ihrem Umritt. Diesem Sonderstatus ist es zu verdanken, dass sich der ursprünglich böhmische Herzog seit 1198 König nennen darf. Dennoch gehört Böhmen zum Reich, ist mit ihm allein schon durch die Ansiedlung zum Beispiel sächsischer oder fränkischer Siedler und Siedlerinnen während des 13. Jahrhunderts verbunden und wird als Lehen vom ranghöheren römischen König empfangen. Mit Karls Großvater gelangt das Königreich Böhmen in die Hände der Luxemburger, die ihren Namen nach der Grafschaft Luxemburg, aus der später das heutige Großherzogtum hervorgeht, erhalten haben.

Karl gelingt es, das böhmische Prag zu einem Zentrum des Reiches zu machen. Mit dem Bau des Veitsdoms geht er einen ersten Schritt, durch den Prag mit den anderen Bistümern und Erzbistümern, die schon länger an riesigen Kathedralen bauen, gleichzieht. Der nächste Schritt erfolgt 1348 mit der Gründung einer Universität in Prag. Inzwischen ist Karl als Karl IV. seit 1347 böhmischer und seit 1346 römisch-deutscher König, wobei ihm letzteres Amt bis 1349 vom Gegenkönig Ludwig dem Bayern streitig gemacht wird. Die Prager Universität ist die erste überhaupt im Reich. Es folgen jedoch bald zahlreiche weitere Universitätsgründungen: Erfurt 1379, Heidelberg 1385 und Köln 1388, um die ersten auf dem Gebiet der heutigen Bundesrepublik zu nennen. Dennoch bleibt die Prager Universität in den ersten Jahrzehnten die erfolgreichste Universität des Reiches. Als 1409 die deutschsprachigen Professoren und Studenten – Studentinnen sind nicht zugelassen – aus der Universität verdrängt werden, verliert sie diesen Rang.

Eigene Universitätsgebäude gab es zu Beginn übrigens noch nicht, vielmehr wurden die vorhandenen Kapellen und Kirchen als Hörsäle genutzt. Wahrscheinlich hörten so auch etliche Studenten im Veitsdom Vorlesungen.

33

Der Kaiserdom St. Bartholomäus in Frankfurt am Main

Die Goldene Bulle

BAUZEIT: 1250–1514

Der Schotte John Moore veröffentlichte 1779 einen Bericht über seine Reisen durch Europa. Leicht spöttelnd erwähnt er die Besichtigung der *Goldenen Bulle* in Frankfurt, zu der Fremde »gleichsam verpflichtet« seien. »Man zeigt sie für einen Dukaten, und die Erlaubnis, einen Blick auf ein altes Manuskript werfen zu dürfen, das wenige Leute lesen und noch weniger verstehen können, ist damit recht teuer bezahlt.«

Moore dürfte auch den durch die Königswahl mit der Goldenen Bulle verbundenen Kaiserdom St. Bartholomäus besucht haben und möglicherweise wie der König durch das Kaiserportal getreten sein. Die Funktion der Goldenen Bulle (von lat. *bulla* – Kapsel) im Reichsgeschehen, deren Name auf ihr goldenes Siegel anspielt, verstand er aber offenbar nicht. Die Frankfurter Goldene Bulle ist eine der sieben Ausfertigungen des wichtigsten Verfassungsdokuments des Reiches. Bis zum Ende des Reiches 1806 regelt es unter anderem die Wahl des Königs durch die Kurfürsten. Die schriftliche Abfassung der gesetzlichen Bestimmungen soll die Spaltung des Reiches verhindern und für Frieden sorgen, heißt es in der Einleitung des Dokuments. Dies war dringend notwendig, da die doppelte Königskrönung von 1198 (→ 20), als Welfen und Staufer beide den Thron für sich beanspruchten, kein Einzelfall blieb. In den Jahrhunderten zwischen jener vorübergehenden Doppelherrschaft und der Ausstellung der Bulle gab es etwa während der Hälfte der Zeit zwei konkurrierende Könige, die von ver-

SPÄTMITTELALTER

143

schiedenen Interessengruppen gewählt und unterstützt wurden – ein Zustand, der das Land zerriss und Krieg brachte.

Nur sieben Jahre vor der schriftlichen Formulierung der Wahlregeln kommt es wieder zu einer Doppelwahl. Ludwig der Bayer aus dem Haus der Wittelsbacher verärgert die meisten Kurfürsten durch seine vor allem auf das eigene Haus ausgerichtete Politik. 1347 – noch vor dem Tod Ludwigs – wählt eine Mehrheit der Kurfürsten unter Zuspruch des Papstes den aus dem Haus der Luxemburger stammenden Karl IV. in Rhens zum König. Seit wann es einen Kreis von sieben Kurfürsten gibt, die, statt einer undefinierten Anzahl von Großen, den König wählen oder küren, ist ungeklärt. Die Kurfürsten tauchen erstmals um die Mitte des 13. Jahrhunderts in den Quellen auf, doch scheinbar sind sie zu dieser Zeit noch umstritten. Karl IV. hat allerdings Schwierigkeiten, seine Herrschaft durchzusetzen. In Frankfurt wird ihm der Einzug versagt, da die Bürgerschaft die Gültigkeit der Wahl nicht anerkennt, weil Karl IV. nicht, wie seit der Wahl Barbarossas üblich, in Frankfurt gewählt wurde. Erst als Ludwig und ein weiterer Gegenkönig sterben und Karl IV. durch eine erneute Wahl, diesmal in Frankfurt, als König bestätigt wird, wird er schließlich allgemein anerkannt und 1355 sogar vom Papst zum Kaiser gekrönt.

Mit der 1356 unter Karl IV. und den Kurfürsten ausgehandelten Goldenen Bulle endet die Periode stetiger Doppelwahlen. Drei geistige Kurfürsten, die Erzbischöfe von Mainz, Trier und Köln, wählen fortan gemeinsam mit vier weltlichen Kurfürsten, dem König von Böhmen, dem Pfalzgrafen bei Rhein, dem Herzog von Sachsen und dem Markgrafen von Brandenburg, den römisch-deutschen König. Dass der römisch-deutsche König von einem anderen König, dem König von Böhmen, gewählt wird (Karl IV. besitzt gar beide Kronen, er ist seit 1347 auch böhmischer König), ist dem Sonderstatus Böhmens zu verdanken. Es ist zwar Teil des Reiches, doch ist dem Herrscher der Titel König gestattet.

Im Gegensatz zur alten Wahlpraxis muss nun die Wahl nicht mehr einstimmig erfolgen; die einfache Mehrheit reicht. Und ein weiterer Punkt ist bemerkenswert: Der Papst, der zuvor das Approbationsrecht,

also das Recht auf Anerkennung der Wahl, für sich in Anspruch genommen hatte, wird in der Bulle wortlos übergangen. Als Vertreter
des Königs werden nun für den Fall der Thronvakanz der Pfalzgraf
bei Rhein und der Herzog von Sachsen ernannt. Mit Maximilian I.
(⚜ 1486–1519), der sich nach einem missglückten Versuch, zur Kaiserkrönung nach Rom zu ziehen, ohne Krönung »Erwählter Römischer
Kaiser« nennt, endet auch das Vorrecht des Papstes, den Kaiser zu krönen. Auch sein Enkel Karl V. trägt diesen Titel nach seiner Wahl, lässt
sich aber zusätzlich 1530 als letzter römisch-deutscher Herrscher in
Rom zum Kaiser krönen.

17 von 23 Königen werden von 1356 bis zum Ende des Reiches im
Kaiserdom St. Bartholomäus in Frankfurt am Main gewählt, für die
restlichen Wahlen scheidet Frankfurt aus unterschiedlichen politischen Gründen aus. Mal wählen die Kurfürsten im Chor, mal in der
Sakristei, einmal sogar auf dem Friedhof hinter dem Chor, da bei der
einzigen Doppelwahl nach Verabschiedung der Bulle den Wählern Sig-
munds von Ungarn 1410 der Eintritt in den Dom verwehrt wird. Ab
1438 setzt sich die Bibliothek des angebauten kleinen Bartholomäus-
stifts als Wahlort durch.

Der Kaiserdom ist aus der Pfalzkapelle der Karolinger hervorge-
gangen. Um 1250 begann der Bau des heutigen Doms. Es ist ein selt-
sames Gebäude geworden. Der älteste Teil ist das recht bescheidene
Langhaus. Der Bau des Chors erfolgte ab 1315. Er ist höher als das Langhaus. Auch das Querhaus, das kurz vor der Ausstellung der Goldenen
Bulle gebaut wurde, missachtet die Dimensionen des Langhauses. Jeder Arm ist annähernd so lang wie das Mittelschiff. Das Kaiserportal
befindet sich am nördlichen Querhausarm und führt zum Domplatz.
Es heißt so, weil es bei den Wahlen als Haupteingang benutzt wurde.
Eine Statue der Gottesmutter mit Kind steht über der Türöffnung. Sie
gehört zum Originalbestand des Portals. Von links nähern sich ihr die
drei heiligen Könige. Der erste, im 19. Jahrhundert erneuerte kniet bereits barhäuptig nieder. Es ist sicher kein Zufall, dass gerade dieses
Thema die Pforte schmückt, durch die der gewählte König zog.

SPÄTMITTELALTER

145

34

Das Steinhaus
aus Matting

Dorfleben und Weinanbau

BAUZEIT: Vermutlich zweite Hälfte des 14. Jahrhunderts

Dass das auf den ersten Blick unscheinbare Steinhaus aus Matting erhalten werden konnte, ist eine kleine Sensation. Als in den 1980er Jahren der Antrag auf Abbruch beim Landratsamt Regensburg einging, wirkte das Haus mit seinem bröckelnden Putz wie ein Gebäude aus dem 19. Jahrhundert. Glücklicherweise erkannten zwei Hausforscher den historischen Wert des Gebäudes, dessen ehemalige Wohnstube im 20. Jahrhundert als Schweinestall benutzt wurde. Doch an Ort und Stelle konnte das Bauwerk leider nicht bewahrt werden. Lange wurde nach einer Lösung gesucht, bis schließlich das Fränkische Freiland-museum Bad Windsheim bereit war, einen Platz für das Haus bereit-zustellen.

Wer schon einmal in einem Freilichtmuseum war, wird vielleicht festgestellt haben, dass die gezeigten Häuser in den seltensten Fällen von Anfang an dort standen. Der Großteil der Gebäude in Freilicht-museen wurde versetzt. Translozieren nennen das die Fachleute. Da-bei wird zuerst das Gebäude mit all seinen Bestandteilen und seiner Bauart an seinem ursprünglichen Standort dokumentiert, vorsichtig abgebaut und dann am neuen Standort wieder aufgebaut. Bei einem Haus aus Holz ist das relativ einfach. Jedes Holzstück wird numme-riert und wieder in der richtigen Reihenfolge zusammengesetzt. Bei einem Steinhaus aus kleinen verputzten Bruchsteinen ist das nicht möglich. Die Mauern des Mattinger Hauses wurden deshalb statt in einzelne Steine in 25 große Stücke, jeweils etwa 10 Tonnen schwer,

SPÄTMITTELALTER

147

zerlegt. Im Freilandmuseum bildet das Steinhaus nun mit anderen Gebäuden ein mittelalterliches Dorf.

Der Ort Matting wird erstmals im Jahr 901 erwähnt. Fünf Winzer lebten dort, die einen Weinberg bestellen durften, den der König einem Mönch im Regensburger St. Emmeramkloster geschenkt hatte. Während sich Matting am Südufer der Donau befindet, liegt ein Teil der Weinberge des Ortes auf der anderen Flussseite in der Sonne. Wie heute dürfte auch damals eine Fähre den Weg über die Donau ermöglicht haben.

Matting ging im Laufe des 13. Jahrhunderts in die Grundherrschaft des 1109 gegründeten Benediktinerklosters Prüfening über. Sechs Hofstätten lassen sich entlang einer Straße nachweisen. Eine steinerne Kirche wurde 1309 geweiht. Auf dem Gelände des Steinhauses wurden nach dem Abbau des Gebäudes archäologische Reste eines Pfostenhauses gefunden, das in dieser Zeit bestand. Das Pfostenhaus hatte die Größe von etwa 10 mal 6 m. Mensch und Vieh wohnten unter einem Dach. Ein größerer Bereich ist durch Reste einer Feuerstelle, eines Backofens und einer Vorratsgrube als Wohnzone zu erkennen, der schmalere Bereich diente als Stall. Seit dem Frühmittelalter wurden Wohnhäuser als Holz- und Lehmbauten nach diesem Prinzip errichtet. Werkgebäude hatten meist die Gestalt von Grubenhäusern, das heißt, sie waren etwa 1 m tief in den Boden gegraben. Solche Gebäude sind aufgrund des vergänglichen Materials nicht erhalten. Durch archäologische Spuren ist ihre Form allerdings rekonstruierbar.

Ein Brand vernichtete das Pfostenhaus im 14. Jahrhunderts. Nun wurde das Steinhaus gebaut. Es ist nahezu quadratisch. Die Mauern sind etwa 50 bis 60 cm breit und aus locker versetztem kleinteiligem Feldbruchstein, der mit einer dünnen Putzschicht überzogen wurde. Das Haus besaß von Anfang an zwei Geschosse. Allerdings ist ein für Weinbaugebiete typischer Steinkeller nicht vorhanden, ebenso wenig kann der ursprüngliche Einbau eines Stalls nachgewiesen werden. Es muss also weitere Gebäude auf der Hofstätte gegeben haben.

Im ersten Zinsbuch des Klosters sind für Matting 42 abgabepflichtige Personen vermerkt. Die nächste Zinsliste aus dem Jahr 1380 zeigt eine große Veränderung im Dorf. Die meisten Höfe sind nun anderen Familiennamen zugeordnet. Da kaum wahrscheinlich ist, dass der Großteil der Bauern wegen schlechter Bewirtschaftung ihr Erbrecht verlor, ist es davon auszugehen, dass die Mehrzahl der Bevölkerung Mattings an der Pest gestorben war (→ 31). Die überlebenden Familien stiegen nun auf, und neue Familien wurden gewonnen, um die Weinberge zu bestellen. Ihre Abgaben waren deutlich niedriger als vor der Pest, möglicherweise, um den Zuzug zu fördern. Das Steinhaus, das spätestens seit dieser Zeit bestand, gehörte der Familie Karl, der reichsten Familie des Ortes. Sie stellten in den nächsten Jahrzehnten die Bergmeister in Matting, beaufsichtigten im Auftrag des Klosters den Weinbau, legten die Erntetermine fest und bewerteten die Weinbauern.

Nicht jede Familie in Matting besaß einen Weinberg oder andere landwirtschaftliche Flächen. Für 1380 sind 13 Personen in der Zinsliste eingetragen, die als Handwerker und Tagelöhner ihren Unterhalt verdienten. Ihre Häuser waren deutlich kleiner als das Steinhaus und wahrscheinlich wie das im Freilandmuseum benachbarte, aus Marienstein stammende Tagelöhnerhaus aus Holz und Lehm gebaut. Möglicherweise gab es auch einen Viehhirten im Dorf, der über keinen Grundbesitz verfügte, sondern in einem gemeinschaftlichen Gebäude lebte. Ebenso unterschiedlich wie die Position im Dorf dürfte die Bildung der Dorfbevölkerung gewesen sein. Kinder wurden vom frühen Alter an in die Arbeitsprozesse mit eingebunden. Schreiben, lesen und rechnen mag ein Teil mit der Hilfe durchziehender Wanderlehrer erlernt haben, doch nur für die Söhne der reichen Familien war der Besuch einer städtischen Lateinschule denkbar.

Das Steinhaus aus Matting wurde im Laufe der Jahrhunderte mehrfach verändert. Ein eindrucksvolles Zeugnis von der Weinproduktion der wechselnden Besitzer liefert die Ausmalung der Stube im Obergeschoss, die etwa um 1560 entstand. Diese Stube diente wahrscheinlich auch als Ausschankraum für den eigenen Wein.

SPÄTMITTELALTER

149

35

Die Burgruine Tannenberg
bei Seeheim-Jugenheim

Raubritter, Fehden und Feuerwaffen

BAUZEIT: um 1230

Im Sommer 1399 tobt ein erbitterter Kampf um die Burg Tannenberg im Odenwald. Hoch auf der Bergkuppe haben sich der adlige Ritter Hartmut der Jüngere von Kronberg und 18 weitere nicht-adlige Ritter mit ihren Knechten hinter die starken Mauern der Kernburg zurückgezogen. Unten sammeln sich nach und nach die Truppen der Angreifer. Sie haben den Rittern die Fehde erklärt, da diese »auf des Reiches und unseren Straßen Kaufleuten und anderen Leuten das Ihre genommen, sie gefangen und gen Tannenburg geführt und auch etliche daselbst in das Gefängnis gesetzt und etliche darin getötet haben«, wie Pfalzgraf Ruprecht III. bei Rhein an die verbündete Stadt Frankfurt schreibt.

Die Fehde ist ein im Mittelalter anerkanntes Vorgehen, das der Wiederherstellung des Rechts und der Ehre einer geschädigten Person oder Sippe dient. Nach der formellen Erklärung der Fehde können der Fehdeführer und seine Verbündeten gewaltsam gegen den Gegner vorgehen. Dabei geht es im Gegensatz zum Krieg nicht primär darum, den Gegner zu töten, sondern um dessen wirtschaftliche Schädigung, die ihn zum Ausgleich zwingen soll. Was sich relativ harmlos anhört, bedeutet eine Gefährdung der bäuerlichen Untertanen, da diese die ersten Ziele der Angreifer sind. Ihre Tiere werden gestohlen, ihre Ernte vernichtet, manche von ihnen werden verschleppt und getötet, um dem Gegner zu schaden. Um die zerstörerischen und oft aus Eigeninteressen geführten Fehden einzudämmen, erlassen König, Landes-

SPÄTMITTELALTER

herren und die Kirche Land- und Gottesfriedenverordnungen. Dennoch bleibt die Fehde bis in die Frühe Neuzeit bestehen.

Die Angreifer der Burg Tannenberg, zu denen auch der Erzbischof von Mainz und zahlreiche Städte der Region gehören, haben ein konkretes Ziel: Sie wollen die Burg, die günstig an der verkehrsreichen Bergstraße gelegen ist, als Stützpunkt der Raubritter zerstören. Doch die Burg ist gut gesichert. Ihre Mauern sind meterdick, und der Bergfried erhebt sich weit in die Höhe und ermöglicht den Verteidigern den Angriff von oben. Eine Zisterne im inneren Burghof sichert die Wasserversorgung während der Belagerung. Dennoch sind die Truppen guten Mutes. Sie warten, wenngleich ungeduldig, auf die »große Büchse« aus Frankfurt, ein Geschütz, das Steinkugeln von 50 cm Durchmesser und mehr abschießen kann. Zwei weitere Geschütze sind schon im Lager angekommen. Während in Frankfurt der Transport des Geschützes auf dem Landweg organisiert wird, erreicht den Rat ein Brief aus Mainz: Der Rat möge Kugeln für die Mainzer Büchse senden, denn es seien nicht genug davon vorhanden. Die schweren Kugeln werden aus Stein geschlagen, eine Arbeit für kundige Steinmetze. Von einem erhöhten Standort aus können die Kugeln auf ein Ziel in etwa 100–570 m Entfernung abgeschossen werden und Mauern brechen. Die Burg Tannenberg steht allerdings auf der höchsten Erhebung der Umgebung. Deshalb werden bewegliche hölzerne Schanzen errichtet. Als die Steinkugeln aus Frankfurt im Lager ankommen, stellt der Büchsenmeister erschrocken fest, dass sie zu groß für die Mainzer Büchse sind. Unverzüglich werden sie verkleinert. Möglicherweise ist die auf der Burg noch zu besichtigende große Kugel einer dieser Steine. Der erste Erfolg wird für den 14. Juli vermeldet, als eine Kugel ein großes Loch in den Bergfried schlägt, während eine andere in der über zwei Meter dicken Mauer steckengeblieben ist. Irgendwann erreicht auch die Frankfurter Büchse das Lager. 20 Pferde sind nötig, um die Büchse den Berg hochzuziehen, 32 für das hölzerne Gestell.

Indes haben sich alle kampfunfähigen Bediensteten auf der Burg mit den Verwundeten in die Keller zurückgezogen. Auch die Pferde – ein kostbares Gut – werden in einem Keller in Sicherheit gebracht, wie die dort gefundenen Überreste von Zaumzeug annehmen lassen. Die wenigen Frauen, die auf einer Raubritterburg eher eine Ausnahme waren, dürften die Burg schon vorher verlassen haben. Die kampffähigen Männer bewehren die Burg mit Handfeuerwaffen – in der Zisterne wurde die bisher älteste datierbare Handbüchse gefunden – und werfen Krähenfüße vor die Burgmauern, gegen deren spitze Metalldornen die dünnen Lederschuhe der Angreifer nicht schützen.

Über eine Woche können die Ritter die Burg halten, bevor die Büchsen eine Bresche in die Mauern schlagen. Der nachfolgende Nahkampf endet am 21. Juli mit dem Sieg des Bündnisses. 48 Männer werden gefangen genommen, darunter auch Hartmut von Kronberg. Nur fünf von ihnen sind unverletzt. Die Mainzer Stadtchronik, die von der Eroberung berichtet, beklagt zudem acht Tote, die in einem Stall bestattet wurden. Hartmut und seine Spießgesellen werden weder hart bestraft noch lange Zeit gefangen gehalten. Nachdem sie einen Bürgen gestellt haben, können sie die Urfehde schwören, durch die sie eidlich auf die Weiterführung der Fehde und auf Rache verzichten und sich auf einen Interessenausgleich einlassen. In diesem Fall scheinen sich die Sieger mit der Zerstörung, der Schleifung, der Burg zufrieden zu geben. Die archäologischen Untersuchungen legen nah, dass der Bergfried mit Schwarzpulver gesprengt wurde, die restlichen Gebäude wurden in Brand gesteckt.

Tannenberg ist die erste Burg, für die zweifelsfrei die Zerstörung durch die neuartigen Kanonen nachgewiesen werden kann. Die Burgruine, die nie wieder aufgebaut wurde, sieht heute auf den ersten Blick sehr geordnet aus, denn die zum Teil mehrere Meter hohen Mauerreste besitzen gerade Mauerkronen (oberer Mauerabschluss). Dies ist der Sicherung der Ruine in den letzten Jahrzehnten zuzuschreiben. Bei genauem Blick lassen sich in der Nähe der Kanonenkugel jedoch große Mauerwerksbrocken ausmachen. Sie könnten vom Bergfried stammen.

SPÄTMITTELALTER

36

Das Konstanzer Münster

*Konstanzer Konzil
und Abendländisches Schisma*

BAUZEIT: ab 1054

Über die Jahrhunderte hat sich Konstanz deutlich verändert, aber noch immer gibt es überall in der Stadt Hinweise auf das europäische Großereignis, das die Stadt zu Beginn des 15. Jahrhunderts drei Jahre lang in Atem hielt. An der einen Stelle steht die Statue eines dreiköpfigen Pfaus, an einer anderen erinnert eine Bodenplatte an das Konstanzer Konzil. Sie zeigt das Siegel der kirchlichen Versammlung. Ein ganz besonderes Detail ist am Konstanzer Münster, dem Tagungsort des Konzils, zu entdecken.

Hoch oben, direkt unterhalb der Dachrinnen, läuft ein Rundbogenfries um Chor, Quer- und Langhaus der Basilika, für den es sich lohnt, ein Fernglas mitzunehmen. In den 54 der rot nachgezogenen Bögen befinden sich farbenfrohe Malereien mit den Brustbildern männlicher Personen. Die Figuren wenden sich paarweise einander zu und scheinen in ein Gespräch vertieft, das sie mit erhobenen Fingern unterstreichen. Eine der Gestalten am Mittelschiff des Langhauses trägt eine Krone auf dem Haupt. Die meisten Figuren, zu denen Mönche, Bischöfe und unterschiedliche Herrscher gehören, sind durch einen Heiligenschein ausgezeichnet. Aber es gibt auch andere, und sogar Leute aus dem Volk sind dabei, etwa ein Handwerker mit Kelle. Weibliche Figuren tauchen nicht auf oder sind zumindest nicht erhalten. Die Wandmalereien sind deutlich jünger als die Mauern, auf die sie gemalt wurden; sie gehören vermutlich zu den Veränderungen, die für das Konzil vorgenommen wurden.

SPÄTMITTELALTER

Als das Konzil im November 1414 in Konstanz zusammenkommt,
läuft die christliche Welt schon lange nicht mehr in geordneten
Bahnen. Ein Grund dafür geht auf das Jahr 1309 zurück, als der dem
französischen Königshaus nahestehende Papst Clemens V. den päpstlichen Hof von Rom nach Avignon verlegt. Sechs Päpste folgen ihm
in Frankreich, der letzte kehrt schließlich 1377 nach Rom zurück. Er
stirbt wenige Monate später. Das römische Volk hat die französischen
Päpste satt. Ein wütender Mob zieht auf die Straßen und verlangt die
Wahl eines Landsmanns. Die Kardinäle – die meisten kommen aus
Frankreich – geben dem Druck nach und wählen einen Italiener. Doch
dieser versteht es innerhalb kurzer Zeit, ihren Ärger auf sich zu ziehen. 13 von 16 Kardinälen fliehen aus Rom und erklären seine Wahl für
ungültig, um dann einen Verwandten des französischen Königs zum
Papst zu wählen, der erneut in Avignon residiert. Wieder einmal gibt
es zwei konkurrierende Päpste, die jeweils ihre Anhänger hinter sich
versammeln können.

Die Spaltung der Kirche, das Schisma, dauert bis ins nächste Jahrhundert, da nach dem Tod der Päpste ihre Anhänger jeweils ihren
eigenen neuen Papst wählen. 1409 versucht eine Mehrzahl der Kardinäle schließlich, die Situation zu lösen, und wählt einen dritten
Papst, Johannes XXIII. Die Neuwahl hat aber nur das Ergebnis, dass es
nun drei Päpste gibt – daher der dreiköpfige Pfau. Der deutsche König
Siegmund von Luxemburg erkennt Johannes zwar an, versucht aber
zugleich, das Abendländische Schisma, wie es genannt wird, zu lösen.
Gemeinsam mit Johannes, den sicherlich die Hoffnung auf eine allgemeine Anerkennung lockt, lädt er zum Konzil nach Konstanz.

Währenddessen diskutieren Gelehrte an den Universitäten, wie die
Hierarchie in der Kirche wiederhergestellt werden kann, wenn drei
Päpste gleichzeitig das Amt beanspruchen, und wie mindestens zwei
der Päpste aus ihrem Amt, das gewöhnlich erst mit dem Tode endet,
entlassen werden können. Als das Konzil beginnt, steht die Lösung
fest. In den Dekreten des Konzils heißt es: »Die Heilige Synode, die
im Heiligen Geist rechtmäßig versammelt ist, repräsentiert die universale Kirche.« Die universale Kirche meint die Gemeinschaft der

Gläubigen unter Jesus Christus. Sie steht in einer Notsituation – wie bei einem Schisma – sogar über dem Papst bzw. den Päpsten. Die Vertreter der Glaubensgemeinschaft haben somit das Recht, verbindliche Entschlüsse zu fassen. Ihre Gemeinschaft wird durch die Brustbilder, die das Münster und damit den Ort der 45 Konzilssitzungen umgeben, dargestellt.

Etwa 600 Vertreter reisen aus allen Teilen Europas an. Und das, obwohl zum Beispiel England und Frankreich gerade in einen Krieg verwickelt sind. Sie beziehen überall in der Stadt Quartier, kaufen die feinsten Waren und machen Konstanz für drei Jahre zum Nabel der Welt.

Schon nach wenigen Monaten wendet sich die Stimmung im Konzil gegen Johannes. Ein Konstanzer Chronist beschreibt die heimliche Flucht des Papstes, der sich als Knappe verkleidet haben soll, um aus der Stadt herauszukommen. Doch er wird bald darauf aufgespürt und gefangen gesetzt und muss seinen Rücktritt erklären. Der römische Papst tritt ebenfalls zurück und wird zur Belohnung zum Kardinal ernannt. Der Papst in Avignon kann sich länger halten, doch verliert er schließlich seine Unterstützer. Endlich ist der Weg zur Wahl eines neuen Papstes frei, die nicht nur durch das französisch-italienische Kardinalskolleg erfolgt, sondern auch durch je sechs Vertreter aus Frankreich, Italien, Spanien, England und dem Reich – den Konzilsnationen. Mit der Wahl von Papst Martin V. am 11. November 1417 ist das Schisma beendet.

Bekannter als die langwierige Einigung auf einen Papst ist der vom Konzil geführte Ketzerprozess gegen Jan Hus. Der Prager Gelehrte, dessen Schriften die Lehren Luthers beeinflussen, wird als Ketzer zum Tode verurteilt und bei lebendigem Leibe verbrannt. Auf dem Scheiterhaufen soll er gerufen haben: »Heute bratet ihr eine Gans (das tschechische Wort Husa bedeutet Gans), aber aus der Asche wird ein Schwan entstehen.« Ein Jahrhundert später gilt Martin Luther als der prophezeite Schwan, der Grund, warum viele evangelische Kirchen eine Wetterfahne mit einem Schwan tragen.

SPÄTMITTELALTER

157

37

Das Haus »Zum Korb« in Mainz

Der Buchdruck und das Ende des Mittelalters

BAUZEIT: 14.–15. Jahrhundert

Mainz ist die Heimatstadt von Johannes Gutenberg, dem Erfinder des Buchdrucks und Wegbereiter einer Medienrevolution, mit der die massenhafte und schnelle Verbreitung von Bildern und Texten möglich wird. Von der weltbewegenden Anfangszeit des Buchdrucks ist leider kaum ein bauliches Zeugnis übrig geblieben. Einzig von dem spätgotischen Patrizierhaus »Zum Korb«, das etwas zurückgesetzt an der Korbgasse steht, sind noch Teile erhalten. In ihm befand sich eine der ersten Druckwerkstätten der Welt. Es ist Schauplatz der Medienrevolution, die auch eine entscheidende Zäsur der Geschichtsschreibung ist.

1373 klagt der Dichter Petrarca: »Ich lebe jedoch voller Zorn auf das Schicksal, das uns erst in diesen traurigen Zeiten hat zur Welt kommen lassen und uns in ziemlich schlimmen Jahren leben lässt. Wäre ich doch früher oder viel später geboren, denn es gab und es wird wieder geben ein glücklicheres Zeitalter. In der *mittleren*, in unserer Zeit, siehst du Unrat und Hässliches zusammenströmen.« Petrarcas Worte sind der erste bekannte Beleg für die Abgrenzung der Antike von einer negativ bewerteten mittleren Epoche. Sie bezieht sich allerdings nur auf die Literatur: Petrarca stört die verbreitete Unkenntnis seiner Zeitgenossen von antiken Schriften. Zu einer historischen Bewertung kommt es erst gegen Ende des 17. Jahrhunderts, als der Historiker Christoph Cellarius aus Halle in seiner dreibändigen Universalgeschichte eine Dreiteilung in Antike, Mittelalter und die sich mit der Aufklärung (→ 60) rasch durchsetzende Neuzeit vornimmt. Aus heutiger Sicht ist diese Dreiteilung kritisch zu hinterfragen, bei der die Epochengrenzen je nach Forschungsgebiet und Fragestellung bestimmt werden müssen. Einen europa- oder gar weltweiten Einschnitt, der die Epochenwende zwischen Mittelalter und Neuzeit markiert, gibt es nicht.

Häufig zitierte Zäsuren für den Beginn des Mittelalters sind die Völkerwanderung im 4. Jahrhundert oder der Zerfall des weströmischen Reiches 476. Für das Ende der Epoche stehen die Entdeckung Amerikas 1492 oder der Thesenanschlag Luthers 1517. Diese Geschichte behandelt die Epochenschwelle aus kommunikationsgeschichtlicher Sicht mit der Erfindung des Buchdrucks Mitte des 15. Jahrhunderts.

Am 4. Oktober 1458 schickt der französische König Karl VIII. einen Stempelschneider nach Mainz, damit er dort die von Johannes Gutenberg erfundene Druckkunst erlernt. Das Besondere an Gutenbergs Kunst ist allerdings nicht der Druck von Texten. Dies war in gewissem Maße schon vorher möglich, allerdings war jede Druckplatte wie ein Stempel starr und unveränderbar. Gutenbergs Verfahren verwendet einzelne gegossene metallische Lettern, die auswechselbar sind und nach dem Druck eines Textes wieder für eine andere Druckplatte verwendet werden können.

Die ersten Versuche mit dieser Technik dürfte Gutenberg schon in Straßburg durchgeführt haben, bevor er nach 1444 in seine Geburtsstadt zurückkehrt. Zusammen mit dem Geldgeber Johannes Fust startet er um 1452 sein berühmtestes Werk, die Gutenberg-Bibel, in Fachkreisen auch B 42 genannt, da die Seiten der Bibel meist 42 Zeilen aufweisen. An dem Unternehmen sind zahlreiche Gesellen beteiligt. Einer dieser Gesellen ist Fusts Ziehsohn Peter Schöffer. Nach einem Studium an der Universität Erfurt war Schöffer in Paris als Handschriftenschreiber tätig. B 42 ist ganz wie eine Bibelhandschrift aufgebaut. Mit 290 verschiedenen Typen bedrucken Gutenberg und seine Helfer Pergamentbögen, das traditionelle Material für die Seiten einer Bibel, und Papier, das kostengünstiger ist und in größeren Mengen zur Verfügung steht. Während ein Schreiber etwa zwei Jahre benötigt, um eine Bibel abzuschreiben, können die Drucker, sobald die Druckplatten gesetzt sind, in wenigen Tagen mehrere Exemplare drucken.

Aber nicht nur für die Herstellung von Büchern ist die neue Technik geeignet, sondern auch für die schnelle Anfertigung von Einblattdrucken. Eines der frühsten datierbaren Druckwerke Gutenbergs sind denn auch die *Zyprischen Ablassbriefe* von 1454. Zur Verteidigung gegen die Türken lässt der König von Zypern Geld sammeln und dafür Ablassbriefe ausgeben, durch welche die Gläubigen beim Priester eine Vergebung ihrer Sünden erlangen können. Von der ersten Stunde an ist der Buchdruck damit ein Medium, das unterschiedlichsten Zwecken dient – von der Vermittlung von Wissen und Informationen über Ablassbriefe zum Geldsammeln bis hin zur Verbreitung von Hetze.

In Mainz gehen Gutenberg und Fust im Rechtsstreit um das geliehene Geld auseinander. Fust werden große Teile der Druckwerkstatt zugesprochen, und gemeinsam mit Schöffer gründet er in den alten Werksträumen ein neues Unternehmen. Während Gutenberg seine Erfindung und Technik weiterverbreitet – schon 1458 ist eine Druckwerkstatt in Bamberg nachweisbar –, baut Schöffer sein Geschäft zu einem Verlag mit einem umfassenden Buchhandel aus. 1476 kauft er das an die Werkstatt angrenzende Gebäude »Zum Korb« und vereinigt die Bauten zum Schöfferhof. Von der Druckwerkstatt der Anfangszeit stehen nur noch der schmale südliche Giebel und Teile der Ostwand, die nach dem Zweiten Weltkrieg in einen Neubau einbezogen wurden. Der weiß verputzte Treppengiebel fällt durch die rote Randbemalung auf. An der Ostseite geht die Giebeltreppe nach einer Stufe in einen kleinen mehreckigen Erkerturm über, darunter ziert eine Madonnenstatue aus dem 14. Jahrhundert das Gebäude.

Noch mehr als der erste Gebäudeteil, in dem B42 vermutlich gedruckt wurde, drückt die Lage des Hauses »Zum Korb« das Potenzial des Buchdrucks aus. Der ehemalige Geselle leitet Ende des Jahrhunderts das erfolgreichste Druckhaus in Mainz und kann ein großes Gebäude in der Nähe des Doms kaufen.

38

Der Dom zu Worms

Der Wormser Reichstag 1495

BAUZEIT: 1106–1181

Der Dombau zu Worms wird 1106 als Initiative des letzten Saliers Heinrich V. begonnen. Innerhalb von vier Jahren steht der Ostchor so weit, dass der Hochaltar geweiht werden kann. Dann brechen die Bauarbeiten ab, denn Heinrich gerät erneut in Konflikte über die Bischofsinvestitur (→ 13). Ab 1125 wird der Bau von Bischof Burchard II., einem Gegner Heinrichs, fortgeführt, und dabei werden auch die Ostteile des Chors modernisiert. Ein gerader Wandabschluss mit zwei mächtigen flankierenden Türmen prägt den Ostchor nun. Ganz anders wirkt der bekannte Westchor mit seiner schlichten Fensterrose, der zu Barbarossas Zeit entsteht. An der Nordwand mit dem stadtseitigen Hauptportal wird um 1184 das Stadtprivileg eingemeißelt, das die von Barbarossa verliehenen Freiheiten bestätigt. Das Original existiert nicht mehr.

Streng genommen ist der Wormser Dom nur ein Nebenschauplatz des Reichstags von 1495. Doch außer dem Dom ist kaum ein Schauplatz aus der damaligen Zeit erhalten. Kriege und Umbauten haben die baulichen Spuren verschwinden lassen.

Die Versammlungen tagen von März bis September an unterschiedlichen Orten in der Stadt – die Fürsten versammeln sich im Rathaus, die Vertreter der Städte im Gebäude der Schuhmacherzunft, dem König warten die Reichsstände – Kurfürsten, geistliche und weltliche Adlige sowie die Reichsstädte – in der Bischofspfalz auf, wo er auch sein Quartier hat. Belehnungen nimmt der König auf dem Obermarkt vor, auf dem auch festliche Turniere stattfinden, bei denen selbst Maximilian I. sein ritterliches Geschick zeigt.

FRÜHE NEUZEIT

Der Dom zu Worms ist zwar kein offizieller Ort der Verhandlungen, aber hier finden regelmäßige Messfeiern statt, welche die Teilnehmer gemeinsam besuchen. Das Osterfest fällt in die Reichstagszeit. An Palmdonnerstag findet eine große Prozession statt, der auch der König und die Fürsten beiwohnen. Mit Palmwedeln in der Hand ziehen sie vom Bischofshof in den Dom, wo das Palmamt gehalten wird. Die Versammlung kommt zudem zur Totenmesse für den während des Reichstages verstorbenen Markgrafen Simon von Brandenburg im Dom zusammen. Die Gemeinschaft, die die Versammlung bei den Zeremonien zeigt, findet sich in politischen Fragen dagegen nicht.

Als der Habsburger König Maximilian I. die Reichsstände 1494 zum Reichstag lud, hatte er ihnen befohlen, gerüstet anzureisen, denn er hat vor, anschließend mit der Gefolgschaft und der finanziellen Hilfe seiner Lehnsnehmer nach Italien zu ziehen. Sein Ziel ist es, sich einerseits in Rom zum Kaiser krönen zu lassen und andererseits dem französischen König Karl VIII. Einhalt zu gebieten, der, um seinen Erbanspruch auf Neapel zu sichern, nach Süden vorgerückt ist und damit auch Rom als Ort der Kaiserkrönung bedroht. Zum Ende des 15. Jahrhunderts hat sich die Situation im Reich dramatisch verändert. Vor allem wird deutlich, dass der König und die Reichsstände nicht die gleichen Interessen vertreten. Zudem werden die Grenzen von äußeren Feinden bedroht. Insbesondere die Osmanen, die 1453 Konstantinopel erobert haben, sind gefürchtet. Ungarns Angriff konnte 1491 nach langen Jahren durch Maximilian zurückgeschlagen werden, doch das Vorrücken Frankreichs stellt eine neue ernste Gefahr für das Reich dar.

In Worms wollen die Reichsstände dem König Zugeständnisse abringen, bevor sie ihm die geforderte Hilfe, zu der sie der Lehnseid verpflichtet, gewähren. Was nach Widerstand klingt, dürfte eher aus der Situation selbst entstanden sein. Die Forderungen der Stände müssen erst durch zähe Beratungen jeder Gruppe für sich und dann untereinander beschlossen werden, da auch hier keine Einigkeit besteht. Schließlich einigen sie sich auf zwei zentrale Forderungen: eine klar strukturierte und fürstlich beeinflusste Gerichtsbarkeit sowie Regelungen für einen Landfrieden, da Fehden und die durch Wegelagerer und Raubritter unsicher gewordenen Straßen die Einkünfte der fürstlichen und reichsständigen Städte schmälern.

Die Verhandlungen ziehen den Reichstag in die Länge. Statt der geplanten zwei Wochen dauert er ungefähr ein halbes Jahr. Im August erlässt Maximilian schließlich vier Reformgesetze: Er verfügt einen »Ewigen Landfrieden«, der adlige und auch städtische Fehden untersagt. Statt über die Selbsthilfe muss fortan eine Klärung von Streitigkeiten auf dem Gerichtsweg erfolgen. Zwar wird der Ewige Landfrieden nicht gleich von allen akzeptiert, aber in der nächsten Generation kann er sich durchsetzen. Ein jährlicher Reichstag soll zukünftig die Wahrung des Friedens fördern, allerdings wird der jährliche Rhythmus nicht eingehalten. Darüber hinaus stimmt Maximilian der Umgestaltung des königlichen Kammergerichts zu. Es ist fortan von der Reiseherrschaft des Königs losgelöst und erhält einen festen Sitz: Ab 1521 liegt er in Speyer, 1689 wechselt er nach Wetzlar. Das Richtergremium des Reichskammergerichts wird nach einem komplizierten Schlüssel von den Ständen bestimmt. Unter anderem zum Unterhalt des Gerichts akzeptieren die Stände den Gemeinen Pfennig, eine vom König erhobene Kopf- und Vermögenssteuer.

Die Ergebnisse des Reichstags werden mitunter als früher Schritt zum Parlamentarismus gewertet. Doch solch eine Wertung übersieht die historischen Zusammenhänge. Die Beschlüsse sind Zugeständnisse, wie sie von Herrschern zuvor schon häufig gemacht wurden. Vor allem vertreten die Reichsstände nicht die große Masse der Bevölkerung des Reiches, sondern nur einen kleinen privilegierten Teil, und selbst von ihm sind höchstens die Hälfte vertreten. Dennoch bildet der Reichstag den Auftakt dafür, auf derartigen Versammlungen außer über Rat und Hilfe über die Durchsetzung politischer Interessen zu verhandeln.

39

Das Dürer-Haus
in Nürnberg

Albrecht Dürer und die Grafik

BAUZEIT: um 1420, Aufstockung um 1503

1827 erscheint in einem Buch über Albrecht Dürer ein Kupferstich des Nürnberger Tiergärtner-Tors mit dem Haus des großen Künstlers im Hintergrund. Dieses Bild des Hauses sei anderen vorzuziehen, schreibt der Verfasser, ein Dürer-Forscher, »weil darauf der Erker ist, worin Dürer malte«. Den berühmten Erker im zweiten Dachgeschoss hatte der frühere Besitzer knapp 40 Jahre zuvor wegen Baufälligkeit abreißen lassen, wenngleich er diese Entscheidung bereut haben mag, denn die Gäste, die er für ein Eintrittsgeld durch die Wirkungsstätte Dürers führte, beklagten diese frevelhafte Tat.

Nach dem Tod des Besitzers kaufte der Nürnberger Magistrat das Haus. Es wird nun zum Quartier des Albrecht-Dürer-Vereins, der das Innere umgestaltet. Wenngleich noch keine öffentliche Gedenkstätte, sind Gäste willkommen, aber die Resonanz ist kritisch. Von Schund, der im Haus versammelt sei, ist die Rede. Ende des 19. Jahrhunderts wird dann die Gedenkstätte errichtet. Der Erker eines anderen, etwa gleich alten Fachwerkhauses wird nun angebaut, und die Räume werden im Stil der Dürerzeit eingerichtet – allerdings ohne wissenschaftliche Beratung. Als Vorbild dienen unter anderem Dürers eigene Werke. So wird ein Hieronymus-Stich, der eine zeitgenössische Stube zeigt, zur Vorlage für die Einrichtung der Stube im ersten Obergeschoss.

Das Erdgeschoss und das erste Obergeschoss des stattlichen Eckhauses sind aus Stein gemauert. Der zweite Stock und das mehrgeschossige Dachgeschoss bestehen aus Fachwerk. Das Holzskelett aus

FRÜHE NEUZEIT

senkrechten, waagerechten und schrägen Balken leuchtet in einem warmen Rot gegen die weißen Gefache. Die Fenster des Hauses sind mit dicken Butzenscheiben verschlossen – Glasscheiben und andere Glasprodukte sind spätestens seit dem 15. Jahrhundert kein unerschwinglicher Luxusartikel mehr. Kurz bevor Dürer das Haus 1509 kaufte, wurde das erste Dachgeschoss noch zum Vollgeschoss ausgebaut und das Dach auf der Ostseite angehoben, während es im Westen bis zu den Hauptgeschossen hinunterreicht.

Albrecht Dürer ist »der« deutsche Maler, Zeichner und Grafiker. Wer in Deutschland hat nicht – zumindest im Vorbeigehen – eine Reproduktion seines Selbstporträts, des Feldhasen oder der Betenden Hände gesehen? Wer hat nicht das berühmte Logo erblickt, mit dem Dürer seine Werke signierte und das viele nach ihm nutzten, um Fälschungen zu verkaufen?

Dürer wird 1471 in Nürnberg geboren und wächst nur wenige Straßen vom späteren Dürer-Haus entfernt auf. Er ist der Sohn eines angesehenen Goldschmieds und erlernt dieses Handwerk, bevor er als Lehrling in die Werkstatt des Nürnberger Malers Michael Wolgemut eintritt. Der junge Dürer verkehrt in einem höchst unternehmerischen und intellektuellen Milieu. Am Ende der Straße wohnt Anton Koberger, Dürers Taufpate. Er hat als Verleger, Buchdrucker und -händler Verbindungen in ganz Europa. Zwischen beiden wohnt Dr. Hartmund Schedel, der Autor der bei Koberger verlegten *Schedelschen Weltchronik*. Er besitzt die vielleicht größte Privatbibliothek der Zeit. Auch das Haus der Patrizierfamilie Tetzel steht in Nürnberg. In ihm logiert der spätere König Maximilian I., den Dürer portraitieren wird, in den Jahren 1489 und 1491.

Es ist ein humanistisches Umfeld, geprägt durch das Streben nach der Vervollkommnung des Menschen durch Bildung und Tugend. In dieses Milieu passt das erste große Druckwerk Dürers, das in unbekannter Auflage eine weite Verbreitung findet und Dürer berühmt macht. *Die heimliche offenbarung iohannis*, 1498 mit deutschen und in einer zweiten Auflage mit lateinischem Text im Eigenverlag veröffentlicht, enthält 15 beeindruckende Holzschnitte. Der bekannteste dieser

Schnitte ist sicherlich die Darstellung der vier apokalyptischen Reiter, die nach der biblischen Vorstellung das Ende der Welt ankündigen.

Dürer zeichnet – oder korrekt formuliert reißt – das Motiv auf eine glatte, weiß gestrichene Holzplatte. Jeder Strich ist klar vom nächsten getrennt. Das ist erforderlich, weil beim Holzschnitt, einem Hochdruckverfahren, das Holz neben beziehungsweise zwischen den Strichen einige Millimeter tief weggeschnitten wird. Die Striche bleiben wie bei einem Stempel als Stege stehen und werden für den Druck mit einer Farbe aus Leinöl und Ruß eingefärbt. Obwohl so nur ein Schwarz-Weiß-Druck entsteht, vermag es Dürer meisterhaft, durch die feine Abstufung der Zwischenräume Schattierungen ins Bild zu bringen und eine Dynamik zu erzeugen. Gleichzeitig ist dies auch dem Geschick des unbekannten Holzschneiders zu verdanken, der Dürers Vorgaben gewissenhaft umsetzt, denn der Reißer übernimmt in der Regel nur die Zeichnung, ein Handwerker führt sie aus.

Beim Kupferstich stellt Dürer die Druckplatte selbst her. Er zeichnet dabei statt mit der Feder mit dem Stahlstichel, der die Zeichnung in eine dünne Kupferplatte einritzt. Die Zeichnung kann dadurch sehr viel feiner werden als der Holzschnitt. Gedruckt wird im Tiefdruckverfahren. Die Ritzen nehmen die Farbe auf, Farbüberschüsse werden von der glatten Platte entfernt. Beim Druck presst die Wucht der Druckpresse das angefeuchtete Papier in die Ritzen, sodass es die Farbe aufnimmt. Noch feiner als beim Holzschnitt gelingt es Dürer beim Kupferstich, Texturen nachzuempfinden. So wirkt das Kleid der *Melancholia*, ein Stich Dürers von 1514, als sei es aus weicher Seide.

Was übrigens das Erkerfenster betrifft, von dem sich die Öffentlichkeit im 19. Jahrhundert sicher war, dass sich hinter ihm Dürers Werkstatt verborgen hatte, so gilt dies inzwischen als unwahrscheinlich. Warum sollte Dürer auf das günstige Licht auf der Nordseite verzichten? Daher nimmt die Schauwerkstatt heute auch die Nordseite des zweiten Obergeschosses ein.

40

Das Schiefe Haus
in Ulm

Die Zünfte

BAUZEIT: 1443

Alle vier Jahre wird die Donau an zwei Sonntagen zum Turnierplatz. Bunte Menschenmengen sammeln sich an den Ufern, um das Ulmer »Fischerstechen« zu sehen, bei dem zwei Zillen, die in Ulm üblichen flachen Kähne, aufeinander stoßen. Kostümierte lenken die Zillen und stellen unterschiedliche Charaktere dar: Weißfischer, Bauer und Bäuerin, Narren und mehr. Verloren hat, wer unter den Rufen des Publikums vom Gegner mit der Speere, einer fast drei Meter langen, stumpfen Lanze, ins Wasser – oder weniger spektakulär ins Boot – gestoßen wird. Der Brauch dürfte aus der Fischerzunft rühren, denn ihre Mitglieder, die Fischer und Schiffer, hatten die städtischen Zillen fest in ihrer Hand.

Das malerische, von Gästen gern besuchte und im 16. Jahrhundert entstandene Fischerviertel liegt an einem kleinen Nebenflüsschen der Donau, der Blau. Eines der bekanntesten Häuser ist das »Schiefe Haus«. Es steht mit seiner Südseite im Wasser der Blau. Das Fachwerkhaus wurde 1443 aus einem kleineren Haus zu dem nun fünfgeschossigen Bau erweitert. Auf der Flussseite ragen die Obergeschosse weit über das Erdgeschoss hinaus und schaffen so einen sicheren Anlegeplatz, der inzwischen von einer schwebenden Galerie eingenommen wird. Mit allerlei Maßnahmen haben die Bewohnerinnen und Bewohner über die Jahrhunderte versucht, das sich immer mehr zum Fluss hin neigende Haus zu stabilisieren. Stützen wurden in die Blau gestellt, die in der Südwand der Galerie verankert sind. Aufschüttungen

SPÄTMITTELALTER

171

im Inneren sollten einen waagerechten Boden schaffen, führten aber durch das zusätzliche Gewicht zu einer weiteren Neigung. Gebaut hat das Haus vermutlich ein Fischer, denn im Keller befand sich einst ein Becken, in dem wahrscheinlich der Lebendfang des Fischers auf den Markttag gewartet hat.

In der Fischerzunft, einer der 17 Zünfte der Stadt, waren Fischer und Schiffer organisiert und vielleicht auch einige ihrer Witwen, die nach dem Tod des Mannes das Geschäft weiterführten. Eine Zunft war weit mehr als ein Berufsverband. Sie griff in alle Bereiche des Lebens eines Mitglieds ein. Wer in der Stadt ein Gewerbe betreiben wollte, musste in der Zunft sein. Es bestand also ein Zunftzwang. Und wer in der Zunft war, trank in der Zunftstube, betete gemeinsam mit den anderen Zunftmitgliedern, stiftete mit ihnen Wachs für die Kirchen, nahm mit ihnen an den Begräbnissen teil, gedachte mit ihnen der Toten und war durch die Zunft auch politisch vertreten. Die Macht der Zünfte wuchs. Seit der Änderung der Stadtverfassung 1397 besaßen die Zünfte im Großen Stadtrat die Mehrheit der Stimmen, wodurch die reichen Patrizier ihre Vormachtstellung verloren. Auch die Fischer verfügten über eine Stimme.

Über wichtige Ratsentscheidungen wurde oft erst in den Zünften abgestimmt, etwa 1530 darüber, ob Ulm den neuen Lehren Luthers folgen sollte oder nicht (→ 42, 45, 46). Die Fischer und Schiffer sprachen sich für den neuen Glauben aus. Durch die Abstimmungen in den Zünften durchdrang die Entscheidung weite Teile der Stadtbevölkerung, auch wenn Einwohner und Einwohnerinnen, die kein Bürgerrecht besaßen und keiner Zunft angehörten, kein Mitspracherecht hatten. Über die Zünfte regelte der Rat ferner die Organisation der Stadt. Den Fischern kam dabei eine wichtige Aufgabe zu. Sie kontrollierten den Einlass in die Stadt, wenn nachts die anderen Tore geschlossen wurden. Das Stadttor, das seit 1480 in ihr Viertel führte, stand nicht über einer Straße, sondern am Donauzufluss über der Blau. Wer hinein- oder hinauswollte, musste durch dieses Tor und war auf die Fischer und ihre Zillen angewiesen – eine effektive Form, die Stadt in der Nacht zu sichern.

Im Falle eines Angriffs waren insbesondere die Zunftmitglieder zur Verteidigung der Stadt verpflichtet. In Straßburg mussten sie zu diesem Zweck zum Beispiel einen Helm, einen Brustpanzer, Handschuhe und ein Schwert besitzen. Das galt auch für die weiblichen Mitglieder der Zünfte, die zwar nicht selbst kämpften oder Wachdienste übernahmen, aber einen Vertreter für sich ausstatten mussten. Auch der Brandschutz wurde über die Zünfte organisiert. Jede Zunft in Ulm musste einen Löscheimer pro fünf Mitglieder bereitstellen. Die größte Zunft, die Weber, finanzierte 72 Eimer, die an zentralen Stellen in der Stadt verteilt waren. Die kleine Fischerzunft stellte deutlich weniger Eimer.

Ein weiterer wichtiger Aspekt der Zünfte war ihre wirtschaftliche Funktion. Sie überwachten das Gewerbe in der Stadt, hielten Konkurrenz von außen ab und schränkten den Wettbewerb der Mitglieder untereinander ein, um allen ein Auskommen zu garantieren. Sie sorgten auch für eine Qualitätssicherung der Leistungen und Produkte ihrer Mitglieder und führten eine strenge Preiskontrolle durch. Und sie kontrollierten die Einhaltung der auf die Zeit vom Sonnenauf- bis zum Sonnenuntergang beschränkten Arbeitszeiten sowie die Wahrung der Arbeitsruhe an Sonn- und Feiertagen. Freizeit begann erst seit dem 14. Jahrhundert langsam eine Rolle zu spielen, als Gesellen einen freien Tag für sich forderten. Seit dem 16. Jahrhundert durften sie mancherorts montags (am blauen Montag) die Arbeit ruhen lassen.

Solch durchgreifende Regelungen waren nach der Einführung der Gewerbefreiheit im 19. Jahrhundert, die auch das endgültige Ende der Zünfte bedeutete, kaum noch vorstellbar. Zu diesem Zeitpunkt lebten schon lange keine Fischer mehr im Schiefen Haus, das mehr und mehr verkam. Erst Ende des letzten Jahrtausends wurde das als Fotomotiv beliebte Haus saniert und abgestützt. Nun nächtigen Hotelgäste, die für das Fischerstechen nach Ulm gekommen sind, in den Zimmern des Schiefen Hauses.

SPÄTMITTELALTER

41

Die Fuggerei in Augsburg

Der Reiche und die »würdigen« Armen

BAUZEIT: 1514–1521

Hinter blau-weiß gestreiften Toren verbirgt sich ein ganz besonderes Viertel in Augsburg. In acht schnurgeraden Gassen reihen sich ockerfarbene Häuser. Hohe Satteldächer verbinden jede Hausreihe. Die Häuser an der Hauptachse, der Herrengasse, wenden ihre Längsseiten nach vorn. Wo die Stichgassen auf die Hauptachse stoßen, werfen die getreppten Giebel ihre Schatten auf das Pflaster. Fensterläden flankieren die Fenster der Erdgeschosse, manche sind grün, andere blau-weiß gestrichen, während sie an den Obergeschossen fehlen. Jeweils zwei grüne Haustüren stehen dicht beieinander, die eine führt zur Dreizimmerwohnung im Erdgeschoss, die andere zu der im Obergeschoss.

Zentrum des 67 Häuser umfassenden Areals ist ein Springbrunnen. Hier wurde eine kleine Oase geschaffen mit grünem Weinlaub, das die Wände emporsteigt, Blumen in den zu den Wohnungen gehörenden Gärten und Bänken, auf denen sich Einheimische wie Touristinnen und Touristen treffen. Am nördlichen Ende der Herrengasse, gegenüber der schlichten Saalkirche mit ihrem bronzenen Dachreiter, lockt im Sommer ein Biergarten, im Winter werden dort Weihnachtsbäume verkauft, Gaslaternen beleuchten die weiten Gassen in der Dunkelheit, und um 22 Uhr werden die Tore verschlossen. Wer dann noch Ein- und Auslass begehrt, zahlt 50 Cent an den Nachtwächter, nach Mitternacht sogar das Doppelte. Diese seltsame Regelung ist nur eine der Eigenarten der Augsburger Fuggerei.

FRÜHE NEUZEIT

Im Jahr 1514 kauft Jakob Fugger der Reiche mehrere Grundstücke in der noch dünn besiedelten Jakobervorstadt. Er ist, wie sein Beiname schon verkündet, ein sehr wohlhabender Mann. Eigentlich hatte er eine geistliche Laufbahn eingeschlagen, aber der vorzeitige Tod seiner Brüder zwang ihn, diesen Plan aufzugeben und aktiv in die Familiengeschäfte einzusteigen. Diese gründeten auf dem Tuchhandel seines Großvaters, der sich mit dem beachtlichen Vermögen von 22 Pfund in Augsburg niederließ. Politischer Einfluss, dann Geldgeschäfte unter der Schwiegertochter und seinen Enkeln kamen dazu. Ab 1472 wickelten Jakobs Mutter Barbara und seine Brüder die ersten Bankgeschäfte mit der römischen Kurie ab, ab 1491 liehen sie Maximilian I. Geld für seine Hofhaltung und seine Feldzüge. Auch in den Bergbau und in den Handel mit Silber und Kupfer waren die Fugger inzwischen eingestiegen. Jakob, der in Venedig das Kaufmannshandwerk gelernt hat, leitet ab 1510 allein und mit großem Erfolg die Geschäfte. Sein Ansehen wächst, und 1511 wird er in den Adelsstand erhoben. 1514 ernennt ihn Maximilian sogar zum Reichsgrafen. 1519 finanziert er die Wahl des katholischen Karls V. zum Kaiser.

Der christliche Glaube gebietet es den Reichen, sich um ihres Seelenheils willen durch Mildtätigkeit und einen karitativen Einsatz für die Schwächeren der Gesellschaft einzusetzen. Dieses Gebot mag in Zeiten, in denen eine kleine Minderheit über ein unglaubliches Kapital verfügte – unter Jakobs Nachfolger Anton steigt das Vermögen des Unternehmens 1546 auf zwei Millionen Gulden an –, besonders einleuchtend gewesen sein und wurde von den weniger Vermögenden erwartet. Während einige den Fuggern Maßlosigkeit vorwerfen, loben andere ihre Wohltätigkeit. Jakob ist ein sehr frommer Christ, und seine Stiftung eines Armenviertels wird in weiten Teilen Europas als vorbildlich gepriesen. Die lateinische Inschrift über dem Eingang verkündet: »Die Brüder Ulrich, Georg und Jakob Fugger von Augsburg haben zum Heil ihrer Stadt und voll inniger Dankbarkeit für die vom Herrgott empfangenen Güter aus Andacht und Hochherzigkeit zum Vorbild 106 Behausungen mit allem Zubehör ihren fleißigen, doch armen Mitbürgern gestiftet, gewidmet und geweiht.«

Die anfangs 52 Häuser bieten fleißigen, aber armen Augsburgern und Augsburgerinnen eine Wohnung, sofern sie wie die Fugger dem katholischen Glauben angehören. Über die Vermietung entscheiden die zwei ältesten männlichen Mitglieder der Fuggerfamilie. Erwünscht sind nur fleißige, die würdigen Armen, die nicht bettelnd umherziehen. Dieses Kriterium spiegelt ein neues Armenbild wider, das sich seit dem späten Mittelalter entwickelt. Während die Almosen sammelnden Armen zuvor zum Leben dazugehörten und den Bessergestellten die Gelegenheit zur Wohltätigkeit gaben, gelten sie jetzt immer mehr als Ärgernis und Gefahr für die fleißigen Bürger, die verlockt werden könnten, ebenfalls die mühevolle Arbeit aufzugeben, um sich auf Kosten anderer durchzubetteln. Diese Einstellungsänderung geht mit einem Anstieg der Armut einher. Auch Teile der arbeitenden Bevölkerung sind plötzlich von der Armut bedroht. Ihnen gegenüber erscheinen die Bettler und Bettlerinnen nicht mehr der Hilfe wert. Diese unterschiedliche Wertung zeigt sich auch an der Fuggerei. Anders als die Armenhäuser und Spitäler, die im Spätmittelalter an den Ausfallstraßen entstanden sind, steht die Fuggerei mitten in einem Neubaugebiet. Der Anspruch ist gehoben, die Wohnungen und die Gassen sind erstaunlich groß. Eine Dreizimmerwohnung für eine Familie, die dazu auch noch einen separaten Eingang hat, ist für die damaligen Verhältnisse ausgesprochen luxuriös.

Der Mietzins beträgt einen rheinischen Gulden jährlich und damit rund ein Drittel der damals üblichen Miete. Ein Tagelöhner musste dafür etwa zwei Wochen arbeiten – weit weniger also als heute üblich. Zusätzlich sind alle Bewohnerinnen und Bewohner vertraglich dazu verpflichtet, drei Mal pro Tag für die Fugger zu beten: ein Vater Unser, ein Ave Maria und ein Glaubensbekenntnis.

Die Memorialstiftung (→ 10) Jakob Fuggers besteht noch immer. Die Miete beträgt heute 88 Cent im Jahr und drei Gebete täglich sowie 85 Euro für die Betriebskosten.

FRÜHE NEUZEIT

42

Die Schlosskirche
in Wittenberg

*Martin Luther, seine Thesen
und die Reformation*

BAUZEIT: 1496–1509

Mit zielgerichteten Schritten eilt ein Mönch, in eine einfache Kutte gewandet, über den Platz. In der Hand hält er ein aufgerolltes Stück Papier. Vor der Tür der Schlosskirche von Wittenberg bleibt er stehen. Er hebt das Papier, hält es an die Tür und nagelt es mit schnellen, kraftvollen Schlägen über die vielen anderen, kleineren Anschläge, die schon an der Tür hängen. Er dreht sich um, ein schmales Lächeln auf den Lippen.

So wird die Szene des berühmten Thesenanschlags in dem Kinofilm *Luther* von 2003 dargestellt. Dass der Augustinermönch und Theologieprofessor Martin Luther tatsächlich seine 95 Thesen an die Tür der Schlosskirche schlug – oder mit Siegelwachs anheftete, was in dieser Zeit durchaus üblich war – ist umstritten. Luthers späterer Sekretär Georg Rörer, der zahlreiche Predigten Luthers veröffentlichte und ab 1527 in dessen Haushalt lebte, sowie sein Weggefährte Philipp Melanchthon, eine treibende Kraft der Reformation, berichteten nach Luthers Tod unabhängig voneinander davon. Doch ihre Angaben passen nicht ganz zu Luthers eigener Aussage, dass er sein Anliegen zunächst privat an die Bischöfe geschickt habe. Den Brief an Erzbischof Albrecht von Mainz jedenfalls verschickte er erst am 31.10.1517, dem Tag des legendären Thesenanschlags. Spätestens Ende November waren die Thesen jedoch öffentlich bekannt. Sie verbreiteten sich wie ein Lauffeuer im Reich und in Europa und wurden in vielen Städten nachgedruckt.

FRÜHE NEUZEIT

179

Wie kamen die Thesen an die Öffentlichkeit? Sie sind für ein wissenschaftliches Streitgespräch auf Latein abgefasst und fordern ausdrücklich zu einer Antwort, wenngleich unüblicherweise in schriftlicher Form, auf. Vielleicht hat Luther oder der Pedell der Universität, zu dessen Aufgaben das Anbringen von Aushängen an den Kirchentüren gehörte, die Thesen irgendwann im Verlauf des Novembers ausgehängt, nachdem Luther auf seinen Brief keine Antwort bekommen hatte. Irrten sich Rörer und Melanchton vielleicht nur im Datum?

Als der preußische König Wilhelm IV. (⚜ 1840–1861) 1844 beschloss, einen würdigen Ersatz für die 1760 verbrannte Thesentür zu stiften, musste er sich um diese Frage keine Gedanken machen. Der Thesenanschlag wird erst seit den 1960er Jahren infrage gestellt.

Die Schlosskirche in Wittenberg hat eine gefahrvolle Geschichte hinter sich. Mehrfach wurde sie zu großen Teilen zerstört. Glücklicherweise ist das spätgotische Portal der Thesentür erhalten geblieben. Über dem Spitzbogen steht die Jahreszahl 1499. Die neue Tür ist aus Bronze. Der darauf angebrachte Text der Thesen hebt sich in vergoldeten Buchstaben vom Grund ab. Es ist die lateinische Textfassung des Originals. Zwar wurde auch eine deutschsprachige Version erwogen, doch wollte der preußische König eine Debatte über die Richtigkeit der Übersetzung vermeiden. Über der Tür ist ein Gemälde von Luther und Melanchton zu sehen, die zu beiden Seiten des gekreuzigten Christus stehen.

Martin Luther kommt als Augustinermönch nach Wittenberg. Er soll an der neuen Universität des sächsischen Landesherrn Kurfürst Friedrich der Weise lehren. Es ist eine doppelte Aufgabe; neben der akademischen Lehre übernimmt Luther die Predigten und die Seelsorge für die Stadtkirche. Als Beichtvater erfährt er von den Ängsten und Nöten der Bevölkerung. Die Pestepidemien, die immer noch in Europa grassieren (→ 31), führen ihnen die eigene Sterblichkeit vor Augen. Nach der christlichen Vorstellung erwartet die Sünderinnen und Sünder – nur Heilige brauchen sich keine Sorgen zu machen – nach dem Tod eine göttliche Strafe für ihre irdischen Verfehlungen. Nur wer zu Lebzeiten Buße tut und die kirchliche Absolution erhält, hat die Chance auf Vergebung. Die Menschen fürchten, ohne Buße zu sterben und dann der ewigen Verdamnis ausgeliefert zu sein. Zur Zeit der Kreuzzüge waren die Gläubigen deshalb bereit, das Kreuz zu nehmen, nun sind sie bereit, für einen hart verdienten Gulden einen päpstlichen Ablassbrief zu kaufen, der ihnen den »vollen Erlass aller Strafen« garantiert. Mit dem Geld finanziert Papst Leo X. den Bau des neuen Petersdoms.

In Sachsen zieht der Dominikanermönch Johan Tetzel im Auftrag des Erzbischofs durch die Lande. Mit ihm ist der Spruch verbunden: »Sobald das Geld im Kasten klingt, die Seele aus dem Feuer springt.« Luthers Kritik wendet sich gegen diese Praxis, da nur Gott den Sündigen ihre Strafen erlassen könne. Die Kritik am Ablasshandel ist nichts Neues, doch Luthers Thesen sind tiefgreifender. Sie verbreiten sich in Windeseile und finden mehr und mehr Zustimmung.

Als Reaktion wird Luther der Prozess wegen Ketzerei gemacht. Doch Friedrich der Weise kann ihn schützen. Mehrfach wird der Mönch vorgeladen, um seine Thesen zu widerrufen. Doch er weigert sich. Die letzte Weigerung Luthers ist wie der Thesenanschlag legendär. Luther, den Papst Leo X. bereits exkommuniziert hat, steht während des Reichstags in Worms vor Kaiser Karl V. Zu dieser Zeit hat sich Luthers Haltung verschärft. Er hat eine deutschsprachige Erläuterung der Thesen verfasst und stellt die Autorität der Bibel über die des Papstes. Und er kritisiert das Zölibat. Seine Antwort ist, nicht ganz korrekt, mit den Worten »Hier stehe ich, ich kann nicht anders, Gott helfe mir. Amen« überliefert. Daraufhin verhängt Karl V. die Reichsacht über den Mönch.

Doch das kann dessen Erfolg und den Durchbruch der Reformation nicht verhindern. Auf dem Gemälde über der Thesentür hält Luther ein Buch in seinen Händen. Es ist die Bibel in seiner deutschen Übersetzung. Und Melanchton trägt das Augsburger Bekenntnis, die *Confessio Augustana* bei sich, die die Position der nun lutherischen Landesfürsten darlegt. Mit ihr wird keine Kirchenspaltung beabsichtigt, dennoch erfolgt sie.

FRÜHE NEUZEIT

43

Die Vogtei der Wartburg

*Eine einheitliche
deutsche Sprache entsteht*

BAUZEIT: 14.–15. Jahrhundert

Hoch über den grünen Spitzen des Thüringer Waldes thront eine der berühmtesten Burgen Deutschlands – die Wartburg. Sie ist eine Art zweifache Wallfahrtsstätte. Auf ihr lebte Anfang des 13. Jahrhunderts die Landgräfin Elisabeth von Thüringen, die wegen ihres unermüdlichen Einsatzes für Arme und Kranke bereits wenige Jahre nach ihrem Tod heilig gesprochen wurde. Der wunderschöne romanische Palas der Hauptburg stand schon zu ihren Lebzeiten. In dem Gang vor dem großen Saal zeigen riesige Historienbilder aus dem 19. Jahrhundert das Leben der Heiligen.

Auf beiden Seiten des länglichen Burgareals reihen sich die Gebäude aneinander, steinerne auf der Ostseite der Hauptburg, während auf den langen Burgmauern der Vorburg weiße Fachwerkbauten hocken. Eine kleine Stube in einem der Fachwerkhäuser auf der Westseite lockt seit Jahrhunderten Menschen protestantischen Glaubens an. In der Vogtei, wie das Gebäude genannt wird, saß Martin Luther 1521 in der »Schutzhaft« seines Landesherrn Friedrich dem Weisen.

Nachdem Karl V. auf dem Reichstag zu Worms (→ 42) die Reichsacht über Luther verhängt hat, ist das Leben des Reformators in Gefahr, denn dadurch ist er vogelfrei. Jeder darf ihn straflos töten, und es ist verboten, mit ihm zu essen oder ihn zu beherbergen. Auch seine Schriften dürfen weder gelesen noch gedruckt werden. Heimlich, um nicht öffentlich gegen die vom Kaiser verhängte Acht zu verstoßen, lässt Friedrich Luther auf dem Heimweg vom Reichstag entführen.

FRÜHE NEUZEIT

Luther ist nicht gleich gefangen genommen oder getötet worden, weil ihm Karl V. freies Geleit zugesagt hat, was er später bereuen sollte, da die Reformation sein Reich zunehmend spaltet. Friedrich beherbergt den Geächteten nun auf seiner Burg in Eisenach. Als Junker Jörg mit Bart und ohne Tonsur lebt der Theologe fast ein Jahr in der Vogtei der Burg.

Zwei Fenster nach Westen ermöglichen Luther den Blick auf die Welt außerhalb der Burg. Ansonsten ist er, wenngleich umsorgt, auf sein Quartier beschränkt. Der Kontakt zur Außenwelt ist unmöglich, zumal das schützende Gerücht umgeht, Luther sei tot, wie zum Beispiel aus einer bedauernden Notiz Albrecht Dürers hervorgeht.

Holz bestimmt den Eindruck der Lutherstube. In der Ecke steht ein grüner Kachelofen. Zu Luthers Zeiten sorgte ein Kaminfeuer für Wärme. Ein Schreibtisch mit einem Stuhl davor gehören ebenfalls zur Einrichtung der Stube. Auch sie entsprechen nicht dem Original. Jahrzehnte lang haben Pilger und Pilgerinnen Stückchen um Stückchen vom Schreibtisch Luthers abgebrochen und mitgenommen, bis nichts mehr von dem Möbelstück übrig war. Ebenso ging es mit dem legendären Tintenfleck an der Wand – Luther soll bei einer Heimsuchung durch den Teufel sein Tintenglas auf die Höllengestalt geschleudert haben. Fremdenführer malen ihn seit Jahrhunderten immer wieder nach, denn er ist eine der Attraktionen des schlichten Kämmerleins. Eine weitere ist das Buch, das auf dem Tisch liegt. Die Bibel ist Ausdruck dessen, was Luther in diesem Raum geschaffen hat: die Übersetzung des Neues Testaments in die deutsche Sprache, damit es verständlich ist für alle.

Die ersten deutschsprachigen Texte sind nicht in einer einheitlichen Sprache geschrieben worden. Der *Heliand*, eine Erzählung des Lebens Jesu, wurde 830/850 in einer Frühform des Niederdeutschen verfasst, das Evangelienbuch Otfrids von Weißenburg einige Jahrzehnte später in einem frühen rheinfränkischen Dialekt des Hochdeutschen. 500 Jahre später herrscht in der kaiserlichen Kanzlei Ludwigs des Bayern (⚜ 1314–1347), die erstmals die Mehrzahl der Urkunden auf Deutsch ausstellte, ein Gewirr aus deutschen Dialekten und Schreibweisen. Norden und Süden des Reiches waren durch zwei verschiedene deutsche Sprachen, die Regionen durch unterschiedliche Dialekte getrennt.

Schon vor Luthers »Septembertestament«, wie seine Übersetzung genannt wird, gibt es Bibeln in deutscher Sprache. Doch der Erfolg dieser Übersetzungen bleibt begrenzt. Zum einen sind sie in der Schreib- und Sprechweise der jeweiligen Stadt oder Region verfasst worden. Weiter weg, wo ein anderer Dialekt oder gar die andere deutsche Sprache vorherrscht, verstehen die Gläubigen die Übersetzung nur schwer und kaufen sie deshalb nicht. Zum anderen ist die Sprache dieser Bibeln steif und kompliziert. Von der Sprache auf der Straße ist sie weit entfernt, daher bleibt der Inhalt für das Volk unverständlich.

Luther, der die Übersetzung in nur 11 Wochen verfasst, schafft zwei Dinge: Er verbindet die deutschen Sprachen und Dialekte und vereinheitlicht sie zu einer Sprache, was schon vorher in der sächsischen Hofkanzlei mit mäßigem Erfolg versucht worden war. Und, was noch entscheidender ist, Luther schreibt in einer Umgangssprache, die auch das Volk versteht. Er benutzt einfache Wörter, einen unkomplizierten Satzbau, der ideal ist für das Vorlesen und das hörende Verstehen. An vielen Stellen prägt Luther neue Wörter, um sich verständlich zu machen, Wörter, die seitdem ein fester Bestandteil der deutschen Sprache sind: Lästermaul etwa, Sündenbock oder Machtwort.

Luthers Übersetzung wird zum Verkaufshit. Illustrationen von Lucas Cranach helfen dem Erfolg zusätzlich. Innerhalb von zwei Monaten nach dem Erscheinen in Wittenberg verbreitet sich die Luther-Bibel über seine Anhänger in ganz Europa. Selbst seine Gegner im Reich bedienen sich ihrer, um seine Übersetzung und damit auch ihn zu widerlegen. Während Luthers Lehren das Reich spalten, vereint die Sprache seines Septembertestaments das Land – ähnlich wie die Wartburg, die in unterschiedlichen Burghöfen einer katholischen Heiligen und einem protestantischen Helden ein Denkmal setzt, die beide von den Besucherinnen und Besuchern der Burg aufgesucht werden.

FRÜHE NEUZEIT

185

44

Die Kramerzunft
in Memmingen

Dass wir frei seien –
die Zwölf Bauernartikel

BAUZEIT: 15. Jahrhundert

Vor gut 60 Jahren berichtete die Memminger Zeitung, dass die gotische Deckenvertäfelung des großen Saals der Kramerzunft sorgfältig überputzt worden sei, gotische Türblätter seien der Axt zum Opfer gefallen. Die Erlaubnis dafür hatte das Landesdenkmalamt in München gegeben, nachdem die Decke anhand von Fotografien als »billige Nachahmung aus der Neugotik« abgetan worden war.

Der Ort dieser Missetat ist ein großes Fachwerkhaus aus dem 15. Jahrhundert, das am Ende des Weinmarkts in Memmingen steht. 2003 begann die Kreishandwerkerschaft Memmingen-Mindelheim erneut mit Sanierungsmaßnahmen. Diesmal waren Vertreter des Denkmalamts vor Ort. Die gotische Decke mit ihren filigranen Schnitzereien konnte in recht gutem Zustand von ihrer Verkleidung befreit werden. Auch der ursprüngliche Dachstuhl wurde gerettet. Wie die Schnitzdecke ist er eine Besonderheit. Er wurde so konstruiert, dass im zweiten Obergeschoss ein großer Saal ohne Säulen bestehen konnte, denn die Lasten werden komplett auf die Außenwände abgeleitet. Ein solcher Dachstuhl (Liegender Dachstuhl) findet sich sonst eher bei Kirchenbauten, zudem ist er eines der ältesten Beispiele dieses Bautyps in Bayern. Von all diesen Besonderheiten – hinzu kommt noch das gotische Treppenhaus – ist von außen nichts zu erahnen. Dafür gibt aber eine Wandmalerei von 1952 Auskunft über das historische Ereignis, das in diesem Haus stattfand: die Erarbeitung der *Zwölf Bauernartikel.*

FRÜHE NEUZEIT

187

Gefühle von Menschen einer vergangenen Zeit sind schwerlich zu erfassen. Doch das, was die Bauern und Bäuerinnen im März 1525 in Memmingen begehrten, haben sie klar formuliert: Sie wollten frei sein. Im 16. Jahrhundert war die gesellschaftliche Ordnung weiterhin durch die Grundherrschaft bestimmt. Die Pestepidemien hatten die Bevölkerung schrumpfen lassen, sodass jeder Bauer und jede Bäuerin – viele Quellen zu den Bauernkriegen erwähnen präzise beide Geschlechter – wichtiges Kapital waren. Um sich dieses zu sichern, verschärften die Grundherren die Regeln des Schollenzwangs. Floh ein Bauer oder eine Bäuerin in die Stadt, musste die gesamte Gemeinde eine hohe Strafe bezahlen. Stadtluft machte jetzt nicht mehr frei. Mitte des 15. Jahrhunderts ging die Pest etwas zurück und die Bevölkerung wuchs wieder, weshalb der Getreidepreis anstieg. Um dies auszugleichen, erhöhten die Grundherren vielerorts ihre Einnahmen, indem sie neue Steuern und Abgaben verlangten. Besonders verhasst war der ländlichen Bevölkerung der Todfall, eine Abgabe an den Herrn im Fall des Todes einer leibeigenen Person, die in Form des besten Kleidungsstücks und des besten Stücks Vieh erfolgen musste. Für Unmut sorgte auch, dass eine Heirat nur innerhalb der eigenen Grundherrschaft und mit Erlaubnis des Herrn möglich war. Zu den Abgaben gehörte außerdem noch der Zehnt für die Kirche, der aber häufig ebenfalls an den Grundherrn ging, was dazu führte, dass sich die priesterliche Seelsorge nicht ausreichend um die ländliche Bevölkerung kümmerte.

Der Aufstand von 1524/1525 ist anders als die vorangegangenen Unruhen. Die Aufständischen begründen ihre Forderungen mit einem »göttlichen Recht«, das sie aus dem Evangelium ableiten. Bauern, Bergknappen und städtische Unterschichten – wegen dieser Zusammensetzung ist die Bezeichnung Bauernkrieg zu einseitig – rotten sich 1524 in Südwestdeutschland, Franken und Thüringen zu »Haufen« zusammen. Die bekanntesten sind die Haufen Baltringen, Allgäu und Bodensee, die sich wiederum zur »Christlichen Vereinigung« verbünden.

Vom 6. bis 8. März treffen sich 50 Abgesandte der Vereinigung in Memmingen. Der Stadtrat, in dem auch die Kramerzunft vertreten ist, hatte schon früh die Reformation durchgesetzt und ist dem Anliegen der Aufständischen gegenüber aufgeschlossen. Er stellt den Bauern deshalb einen der größten Säle der Stadt zur Verfügung, die Kramerzunftstube. Mit Unterstützung des Memminger Hilfspredigers Christoph Schappler und des Pelzmachers Sebastian Lotzer einigen sich die Delegierten auf die *Zwölf Bauernartikel*, die in der Forschung zu Recht als eine Menschenrechtserklärung bezeichnet werden. Sie verlangen darin die Reform der Pfarreien, wollen insbesondere den Pfarrer selbst auswählen und die Predigt des »reinen Evangeliums« im Sinne der Reformation zur Vorschrift machen. Artikel drei fordert die Freiheit der Bauern und Bäuerinnen von der Leibeigenschaft, ohne aber die Obrigkeit komplett infrage zu stellen. Zudem verlangen sie das Recht zur Jagd, zur Fischerei und zur Nutzung der Gemeinschaftsflächen, der Allmende. Alle Artikel werden mit dem Evangelium begründet. Die Beurteilung ihrer Artikel wollen sie nicht den Gerichten überlassen, sondern Reformatoren, darunter auch Luther.

Die *Zwölf Bauernartikel* werden gedruckt. Sie verbreiten sich in Windeseile im Reich. 28 Auflagen lassen sich nachweisen. Luther reagiert wie gefordert auf die Artikel, doch weist er sie vehement und wortstark zurück. Die Grundherren reagieren mit Ironie. Erst jetzt kommt es zu gewaltsamen Auseinandersetzungen. Tausende mit Dreschflegeln und Spießen bewaffnete Bauern sterben in den Schlachten oder werden nach ihrer Niederlage hingerichtet. Dennoch führen die *Zwölf Bauernartikel* zu einer langsamen Verbesserung der bäuerlichen Situation. Mancherorts wird sogar die Leibeigenschaft und der Todfall abgeschafft. Die Kramerzunft kann in ihrer Bedeutung als historischer Ort mit der Paulskirche in Frankfurt (→ 89) verglichen werden. Zu Ehren der Ereignisse, die sich hier zugetragen haben, ist Memmingen seit einigen Jahren wieder aktiv in der Förderung von Menschenrechten. Im Gedenken an die *Zwölf Bauernartikel* vergibt die Stadt alle vier Jahre den »Memminger Freiheitspreis 1525«.

FRÜHE NEUZEIT

45

Das Basler Münster

Bildersturm und Reformation

BAUZEIT: ab 1180

Bei einer Fensterrose handelt es sich um ein großes, rundes Fenster, dessen Öffnung durch Maßwerk in unterschiedlichste Formen unterteilt wird. Dieses Architekturelement ist vielen sicher durch den französischen Kathedralenbau der Gotik, zum Beispiel durch Notre Dame in Paris bekannt. Das Basler Münster weist an der Nordfassade seines Querhauses ein besonders schönes Exemplar auf, das um 1220/25 geschaffen wurde.

Die Unterteilung der Fensterrose besteht in Basel nicht aus Maßwerk, sondern aus Säulen. Sie bilden die Speichen eines Rades und verbinden die »Radnabe« mit der »Felge«, die aus einem Zackenband besteht und von einem durch kleine Speichen in einzelne Fächer unterteilten Reifen umgeben wird. Zehn männliche Figuren hängen in diesen kleinen Speichen oder stehen auf ihnen. Sie tragen wadenlange Gewänder, die um die Taille gegürtet sind. Nur die Figur ganz oben auf dem Rad trägt zusätzlich noch einen Mantel. Sie sitzt auf einem Thron, und ihre Füße stehen fest auf einem kleinen Stück Boden. Weiter rechts fällt der Thronende mit dem Schwung des Rades nach unten. Er fällt kopfüber, versucht sich verzweifelt zwischen zwei Speichen festzuhalten, bevor er mit dem Gesicht nach unten an der tiefsten Stelle des Rades liegt. Dann führt der Lauf des Rades wieder nach oben. Der Mann steht auf den Speichen, hält sich locker an ihnen fest und lässt sich nach oben tragen. Er fällt flehend auf die Knie und erreicht schließlich den Thron.

Es ist das Rad der Fortuna, das Glücksrad, das einen im einen Moment auf den Thron setzt und im nächsten wieder herunterstürzt. Es ist ein beliebtes Motiv. In dem Codex, der die bekannten *Carmina Burana* überliefert, findet sich eine ähnliche Darstellung mit vier Figuren, die um das Rad verteilt sind. Die Schicksalsgöttin Fortuna bestimmt den Lauf des Rades. Die Kirchenväter werten das Glück negativ, und das Rad der Fortuna am Basler Münster ist als Mahnung aufzufassen, auf Gott zu bauen, statt auf das Glück zu hoffen. In Basel steht das Glücksrad über der bekannten Galluspforte, die zur Warnung der Gläubigen eine Darstellung des Weltgerichts präsentiert.

Das Münster ist die Bischofskirche in Basel und Schauplatz des Momentes der Baseler Geschichte, der den Durchbruch für den neuen Glauben bringt. Die Kirche verfügt über rund 60 Altäre, die unterschiedlichen Heiligen geweiht sind, und über zahlreiche Heiligenstatuen. Heilige und ihre Reliquien galten bis zur Reformation als Vermittler zwischen Mensch und Gott. Luther kritisiert nun die Verehrung der Heiligen, da es keine Vermittler bräuchte. Bilder in Kirchen akzeptiert er als Lehrmittel, solange sie nicht verehrt werden. Andere Reformatoren widersprechen dieser Meinung und verlangen die geordnete Entfernung aller Bilder. Genau an der dafür erforderlichen disziplinierten Organisation fehlt es aber vielerorts.

In Basel war es schon 1528 zu vereinzelten Bilderstürmen gekommen, die der Rat nachträglich akzeptieren musste. Am 9. Februar 1529 dringt aber keine kleine Randgruppe oder ein Einzeltäter in das Münster ein, sondern eine Menge von etwa 200 bewaffneten Personen. Sie haben sich zuvor auf dem Marktplatz versammelt, um endlich die Abschaffung des altgläubigen Gottesdienstes in der Stadt durch den Rat zu verlangen, der seit Jahren eine Entscheidung hinauszögert. Es entsteht ein Aufruhr, und die Menge stürmt in die Kirche, wo sie die Altäre zerschlägt und zerstört, um anschließend die hölzernen Heiligenstatuen und die Bilder auf dem Marktplatz zu verbrennen. Erst jetzt folgt der Rat dem Willen der Bevölkerung. Die Reformation wird durchgesetzt. Der Bürgermeister, das Domkapitel und der Bischof haben die Stadt bereits verlassen.

Wie bei den Bildern besteht auch bei anderen Fragen keine Einigkeit unter den Reformatoren. Der entscheidende Punkt, der die Reformationsbewegung spaltet, ist die Bedeutung des Abendmahls. Während nach dem altgläubigen katholischen Verständnis Wein und Brot der Eucharistie in das Blut und Fleisch Christi verwandelt werden, bleiben sie laut Luther unverändert, wobei Christus im Sakrament des Abendmahls dennoch gegenwärtig ist. Kreise um den in Zürich lehrenden Reformator Ulrich Zwingli lehnen beide Deutungen ab. Für Zwingli sind Wein und Brot lediglich Symbole, die an den Opfertod Christi erinnern.

Ein 1529 unternommener Versuch, die Kontroverse zwischen den Reformatoren in einem Gespräch in Marburg zu klären, scheitert. Auf dem Reichstag 1530 in Augsburg legen deshalb die protestierenden Stände zwei Bekenntnisse vor: Die Erklärung der lutherischen Stände, die von Melanchthon verfasste und als Augsburger Bekenntnis bekannt gewordene *Confessio Augustana* betont die Gemeinsamkeiten zwischen dem alten und dem neuen Glauben. Doch die noch katholische Seite kann dieses Bekenntnis nicht überzeugen. Die vier Stände um Zwingli aus Straßburg, Konstanz, Memmingen und Lindau überreichen dem Kaiser ein eigenes Bekenntnis, die *Confessio Tetrapolitana*. Aber sie haben noch weniger Glück als die Lutheraner, sie dürfen ihr Bekenntnis noch nicht einmal verlesen.

Glück hatte dagegen die wunderschöne Bauskulptur des Basler Münsters, denn sie hat den Bildersturm überstanden, wenngleich sie mit der gesamten Außenhülle, so auch die ursprünglich farbigen Reiterstatuen an der Westseite, nun einen monochromen Anstrich erhielt. Doch Fortuna war ihr sowohl davor als auch danach gnädig, wie noch am Mauerwerk rechts unterhalb des Glücksrades zu erkennen ist. Der Riss stammt von dem großen Erdbeben von 1356, das in weiten Teilen der Region erhebliche Schäden verursacht hat. Zwar stürzte die Giebelspitze des Basler Münsters ein, das Glücksrad und die Galluspforte jedoch überstanden das Beben.

FRÜHE NEUZEIT

46

Die Jesuitenkirche St. Michael
in München

Die Glaubensspaltung

BAUZEIT: 1583–1597

1590 stürzt der Turm der noch unvollendeten Jesuitenkirche St. Michael in München ein und zerstört den schon fertigen Chor. Die Zeitgenossen sind sich einig, dass dies ein Zeichen der Unzufriedenheit Gottes mit dem Bau ist, doch worin genau diese Unzufriedenheit besteht, ist strittig. Die Finanzbeamten des bayerischen Herzogs Wilhelm V. sehen sie angesichts der klammen Kassen in der Verschwendung von Geldern begründet. Der Herzog aber – und er hat das letzte Wort – ist sich sicher, dass dem Unmut Gottes nur durch einen noch prachtvolleren und größeren Bau zu begegnen ist.

St. Michael ist wahrlich prachtvoll geworden. Hinter der berühmten Fassade, die nach der Weihe 1597 aus dem mittelalterlichen Stadtbild Münchens herausstach, öffnet sich ein weites Kirchenschiff. Es ist keine Basilika; auf Seitenschiffe wurde verzichtet. An den Längsseiten des Langhauses reihen sich je drei Kapellen, darüber Emporen, deren Fenster viel Licht in den weißen Innenraum strömen lassen. Besonders beeindruckend ist das 20 Meter weite Tonnengewölbe, das nach St. Peter in Rom zweitgrößte der Welt. Den Einsturz des Turms hat es überstanden, doch dem Zweiten Weltkrieg konnte es nicht standhalten. Das heutige Gewölbe mit den schönen Kassetten aus Stuck ist eine Rekonstruktion.

Im Weiß des Innenraums hebt sich der mit Gold verzierte Hochaltar am Ende des Chors ab. Kein Lettner versperrt mehr die Sicht auf den Altarraum. Priester und Gemeinde kommen zusammen, und Predigt und Eucharistie stehen im Zentrum der im Zuge der Gegenreformation veränderten Messe. An einem Pfeiler auf der Linken ist deshalb eine goldene Kanzel angebracht. Die heutige im Stil des Barocks stammt aus dem Jahr 1697 und ersetzt die ursprüngliche Kanzel. Jeden Sonntag hielten die Jesuiten hier die Predigt mitten unter – präziser über – den Gläubigen. Erst mit Neuausrichtung der Liturgie im 20. Jahrhundert verliert die Kanzel in der katholischen Kirche wieder ihre Bedeutung.

Bayern ist ein vorwiegend katholisches Bundesland, und es war ein katholisches Territorium. Auf dem Reichstag 1530 stand Wilhelms Großvater auf der Seite der Altgläubigen, die das Augsburger Bekenntnis der evangelischen Reichsstände (→ 45) ablehnten. In der Folge schlossen sich die elf evangelischen Städte und die sechs evangelischen Territorien unter der Führung von Kursachsen und Hessen in Schmalkalden zu einem Defensivbündnis zusammen, dem Schmalkaldischen Bund. Weitere Territorien, in denen die Reformation nicht durch das Volk, sondern durch die Landesherren bzw. die Landesherrin in Calenberg durchgesetzt wurde, traten bei oder zeigten sich solidarisch.

Um eine friedliche Einigung des Reiches zu erzielen, drängen die Reformatoren auf ein kirchliches Konzil, doch Kaiser Karl V. will nicht nur ein rein deutsches Konzil einberufen, sondern ein gesamtkirchliches päpstliches Konzil. Zu diesem kommt es erst 1545 in Trient. Doch das Konzil, das in drei Sitzungsperioden bis 1563 tagt, kann den Ausbruch von kriegerischen Auseinandersetzungen nicht mehr verhindern, zumal die dort getroffenen Beschlüsse letztlich die Spaltung zementieren. Um den lutherischen Lehren etwas entgegenzusetzen, werden viele strittige Punkte lediglich bestätigt, statt Vorschläge für eine Ausräumung der Differenzen zu unterbreiten. So befürwortet das Konzil zum Beispiel die Transsubstantiationslehre, die Lehre von der dauerhaften Wandlung von Wein und Brot, und betont die Gültigkeit der lateinischen Bibel, der *Vulgata*, sowie die Gleichwertigkeit der Beschlüsse von Konzil und Papst, während Luther die Unterwerfung des Papstes unter die Beschlüsse der Konzile gefordert hatte. Auch das

Zölibat wird nicht aufgehoben, obwohl sich sogar Karl V. dafür ausgesprochen hatte.

Noch vor dem Ende des Konzils wird die Spaltung im Reich offiziell. Selbst der Sieg des Kaisers über den Schmalkaldischen Bund 1547 kann keine Einigung erreichen. Doch unter Karls Bruder König Ferdinand, der das Reich während der häufigen Abwesenheit des Kaisers stellvertretend regiert, kommt es zu einer Annäherung. Nach wegweisenden Verhandlungen in Passau 1552 wird schließlich 1555 der Augsburger Religionsfrieden geschlossen. Fortan dürfen die weltlichen Landesherren über die herrschende Konfession auch für die Untertanen entscheiden. Der etwas später geprägte Spruch *cuius regio, eius religio* (wessen Land, dessen Religion) bringt dies auf den Punkt. Die evangelischen Landesherren werden gleichzeitig Oberhäupter der Kirchen in ihrem Territorium. Doch auch für die Untertanen ändert sich etwas: Für sie gilt das erste allgemeine Grundrecht der deutschen Geschichte. Sie dürfen bei abweichender Glaubensüberzeugung ihr Territorium verlassen. Allerdings sind die finanziellen Hürden für den Wegzug groß.

Geistliche Fürsten müssen, wenn sie das evangelische Glaubensbekenntnis annehmen, auf Amt und Würden und damit auf die kirchlichen Gebiete verzichten, damit ein neuer Bischof gewählt werden kann. Gegen den sogenannten Geistlichen Vorbehalt gab es zwar Proteste, aber er wurde vom König durchgesetzt. Für die Reichsstädte ist der Augsburger Religionsfrieden nicht ganz eindeutig. Eigentlich soll die Bevölkerung die Möglichkeit zur freien Entscheidung haben, tatsächlich setzt sich jedoch auch hier die Obrigkeit durch.

Als katholischer Landesherr fördert Wilhelm V. Jahrzehnte später die Gegenreformation unter anderem durch die Ansiedlung des Ordens der Jesuiten, die die höhere katholische Bildung in München durch die Leitung einer Schule, das Wilhelmsgymnasium, sicherstellen sollen. Die neben St. Michael neu errichtete Schule musste allerdings bald wieder umziehen. Nach dem Turmeinsturz wurde der Chor der Kirche vergrößert und benötigte deren Bauplatz.

FRÜHE NEUZEIT

197

47

Alter Königspalast der Prager Burg: Ludwigstrakt

*Der Zweite Prager Fenstersturz
und der Dreißigjährige Krieg*

BAUZEIT: ca. 1500–1510

Die Prager Burganlage ist riesig, es ist sogar die größte der Welt. Mit drei großen Höfen und weiteren Gebäuden entlang der Georgsgasse erstreckt sie sich auf dem Burgberg nördlich der Moldau. Seit dem 9. Jahrhundert dient dieser Ort den Herrschern der Region; im 21. Jahrhundert ist es der Präsident der Tschechischen Republik, der hier residiert.

Der Ludwigstrakt genannte Gebäudeteil, der der Schauplatz des Zweiten Prager Fenstersturzes ist, liegt an der südöstlichen Außenseite der Burg mit freiem Blick auf die Prager Altstadt. Er gehört zum alten Königspalast und wurde zu Beginn des 16. Jahrhunderts gebaut. Während in den Innenräumen wie auch in dem bekannten Thronsaal des Palastes (Wladislawsaal) meist fantastische gotische Rippengewölbe ausgeführt sind, ist der Außenbau schon ganz der geordneten Eleganz der Renaissance verpflichtet. Es ist ein monumentaler Bau. Auf einem hohen, efeubewachsenen Sockel sitzen zwei repräsentative Stockwerke, die anfangs als Wohnräume dienten. Ebenmäßige Steinquader bilden eine glatte Wandfläche, die nur durch die großen rechteckigen Fenster durchbrochen wird. Die Fenster sind regelmäßig angelegt. Auf der Ostseite sind sie durch kreuzförmige Streben vierteilig, an der Südseite sechsteilig. Vom Wallgarten aus wirken die Fenster recht schmal. Das sind sie aber nicht, immerhin konnten ausgewachsene und gut genährte Männer durch sie aus der Burg geworfen werden.

FRÜHE NEUZEIT

Der legendäre und in der Folge der Ereignisse fatale Prager Fenstersturz – Fensterwurf wäre treffender – ereignet sich im Mai 1618. Bis
1611 herrschte der Habsburger Kaiser Rudolf II. auch als König über
Böhmen. Der Katholik war zudem König der anderen habsburgischen
Erblande Ungarn und Kroatien sowie Erzherzog von Österreich. Diese
Personalunion bestand beinahe durchgängig von 1526 bis zum Ende
des Reiches 1806. Rudolf stand im Konflikt mit seinem Bruder Matthias, was ihn in eine Zwangslage brachte. Der zum Großteil protestantische, Luther oder Jan Hus (→ 36) anhängende böhmische Adel
nutzte dies, um Rudolf Zugeständnisse abzuringen. Im Majestätsbrief
garantierte Rudolf dem böhmischen Adel die Religionsfreiheit. Doch
den böhmischen Ständen war das nicht genug. Eigenmächtig verab-
schiedeten sie einen Nebenbescheid, durch den sie ihre politische
Mitbestimmung in den nun weltlichen, ehemals geistlichen Gebieten
ausweiteten.

Der Brief und der folgende Konflikt erregte viel Aufmerksamkeit
in Europa. Die protestantischen Reichsstände interessierte die Religionsfreiheit und die politische Stärkung der Stände in Böhmen. Zwei
konfessionelle Bündnislager wurden in dieser Zeit im Reich gegründet, die Protestantische Union unter Führung der Kurpfalz und die
Katholische Liga. Die Lage in Europa war alles andere als entspannt,
und die antihabsburgischen Mächte wie Frankreich beobachteten die
Schwäche Rudolfs interessiert. Ihnen war die Vormachtstellung der
zwei habsburgischen Linien – die Nachfahren Karls V. herrschten über
Spanien, Portugal und weitere Gebiete, während die Nachfahren Fer-
dinands I. (→ 46) die österreichische Linie bildeten – ein Dorn im Auge.
Auf Rudolf folgt 1612 sein konkurrierender Bruder Matthias, der die
Residenz von Prag nach Wien verlegt.

Von den Räumen im ersten Obergeschoss des Ludwigstrakts führen nun katholische Statthalter die Landesgeschäfte. Noch vor Matthias' Tod löst ihn sein Cousin, der spätere Kaiser Ferdinand II., auf
dem Thron der habsburgischen Erblande ab. Ferdinand ist ein tief-
gläubiger und kompromissloser Katholik, der die Gegenreformation
in Teilen Österreichs gewaltsam durchsetzt. In Böhmen lässt er 1617

zwei protestantische Kirchen abreißen. Unruhe ergreift das Land. Die protestantischen Stände sehen sowohl ihre Religionsfreiheit als auch ihre politische Einflussnahme gefährdet. Am 23. Mai 1618 stürmen etwa 200 Standesvertreter in die Prager Burg. Zwei königliche Statthalter und der Kanzleisekretär können der Wut der Aufständischen nicht entgehen. Nachdem sich diese Zutritt zur Kanzlei verschafft haben, werfen sie die drei Herren kurzerhand aus dem Fenster – eine Art Prager Tradition; insgesamt gibt es drei Prager Fensterstürze. Der Fall aus dem Kanzleifenster ist tief: etwa 16 Meter stürzen die drei hinab. Nun nehmen die Ereignisse ihren Lauf.

Eine von den Aufständischen gebildete Regierung setzt Ferdinand im August ab und wählt stattdessen den protestantischen Friedrich V. von der Pfalz zum König. Nur wenig später – Matthias ist inzwischen gestorben – wird Ferdinand zum Kaiser gewählt und rüstet im Bündnis mit Spanien und Bayern zum Gegenschlag. Im November 1620 schlagen Truppen der Katholischen Liga und das kaiserliche Heer in der Schlacht am Weißen Berg vor Prag gemeinsam den böhmischen Aufstand nieder.

Doch der gewaltsame Konflikt in Europa steht erst am Anfang. 30 Jahre lang wütete der Krieg verheerend in insgesamt vier nach den Gegnern des Kaisers benannten Phasen (Böhmisch-Pfälzischer Krieg 1618–1623, Dänisch-Niederländischer Krieg 1625–1629, Schwedischer Krieg 1630–1634, Schwedisch-Französischer Krieg 1635–1648). Es ist der erste Krieg von gesamteuropäischen Ausmaßen, und er wird erst durch einen europäischen Friedensvertrag beendet (→ 51).

Für die drei Katholiken geht der Sturz aus dem Fenster der Prager Burg besser aus als für 27 Rädelsführer, die nach dem Sieg des Kaisers im zweiten Obergeschoss des Ludwigstrakts zum Tode verurteilt werden. Die drei haben wie durch ein Wunder überlebt, und der Kanzleisekretär wird später in den Adelsstand erhoben – er erhält den Namen »von Hohenfall«. Die katholische Seite führt das Überleben auf den Hilferuf »Jesus, Maria« durch einen der Stürzenden zurück, die protestantische auf einen Misthaufen, der sich unter dem Fenster befunden haben soll.

48

Das Wohnhaus Johannes Keplers in Regensburg

Das heliozentrische Weltbild

BAUZEIT: erste Hälfte des 14. Jahrhunderts

Mit dem 16. Jahrhundert erhöht sich die Zahl der erhalten gebliebenen privaten Profanbauten langsam. Damit wächst auch die Zahl der Geburts-, Wohn- und Sterbehäuser bekannter historischer Persönlichkeiten, die immer noch vorhanden sind. Diese Zuschreibungen werden allerdings recht großzügig vorgenommen. Mit Johannes Kepler, dem berühmten Astronomen und Mathematiker, werden gleich mehrere Häuser verbunden. In Linz hängt am Haus in der Rathausgasse 5 ein Schild, das bekanntgibt: »In diesem Haus wohnte Johannes Kepler.« Ursprünglich hing das Schild in der Ledergasse 10. Das Haus in der Rathausgasse ist auch erst Mitte des 17. Jahrhunderts gebaut worden, während Kepler bereits 1630 in Regensburg starb. Gelebt hat er dort einst im Vorgängerbau.

In Regensburg gibt es gleich zwei Wohnbauten, die dem Astronomen zugeordnet werden, wobei er in letzterem nur zu Gast war. Es ist sein Sterbehaus, in dem ihm nun eine Ausstellung gewidmet ist. Diese Geschichte wendet sich aber dem anderen Haus zu, das nur ein paar Häuser weiter die Straße hinab liegt. Die Wahl ist architektonisch begründet. Dieses Haus ist unabhängig von Kepler, dessen Aufenthalt es aber sicherlich vor der Zerstörung bewahrt hat, ein wahres Kleinod. Wie in Regensburg häufiger anzutreffen, handelt es sich um ein zweiteiliges Gebäude, das aus einem schmalen turmartigen Steinhaus mit fünf Geschossen und einem breiteren Holzanbau mit drei Geschossen besteht. Eine sensationelle Überraschung war für

FRÜHE NEUZEIT

die Verantwortlichen der Restaurierung in den 1970er Jahren die in großen Flächen erhaltene gotische Fassadenmalerei, die unter den Putzschichten entdeckt wurde. Schwarz-weiß-rote Rautenbänder zieren die Schwellbalken zwischen den Geschossen. Jeweils sechs Umrisslilien umgeben die Fensteröffnungen, und an der Brandwand zum Nachbargebäude ist eine Eckquaderung aufgemalt. Die Malereien sind auf den feuchten Putz gemalt worden, also Fresken. Leider konnten sie nicht an Ort und Stelle erhalten werden. Daher wurden sie abgenommen und konserviert und befinden sich nun im Bauarchiv in Thierhaupten.

Wenngleich deshalb vor Ort nur noch eine Kopie der Malerei des 14. Jahrhunderts zu sehen ist, kann sie den Menschen des 21. Jahrhunderts doch die mittelalterliche Wohnhausgestaltung näherbringen als alle anderen Bauten der Stadt. Die meisten Gebäude jener Zeit waren ursprünglich außen und/oder innen bemalt – mal großflächig, mal nur mit einem kleinen Detail –, nur ist gerade vom Außenbereich profaner Häuser wenig erhalten geblieben.

Kepler hat diese Malschicht nicht gesehen. Als er 1626–1628 mit seiner Familie in dem Haus, das ein Gewandmacher besaß, das zweite Obergeschoss oder vielleicht das Dachgeschoss mietete, war sie längst übermalt worden. Der Gelehrte weilte in diesen Jahren nur selten bei seiner Frau und seinen vier Kindern. Er war unterwegs, um den Druck der *Rudolfinischen Tafeln* zu organisieren.

Die Tafeln, deren Erarbeitung Kepler einst als Assistent des Astronomen Tycho Brahe im Auftrag Kaiser Rudolfs II. begonnen hatte, sind ein komplexes astronomisches Werk. Sie enthalten einen Katalog der Fixsterne, ein Verzeichnis von mehr als 500 Orten mit ihren geographischen Koordinaten und die Berechnung der Planetenlaufbahnen – Astronomen, Seefahrer und Horoskophersteller warteten schon sehnsüchtig darauf. Doch die Veröffentlichung war nicht ohne Brisanz, denn Kepler ging von einem heliozentrischen Weltbild aus. Er teilte die Meinung von Nikolaus Kopernikus, dass sich die Planeten um die Sonne drehen. Sechs Planeten waren zu diesem Zeitpunkt bekannt: Merkur, Venus, Erde, Mars, Jupiter und Saturn.

Das heliozentrische Weltbild widersprach der aus der Antike stammenden geozentrischen Vorstellung, dass die Erde das Zentrum bildet, um das sich die Sonne und die Planeten drehen. Als Kopernikus 1543 seine Sicht der Dinge veröffentlicht, heißt es in der Vorrede, die Darlegungen seien als Hypothese aufzufassen.

Beide Konfessionen lehnten die neue Weltsicht ab. Zu Beginn des Auftrags wollten Brahe und Kepler als Kompromiss die Erde stillstehen lassen, doch als Kepler 1627 – Brahe war lange tot – Kaiser Ferdinand II. das Werk überreichte, drehten sich alle Planeten in elliptischen – Kopernikus ging von runden aus – Bahnen um die Sonne. Neben ihrer zentralen Stellung wies Kepler der Sonne auch die Kraft zur Bewegung der Planeten zu. Einige Jahre später starb der protestantische Kepler zwar in Geldnot, vor der Inquisition aber musste er sich nie verantworten. Galileo Galilei dagegen stand 1633 vor den Inquisitoren und wurde zum Widerruf des heliozentrischen Weltbilds gezwungen. »Und sie dreht sich doch«, soll er am Ende gemurmelt haben, doch das ist nur eine Legende.

Ebenfalls nur eine Legende ist die Behauptung, dass sich die Menschen des Mittelalters die Erde als eine Scheibe vorgestellt hätten. Seit der Antike war die Kugelform der Erde allgemein anerkannt. Die Legende wurde im 18. und 19. Jahrhundert verbreitet, und das hatte einen ganz konkreten Grund: Was war geeigneter, um das »lichte« Zeitalter der Aufklärung und der Naturwissenschaft vom »dunklen« Mittelalter mit seiner religiösen Dogmatik abzuheben, als die angeblich im Mittelalter vorherrschende Auffassung von einer Erde, von der die Menschen hinunterfallen können?

In der Keplerstr. 2 blieb nach Keplers Wegzug – er begab sich in der Hoffnung auf Einkünfte in die Dienste des kaiserlichen Feldherrn Wallenstein – ein Globus des Astronomen zurück. Er ist nicht mehr vorhanden, aber an seinem Sterbeort, dem Gedächtnishaus in der Keplerstr. 5, sind gleich mehrere zeitgenössische Globen zu entdecken.

FRÜHE NEUZEIT

49

Die Burg Vischering
in Lüdinghausen

Die Burg in der Frühen Neuzeit

BAUZEIT: 1519–1622

Wer die Burg Vischering besucht, passiert steinerne Tore und hohe Bäume, überquert Gräben und die Gräfte, erreicht die Insel der Vorburg und steht schließlich vor einer langen Brücke. An ihrem östlichen Ende wächst die fast kreisrunde Hauptburg aus dem Wasser. Eine Zugbrücke und ein schweres Tor sicherten als letztes Hindernis den Burgkern. Der eckige Rahmen über dem runden Bogen des Tores lässt erahnen, wie passgenau sich die Zugbrücke einst in das Mauerwerk einfügte. Das Torhaus wurde 1519 erbaut. Es ist der älteste Abschnitt der frühneuzeitlichen Bauphase, die immer noch das malerische Aussehen der Burg bestimmt.

Das Mauerwerk der Hauptburg gleicht einem Flickenteppich; verschiedene Bauabschnitte lassen sich mit bloßem Auge erkennen. Die Baunaht des Torhauses zeigt sich rechts der Zugbrücke als gerade, sorgfältige gemauerte Kante aus regionalen Sandsteinen. Südlich schließt ein einige Jahrzehnte jüngerer Bauteil an. Er setzt auf den Resten der alten Ringmauer aus dem 13. Jahrhundert auf. Sie sind an den unregelmäßigen, dunkelrotbraunen Steinen zu erkennen, die zum Teil bis ins erste Obergeschoss reichen. Die einst fensterlose, etwa zehn Meter hohe Mauer umschloss ursprünglich die gesamte Burg. Die Wohn- und Funktionsbauten lagen geschützt hinter ihr.

Mit dem Neubau im 16. Jahrhundert verlor die äußere Burgmauer ihre Verteidigungsfunktion. Den neuen Geschützen konnten selbst dicke Mauern nicht mehr standhalten. Beim Neubau entschied sich der Bauherr deshalb für Komfort. Große, rechteckige Fenster, die bei einer Belagerung einen guten Angriffspunkt geboten hätten, beleuchteten von nun an die Räume der Burg. Der Neubau dieses Gebäudeteils wurde nach einem verheerenden Brand 1521 begonnen. Seine Dringlichkeit dürfte den Flickenteppich der Materialien erklären. Ziegelsteine vervollständigen die Wandfläche. Sandstein kommt im Mauerwerk nur vereinzelt vor; er wurde vor allem für die dekorativen Fensterkreuze genutzt. Eine einsame Schießscharte wurde ebenfalls aus Sandstein gehauen. Sie dürfte eher eine dekorative als eine defensive Funktion gehabt haben. Von der Brücke aus fällt ganz im Süden eine ins Wasser hineinragende Auslucht auf, ein Ausbau mit einem Erker. Die Auslucht wurde zwischen 1617 und 1622 gebaut, bevor die Burg zu einem Nebenschauplatz des Dreißigjährigen Krieges wurde.

Schon seit Beginn des Krieges ziehen immer wieder Truppen durch das Münsterland, das zum weltlichen Herrschaftsbereich des Fürstbischofs von Münster gehört. In Lüdinghausen werden nun auch an gottesdienstfreien Tagen zwei Messen gelesen, viel mehr kann die Bevölkerung nicht zu ihrem Schutz unternehmen. Zwar bleibt ihnen eine große Schlacht erspart, den Plünderungen durch die Soldaten und dem Zwang, Quartiere bereitzustellen, können sie allerdings nicht entgehen. Doch viele können ihre Wertsachen verstecken. Ein großer, von einem Bauernhof des Ortsteils Seppenrade stammender Münzfund belegt, dass es halbwegs sicher war, sein Geld zu vergraben. Wer auch immer die Münzen vergraben hat, scheint den Krieg allerdings nicht überlebt zu haben. Sichtbare Güter hingegen wie das Vieh und vor allem die Pferde werden von den Truppen rücksichtslos beschlagnahmt.

Die Bevölkerung muss zudem hohe Steuern an die hessischen Truppen zahlen, die nach einigen Auseinandersetzungen mit den kaiserlichen Truppen 1633 die Stadt einschließlich der drei Wasserburgen – Burg Vischering, Burg Lüdinghausen und die heute nicht mehr als Burg erkennbare Burg Wolfsberg – kontrollieren. Zum großen Unmut der Bevölkerung und zur Sorge des bischöflichen Domkapitels um künftige Einnahmen aus den Ländereien holzen die Hessen zudem weite Teile des Stadtwaldes ab. So mag es nicht verwundern, dass die Bevölkerung der Stadt im Februar 1634 das Herannahen der kaiserlichen Truppen nicht meldet, das den hessischen Soldaten auf der Burg Lüdinghausen entgeht.

Im Schutz der Dunkelheit dringen die kaiserlichen Soldaten, so ein Augenzeugenbericht, bis an den äußeren Wassergraben, die Außengräfte der Burg, vor. In der Nacht hat es gefroren, und obwohl die Eisfläche noch am Tag zuvor aufgebrochen wurde, gelingt es den Angreifern, die erste Gräfte zu überqueren und hinter den Wällen und Gräben in Deckung zu gehen, als die Burgbesatzung sie endlich bemerkt. Vier Tage lang graben sich die Kaiserlichen bis an den Rand der nächsten Gräfte durch und bauen dort zwei Kanonen auf, während die Hessen den Feind unter Beschuss nehmen. Am fünften Tag beginnen die Angreifer ihrerseits mit dem Beschuss. Die Verteidiger können jetzt nur noch warten, ihnen ist die Munition ausgegangen. Bald sind Breschen in das Mauerwerk geschlagen. Wagemutig balancieren einige Soldaten über die Holzpfeiler der Brücke zur Hauptburg hinüber. Die Planken der Brücke hatten die Hessen herausgenommen, doch das hilft ihnen nicht mehr. Im Laufe des Tages erobern die Kaiserlichen die Burg, und die Hessen müssen sich ergeben. Burg Vischering gelangt wieder in die Hände der Kaiserlichen. Doch schon zu Pfingsten besetzen die Hessen erneut die Burg und beschießen vom Turm aus die Stadt und die Burg Lüdinghausen, die sich ergeben muss.

Bei allen diesen Kämpfen und dem ständigen Hin und Her ist es fast ein Wunder, dass die Burg Vischering den Dreißigjährigen Krieg weitgehend unbeschadet überstanden hat. Vielleicht haben die Steinkugeln, die beim Bau als Talismane in die Mauern der Hauptburg eingefügt wurden, doch ihre Wirkung getan. Die Burgherren allerdings ziehen einige Jahrzehnte später in ein repräsentatives Schloss, denn Schutz kann die Burg nicht mehr bieten. Es ist ein Glück für die Nachwelt, denn so behielt sie ihre Gestalt, statt modernisiert zu werden.

FRÜHE NEUZEIT

50

Die Bockwindmühle
aus Essern

Mühlen und Müller

BAUZEIT: 1638

1952 schreibt ein verzweifelter Windmüller einen Brief an den Land-
kreis Neinburg in Niedersachsen. Er besitzt in dem kleinen Ort Essern
eine alte Bockwindmühle, eine Getreidemühle. Das Gewerbe lohnt
sich nicht mehr. Neubauten blockieren die Windströme. Die Stärke
des Windantriebs reicht nicht mehr aus, um konkurrenzfähig zu bleiben. Der Müller muss zusätzlich motorbetriebene Mahlwerke verwenden, um ausreichend Mehl mahlen zu können – eine kostspielige
Angelegenheit. Er zweifelt, dass er seinen Betrieb noch lange halten
kann und fordert Hilfe. Auch die Bundesregierung ist besorgt. Es gibt
zu viele Getreidemühlen und zu wenig zu tun, vor allem, weil in der
Wirtschaftswunderzeit der Brotkonsum im Land deutlich zurückgeht.

Ganz anders war dies, als die Windmühle errichtet wurde – vermutlich im Jahr 1638, wie eine Inschrift schließen lässt. Das Betreiben einer Getreidemühle war in der Vormoderne meist ein lukratives
Geschäft. Die drei schon damals üblichen Mahlzeiten bestanden zu
einem Großenteil aus Brot und anderen Getreideprodukten. In der vielerorts friedlichen Zeit zwischen 1555 (→ 46) und 1618 (→ 51) hatte sich die
Bevölkerungszahl im Reich zudem beinahe verdoppelt. Die Nachfrage
nach Getreide war hoch, die Preise stiegen.

Wer Getreide in größeren Mengen mahlen wollte, kam mit der
Handmühle nicht weit. Eine Alternative bot eine Mühle, deren Göpel
durch Esel oder Pferde angetrieben wurde. Ein Göpelhaus aus dem
19. Jahrhundert ist ebenfalls im Museumsdorf zu sehen. Besonders

FRÜHE NEUZEIT

leistungsstark waren aber die Wassermühlen, die seit dem 8. Jahrhundert in Mitteleuropa verbreitet waren. Doch nicht in allen Regionen gab es Wasserläufe mit einer ausreichend starken Strömung, um eine Mühle anzutreiben. Mit der Entwicklung der Bockwindmühle im 12. Jahrhundert gelang die Erschließung einer gerade in Norddeutschland in hohem Maße zur Verfügung stehenden Energiequelle – dem Wind.

Nicht jeder durfte einfach eine Mühle bauen. Dieses Recht, das Mühlregal, lag im 16. Jahrhundert in der Hand des Landesherrn. Als regionaler Verwalter des Herzogtums Braunschweig-Lüneburg ließ der Amtmann Johann Anton Schröder zu Diepenau die Esserner Bockwindmühle erbauen und betreiben. Sie sollte in Phasen, in denen die Räder der Diepenauer Wassermühle stillstanden, die Fortsetzung des Mühlenbetriebs garantieren. Wie sein Landesherr, der am Getreideanbau seiner Bauern verdiente, hatte der Amtmann ein Interesse daran, dass die Mühlen nicht stillstanden. Wind- und Wasserkraft aber waren vom Wetter und von den Jahreszeiten abhängig. Eine Flaute ließ die Windmühlen stillstehen, niedrige Wasserstände im Sommer und zugefrorene Bäche im Winter stoppten den Lauf der Wasserräder. Es zahlt sich aus, das Risiko eines Stillstands durch das parallele Betreiben von zwei Mühltypen zu minimieren. Die Esserner Bockwindmühle konnte, sobald sich der Wind drehte, im Ganzen in den Wind gedreht werden, was sich am Äußeren des Bauwerks erkennen lässt. Die langen Holzplanken des schlichten Mühlenkastens reichen nicht bis zum Boden, sondern schweben in der Luft. Der Mühlenkasten sitzt auf einer Art Stelze, dem Hausbaum, der von vier Doppelstreben gestützt wird. Der Hausbaum reicht bis in die Mitte des Kastens hinein und ist im wahrsten Sinne des Wortes der Dreh- und Angelpunkt der Mühle. Um ihn wurde der gesamte Mühlenkasten einschließlich der Flügel gedreht. Dazu diente der lange Hebel, der Stert, der links aus dem Mühlenkasten herausragt.

Eine steile Außentreppe führt zum Eingang der Mühle. Dort riecht es nach Holz und Staub. Wer das Mahlwerk sehen möchte, muss eine schmale Stiege zum Steinboden hinaufklettern. Das Geschoss heißt so, weil sich hier die schweren Mahlsteine – der rotierende Läufer-stein und der feste Bodenstein darunter – befinden. Dominiert wird der Raum von dem riesigen Kammrad, einem Zahnrad, das die Kraft des Windes auf das Mahlwerk überträgt.

Betrieben wurde die Mühle von einem Pächter, dem Müller. Um Mühle und Müllersleute ranken viele Legenden. Einerseits galten Mül-ler und ihre Söhne mancherorts als »unehrlich«, was den Söhnen zum Beispiel den Eintritt in manche Zunft verwehrte. Der Grund dafür mag im Mühlenzwang gelegen haben, der die Bauern verpflichtete, zum Mahlen ihres Getreides eine bestimmte Mühle aufzusuchen, und ih-nen verbot, bei Unzufriedenheit den Müller zu wechseln. Andererseits war die Mühle ein besonders geschützter Ort, der wie die Kirchen so-gar Asyl vor Verfolgung gewähren konnte. Und im Umfeld einer Mühle begangene Straftaten wurden besonders hart bestraft, wobei der Mül-ler oft als Schöffe diente.

Die Müller des 20. Jahrhunderts waren die Besitzer ihrer Mühle, aber wenige Jahre nach dem Brief des Esserner Müllers mischte sich wieder eine höhere Instanz in die Geschäfte ein. Die Bundesregierung versuchte durch ein Gesetz und hohe Prämienzahlungen kleine Müh-len stillzulegen. Mit Erfolg – die Segel der mächtigen Flügel wurden entfernt. Die Mühle stand still, sie hatte ausgedient. Doch blieb ihr das Schicksal vieler anderer Mühlen – der langsame, unbeachtete Zerfall – erspart. Stattdessen trat sie eine lange Reise an. Flügel, Holzplanken, Zahnräder und Mühlsteine wurden dafür sorgfältig abgebaut. Teil für Teil, vom kleinsten bis zum größten, wurde sie 1966 in das über 80 Kilometer entfernte Freilichtmuseum Cloppenburg gebracht und dort liebevoll wieder aufgebaut. Im Museumsdorf steht sie nun zwi-schen unterschiedlich alten Hofanlagen, Werkstätten und zwei wei-teren Windmühlen – darunter auch eine Holländermühle, bei der nur noch die Kappe in den Wind gedreht wird – auf einer grünen Wiese, auf der Rinder weiden. Und ab und zu dreht sie sich sogar, wenn am Mühlentag das alte Handwerk vorgeführt wird.

FRÜHE NEUZEIT

51

Das Rathaus
zu Münster

Der Westfälische Frieden

BAUZEIT DER FASSADE:
14. Jahrhundert, Wiederaufbau: 1950–1958

An einem Oktoberabend im Jahr 1944 macht der Archivar des Bistums Münster eine Fotografie des berühmten Rathauses, in dem 1648 der Westfälische Frieden geschlossen wurde, der den Dreißigjährigen Krieg endlich beendete. Sein Foto bietet einen traurigen Anblick. Nur einige Stunden zuvor sind mehrere Brandbomben im Rathaus eingeschlagen. Das Dach ist komplett verschwunden, lediglich der gotische Stufengiebel erhebt sich noch in die Lüfte. Doch ohne die Stütze des Dachstuhls hat der Giebel keinen Halt; schon neigt er sich gefährlich nach vorn. Nur wenige Minuten nach der Aufnahme stürzt er zu Boden.

Als sich der Staub legt, stehen nur noch die zu Beginn des Zweiten Weltkriegs zur Sicherheit untermauerten Arkaden und die beiden äußeren großen Maßwerkfenster des Hauptgeschosses. Während der Friedenssaal im rückwärtigen Bauteil bereits zum 300. Jahrestag des Westfälischen Friedens originalgetreu wiederaufgebaut wurde – die kunstvolle Holzvertäfelung des Saales war während des Krieges ausgelagert worden –, blieb die Fassade noch zwei Jahre eine Ruine. 1950 begann dann der Wiederaufbau aufgrund der Initiative von Münsteraner Kaufleuten.

Die vier spitzbogigen Arkaden öffnen sich zu einem Laubengang. Er ist typisch für die Häuser des Prinzipalmarktes, wie der Straßenmarkt der einstigen Hansestadt genannt wird. Das Arkadengeschoss ist schmucklos, einzig eine Eisenhalterung fällt an der linken Hausecke ins Auge. Dreimal im Jahr, wenn in Münster der Jahrmarkt »Send«

FRÜHE NEUZEIT

215

stattfindet, wird hier ein hölzerner Arm angebracht, dessen Hand das Sendschwert – inzwischen eine Kopie – hält. Seit 1577 erinnert es die Besucherinnen und Besucher des Marktes an das verschärfte Strafrecht in diesen Tagen. Eine Körperverletzung galt als Störung des Marktrechtes und wurde mit dem Tod bestraft.

An der Fassade befanden sich im 17. Jahrhundert fünf Skulpturen. Sie wurden während der Zeit des zum Westfälischen Frieden führenden Friedenskongresses angefertigt. In der Mitte stand eine Christus-Figur, links Maria und rechts der Erzengel St. Michael, der gemäß der Vorstellung vom Jüngsten Gericht die Seelen der Menschen wiegen und die Erlösten von den Verdammten trennen wird. Waren diese Figuren, die einerseits an die Erlösung durch Christus, andererseits an das Jüngste Gerichte erinnerten, eine Aufforderung und Warnung zugleich an die Teilnehmer, die in Münster und in Osnabrück als zweitem Tagungsort endlich Frieden schaffen sollten?

Das Ziel der 176 Bevollmächtigten – die Monarchen verhandelten nicht selbst –, die zwischen 1643 und 1648 unterschiedlich lange anwesend waren, bestand darin, vier Kriege zu beenden: den Krieg zwischen Frankreich und Spanien, den Krieg der nördlichen Niederlande gegen Spanien – dieser Konflikt um die Unabhängigkeit der spanischen Nord-Niederlande tobte schon seit 1568 –, den Krieg zwischen dem Kaiser und Frankreich sowie den des Kaisers gegen Schweden einschließlich der sich solidarisierenden Reichsstände. Diese Form der gemeinsamen Friedensgespräche fast aller wichtigen Mächte in Europa war etwas Neues und für spätere Friedensprozesse beispielhaft.

Münster und Osnabrück wurden aufgrund ihrer Nachbarschaft für den Kongress ausgewählt. Für die Zeit der Verhandlungen waren sie neutrale, von allen Pflichten gegenüber Kaiser, Reich sowie den Bischöfen als Stadtherren entbundene Orte.

1648 wurde ein Frieden geschlossen, der große Konsequenzen für das Reich hatte. Zum einen bestanden sie im Verlust von Territorien. Das siegreiche Schweden erhielt Vorpommern, Bremen, Vreden sowie Wismar zugesprochen. Allerdings blieben diese Gebiete Reichsterritorien, wodurch der schwedische König zukünftig ein Stimmrecht im Reichstag besaß. Frankreich bekam die Bistümer Metz, Toul und Verdun, die eigentlich bereits französisch waren, sowie Gebiete und Städte im Elsass. Straßburg allerdings gehörte weiter zum Reich. Die Schweizer Eidgenossenschaft schied aus dem Reich aus und wurde souverän. Gleiches galt für die nördlichen Provinzen der Niederlande. Die Spanischen Niederlande, die in etwa dem Gebiet des heutigen Belgiens entsprachen, blieben unter spanischer Herrschaft und mussten zum Katholizismus zurückkehren.

Zum anderen veränderten sich durch den Friedensschluss die Verhältnisse im Reich selbst. Eine Amnestie für alle Kriegstaten vergab Taten gegen Reich und Kaiser. Die Reichsstände erhielten nun das Recht, selbstständig Bündnisse untereinander und mit ausländischen Mächten einzugehen, sofern sie nicht gegen das Reich gerichtet waren. Der Westfälische Frieden gewährte ihnen zudem ein Mitspracherecht in allen wichtigen Reichsangelegenheiten. Der Kaiser verlor damit einen Großteil seiner Macht, und das Reich zerfiel in einen Flickenteppich aus unzähligen deutschen Territorien. Die Wahl des Kaisers oblag künftig acht Kurfürsten, da sowohl die Pfalz als auch Bayern, das seit Beginn des Krieges die pfälzische Kurwürde innehatte, die Kurwürde erlangten.

Zu guter Letzt ist die Bestätigung des Augsburger Religionsfriedens zu nennen, wobei nun auch die Lehre Calvins und Zwinglis anerkannt wurde. Der gesamte ehemalige altkirchliche Besitz wurde entsprechend den Besitzverhältnissen des Normjahres 1624 bestätigt.

Der Westfälische Frieden beendete zwar den Krieg im Reich, konnte jedoch nicht, wie es die Hoffnung der Abgesandten war, für andauernden Frieden in Europa sorgen. Der Konflikt zwischen Spanien und Frankreich blieb ungelöst und wütete weiter im westlichen Europa. Der Schauplatz des Westfälischen Friedenschlusses und das Symbol eines gemeinschaftlichen Wiederaufbaus nach dem Zweiten Weltkrieg ist 350 Jahre später aber zumindest jedem Schulkind in der Region bekannt.

FRÜHE NEUZEIT

52

Das Alte Rathaus
in Regensburg

*Der Immerwährende Reichstag
und der Kalenderstreit*

BAUZEIT: etwa ab 1325

Zwei steinerne Rittergestalten bewachen das aus dem 16. Jahrhundert stammende Portal zum Alten Rathaus in Regensburg. »Schutz« und »Trutz« werden die beiden genannt. Das Gebäude selbst wurde im 14. Jahrhundert gebaut. Im Erdgeschoss gab es Läden und eine Gerichtsstätte. Darüber im Obergeschoss liegt ein imposanter Saal. Ursprünglich als Tanz- und Festsaal der Reichsstadt Regensburg gebaut, wurde er seit 1526 immer wieder als Versammlungsort des Reichtags genutzt. 16 mal 22,5 m misst der Raum, der ganz ohne Stützen auskommt. Die dunkle Holzdecke ruht auf Eckkonsolen, vorspringenden Tragelementen. Mysteriöse Tier- und Fabelgestalten zieren sie, die Unheil abwehren sollen. Die mittigen Konsolen der Längsseiten halten einen mächtigen Unterzugbalken. Wie bei der Kramerzunft in Memmingen (→ 44) ist der stützenlose Raum der besonderen Bautechnik des Dachstuhls zu verdanken. Hier waren die Zimmerleute des Dombaus am Werk und übertrafen mit der Holzdecke, die sie nachträglich 1448 einzogen, sogar die Spannweite des Kirchenbaus.

In der Mitte dieser repräsentativen Saalseite öffnet sich ein Kapellenerker. Darüber ist der Reichsadler auf die Wand gemalt. Der Greifvogel ziert seit Barbarossa zunächst einköpfig, dann ab 1433 doppelköpfig das Reichswappen. Die zwei Häupter umgeben Heiligenscheine als Sinnbild für die Heiligkeit des Reiches. An der Wand des Regensburger Rathauses bezeugt der Doppeladler die Unabhängigkeit der Stadt, die nur dem Kaiser und dem Reich verpflichtet ist.

FRÜHE NEUZEIT

1663 fällt der Saal ganz in die Nutzung des Reiches. Die Stadt baut ein neues, angrenzendes Rathaus. Als die Vertreter der Reichsstände, die nun ein Mitbestimmungsrecht besitzen, 1648 nach der Verabschiedung des Westfälischen Friedens auseinandergehen, sind noch nicht alle Punkte mit dem Kaiser geklärt. Es wird vereinbart, dass innerhalb von sechs Monaten ein Reichstag zusammentreffen soll. Doch erst 1653 tritt der Reichstag zusammen – in Regensburg. Wieder können wenige Punkte geklärt werden. Insbesondere wird keine Einigung über die »ständige Wahlkapitulation«, einen Vertrag über Rechte zugunsten der Stände, erzielt. Versuche, die damit verbundenen Fragen in einem gesonderten Gremium zu klären, scheitern ebenfalls. Erst als der Kaiser angesichts des Vordringens der Osmanen (→ 56), die erneut das Habsburgerreich bedrohen, eine Bewilligung von Geldern benötigt, wird der Reichstag 1663 erneut in Regensburg zusammengerufen. Diesmal tagt er 143 Jahre – genauer gesagt, er bleibt bis zum Ende des Reiches 1806 als Instanz bestehen, wenngleich die letzte tatsächliche Sitzung 1803 stattfindet.

Der Kaiser, die Kurfürsten, die Reichsfürsten und die Vertreter der Reichsstädte sind nur selten selbst anwesend; sie lassen sich durch Gesandte vertreten. Dennoch verbessert die Versammlung die Kommunikation im Reich und dient als Ansprechpartner ausländischer Diplomaten. Im Reichssaal finden die gemeinsamen Beschlusssitzungen statt, nachdem die Stände zuvor unter sich beraten haben. Auch die Reichsstädte besitzen ein Stimmrecht, dürfen dies aber erst nach der Stimmabgabe der ersten beiden Stände (Kurfürsten und Reichsfürsten) nutzen.

Diese Hierarchie zeigt sich auch in der Sitzordnung. Vorn, um mehrere Stufen erhöht, sitzt der Kaiser oder sein Vertreter, der Prinzipalkommisar. Der noch heute vorhandene Lehnsessel ist das Original von 1664. Links und rechts nehmen auf roten Kissen die Kurfürsten oder ihre Gesandten Platz, auf den Bänken an den Längsseiten die anderen Reichsfürsten auf grünen Polstern. In der Mitte sitzen auf mehreren Bänken die Grafen und Kirchenmänner, und hinter einer Absperrung ist der Ort der Reichsstädte und Sekretäre.

Die Aufgaben der föderalen Versammlung umfassen alle Reichsangelegenheiten, insbesondere ein friedvolles Miteinander, das sich anfangs auch in einer europäischen Vermittlerrolle äußert. Der Reichstag entscheidet über Kriege und ratifiziert Friedensverträge, behandelt Wirtschaftsfragen und die erforderliche Größe des Heeres.

Die Entscheidungen dauern meist lange, und zum Teil haben sie kaum Durchschlagskraft. Besonders langwierig ist der skurril anmutende Kalenderstreit, der organisatorische Probleme für den Reichstag, aber vor allem für die gemischtkonfessionellen Territorien mit sich bringt. Seit Ende des 16. Jahrhunderts gilt in katholischen Gebieten der durch Papst Gregor XIII. eingeführte Gregorianische Kalender. Grund für die Notwendigkeit einer Reform ist die Differenz zwischen Mond- und Sonnenjahr. Diese hatte Julius Caesar 45 v. Chr. durch die Einführung eines Schaltjahres alle vier Jahre ausgeglichen (Julianischer Kalender), doch nun ist das durchschnittliche Jahr etwas zu lang. Mit den Jahrhunderten summierte sich dies, und 1582 waren es bereits zehn Tage. Gregor führte deshalb eine zusätzliche Regelung ein: Alle vollen 100 Jahre bis auf die, die glatt durch 400 teilbar sind, sollte nun das Schaltjahr ausfallen. Er ließ zudem die überzähligen zehn Tage ausfallen, und so folgte auf den 4. der 15. Oktober 1582. Da es sich aber um eine päpstliche Reform handelte, wurde sie von den protestantischen Territorien erst später oder gar nicht übernommen. 1664 fordert der Kaiser die protestantischen Stände auf, den neuen Kalender zu akzeptieren, doch ohne Erfolg. Erst mehr als hundert Jahre später, als Ostern im Reich 1775 wieder einmal auf zwei Termine zu fallen droht, beschließen die evangelischen Stände den Kalender als »Verbesserten Reichskalender« zu übernehmen.

Die Versammlungen des Reichstags sind nicht öffentlich. Die Bevölkerung darf nicht zuhören, darf nicht hinein. Seit der Raum seine Funktion verloren hat, dient er manchmal als Festsaal, aber hauptsächlich ist er Teil einer Ausstellung, an der nun alle teilhaben dürfen.

FRÜHE NEUZEIT

53

Der Lindheimer Hexenturm
in Altenstadt

Die Hexenverfolgung und
die Lindheimer Schreckensjahre

BAUZEIT: 13. Jahrhundert

Umgeben von efeubewachsenen Bäumen, bietet der Lindheimer
Hexenturm im Park eines herrschaftlichen Anwesens einen geheim-
nisvollen Anblick, als sei er das Motiv eines romantischen Gemäldes
von Casper David Friedrich. Der Turm ist ein Überrest der einstigen
mittelalterlichen Stadtbefestigung. Die dicken Wände waren im Erdgeschoss ursprünglich vollständig geschlossen, der einzige Zugang lag
im oberen Stockwerk, wo immer noch ein spitzbogiges Portal zu sehen
ist. Zwei Konsolen zeigen, wo die Leiter angesetzt wurde. Der Raum
im Erdgeschoss war nur durch eine kleine Öffnung im Holzboden – er
ist seit Langem verloren – zu erreichen. Der untere Eingang, der dem
oberen in der Gestaltung gleicht, wurde im frühen 19. Jahrhunderts
hinzugefügt als die Besitzerin des Anwesens einen Baderaum in den
Turm einbaute.

Im 17. Jahrhundert ist der kleine Ort, obwohl er das Stadtrecht besitzt, gerade mal eine Straße lang. 70 Familien leben vor dem Dreißigjährigen Krieg in Lindheim. Nach den langen Kriegsjahren ist das Örtchen größtenteils zerstört. Die Hälfte der Familien ist geflohen oder
umgekommen. Der Ort steht unter einer von mehreren Adligen, den
Ganerben, geteilten Herrschaft. Die Verwaltung obliegt einem Schult-
heiß. 1662 ernennen die Ganerben Georg Ludwig Geis zum neuen
Oberschultheiß. Er stammt nicht aus Lindheim. Zu seinen Aufgaben
gehört auch das Abhalten des Blut- oder Halsgerichts, bei dem ihm
mehrere einheimische Schöffen zur Seite stehen.

Mit dem Amtsantritt von Geis beginnen die »Schreckensjahre von Lindheim«. Sie finden ihren ersten Höhepunkt im nächsten Jahr, als am 30. April, dem Tag der Walpurgisnacht, die erste Frau im Ort wegen Hexerei verhaftet und angeklagt wird. Unter der Folter nennt sie fünf andere Frauen, die mit ihr am Hexensabbat teilgenommen haben sollen.

Das Verfahren gegen die Frauen folgt den im *Hexenhammer* oder *Malleus maleficarum* vorgeschriebenen Richtlinien für das Verhören von Hexen. Dieses 1487 von einem Dominikanermönch verfasste Handbuch wurde zur Grundlage der Hexenprozesse in Europa. Als typische Taten einer Hexe definiert der Hexenhammer den Pakt und die Buhlschaft mit dem Teufel, den Hexenflug und Sabbat mit Gleichgesinnten sowie den Schadenszauber gegen Mensch und Tier. Der dritte Teil des Buches enthält Anweisungen für den Hexenprozess, dessen Ziel darin besteht, die Beschuldigten ihrer Taten zu überführen. Als allgemein anerkannte Beweise werden vorrangig die Beschuldigungen durch andere und die unter der Folter erpressten Geständnisse der Beschuldigten und anderer Beschuldigter genommen.

Die in Lindheim verhörten Frauen gestehen unter der Folter den Mord an einem Säugling sowie die Ausgrabung eines Leichnams nach seiner Bestattung, den sie angeblich anschließend zu einer Salbe verkocht haben. Derartige unter der Folter erpressten Geständnisse basieren auf den im *Hexenhammer* empfohlenen Suggestivfragen. Sie knüpfen an den Volksglauben an, der beispielsweise davon ausgeht, dass Hexen eine Salbe benutzen, um Schaden anzurichten. Die Beschuldigten werden dann unter der Folter gezwungen, die Herstellung solch einer Schadenssalbe zu gestehen, und werden dann gefragt, woraus die Salbe hergestellt sei, etwa aus einem toten Kind?

Im Juni 1663 werden die Frauen verbrannt. Zwei weitere Prozesse folgen. Bis zum Frühjahr 1664 werden mindestens 19 Frauen und Männer in Lindheim wegen Hexerei abgeurteilt. Der Hexenturm, der diesen Namen erst später erhält, dient während der Prozesse als Gefängnis.

Der Glaube an böswillige Zauberei ist seit der Antike verbreitet, doch im Mittelalter gibt es nur vereinzelt Hexenprozesse. Erst in der

Frühen Neuzeit kommt es zu den zügellosen Verfolgungen, die epidemieartig weite Teile Europas erfassen. In drei großen Wellen grassiert zwischen 1560 und 1590, 1611 und 1618 sowie 1626 und 1630 die Hexenverfolgung im Reich. Die Zahl der Opfer kann nur geschätzt werden; für ganz Europa dürfte sie sich auf fünfzig- bis siebzigtausend belaufen, womit die Hexenverfolgung die größte nicht kriegerische Massentötung der Frühen Neuzeit darstellt. 80 bis 90 Prozent der Opfer waren Frauen. Aber auch Männer und sogar Kinder wurden hingerichtet. Ein einheitlich gültiges Erklärungsmuster für die Gewalt gibt es nicht. Historische Untersuchungen zeigen, dass jede Region, jede Zeit einzeln betrachtet werden muss.

Der Hexenglaube war damals in Europa nicht nur im Volk weit verbreitet. Sowohl die kirchliche als auch die weltliche Obrigkeit glaubten an Hexen. Und die Lindheimer Polizeiordnung von 1657 nennt Hexerei bereits im ersten Paragraphen als Straftat und betont die Bereitschaft der Obrigkeit, Hexerei zu verfolgen. Diese durch Anzeigen aus dem Volk unterstützte Bereitschaft wird vom Oberschultheiß ausgenutzt, der sich nicht nur über die von den Angeklagten zu zahlenden Prozessgebühren bereichert, sondern sich außerdem noch den Besitz der Verurteilten und ihrer Familien aneignet und ihn unterschlägt. Er wird dabei durch einen Teil der Schöffen gestützt. Die Verurteilungen werden von der Obrigkeit akzeptiert, Rechtsgutachten von Universitäten, die Geis verfahrensüblich einholt, bekräftigen die Verurteilungen. Schließlich wird Geis seines Amtes enthoben. Danach gibt es keine weiteren Hexenprozesse mehr in Lindheim.

Der Hexenturm und die drei Prozesse haben eine schaurige Berühmtheit erlangt. 1843 schreibt der Lindheimer Pfarrer ein Buch über die »Schreckensjahre von Lindheim«; es wird ein Bestseller der Biedermeierzeit. Der leerstehende Turm wird weiter mit dem historischen Geschehen verbunden, doch wurde es inzwischen positiv gewendet. Einmal im Jahr findet dort ein Konzert statt, bei dem der lokale Karnevalsverein der »Lindheimer Hexen« das Pausenbüffet serviert.

54

Das Schul- und Marktschreiberhaus aus Markt Simbach

Schule und Gefängnis

BAUZEIT: 1666–1670

Die Bewohnerinnen und Bewohner des kleinen Ortes Markt Simbach bei Landau im Bayerischen Wald durchleben im 17. Jahrhundert eine schwere Zeit. Erst fallen während des Dreißigjährigen Krieges immer wieder kriegerische Truppen in den Marktort ein und verlangen gewaltsam Geld, Vieh und Nahrungsmittel. Außerdem nehmen sie Quartier, was zumindest die Häuser vor dem Niederbrennen verschont. Als die Truppen nach dem Westfälischen Frieden (→ 51) endlich abziehen, bricht die Pest in Simbach aus. 120 Personen fallen ihr zum Opfer. Ein Umrittsprotokoll des herrschaftlichen Verwalters notiert 1650 über den entvölkerten Ort: »Vierzig Häuser liegen öd.« Acht Jahre später bricht auch noch ein Feuer aus. Es zerstört alle Häuser mit Ausnahme des Rathauses und des Tanzhauses, die aufgrund ihrer öffentlichen Funktion wahrscheinlich mit Abstand zu den anderen Gebäuden errichtet wurden. Um den Wiederaufbau zu unterstützen, billigt die Obrigkeit dem Marktort auf zehn Jahre Steuerfreiheit zu. In diesem Zeitraum wächst der Ort. 1667 ist Simbach wohlhabend genug, um ein weiteres öffentliches Gebäude zu bauen, das Schul- und Marktschreiberhaus.

Es ist ein wunderschönes kleines Holzhaus, aber kein Fachwerkhaus. In dieser Gegend sind Ständerbohlenhäuser üblich. Statt aus Gefachen besteht die Wand komplett aus langen waagerechten Bohlen. Eine Ausnahme bildet die Stelle auf der Rückseite des Hauses, an der die Feuerstelle ist. Sie besteht aus Mauerwerk.

FRÜHE NEUZEIT

227

Heute steht das Schul- und Marktschreiberhaus nicht mehr in Simbach. Nach 110 Jahren Schulbetrieb wurde es vermutlich bis 1974 als Wohnhaus weitergenutzt. Leerstand, Verfall und die Verkehrslage an der Hauptstraße des Ortes bedrohten das alte Gebäude. Durch eine Versetzung in das Museumsdorf Bayerischer Wald konnte es gerettet werden.

Während es im antiken Römischen Reich ein den breiten Massen zugängliches Schulsystem gab, das mit dem Fall des Weströmischen Reiches verschwand, lag die Schulbildung seit dem Frühmittelalter weitgehend in den Händen der Kirche und war fast ausschließlich künftigen Klerikern und Funktionsträgern der herrschaftlichen Verwaltung vorbehalten. Dies änderte sich mit dem aufstrebenden Bürgertum und der Stärkung des Handels. Insbesondere in den Hansestädten wurden erste weltliche Schulen gegründet, in denen die Söhne der Kaufleute lesen, schreiben, rechnen und Latein lernten, um zukünftig die Geschäfte führen zu können. Und auch Mädchen aus den oberen städtischen Schichten wurden durch Privatlehrer oder Haushaltsmitglieder im elterlichen Haus im Lesen und Schreiben unterwiesen. In dieser Zeit entstanden auch Lateinschulen für die höhere Bildung sowie die ersten Universitäten. Im ländlichen Bereich jedoch war meist nur der Pfarrer des Lesens und Schreibens kundig.

Seit der Reformation wird es zunehmend als wichtig erachtet, dass auch die breiten Massen eine zumindest rudimentäre schulische Ausbildung erhalten. Martin Luther fordert, dass alle Kinder lesen und schreiben lernen, damit sie selbstständig die Bibel lesen und verstehen können. Als Luther erkennt, dass die Reformation durch die Bischöfe nicht ausreichend getragen wird, wendet er sich 1520 an die Landesherren. Er bittet sie, die neuen Lehren praktisch umzusetzen und auch für die Bildung der Kinder zu sorgen, und zwar sowohl für die der Jungen als auch für die der Mädchen. »Und wollte Gott«, schreibt Luther, »eine jegliche Stadt hätte auch eine Mädchenschule, darinnen täglich die Mägdlein eine Stunde das Evangelium hörten.« Luther hat mit seiner Bitte Erfolg, und so sind es die protestantischen Territorien, die zuerst eine Schulpflicht einführen. Schulpflicht bedeutet zum damaligen Zeitpunkt allerdings nicht, dass wirklich jedes Kind Unterricht erhält. Dies ist nur da möglich, wo ein Lehrer und auch ein Unterrichtsraum vorhanden sind. Nach und nach wird auch in den katholischen Territorien der Bildung der Kinder Bedeutung beigemessen. Zu den Nachzüglern gehört Bayern, wo erst 1802 eine allgemeine Schulpflicht eingeführt wird.

Die Schule in Simbach ist eine Deutschschule, in der, wie der Name sagt, in deutscher und nicht in lateinischer Sprache unterrichtet wird. In ihr erhalten Kinder zwischen sechs und zwölf Jahren einen Elementarunterricht. Sie lernen lesen, schreiben und in geringem Umfang auch rechnen. Der Unterricht findet im Obergeschoss statt. Neben der Tafel gehören eine Rute und ein Eselbild zu den wichtigsten Erziehungsmitteln des Lehrers. Das Bild des Esels dient der Verspottung. Der Lehrer hängt es den lernfaulen oder langsamen Kindern um. Es ist eine Ehrenstrafe, wie sie bei leichten Vergehen auch für Erwachsene angewendet wird. Die Rute kommt bei etwas schwereren Vergehen zum Einsatz. So ist zum Beispiel ein Fall aus dem Beginn des 18. Jahrhunderts bekannt, in dem ein Junge den Schulmeister, der gleichzeitig auch Marktschreiber ist, während der Messe an den Haaren zieht. Zur Strafe erhält er Schläge. Aber auch sein Vater wird bestraft, weil er seinen Sohn nicht entsprechend erzogen hat. Er wird an den Pranger am Markt gefesselt und dem Spott der Gemeinde ausgesetzt.

Bildung und Zucht liegen im Simbacher Schulhaus nahe beieinander. Im Erdgeschoss des Hauses befindet sich das Gefängnis der niederen Gerichtsbarkeit, die leichte Straftaten ahndet. Auch ungehorsame Schulkinder werden zur Strafe in die Arrestzelle gesetzt, allerdings ohne dass der Riegel vorgeschoben wird. Diese Praxis endet vermutlich erst mit dem Auszug der Schule aus dem Schulhaus im Jahre 1780. Mehr als 200 Jahre später besuchen wieder Schulkinder das kleine Gebäude – allerdings ohne Gefahr zu laufen, bei Ungehorsam in eine Arrestzelle gesperrt zu werden.

55

Das Straßburger Münster

*Straßburg, die Kaiser und
der allerchristlichste König*

BAUZEIT: 1176–1439

Das Straßburger Münster, eine dreischiffige Basilika, gleicht einer Schatzkammer, in der es mehr zu entdecken gibt, als dies bei einem Besuch möglich ist. Der Blick fällt auf die bunten Glasfenster im nördlichen Seitenschiff. Die Maßwerkfenster sind in vier Lanzettbahnen eingeteilt, auf denen zwei Vierpässe und darüber ein Sechspass ruhen. In den Lanzettbahnen stehen männliche Figuren. Heiligenscheine umgeben ihre gekrönten Häupter, und in der einen Hand tragen sie einen Reichsapfel, in der anderen ein Zepter. Die auf Glas gemalte Herrscherreihe umfasst 19 fränkische und römisch-deutsche Kaiser und Könige und endet mit dem Geschlecht der Staufer.

Spätestens seit der Restaurierung und Wiederherstellung des Münsters im 19. Jahrhundert stehen die Herrscher aber nicht mehr in einer chronologischen Reihenfolge. Sie sind nun nach ihrem Stil geordnet; die ältesten, romanischen Herrscherbilder stammen aus dem späten 12. Jahrhundert. Die karolingischen Herrscher stehen nicht am Anfang, sondern mittig, weil ihre Bilder in der Gotik, also im 13. Jahrhundert entstanden sind. *Karolus magnus rex*, König Karl der Große, ist in gelben Lettern in dem roten Heiligenschein der zweiten Figur von rechts zu lesen. Links neben ihm steht sein Großvater Karl Martell, rechts sein Vater Pippin. Die Figuren unterscheiden sich in ihrer Haltung, den Farben der Kleidung sowie den Merkmalen ihres Gesichtes. Karls Sohn Ludwig der Fromme in der rechten Bahn etwa wirkt deutlich jünger. Karl der Große ist als Einziger mit einem dritten At-

SPÄTMITTELALTER

tribut ausgestattet. Er stützt die Hand, die das Zepter hält, auf ein langes Schwert. Diese Auszeichnung betont seine Rolle als erster Kaiser des mittelalterlichen Römischen Reiches, dem die späteren römisch-deutschen Kaiser und Könige gefolgt sind.

Diese Herrscherreihe, die möglicherweise das Vorbild für die berühmten Königsgalerien in den französischen Kathedralen, zum Beispiel in Notre-Dame in Paris, war, zeigt die starke Verbindung Straßburgs mit dem Reich sowie die Verknüpfung zwischen dem Kaiser und der Kirche, die der Kaiser schützt.

Im Rahmen der Aufteilung des Fränkischen Reiches unter den Enkeln Karls fällt mit dem Mittelreich auch Straßburg an Lothar (→ 4). Doch schon nach seinem Tod kommt die Stadt zum Ostfränkischen Reich, und seither ist sie eines der wichtigsten Zentren des Reiches. Zum Grenzraum gehört sie lange Zeit nicht. Dies ändert sich mit dem Westfälischen Frieden (→ 51). Die Rolle Frankreichs als »schützende Hand« der kleinen, oft protestantischen Reichsstände und seine militärische Stärke im Dreißigjährigen Krieg sichern dem französischen König Ludwig XIV. die Herrschaft in Teilen des Elsass. Frankreich unterscheidet sich im 17. Jahrhundert in vielen Aspekten vom Reich. Es ist ein Königreich mit wachsendem Nationalgefühl, das durch den Hundertjährigen Krieg mit England entstanden ist. Aus diesem Krieg behält es auch ein starkes, stehendes Heer. Es ist ein zentralistisches Land, in dem sich der König gegen den Adel durchsetzen kann. Es hat eine einheitliche Verwaltung und ein starkes Lehnsrecht. Kurzum, Frankreich steigt zum einflussreichsten Land Europas auf. Schon länger gibt es bei Hofe Stimmen, die die linksrheinischen Gebiete, auch das Elsass, als eigentlich französisches Gebiet betrachten. Sie begründen diesen Anspruch mit Karl dem Großen, auf den sich auch Frankreich beruft.

Straßburg ist davon 1648 noch nicht betroffen. Die bürgerliche Reichsstadt, die 1262 gemeinsam mit dem späteren römisch-deutschen König Rudolf I. von Habsburg, vom dem eine Reiterstatue an der Westfassade steht, ihre Unabhängigkeit vom Bischof durchsetzen konnte, bleibt beim Reich. Doch mit Ausbruch des von 1672–1678 dauernden Holländischen Krieges rücken französischen Truppen in Richtung Ober- und Niederrhein. Das Reich hat sich mit den Vereinigten Niederlanden verbündet, um die Vorherrschaft Frankreichs zu verhindern. Straßburg gerät in Bedrängnis, und das Reich verfügt nicht über ausreichende Ressourcen, um der Stadt beizustehen. Als der Frieden von Nimwegen 1678 den Krieg beendet, ist die französische Herrschaft im Elsass gefestigt.

Straßburg bleibt abgesondert auf der linken Rheinseite zurück, die auswärtigen Schutztruppen müssen die Stadt verlassen. Nur ungefähr 900 Soldaten kann die Stadt noch aufbieten. Die Nervosität steigt. Vor allem – und zu Recht – fragt sich die Bürgerschaft, ob sie den protestantischen Glauben verteidigen kann, wenn Frankreich sie einnimmt. Enttäuscht reagieren die Einwohnerinnen und Einwohner auf die nichtssagenden Antworten auf ihre Hilfegesuche beim Kaiser in Wien und bei den anderen protestantischen Ständen, und machtlos sehen sie dem Aufmarsch der Franzosen zu. Am 29. September 1681 ist die Stadt von französischen Truppen umzingelt. Widerstand ist zwecklos. Tags drauf kapituliert Straßburg.

Kann noch beim ersten Besuch Ludwigs XIV., dem allerchristlichsten König von Frankreich und Navarra, nur ein Magistratsmitglied ausreichend Französisch, um den neuen Herrscher zu begrüßen, ändert sich dies schnell in der Stadt. Französische Neusiedlerinnen und Neusiedler, Verwaltungsbeamte und katholische Jesuiten ziehen dorthin, während protestantische Familien sie verlassen. Die neue Zugehörigkeit Straßburgs zu Frankreich zeigt sich bald auch im Stadtbild. Das vormals protestantische Münster wird umgebaut, Straßburg wird wieder katholisch. Seit dem 19. Jahrhundert ist die Zugehörigkeit zu Frankreich auch in den Stein gehauen. Zu Rudolf von Habsburg hat sich nun eine Reiterstatue von Ludwig XIV. gesellt.

56

Die Leopoldskirche
in Wien

Die Belagerung Wiens 1683

BAUZEIT: ab 1679, Erweiterung 1718–1730

Im 12. Jahrhundert baut Markgraf Leopold III. unweit der noch kleinen Stadt Wien auf dem Kahlenberg eine Burg. Sie dient der Abwehr der Ungarn. Den Markgrafen, der im 15. Jahrhundert heilig gesprochen wird, erklärt sein Namensvetter Kaiser Leopold I. von Habsburg 1663 zum Patron Österreichs und Wiens. Von der Burg sind zu diesem Zeitpunkt nur noch Reste vorhanden. Sie wurde 1529 gesprengt, damit sie den anrückenden Türken keinen Schutz bieten konnte. Die anschließende erste türkische Belagerung der Stadt konnte mit der Unterstützung von Reichstruppen beendet werden. 150 Jahre später grassiert die Pest in Wien, der Residenzstadt Leopolds I. Als sie überwunden ist, stiftet der Kaiser eine neue Kapelle auf dem Kahlenberg.

In ihrer heutigen Gestalt zeigt die Leopoldskirche den ursprünglichen Zentralbau sowie die Erweiterung von 1718–1730 in einer zum Teil nach dem Zweiten Weltkrieg wieder aufgebauten Form. Die beiden Bauteile lassen sich gut erkennen. Der ältere Zentralbau wird von einer runden Kuppel bekrönt. Der Bautyp wird von einem zentralen Kreis, Quadrat oder einem regelmäßigen Vieleck bestimmt, die anderen Bauteile sind untergeordnet. Bei der Leopoldskirche hat der Hauptraum die Form eines Quadrats mit abgerundeten Ecken, über dem sich die Kuppel erhebt. Die geraden Seiten des Quadrats öffnen sich zu kurzen Armen, sodass der Grundriss einem gleicharmigen Kreuz entspricht. Durch die Erweiterung erhielt die Kapelle westlich eine querrechteckige Vorhalle. Zwei Türme begleiten ihr Satteldach.

FRÜHE NEUZEIT

Eine gemeinsame Außenhaut verbindet beide Bauteile und verdeckt nun die Kreuzform. Dennoch ist an der Längsseite der Kreuzarm durch die roséfarbenden Pilaster zu erkennen, die sich von der weiß verputzten Wand abheben.

An der Kapelle ist eine Gedenktafel angebracht. Sie verkündet: »Mit dem auf dieser Bergeshöhe am 12. IX. 1693 durch Pater Marco d'Aviano dargebrachten Hl. Messopfer begann der Entsatz Wiens und hiermit die Rettung abendländischer christlicher Kultur.« D'Aviano ist der Beichtvater Leopolds I. Er hält hier vor Beginn der Schlacht eine Messe und segnet die kaiserlichen (aus habsburgischen, bayerischen, sächsischen, fränkischen und schwäbischen Soldaten) und polnischen Truppen, die sich in einer Stärke von 65 000 bis 80 000 Mann zur Verteidigung Wiens und zur Abwehr der Türken am Kahlenberg versammelt haben. Um sich der Unterstützung des Königreichs Polen zu vergewissern, hatte der polnische König Johann Sobieski den Oberbefehl über das *Entsatzheer*. Diesen Namen trägt es, da die erste Aufgabe des Heeres die Befreiung des belagerten Wiens ist, es soll Wien entsetzen.

Die Menschen innerhalb der Stadtmauer warten sehnsüchtig auf die Rettung. Seit dem 14. Juli werden sie von einem riesigen türkischen Heer belagert. Nur den starken Verteidigungsanlagen, die in letzter Minute instand gesetzt worden sind, ist es zu verdanken, dass Wien noch nicht eingenommen ist. Nun stehen die Angreifer, die gerade durch Sprengen dieser Anlagen (verminen) große Fortschritte machen, kurz vor dem Durchbruch. In der Stadt ist die Moral schlecht. Das Essen ist knapp, die Leichen der Gefallenen stapeln sich. Krankheiten plagen die auf engstem Raum zusammengepferchten 70 000 Menschen innerhalb der Befestigung. Manche wollen aufgeben. Jeder Mann ist zur Verteidigung verpflichtet. Wer untauglich ist, braucht ein Attest, Todesstrafe erwartet den, der nicht kämpfen will.

Doch auch bei den Angreifern ist die Moral nicht gut. Das Land um die Stadt ist verwüstet, birgt keine Nahrung mehr. Der Nachschub läuft nur schleppend. Der ferne Sultan ist mit den Ergebnissen des Großwesirs Kara Mustafa Pascha nicht zufrieden, was Letzteren vielleicht in der Schlacht am Kahlenberg dazu veranlasst, den Sturm auf die Stadt weiterzuführen, anstatt alle Soldaten gegen das Entsatzheer zu senden.

Die Hintergründe der Belagerung sind kompliziert und heftig umstritten. Was ist das Ziel des Großwesirs? Ist es wirklich die Einnahme des christlichen Abendlandes, wie es insbesondere Papst Innozenz XI. fürchtet, der durch Geld und Diplomatie das Bündnis zwischen Polen und dem Reich fördert? Die religiöse Komponente des Krieges wird häufig betont, doch wäre mit Wien das Abendland noch lange nicht gefallen.

Seit der Mitte des 17. Jahrhunderts ist das türkische Großreich im Inneren geschwächt. Die Kräfte wenden sich der Sicherung der Grenzräume zu. Einer dieser Grenzräume ist Europa, wo mit Siebenbürgen und Teilen Ungarns Gebiete bestehen, die vom Sultan abhängig sind und ihm Tribut zollen. 1676 wird Kara Mustafa zum Großwesir. In den habsburgischen Teilen Ungarns brodelt derweil die Unzufriedenheit, da Leopold I., gleichzeitig der König von Ungarn, die Rekatholisierung mit harten Mitteln vorantreibt. Aufständige ungarische Adlige verbünden sich mit Kara Mustafa. Mit der Einnahme Wiens könnte Ungarn einschließlich des habsburgischen Teils für das Osmanische Reich gesichert werden.

Dazu kommt es nicht. Am Abend des 12. September sind die kaiserlich-polnischen Truppen siegreich, der Großwesir kann gerade noch entkommen, bis auf eine Fahne des Propheten muss er alles im Lager zurücklassen. In den folgenden Jahren schlägt die *Heilige Allianz* aus Österreich, Polen, Venedig und später Russland die türkischen Truppen weiter zurück. Eine europäische Großmacht fehlt interessanterweise dabei – Frankreich, das sich auch aus Interesse einer Schwächung der Habsburger zurückhält.

Für Wien ist das Ärgste überstanden. Nach dem Sieg lässt der Kaiser die beschädigte Kapelle auf dem Berg wieder herstellen. Sie wird dem Schutzheiligen Wiens geweiht, und auch der Berg erhält nun den Namen Leopoldsberg.

FRÜHE NEUZEIT

57

Das Maison Rambaud
in Greifenthal

Zuflucht im Reich – die Hugenotten

BAUZEIT: 17. Jahrhundert

Greifenthal ist ein kleines Örtchen mit kaum mehr als 300 Seelen und liegt im hessischen Lahn-Dill-Kreis. Umgeben von Feldern, Wiesen und den Ausläufern des Westerwaldes, gruppieren sich die wenigen Häuser locker an ein paar Straßen. Das älteste Haus des Ortes ist ein schönes Fachwerkhaus, das Maison Rambaud. Es wurde vor einigen Jahren liebevoll restauriert. An einigen Stellen bilden die dunklen Hölzer Muster in der Wand, die wie Strichmännchen aussehen. Mann-Figuren werden die Muster an den Hausecken und den Längsseiten genannt, bei denen zwei lange, etwa im 45° Winkel geführte Streben und von oben zwei kurze Kopfwinkelhölzer auf einen senkrechten Ständer treffen. Diese Anordnung ist für die Fachwerkhäuser der Frühen Neuzeit typisch.

Die Technik des Fachwerkbaus ist schon in der Antike bekannt. Der römische Architekturtheoretiker Vitruv bewertet das Fachwerk in seinen »Zehn Büchern über Architektur« allerdings negativ und wünscht sogar, dass es nie erfunden worden wäre. Zwar sieht er die Schnelligkeit, mit der ein Fachwerkhaus errichtet werden kann, als Vorteil an, doch »der Nachteil, den es bringt, weil es bereit ist zu brennen wie Fackeln«, ist für ihn zu gravierend. Zudem führe das Fachwerk zu Rissen im Putz. Am Maison Rambaud sind keine Risse zu sehen. Ein Kreuz mit einer Taube darunter ziert eines der Gefache. Es ist das Zeichen der Hugenotten, wie Protestantinnen und Protestanten im französischen Sprachraum genannt werden.

Als sich Luthers Thesen nach 1517 verbreiten, gelangen sie auch nach Frankreich. Dort herrscht König Franz I. Er nutzt die Kirche zur Verwaltung seines Königreiches. Die Einsetzung von hohen Geistlichen liegt seit Kurzem wieder fest in seinen Händen, wodurch er wichtige Positionen mit Getreuen besetzen kann. Anfangs begegnet Franz der Reformation gelassen, doch als ihre Konsequenzen für seine Politik deutlich werden, ändert er seine Haltung. Die Forderung der Reformatoren nach einer anderen Ämterverteilung widerspricht seinen Interessen. Zudem will er angesichts der Konflikte mit den Habsburgern in Spanien und im Reich nicht auch noch den Papst gegen sich aufbringen. So beginnt in Frankreich die Verfolgung des Protestantismus. Dennoch breitet sich die neue, von Calvin beeinflusste Lehre weiter aus. Unter Franz' Sohn und seinem Enkel Franz II. steigert sich die Intensität der Verfolgung der nun als Hugenotten bezeichneten reformierten Christinnen und Christen. In der Bartholomäusnacht vom 23. auf den 24. August 1572 werden zehntausende Protestantinnen und Protestanten ermordet. Erste Flüchtlingsströme verlassen das Land. Mit dem Edikt von Nantes 1598 beruhigt sich die Situation. Es gestattet zum Beispiel den Bau protestantischer Kirchen und die Anstellung protestantischer Pastoren, wenngleich es den Katholizismus zur Staatsreligion erklärt.

Am 18. Oktober 1685 hebt Ludwig XIV., der Sonnenkönig, das Edikt seines Großvaters wieder auf. Protestantische Kirchen werden zerstört und der protestantische Gottesdienst wird unter Strafe gestellt, wobei die Männer auf Galeeren geschickt und die Frauen ins Gefängnis geworfen werden. Etwa 160 000 Menschen fliehen aus dem Land. Anfangs flüchten sie vor allem in die Schweiz, die Niederlande und nach England. Aber auch im Reich begehren sie Zuflucht, häufig in der Hoffnung, eines Tages zurückkehren zu können.

Frankfurt am Main wird zum großen Drehkreuz. Dort gibt es bereits eine französisch-reformierte Gemeinde, die schon im 16. Jahrhundert entstanden ist, als protestantische französischsprachige Walloninnen und Wallonen und flämischsprachige Niederländerinnen und Niederländer aus den spanischen Niederlanden fliehen mussten. Die Gemeinde ist Ansprechpartner für die deutschen Territorien, die bereit sind, Flüchtlinge aufzunehmen. Einerseits steckt die Unterstützung von Glaubensschwestern und -brüdern hinter dieser Bereitschaft, andererseits ist die Erhöhung der Bevölkerungszahlen für die noch unter den Verlusten des Dreißigjährigen Krieges leidenden Gebiete ebenso wünschenswert wie die Ansiedlung von hochqualifizierten Handwerkern. Besondere Privilegien sollen die Glaubensflüchtlinge in den Territorien halten. So auch in der Grafschaft Solms-Greifenstein. Graf Wilhelm Moritz geht sogar noch einen Schritt weiter. Er lässt ein ganzes Dorf, Daubhausen, räumen. Die deutsche Bevölkerung wird zwar entschädigt, muss aber ihr Dorf verlassen. Ab Oktober 1685 kommen die ersten hugenottischen Familien und auch einige Einzelpersonen in den Ort. Der Graf garantiert ihnen die freie Religionsausübung und zwölf Jahre Steuerfreiheit, und er gestattet ihnen die Nutzung der französischen Sprache. Als im Dorf nicht mehr genug Platz ist, stellt er Greifenthal zur Verfügung. Außer einem Meierhof gibt es hier keine Gebäude. Die neuen Siedlerinnen und Siedler bauen Lehmhäuser, die im 18. Jahrhundert durch Fachwerk ersetzt werden. Möglicherweise ist der Meierhof das Fachwerkhaus, in das Theophile Rambaud zieht und das seither im Besitz seiner Familie ist.

Die hugenottischen Gemeinden im Reich werden mit der Zeit heimisch, die Erinnerung an die Anfangszeit bleibt jedoch erhalten. Gerade angesichts der Flüchtlingsströme nach dem Zweiten Weltkrieg ist das Gedenken vielerorts präsent. Im Bad Homburg wird 1954 eine Ehrenplakette enthüllt. Sie trägt das Motto: »In der Not der Zeiten Tor und Herzen weiten« – ein Motto, das weiter aktuell bleibt. Im Maison Rambaud ist die Tür hinter den Lavendelbüschen für jene geöffnet, die Geschichten über die hugenottischen Flüchtlinge und ihr Leben in der Fremde hören möchten, während sie die Geheimnisse der französischen Küche kennenlernen.

FRÜHE NEUZEIT

58

Das Karlsruher Schloss

*Eine absolutistische
Residenzstadt entsteht*

BAUZEIT: 1715 und 1752–1775

Im Jahr 1715 führt Markgraf Karl Wilhelm von Baden den ersten Spatenstich für sein neues Jagdschloss im Hardtwald aus, das den Namen »Carols Ruh« tragen soll. Das Schloss ist ganz auf die Parforcejagd ausgerichtet. Diese Form der Hetzjagd ist im 18. Jahrhundert sehr beliebt. Die Jäger zu Pferd jagen dabei das Wild, beispielsweise Hirsche oder Füchse, mit Hunden, die es hetzen und stellen, sodass der Jäger die Beute erlegen kann. Dafür ist ein weites Terrain nötig, in dem möglichst ebene Wege das schnelle Vorankommen der Reiter garantieren. Um Carols Ruh sind deshalb 32 Alleen sternförmig in den Wald geschlagen worden, die mittels zwei Kreisalleen, dem Zirkelschlag gleich, miteinander verbunden sind.

Im Zentrum des Jagdsterns, wie diese Form der barocken Landschaftsgestaltung genannt wird, steht ein siebengeschossiger Turm. Es ist der einzige Teil des Schlosses, der unter Karl Wilhelm ganz in Stein ausgeführt wurde. Der restliche Bau wurde als Fachwerk hochgezogen. Der Grundriss ist noch an den Steinbauten, die unter dem Nachfolger Karl Friedrich 1752–1775 errichtet wurden, zu erkennen. Auf der Hauptachse des Jagdsterns liegt eine dreistöckige Galerie, die den Turm mit der dreiflügeligen Schlossanlage verbindet. Die Hauptachse wird im Mitteltrakt der Anlage erneut aufgenommen. Hier befindet sich der Eingangsbereich. Eine breite Freitreppe führt zu einem vorspringenden Bauteil, der durch einen flachen Giebel bekrönt ist. Die Seitenflügel nehmen ebenfalls die Linien des Jagdsterns auf und

FRÜHE NEUZEIT

markieren genau ein Viertel des Kreises. Zwischen den Schlossflügeln befindet sich der Ehrenhof, wo die Gäste des Landesherrn mit großem Zeremoniell empfangen wurden. Davor ist der Lustgarten des Schlosses angelegt, in dem ursprünglich Blumen und Hecken in geometrischen Mustern angeordnet waren. Am ersten Zirkelschlag folgen die ersten Bauten der Residenzstadt.

Die Stadtbauten liegen vergleichsweise nahe am Schloss. Sie nehmen anfangs zwei Blöcke innerhalb des neunachsigen Kreisviertels ein. Um Bürger und Bürgerinnen für seine neue Stadt, die das mittelalterliche Durlach als Residenzstadt ersetzen soll, zu gewinnen, bietet Karl Wilhelm ihnen Privilegien an. Er konkurriert dabei in einer Zeit, in der die Reichsbevölkerung durch die Kriege des vergangenen Jahrhunderts und durch Pestepidemien von etwa 16 auf rund 10 Millionen zurückgegangen ist, mit anderen barocken Residenzgründungen wie Mannheim, Ludwigsburg oder Rastatt. Gleichzeitig ist unter der Bevölkerung eine hohe Mobilität zu beobachten. Ein Grund dafür ist die konfessionelle Gebundenheit der jeweiligen Territorien, die Menschen anderer Konfession zur Konversion oder zur Auswanderung zwingt.

Mit den Privilegien versucht Karl Wilhelm 1715 möglichst viele Menschen anzusprechen. Zusätzlich verzichtet er auf den Konfessionszwang in diesem Gebiet. Das ist auch heute noch im Stadtbild zu erkennen: An der Hauptachse liegt die lutherische Kirche – Karl Wilhelms eigene Konfession –, an der nächsten Achse zur Rechten das Gotteshaus der reformierten Gemeinde und zur Linken die katholische Kirche, die anfangs nur als Turm errichtet wird, um die Symmetrie zu wahren. Die Neubürger und -bürgerinnen erhalten neben dem Recht der freien Konfessionsausübung die Leib- und Fronfreiheit für sich und alle ihre Nachkommen. Sie bekommen zudem kostenlos einen Bauplatz, Bauholz und Sand – auch die ersten Stadthäuser sind Fachwerkbauten. Weiter brauchen sie auf 20 Jahre keine landesherrlichen Steuern zu zahlen. Als Voraussetzung für all dies verlangt der Landesherr im Gegenzug, dass die Neuankömmlinge ein Vermögen besitzen, dessen Höhe 1715 allerdings noch nicht festgelegt wird. Die

Anzahl der Menschen ist anfangs entscheidend, damit sich eine Stadt bilden kann, weshalb zunächst auch geringere Vermögen anerkannt werden. Der Baugrund wird nach Beruf, Stand und Familie durch den Landesherren beziehungsweise seine Beamten zugewiesen. Hier zeigt sich, dass Karl Wilhelm seine Untertanen auch qualitativ bewertet. Adlige Beamte und reiche Händler erhalten Bauplätze am Zirkel, einfachere Handwerker Plätze dahinter. Tagelöhner und niedrige Bedienstete sind eher in Klein-Karlsruhe zu finden. Sämtliche Häuser müssen nach den Vorgaben von Musterhäusern gebaut werden.

1722 vergibt Karl Wilhelm erneut Privilegien. Nun ist das dafür erforderliche Vermögen jedoch festgelegt. Auch jüdische Neuansiedler sind jetzt willkommen. Sie müssen ein noch höheres Vermögen aufweisen, erhalten dann aber die gleichen Privilegien wie die christliche Bürgerschaft. Weitere Zugeständnisse dienen der Förderung von Gewerben, die der entstandenen Stadt nun zu Wohlstand verhelfen sollen.

Die bewusst geplante Gestaltung und Zusammensetzung von Stadt und Stadtbevölkerung ist typisch für die Zeit des Absolutismus vom Ende des Dreißigjährigen Krieges 1648 bis zur Französischen Revolution 1789. Die Herrschaft ist im Absolutismus auf die Person des Monarchen, des Souveräns zentriert, der, zumindest in der Theorie, die Staatsgewalt allein ausübt. Der Sonnenkönig Ludwig XIV. ist das Paradebeispiel für den absolutistischen Herrscher. Diese Regierungsart bedient sich unter anderem eines wachsenden Beamtenapparates, eines stehenden Heeres und der Entmachtung der Stände.

In Karlsruhe ist die gesamte Gründungsstadt Ausdruck der vollständigen Ausrichtung auf den Landesherrn. Alles ist auf ihn bezogen, und von seinem Schlossturm aus hat er nach Norden das Wild in seinem Territorium im Blick, nach Süden das Volk.

59

Haus Kaplanei 10
in Quedlinburg

Die erste und einzige
promovierte Ärztin im Reich

BAUZEIT: 1674

Das beschauliche Städtchen Quedlinburg in Sachsen-Anhalt am Rande des Harzes ist bekannt für seine romanische Stiftskirche St. Servatius auf dem Schlossberg, in der einst der Mord an Otto I. geplant wurde (→ 6). Ebenso schön sind die über 1300 erhaltenen Fachwerkhäuser in der Stadt. Eines dieser Fachwerkhäuser ist das alte Pfarrhaus in der Kaplanei, einer Straße unweit der Gemeindekirche St. Nikolai. Es wurde im Jahr 1674 gebaut. Der linke Teil des Hauses wurde 1908 angebaut. Am Sockel, der beim Anbau aus regelmäßigeren Steinen gemauert wurde, und am Erdgeschoss, das nur im Altbau aus Fachwerk besteht, lässt sich der Unterschied schnell erkennen. Das Haus ist wie für den Fachwerkbau im späten 17. Jahrhundert üblich im ersten Obergeschoss auf verschiedene Weisen verziert, was für den neuen Teil übernommen wurde. Seit der Feuerwehrordnung von 1634 mussten die Gefache in Quedlinburg mit Ziegelsteinen ausgemauert werden. Zuvor wurden meist gespaltene Hölzer zwischen die Fachwerkbalken gesetzt, in die anschließend biegsame Hasel- oder Weidengerten eingewunden wurden. Anschließend wurde das Ganze durch ein Lehmgemisch abgedichtet. Im Pfarrhaus sind die Gefache, was durch den Anstrich leider schlecht zu erkennen ist, in dekorativen Mustern eingesetzt worden.

Im August 1742 zieht Dorothea Christiana Erxleben, geborene Leporin, als Ehefrau des Diakons der Kirche St. Nicolai in das Pfarrhaus. Dorothea ist eine hochgebildete junge Frau. Zwar hat sie nicht wie ihr

FRÜHE NEUZEIT

247

Bruder Christian das Gymnasium besucht, doch der Vater, ein studierter und praktizierender Arzt, hat sie unterrichtet. Lateinunterricht erhielt sie privat durch den Rektor des Gymnasiums. Sie beherrscht die Sprache, die sowohl schriftlich als auch mündlich immer noch die Wissenschaftssprache ist, ohne Schwierigkeiten. Nachdem ihr Bruder 1735 die Schule beendet hat, richtet der Vater die Ausbildung der beiden jungen Leute – zwei weitere Geschwister schlagen andere Wege ein – ganz auf die Medizin. Er trägt ihnen Schriften der Medizinprofessoren der Universität Halle vor und verbindet diese mit Beispielen aus seiner eigenen Praxis. Wahrscheinlich hilft Dorothea ihrem Vater spätestens ab diesem Zeitpunkt in der Praxis; jedenfalls vermerkt sie später, dass sie, wann immer er krank oder außerhalb der Stadt war, seine Patienten und Patientinnen versorgt. Dorothea ist über die Grenzen der Gemeinde als Ärztin akzeptiert. Auch nach ihrer Heirat und dem Tod ihres Vaters wird sie weiter konsultiert.

Die chirurgische Behandlung erfolgte lange durch die Vertreter unterschiedlicher Berufe – Barbiere, Schlachter und sogar Henker nahmen Operationen vor. Alltagsbeschwerden wurden von Heilkundigen, vorwiegend erfahrene Heilerinnen, in der Nachbarschaft behandelt, deren Wissen über Generationen hinweg weitergegeben wurde. Das universitäre Studium hingegen war nur wenig praktisch ausgerichtet, dennoch wurden medizinisch Praktizierende, die nicht studiert hatten, zunehmend durch Verbote zurückgedrängt. Das betraf insbesondere die Frauen, die an den Universitäten nicht zugelassen waren.

Im Alter von 27 Jahren verfasst Dorothea eine »Gründliche Untersuchung der Ursachen, die das Weibliche Geschlecht vom Studiren abhalten«, in der sie die Argumente gegen das Frauenstudium widerlegt und sich klar für die Fähigkeit von Frauen zum Studium ausspricht. Trotz dieser Schrift macht Dorothea erst einen Schritt in Richtung eigenes Studium, als ihr Bruder in Schwierigkeiten gerät.

Als Christian 1740 studieren will, ist er eigentlich wehrpflichtig, wird aber für das Medizinstudium in Halle freigestellt. Doch als der Landesherr Friedrich II. der Große in Schlesien einmarschiert, werden auch die jungen Männer an den Universitäten einberufen. Dorothea schreibt deshalb ein Gnadengesuch. Sie bittet um die Befreiung Christians vom Wehrdienst und um die Erlaubnis, mit ihm zusammen die Universität besuchen und dort gemeinsam mit ihm promovieren zu dürfen. Ihre Bitte, selbst promovieren zu dürfen, ist vorgeschoben, um den Bruder vom Militärdienst zu befreien. Am 24. April 1741 erhält die Familie ein Schreiben mit der Mitteilung, dass Friedrich II. die Geschwister als »Candidaten beyderley Geschlechts der Universität« empfiehlt.

Diese königliche Erlaubnis nutzt Dorothea erst 13 Jahre später. Die inzwischen verheiratete Frau wird 1753 von drei studierten Ärzten des Ortes der »Pfuscherey« angeklagt. Der Grund für diese Anklage dürfte in Dorotheas Kritik an einer unnötigen Medikamentengabe, die in der Stadt üblich ist, und in ihrer Konkurrenz zu sehen sein. Ihr Geschlecht spielt dabei nur eine nachgeordnete Rolle. Doch Dorothea nutzt die Gelegenheit. Sie begegnet der Kritik wortgewandt und kündigt den Nachweis ihrer Kompetenz durch eine Promotion an, wobei sie sich auf die Empfehlung Friedrichs beruft.

Bereits ein Jahr später, 1754, legt sie ihre Promotion mit allen Ehren ab. Im Alter von 38 Jahren wird sie so die erste und einzige promovierte Ärztin im Reich. Im heutigen Sinne studiert, also Vorlesungen an einer Universität besucht, hat Dorothea nie. Ihre Promotion ist möglich, weil Frauen, obwohl noch lange nicht zum Studium zugelassen, noch als praktizierende Ärztinnen anerkannt sind, was sich in den nächsten Generationen ändert. Es soll bis zum Jahr 1901 dauern, bevor eine weitere Frau in Deutschland zur Doktorin in Medizin promoviert.

Wenn das Fachwerkhaus Kaplanei 10 auch architektonisch für Quedlinburg recht gewöhnlich ist, verdient es durch seine ungewöhnliche Bewohnerin einen Besuch. Eine Gedenktafel erinnert heute an die erste und einzige promovierte Ärztin im Reich.

60

Die Moschee im Schlossgarten von Schwetzingen

Aufklärung und Toleranz

BAUZEIT: 1779–1796

»Das türkische Gebäude, welches jetzt ausgeführt wird, kommt mir ganz albern vor; ich sehe da weder Absicht noch Zweck«, schreibt der Schriftsteller Wilhelm Heinse im Jahr 1780 über einen der Bauten des Schwetzinger Schlossparks. Am Rand der großen Anlage, an einem künstlichen See, steht das Bauwerk bis heute. Es ist ein Zentralbau mit einer erhöhten Kuppel über einem zylindrischen Unterbau. Die Seiten flankieren zwei quadratische Anbauten, von denen gerundete Mauern zu zwei schlanken Türmen führen. Auf der Rückseite ist ein Wandelgang angeschlossen. Die Architektur vermischt abendländische und orientalische Bauformen.

Der Zentralbau ist in beiden Kulturbereichen zu finden, selten aber im islamischen Kulturraum mit einer erhöhten Kuppel. Der Säulenportikus, die schmale Vorhalle, erinnert an antike Bauten. Die im Reich untypischen drei Giebelzacken statt eines Dreieckgiebels sind an ähnliche Formen des Eingangsbereichs der Sultan-Ahmed-Moschee in Istanbul angelehnt, und die schmalen Türme sind durch den Umgang und den Halbmond über der spitzen Faltkuppel als Minarette zu erkennen. Überall am Gebäude sind arabische Inschriften zu sehen, zum Teil mit deutscher Übersetzung. Am Giebel des Portikus findet sich etwa eine Passage des ersten Verses der ersten Sure des Korans: »Es ist nur ein einziger wahrer Gott.«

Nach der Beendigung der Bedrohung durch die Türken (→ 56) im 17. Jahrhundert ist das Interesse des späten 18. Jahrhunderts auf die

Kultur des Orients und des Islams gerichtet. Zeichnungen und Drucke von Moscheen sind weit verbreitet. Das Schwetzinger Bauwerk ist nicht als Gebetshaus gedacht. Es dient primär als Attraktion im großen Landschaftsgarten der Sommerresidenz des Kurfürsten Carl Theodor von der Pfalz.

Das Konzept der Landschaftsgärten stammt aus England und hebt sich von der strengen Geometrie der Barockgärten französischen Stils mit ihren abgezirkelten Beeten deutlich ab. Statt geometrischer Formen soll eine »natürliche« Landschaft mit malerischen Ansichten und verschlungenen Wegen geschaffen werden. Abwechslung ist ein wichtiger Aspekt dieser Gartengestaltung. Sie wird auch durch verschiedene Scheinarchitekturen geschaffen, die Eindrücke aus fernen Ländern in den Park bringen. In der hügeligen Landschaft des Schwetzinger Schlossparks finden sich daher die nachgebaute Ruine eines römischen Aquädukts, ein runder Tempel mit den Portraits berühmter Botaniker und am anderen Ufer des Sees, gegenüber der Gartenmoschee, ein zerfallener antiker Merkurtempel, der kunstvoll nachempfunden wurde.

Die Auswahl der Scheinarchitekturen ist typisch für die damaligen Landschaftsgärten. Gartenmoscheen entstehen in dieser Zeit an mehreren Orten. Vorbildhaft war die nicht mehr erhaltene Moschee in Kew Gardens bei London, seit 1840 zum botanischen Garten umgewidmet. Aber auch in Kassel-Wilhelmshöhe oder in Hohenheim bei Stuttgart gab es einst Gartenmoscheen. Was Wilhelm Heinse verwunderte, war wahrscheinlich der Umstand, dass die Architektur nicht wie meist üblich als Fasanerie oder als Lusthaus genutzt wurde. Die Inschriften, die der Hofarchitekt Nicolas de Pigage an der Moschee und im Wandelgang anbringen ließ, zeigen ein über das Dekorative hinausgehendes Interesse, das schon darin deutlich wird, dass die meisten Inschriften zusätzlich zum, wenngleich nicht ganz richtig geschriebenen, arabischen Text von einer deutschen Übersetzung begleitet und dadurch dem breiten Publikum verständlich gemacht werden. Die Zitate an der Fassade entstammen dem Koran, die anderen sind arabische Sprichwörter und Volksweisheiten, die auch in der christlichen Welt Zustimmung finden, etwa: »Sammle Gold, so viel du brauchst, und Weisheit, so viel du kannst.«

Die Gartenmoscheen werden in der Zeit der Aufklärung errichtet, deren Hauptphase zwischen 1720 und 1785 liegt. Seinen berühmten Aufsatz »Beantwortung der Frage: Was ist Aufklärung?« von 1784 beginnt Immanuel Kant mit den bekannten Sätzen: »Aufklärung ist der Ausgang des Menschen aus seiner selbst verschuldeten Unmündigkeit. Unmündigkeit ist das Unvermögen, sich seines Verstandes ohne Leitung eines anderen zu bedienen ... Sapere aude! Habe Mut, dich deines eigenen Verstandes zu bedienen!« Einige Aufklärer entdecken Gemeinsamkeiten in der Rezeption antiker Schriften in Okzident und Orient sowie in den antiken Wurzeln von Christentum und Islam. Der Koran, der nun in zahlreiche europäische Sprachen übersetzt wird, begründet eine neue Wahrnehmung des Islams als »vernünftige« Religion.

Nach dem Kriterium der Vernunft sind auch die Zitate der Gartenmoschee ausgewählt. Das Bauwerk ist Sinnbild einer neuen religiösen Toleranz und lädt zur Beschäftigung mit den anderen monotheistischen Religionen ein. In der Kurpfalz geht diese neue Toleranz aber nicht so weit wie Gotthold Ephraim Lessing in seinem Theaterstück *Nathan der Weise* von 1779, in dem er das Judentum gleichberechtigt neben das Christentum und den Islam stellt. Eine muslimische Gemeinde, die akzeptiert werden könnte, gibt es im Reich nicht, und die jüdische Minderheit erfährt auch in der Aufklärung keine Gleichstellung mit der christlichen Mehrheit. Selbst die christlichen Konfessionen werden in der Kurpfalz nicht gleichberechtigt behandelt; es bleibt bei einer Bevorzugung des Katholizismus.

Die Toleranz signalisierende Moschee im großen Schlossgarten von Schwetzingen wird später tatsächlich kurzzeitig als Gebetshaus genutzt. Im deutsch-französischen Krieg 1870/71 dient sie muslimischen Soldaten aus den französischen Kolonien, die in Kriegsgefangenschaft geraten sind, als Räumlichkeit zur Ausübung ihrer Religion.

FRÜHE NEUZEIT

61

Goethes Wohnhaus
in Weimar

*Goethe, die Französische Revolution
und die Weimarer Klassik*

BAUZEIT: 1709

Im Frühjahr 1782 bezieht Johann Wolfgang von Goethe die westliche Hälfte des stattlichen Hauses am Frauenplan in Weimar. Er wohnt anfangs zur Miete und zahlt während dieser Zeit 36 Reichstaler pro Quartal. »In meinem neuen Hause breite ich mich aus, und alles kommt in die schönste Ordnung«, schreibt er kurz nach seinem Einzug Herzog Carl-August von Sachsen-Weimar, dem er als Geheimrat dient und mit dem ihn eine tiefe Freundschaft verbindet. Sieben Jahre später zieht Goethe vorübergehend wieder aus. Seine Geliebte Christiane Vulpius, die der Dichterfürst erst 1806 heiratet, erwartet ein Kind, Goethes Sohn August Walter. Um die unschickliche Beziehung aus dem Blick der Weimarer Gesellschaft zu nehmen, siedelt er mit der Geliebten, deren Halbschwestern und deren Tante an den Stadtrand um. 1792 kehrt die Familie zurück, das Haus steht nun zum Verkauf. 1794 schenkt Carl-August Goethe das Gebäude als Dank für seine Dienste.

Nun gestaltet der Dichter das Haus nach seinen Vorstellungen um. Eine neues prächtiges Treppenhaus und repräsentative Räume entstehen. Ihre Farbgestaltung entspricht Goethes Farbenlehre und ist nach den Wirkungen der jeweiligen Farben auf das menschliche Gemüt ausgewählt. Ein ganzes Raumensemble im westlichen Hinterhaus dient Goethe nun als Arbeitsbereich. Das Vorzimmer, das Arbeitszimmer und die Bibliothek sind schlicht und zweckmäßig eingerichtet, denn »eine Umgebung von bequemen geschmackvollen Möbeln hebt mein Denken auf und versetzt mich in einen behaglichen passiven Zu-

stand«, wie Goethe einmal in einem Gespräch formuliert. Die Bibliothek enthält etwa 7200 Bücher, Zeitschriften und Einzeldrucke, die
von Goethes Privatsekretär in einem Katalog erfasst werden. Hohe
Bücherregale füllen den Raum bis zur Decke; zwischen ihnen bleiben
nur schmale Gänge. Die Wände sind hier ebenso wie im Arbeitszimmer in lindgrün gehalten. Goethe bemerkt in seiner Farblehre, dass
Grün dem Auge eine »reale Befriedigung« verschaffe. Es ist eine Ar-
beitsbibliothek, in der aufwändig gestaltete Bücher neben schmalen
Heften mit Pappeinband stehen. Goethe nutzt für seine Arbeit zusätzlich die herzogliche Bibliothek und die Universitätsbibliothek in Jena.
Vielleicht hat er deshalb die Bestände seiner Bibliothek nicht syste-
matisch aufgebaut; die Gesamtausgabe von Schillers Werken aus dem
Jahr 1818 ist nicht vollständig, und auch einige eigene Werke fehlen.

Als Goethe 1792 wieder in das Haus am Frauenplan zieht, liegt
der Beginn der Französischen Revolution 1789 mit der Gründung
der Nationalversammlung durch den bäuerlichen Dritten Stand, der
Erstürmung der Bastille durch die Pariser Bevölkerung und der Erklärung der Menschenrechte erst drei Jahre zurück. Lange hatte sich
der Dichter um die zunehmende Schwäche der französischen Monarchie gesorgt. Für die Revolutionären in Frankreich hegt er wenig
Sympathien, und er hält an einem aufgeklärten Fürstenstaat fest, in
dem der Regent nicht mehr über dem Gesetz steht und sich für das
Allgemeinwohl einsetzt. Im Weimarer Umfeld gibt es allerdings viele
positive Stimmen zu der mit der Revolution verbundenen Veränderung, wobei Intellektuelle wie Christoph Martin Wieland von einem
raschen Abklingen der Ereignisse ausgehen.

Doch es soll anders kommen. Die Französische Revolution beeinflusst zunehmend weite Teile Europas. 1791 sprechen sich Österreich
und Preußen für die Wiederherstellung der Monarchie in Frankreich
aus, was in Frankreich als Kriegserklärung wahrgenommen wird. Im
Jahr darauf kommt es denn auch zu einem Feldzug gegen Frankreich.
Als preußischer General nimmt Kurfürst Carl August daran teil. Goethe
begleitet ihn. Der Feldzug endet mit einem Desaster für die deutsche
Seite. Goethe ahnt eine lange Kriegszeit voraus. Noch unter dem Ein-

druck des Feldzuges schreibt er zum Eintritt Weimars in den Reichs-
krieg gegen Frankreich in einem Brief: »Wir werden also auch mit der
Herde ins Verderben rennen – Europa braucht einen 30jährigen Krieg,
um einzusehen, was 1792 vernünftig gewesen wäre.«

Die kriegerischen Auseinandersetzungen in Europa dauern bis
1815. Doch für Goethe kommen wieder glücklichere Zeiten. 1794 trifft
er in Jena Friedrich Schiller, und die wohl prominenteste Dichter-
freundschaft in Deutschland beginnt. Es ist auch der Anfang der Weimarer Klassik, die in ihrer engeren Definition die Schaffensperiode
der beiden Dichter zwischen 1794 und Schillers Tod 1805 bezeichnet.
Sie ist durch den intensiven Austausch der beiden geprägt, die in rund
tausend Briefen ihre eigenen Werke sowie die Werke anderer Autoren
kommentieren. In die literarische Öffentlichkeit treten die beiden mit
den *Xenien*. Dieses aus dem Griechischen stammende Wort für Gast-
geschenke ist eine ironische Anspielung auf das dreizehnte Buch der
Epigramme des römischen Dichters Martial aus dem 1. Jahrhundert
nach Christus. Mit polemischen Kritiken wenden sich Goethe und
Schiller gegen den herrschenden Literaturbetrieb und die Spießbür-
gerlichkeit ihres Zeitalters. Die Reaktionen folgen ebenfalls spöttisch,
zahlreiche »Anti-Xenien« erscheinen.

In den eigenen Werken suchen Schiller und Goethe nach den antiken Kunstidealen der Vollkommenheit und Harmonie und thema-
tisieren Menschlichkeit und Toleranz. Verstand und Gefühl sollen in
ihren Werken verbunden werden, womit sie sich von der parallel sich
entwickelnden Romantik abheben, welche die Freisetzung der Intui-
tion propagiert.

Während sie sich selbst nicht als »klassische« Autoren bezeichnet
haben, wird ihnen dieser Rang noch im Laufe des Jahrhunderts zugewiesen. Bald nach Goethes Tod 1832 wird sein Wohnhaus 1885 zum
Goethe Nationalmuseum. Und das ausgestellte Mobiliar in diesem
Gedächtnishaus stammt sogar zum Großteil aus Goethes Haushalt.

FRÜHE NEUZEIT

62

Beethovens Geburtshaus
in Bonn

Beethoven und Napoleon

BAUZEIT: erste Hälfte des 18. Jahrhunderts

Nur kurz lebte Ludwig van Beethoven in dem Gartenhaus in der Bonngasse 515, einem Hinterhaus, das heute die Nummer 20 trägt. Hier wurde der weltberühmte Komponist im Dezember 1770 in einem Dachzimmer geboren. Der Hoftenor Johann van Beethoven und seine Frau Maria Magdalena waren 1767 in das Hinterhaus eingezogen. Es ist ein schmaler Hausflügel, der mit einer fensterlosen Rückwand an das Nachbargebäude stößt. Das Dachgeschoss ist niedrig, doch durch das Mansarddach bewohnbar. Bei diesem Dachtyp mit geringer Neigung knicken die Dachschrägen erst dicht vor den Hauswänden scharf ab. Die Mehrzahl der Mietshäuser aus dem 18. und 19. Jahrhundert besitzen solche Dächer, denn dadurch konnte in den engen Städten auch das Dachgeschoss rentabel vermietet werden.

Die Familie Beethoven nutzte alle Geschosse. Im Erdgeschoss gibt es einen großen Wirtschaftsraum mit Keller, darüber liegt der Wohnbereich mit drei Stuben. Unter dem Dach befinden sich mehrere Kammern, die als Schlafzimmer dienten. Als Geburtszimmer Beethovens gilt die Kammer am Ende des Flügels; das Fenster an der Schmalseite wurde nachträglich eingebaut. Die Begeisterung der Besucherinnen und Besucher für den einstigen Bewohner führte im 19. Jahrhundert dazu, dass Holzsplitter aus den Bodendielen gerissen wurden. Inzwischen ist das Haus ein Museum und der Geburtsraum vor souvenirsüchtigen Gästen abgesichert, die nur noch von außen einen Blick hineinwerfen dürfen.

NEUZEIT

Beethoven und seine Familie blieben nur ein paar Jahre in der Bonngasse und zogen dann mehrfach um. Schon mit 14 erhielt der junge Künstler eine feste Anstellung am kurfürstlichen Hof in Bonn. Im November 1792 brach er nach Wien auf, um bei Jospeh Haydn Unterricht zu nehmen. Es war bereits seine zweite Studienreise in die Donaustadt. Er sollte bleiben, denn ab 1794 war das Rheinland von französischen Truppen besetzt.

In Frankreich hatten sich seit Juni 1789 die politischen Ereignisse überschlagen. Die neue Nationalversammlung, die am 20. Juni den berühmten Ballhausschwur geleistet hatte, »sich niemals zu trennen, bis die Verfassung errichtet ist«, hatte am 3. September 1791 die neue Verfassung verkündet, die im 19. Jahrhundert das Vorbild für alle bürgerlichen Verfassungen sein sollte. Frankreich war nun eine konstitutionelle Monarchie, welche die Rechte des Königs durch die Verfassung einschränkte. Doch einigen ging dies nicht weit genug. Im September 1792 wurde Frankreich zur Republik erklärt, wenige Monate später wurde Ludwig XVI. mit der Guillotine geköpft. Das von den Abgeordneten mit knapper Mehrheit verhängte Urteil führte dazu, dass Großbritannien und andere europäische Mächte in den Krieg gegen Frankreich eintraten.

Dort gefährdeten Hungersnöte, Inflation, Aufstände und eine sinkende Moral aufgrund militärischer Niederlagen die französische Revolution. Die Jakobiner bekämpften ihre Gegner mit allen Mitteln und richteten 1793 und 1794 Zehntausende hin. Diese Jahre gingen als die Schreckensherrschaft der Jakobiner oder auch als der Große Terror in die Geschichte ein. Nach dem Sturz der Jakobiner folgte eine schwache Regierung unter einem Direktorium. Erst als der siegreiche Feldherr Napoleon Bonaparte am 9. November 1799 mit der Unterstützung des Militärs das Direktorium durch einen Staatsstreich absetzt, beruhigt sich die Situation in Frankreich. Mit raschen Reformen beendet Napoleon die Anarchie. Er respektiert dabei die Errungenschaften der Revolution: Eigentum, Abschaffung des Feudalsystems und seiner Privilegien, Trennung von Staat und Kirche. Demokratische Elemente begleiten die nun entstehende Militärdiktatur. In einer Volksabstim-

NEUZEIT

mung wird Napoleon auf zehn Jahre zum Ersten Konsul gewählt, der die alleinige Gesetzesinitiative innehat. Geschickt inszeniert er sich als erfolgreicher Feldherr, der an die antiken Feldherren und Cesaren erinnert. Vielen in Frankreich und darüber hinaus, die den Idealen von Gleichheit, Freiheit und Brüderlichkeit der Französischen Revolution anhängen, gilt Napoleon als Hoffnungsträger, der die neuen Überzeugungen in Europa verbreiten und durchsetzen kann.

Auch Ludwig van Beethoven gehört zu ihnen. Von 1802 bis 1804 arbeitet er an der 3. Sinfonie, der »Sinfonia eroica«. Beethovens Handexemplar der Partitur ist aufschlussreich. Unter den Worten »Sinfonia grande« (Große Sinfonie) stand einst »intitolata Bonaparte«, also Bonaparte gewidmet. Die Worte wurden anschließend so heftig ausradiert, dass das Papier an dieser Stelle gerissen ist. Beethoven, der 1804 noch plante, nach Paris zu ziehen, soll die Widmung wutentbrannt entfernt haben, als sich Napoleon, durch einen positiven Volksentscheid legitimiert, Ende des Jahres selbst zum Kaiser der Franzosen krönte. Ob die Geschichte von Beethovens Entrüstung und seiner Reaktion stimmt, konnte bisher nicht zweifelsfrei geklärt werden. Doch auch die 7. Sinfonie deutet auf eine gewandelte Haltung hin. Die Uraufführung 1813, ein Jahr nach dem entscheidenden Sieg über Napoleon in der Schlacht bei Leipzig (→ 65), fand im Rahmen eines Wohltätigkeitskonzerts für kriegsversehrte Veteranen statt, die gegen die napoleonische Armee ins Feld gezogen waren, um sich von der Fremdherrschaft zu befreien. Die Sinfonie ist ein Trauermarsch, ein Trauerzug, all jenen gewidmet, »die uns so viel geopfert haben«, wie Beethoven in seiner Dankesrede an das Orchester formuliert.

Als Ludwig van Beethoven 1827 starb, nahmen an seinem Trauerzug ungefähr 20 000 Personen teil. Um seinen Leichnam entwickelte sich eine Art Kult. Zeichnungen von dem toten Komponisten wurden erstellt, und dem Leichnam wurde eine Totenmaske abgenommen. Sie ist neben einer Lebendmaske in Beethovens Bonner Geburtshaus zu sehen.

NEUZEIT

63

Schloss Wörth an
der Donau

Der Rheinbund und das Ende des Reiches

BAUZEIT: 16.–17. Jahrhundert

Nur ein Weg führt auf die isolierte Bergkuppe, auf der das gewaltige Renaissance-Schloss Wörth an der Donau thront. Es wurde im 16. und 17. Jahrhundert durch die Bischöfe von Regensburg als Residenz ausgebaut. Hohe, weiß verputzte Wände mit geringer Gliederung, runde Ecktürme und leuchtend rote Dächer bestimmen den Eindruck der hoch über der Stadt liegenden Festung. Wer sie betreten will, muss zwei mächtige Torbauten durchschreiten; das hintere Haupttor war einst durch eine Zugbrücke gesichert.

Der Garten links und rechts des schmalen Aufgangs liegt zwischen zwei hohen Wehrmauern und wird als Zwinger bezeichnet, was auf die Unterbringung von wilden Tieren, etwa Bären oder Hunden, schließen lässt. Hinter dem Torbau fällt ein großer rechteckiger Wohnturm ins Auge, der über die restlichen Bauten ragt. Er stammt noch aus einer früheren Bauphase und wird auf 1200 datiert. Den westlichen Teil des Schlossgeländes umschließt der Fürstenbau, eine Anlage mit drei Schlossflügeln, die dicht an den Rand des Bergplateaus gerückt ist.

Im Südflügel befindet sich die Schlosskapelle. Sie ist an dem Dachreiter und den hohen, maßwerkverzierten Rundbogenfenstern zu erkennen. Eine Besonderheit bietet der südwestliche Rundturm. Hier befindet sich ein aufwendig gestaltetes Rondellzimmer, dessen filigrane Stuckdekors und Gemälde mit Motiven aus griechischen Mythologien noch erhalten sind.

In diesem Raum unterzeichnete Erzkanzler Carl Theodor von Dal-

NEUZEIT

berg am Abend des 26. Juli 1806 die Rheinbundakte, eine Akte mit weitreichenden Folgen. Dalberg war dies bewusst, und so zögerte er drei Tage lang, seine Unterschrift unter dieses Dokument zu setzen, das zum Erlöschen des Heiligen Römischen Reichs Deutscher Nation führte. Andererseits konnte der Erzkanzler, indem er den Handel mit Napoleon einging und dem Austritt von 16 deutschen Territorien aus dem Reich zustimmte, zumindest die katholische Kirche etwas schützen.

Seit 1792 herrschte Krieg in Europa. Er dauerte, bis Napoleon am 18. Juni 1815 in der Schlacht bei Belle-Alliance endgültig geschlagen wurde. Diese Entscheidungsschlacht wurde in Preußen und Österreich nach dem Gasthof, in dem Napoleon sein Hauptquartier bezogen hatte, benannt. Heute ist sie aber besser unter dem Namen des Austragungsortes als Schlacht bei Waterloo bekannt.

Zuvor waren immer wieder Friedensverträge geschlossen und gebrochen worden. Der Krieg wird in sechs Koalitionskriege mit wechselnden Bündnissen unterteilt. Die französische Armee war zunächst siegreich. Schon im Ersten Koalitionskrieg konnte Frankreich etwa das linke Rheinufer annektieren. Die beiden größten deutschen Territorien Preußen und Österreich wurden mehrfach gezwungen, Friedensschlüsse unter für sie ungünstigen Bedingungen einzugehen. Im Frieden von Lunéville, der 1801 den Zweiten Koalitionskrieg beendete, bestätigte Kaiser Franz II. den Verlust der von Napoleon annektierten Gebiete sowie die Kompensation der von den Gebietsverlusten betroffenen deutschen Fürsten innerhalb des Reiches. Der Ausgleich wurde 1803 mit dem Reichsdeputationshauptschluss verabschiedet. Es war das letzte vom Reichstag verabschiedete Gesetz, dessen Name sich aus dem Hauptschluss, einer Art Abschlussbericht, und der den Bericht verfassenden Delegation, einer Reichsdeputation, zusammensetzte. Zur Entschädigung wurden die kirchlichen Territorien genutzt, die nun säkularisiert, also weltlich wurden, wobei die Besitztümer der Kirche an die weltlichen Landesherren fielen. Ebenso verloren die reichsunmittelbaren, nur dem Kaiser unterstehenden Reichsstädte ihren Sonderstatus. Sie wurden in die umliegenden Territorien integriert, und die kleinen Reichsstände wurden in die größeren Territorien eingegliedert. Gab es zuvor mit den Reichsstädten mehr als 1000 Territorien, bestanden nach 1803 nur noch rund 30 reichsunmittelbare Gebiete.

Ein weiterer Friedensschluss war für das Ende des Reiches wichtig. Im Frieden nach der Schlacht von Austerlitz 1805, in der Frankreich mit der Unterstützung Bayerns Österreich besiegt hatte, erhebt Napoleon die Territorien Bayern sowie Württemberg zu Königreichen und macht Baden zum Großherzogtum, um die Gebiete noch stärker an sich zu binden. Diese neuen Königreiche gehören zu den 16 Territorien, die am 12. Juli 1806 in Paris den Rheinbund gründen und gleichzeitig ein militärisches Bündnis mit Napoleon eingehen. Sie wollen durch die Allianz mit Frankreich insbesondere die eigenen Gebiete schützen. Zu der vorgesehenen gemeinsamen Verfassung kommt es zwar nicht, aber es erfolgen Reformen. Insbesondere wird das französische Gesetzbuch, der *code civil*, in einigen Gebieten eingeführt. Mit der Rheinbundakte, die Dalberg schweren Herzens im Rondellzimmer mit seiner Unterschrift bestätigt, verliert das Reich jedoch einen Großteil seines Gebietes. Napoleon lässt nun Franz II. mitteilen, dass er das Reich nicht mehr anerkennt. Er stellt ein Ultimatum, worauf Franz II. am 6. August 1806 die Krone des Heiligen Römischen Reiches niederlegt und es für erloschen erklärt. Trotzdem bleibt Franz Kaiser, denn 1804 hatte er sich selbst zu Franz I., Kaiser von Österreich ernannt.

Karl Theodor von Dalberg stand als Fürstprimas an der Spitze des Rheinbundes. Doch wie viele der mythologischen Helden und Heldinnen, die das Rondellzimmer bis heute zieren, verlor auch er seine Macht wieder. Nach dem Sieg über Napoleon musste er all seine Gebiete abtreten. Schloss Wörth ging 1812 in den Besitz der Thurn und Taxis über. Seit 1984 beherbergt es ein Seniorenheim.

NEUZEIT

64

Das Brüder-Grimm-Haus in
Steinau an der Straße

Grenzenlose Märchen

BAUZEIT: 1562

Es war einmal ein Amtmann, der hatte fünf Söhne ... So könnte die
Erzählung über die Brüder Grimm anfangen, wäre sie ein Märchen.
Diese Geschichte aber ist wahr und beginnt mit dem Amtshaus, in
dem Jacob und Wilhelm Grimm mit drei weiteren Brüdern und einer
Schwester einen Teil ihrer Kindheit verbrachten. Es ist ein stattliches
Haus mit einem aus massiven Steinen bestehenden Erdgeschoss und
einem Obergeschoss aus Fachwerk. Das Obergeschoss kragt über das
Erdgeschoss vor. Der Überhang des Stockwerks wird durch eine Vielzahl verzierter Dreieckshölzer, die Knaggen, gestützt. Durch solche
vorkragenden Stockwerke wurde der Innenraum der Obergeschosse
leicht vergrößert. Bei dem großen Amtshaus war dies aber ebenso wie
die aufwendige Verzierung eher ein repräsentatives Element, denn es
gab bereits Platz genug. Bei den häufig schmalen Fachwerkhäusern in
den Städten hingegen bot selbst die kleinste Vergrößerung einen sinn-
vollen Zugewinn an Raum.

Die Familie Grimm wohnt in diesem Haus, seit der Vater 1791 die
Position als Amtmann in Steinau erhält. Damals sind Jacob und Wilhelm sechs und fünf Jahre alt. Einer ihrer Brüder, Ludwig Emil Grimm,
der als Maler und Professor an der Akademie der Bildenden Künste
in Kassel einige Bekanntheit erlangt und viele Portraits der Märchen-
sammler anfertigt, erinnert sich später: »Der alte Kutscher Müller trug
die Speisen auf ... Auch entsinne ich mich noch, dass einmal ... Verwandte da gewesen sind, da wurde in einem großen Saal mit Stuck-

NEUZEIT

267

arbeit an den Wänden gegessen. Die Stühle waren mit blauem Seiden-
zeug, worin weiße Blumen waren, überzogen: Es war eine große Tafel …
der Kutscher hatte seine Livree (Uniform) an.«

Als der Vater 1796 an einer Lungenentzündung stirbt, verliert die
Familie ihre Bleibe, da das Haus ein Amtssitz ist. Sie wird nun von
einer älteren Schwester der Mutter unterstützt, die 1798 Jacob und
Wilhelm nach Kassel holt und auf das Gymnasium schickt. Tante
Zimmer, wie sie die Jungen nennen, ermöglicht ihnen auch ein Jura-
studium in Marburg.

Dort werden sie Mitarbeiter des romantischen Dichters Clemens
Brentano, der eine Edition deutscher Volkslieder seit dem Mittelalter
erstellt: *Des Knaben Wunderhorn*. Brentano beauftragt die Brüder auch
mit dem Sammeln alter Märchen und Sagen, doch schon bald verliert
er das Interesse daran. Aber die Begeisterung Wilhelms und Jacobs für
Sprache, Literatur und insbesondere für Märchen ist geweckt. Sie setzen die Arbeit selbstständig fort und veröffentlichen 1812 den ersten
Band ihrer Sammlung *Kinder- und Hausmärchen*. Er enthält 86 Märchen sowie kurze wissenschaftliche Anmerkungen dazu. Ein weiterer
Band erscheint 1815. Mehrere überarbeitete und ergänzte Ausgaben
folgen. Die siebte und letzte Ausgabe von 1857, die Wilhelm Grimm
noch selbst bearbeitet, umfasst 201 Märchen und Sagen.

Die von Generation zu Generation mündlich überlieferten Märchen und Erzählungen anonymer Herkunft gelten zuvor als wissen-
schaftlich nicht relevant und werden als »Kinderkram« und »Weiber-
geschwätz« abgetan. Wilhelm und Jacob schreckt das nicht. Uneinig
sind sich die unzertrennlichen Brüder – sie leben die meiste Zeit ihres
Lebens in einem gemeinsamen Haushalt – aber über die Genauigkeit,
mit der die Märchen, die sie erzählt bekommen haben, wiedergegeben
werden sollen. Jacob plädiert für die exakte Beibehaltung des Wort-
lauts. Wilhelm dagegen sieht die Notwendigkeit, die Texte zu bearbei-
ten. Der Erfolg der Grimmschen Märchen ist denn auch seinen stilis-
tischen Überarbeitungen zu verdanken. Zum Teil fügt er verschiedene
Überlieferungen desselben Märchens zusammen, und er verändert
vielfach den Wortlaut der Texte. Ihren erzählerischen Charakter und

die leichte Einprägsamkeit erhalten die Märchen auch durch die über 300 Sprichwörter, die Wilhelm in die Texte einflicht.

»Gesammelt durch die Brüder Grimm« steht unter dem Titel der Bücher. Dies erweckt die Vorstellung, dass die Brüder durch die Lande ziehen und, Pilzsammlern gleich, mal hier, mal dort ein Märchen pflücken. Tatsächlich kommen die Märchenerzähler und vor allem die Märchenerzählerinnen vorwiegend zu ihnen. So treffen sich die beiden zum Beispiel mit Dorothea Viehmann, auf die vierzig Märchen zurückgehen, in Kassel. Die Vorrede des zweiten Bandes beschreibt sie als »Bäuerin aus dem nah bei Cassel gelegenen Dorfe«. Dadurch erzeugen die Brüder das Idealbild einer Märchenerzählerin: alt, bäuerlich, eine echte Hessin. Tatsächlich ist Dorothea Viehmann keine Bäuerin, sondern die Frau eines Schneidermeisters. Sie wächst als Tochter eines Gastwirts auf, der seinen Wirtshof zwar außerhalb Kassels hat, aber hauptsächlich ein städtisches Publikum verköstigt.

Die Märchen, die sie stolz erzählt, sind nicht nur hessischen, sondern auch französischen Ursprungs, übermittelt durch hugenottische Vorfahren. Die Quellen der Märchensammlung der Brüder, die auch ein *Deutsches Wörterbuch* erstellen, sind also nicht ausschließlich deutsch – ein Attribut, das sie denn auch von Anfang an meiden. Die Brüder bemerken schnell, dass viele Märchen grenzüberschreitend erzählt wurden und ein Ursprungsort schwer zu ermitteln ist. In die Kinder- und Hausmärchen nehmen sie schließlich sogar amerikanische, japanische und indianische Erzählungen mit auf.

Wie schnell und wie weit die Märchensammlung der Gebrüder Grimm ihrerseits Grenzen überschritten hat, zeigt die vielseitige Ausstellung im Amtshaus in Steinau, die den Gebrüdern Grimm gewidmet ist. Die große Collage an der Wand eines Lesesaals gibt eine kleine Auswahl der Übersetzungen der Grimmschen Märchensammlungen wieder, die inzwischen in insgesamt 170 verschiedenen Sprachen vorliegen.

NEUZEIT

65

Das Brandenburger Tor
in Berlin

Die Schlacht bei Leipzig
und die Retourkutsche

BAUZEIT: 1789–1794

Stolz betrachtet die Berliner Bevölkerung Ende des 18. Jahrhunderts das neue Brandenburger Tor. Am westlichen Ende des Prachtboulevards »Unter den Linden« dient es als Stadttor und als Kontrapunkt zu Lustgarten und Stadtschloss. Das Stadttor ist einer der ersten klassizistischen Bauten in Berlin; die kunstgeschichtliche Epoche des Klassizismus zwischen 1770 und 1840 knüpft verstärkt an die griechische Antike an. Vorbild für das Bauwerk von Carl Gotthard Langhans sind die Propyläen, der Torbau der Akropolis in Athen.

Das monumentale, von zwei kleinen Flügelbauten flankierte Tor weist fünf Durchfahrten auf. An den Längsseiten sind den trennenden Wänden je sechs Säulen vorgestellt. Über der mittleren Durchfahrt ist ein Sockel für die Quadriga ausgebildet, den zweirädrigen, von vier Pferden gezogenen Wagen, der das Bauwerk bekrönt. Auf dem Wagen steht eine geflügelte Frauengestalt. In der einen Hand hält sie die Zügel, in der anderen ein langes Zepter. Als die Quadriga 1793 auf das Brandenburger Tor gesetzt wird, sind an der Spitze des Zepters ein Lorbeerkranz und der römische Adler angebracht. Bei der mythischen Gestalt handelt es sich um die Friedensgöttin Eirene. Sie erinnert an den Frieden, den Friedrich II. der Große Preußen nach den langen, aber letztlich siegreichen Schlesischen Kriegen bringt.

Im Jahr 1806 versucht ein Bündnis aus Preußen, Russland, Großbritannien und Schweden im Vierten Koalitionskrieg Frankreich zu schlagen. In der Schlacht bei Jena und Auerstedt erlebt Preußen aber

NEUZEIT

271

eine herbe Niederlage. König Friedrich Wilhelm III. zieht sich aus Berlin zurück, und Napoleon zieht triumphal durch das Brandenburger Tor in Berlin ein. Die Friedensgöttin beeindruckt den französischen Kaiser. Nur wenige Stunden nach seiner Ankunft beginnen die Vorbereitungen für den Abbau und den Abtransport der Quadriga nach Paris. Das ist kein Einzelfall – überall in den eroberten Gebieten sammelt der Direktor des Musée Napoleon, dem heutigen Louvre, im Auftrag des Kaisers Kunstwerke aller Art ein. Die Quadriga wird, in zwölf Kisten verpackt, im Dezember 1806 aus der Stadt gebracht. Acht Jahre fehlt die Göttin in Berlin.

Im siebten Jahr ihrer Abwesenheit formt sich ein neues Bündnis gegen Napoleon. Russland, Preußen und etwas später Österreich wagen, nachdem Napoleons Vormarsch auf Moskau trotz anfänglicher militärischer Erfolge in einem Desaster geendet hat, einen erneuten Schlag gegen Frankreich. Vom 16. bis 18. Oktober 1813 kommt es bei Leipzig zum entscheidenden Kampf. Rund 500 000 Mann treffen auf den Schlachtfeldern aufeinander. Es ist die bis dato größte und blutigste Schlacht – 90 000 Tote und Schwerverwundete sind zu beklagen. Am Ende wird Napoleon von der Allianz besiegt, kann aber durch eine von Österreich bewusst geöffnete Flanke (→ 66) aus der Stadt entkommen.

Schon bald wird dieser Kampf als Völkerschlacht bezeichnet, wobei mit Völker nicht verschiedene Volksgruppen, sondern Heeresvölker gemeint sind. Doch ist die später damit verbundene Vorstellung, dass Soldaten aus vielen Ländern Europas – etwa auch aus Schweden und Großbritannien – in der Schlacht gekämpft haben, durchaus korrekt. Falsch ist dagegen die Ansicht, dass Frankreich gegen Deutschland gekämpft hat, wie beim 100-jährigen Jubiläum verbreitet wurde. Auf Seiten Frankreichs kämpften zahlreiche Soldaten der Rheinbundstaaten, auch wenn dieser Bund immer mehr zerfiel und einzelne Territorien die Seiten wechselten. So verhandelte Bayern bis kurz vor der Schlacht über den Beitritt zur Allianz. Sachsen dagegen blieb bis zum Schluss auf Seiten Frankreichs, doch zahlreiche sächsische Soldaten wechselten eigenmächtig die Fronten. Napoleon schob ihnen später die Schuld für die Niederlage in die Schuhe, und die Geschichtsschreibung um 1913 machte aus ihnen die Helden, die das deutsche Vaterland gerettet hätten. De facto waren sie jedoch nicht entscheidend für das Kampfgeschehen.

Nach dem Sieg, der das Ende der napoleonischen Vorherrschaft in Europa bedeutet, rückt die Allianz nach Paris vor. Am 4. April 1814, Paris ist inzwischen eingenommen, sendet Generalfeldmarschall Blücher eine Depesche in die preußische Hauptstadt. Es war – wie, ist nicht geklärt – gelungen, die Quadriga wiederzufinden. »Der Siegeswagen ist unterwegs«, titelt darauf eine Berliner Zeitung. Zwei Monate lang zieht die Quadriga in Richtung Berlin. Wo immer sie entlangkommt, bricht Jubel aus. Die Rückführung wird zum Triumphzug. Die Zeitgenossen sprechen von einer Retourkutsche – und prägen ein neues Sprichwort.

Als die Skulptur in Berlin eintrifft, wird der Lorbeerkranz durch einen Eichenkranz als Symbol des Sieges ersetzt. Dieser wird mit dem Eisernen Kreuz geschmückt, einem Tapferkeitsorden, der während der Befreiungskriege 1813 von Friedrich Wilhelm gestiftet wurde. Und über dem Kranz erhebt sich nun der preußische Adler. Aus Eirene wird Viktoria, die Siegesgöttin.

Das Brandenburger Tor bleibt ein wichtiger Schauplatz der Geschichte. Am 30. Januar 1933 nach der Machtübergabe an Adolf Hitler zieht ein Fackelzug durch das Tor. Während der deutschen Teilung ist das Tor ein Niemandsland, zwischen Mauern abgeschirmt. Die preußischen Zutaten werden entfernt. Allerdings ist das Gerücht, die SED habe den Wagen drehen lassen, damit die Quadriga sich vom Westen abwendet, falsch. Die Quadriga ritt schon immer auf die Spreeinsel zu. 1989 geht dann ein neues Bild des Triumphes um die Welt: Menschen haben die Berliner Mauer vor dem Tor erklommen. Inzwischen ist der Pariser Platz mit dem Brandenburger Tor ein Symbol der Freiheit und ein Ort der Völkerverständigung und der Freundschaft insbesondere mit Frankreich geworden.

NEUZEIT

66

Das Bundeskanzleramt
in Wien

Der Wiener Kongress

BAUZEIT: 1717–1721

Mit dem Einmarsch der Verbündeten in Paris im Frühjahr 1814 endet Napoleons Herrschaft. Er muss für sich und seine Erben abdanken. Im Gegenzug erhält er die Insel Elba als Fürstentum. In Frankreich wird eine provisorische Regierung unter dem Politiker und ehemaligen Bischof Talleyrand eingesetzt, der Ludwig XVIII., dem Bruder des geköpften Königs Ludwig XVI., auf den Thron verhilft.

Im September 1814 beginnen in Wien die Verhandlungen zur Neuordnung Europas. Sie enden am 9. Juni 1815 mit der Unterzeichnung der Kongressakte, noch bevor Napoleon – er kann im März 1815 für die »Herrschaft der Hundert Tage« erneut die Macht in Frankreich übernehmen – am 18. Juni bei Waterloo endgültig geschlagen wird. Einer der wichtigsten Orte während des Wiener Kongresses ist die Staatskanzlei am Ballhausplatz, das Gebäude der österreichischen Außenpolitik, das heute als Bundeskanzleramt dient.

Die Bedeutung der Außenpolitik war in den vergangenen Jahrhunderten gestiegen. 1717 beginnen am Ballhausplatz die Bauarbeiten für die Staatskanzlei, die sowohl repräsentative Räume als auch Büros und insbesondere das Archiv beherbergen soll. Zur Deckung der Kosten wird eine neue Steuer erhoben – auf Rindfleisch. Die Baulücke ist fünfeckig, sodass die Kanzlei als Fünfflügelbau errichtet wird. Die Hauptfassade liegt gegenüber der Amalienburg, dem nordwestlichen Trakt der Hofburg. Mit sieben Fensterachsen ist sie der kürzeste Flügel des Gebäudes. Die mittleren drei Achsen sind leicht nach vorn versetzt.

FRÜHE NEUZEIT

275

Das untere Sockelgeschoss umfasst die beiden unteren Fensterreihen und setzt sich mit einer horizontalen Gliederung der Wandfläche von dem gelb gefassten Hauptgeschoss, der Beletage, und dem niedrigeren Attikageschoss ab. Der geschwungene Balkon, die Balustrade und die durch Rundbögen und Dreiecksgiebel bekrönten Fenster zeichnen den repräsentativen Hauptraum der Kanzlei aus. Es ist der Kongresssaal, in dem die wichtigsten Teilnehmer des Wiener Kongresses verhandeln.

Wien ist überfüllt von den Kongressteilnehmern und ihrem Gefolge. Alle sind gekommen. Die drei Monarchen des Bündnisses von 1813 sind anwesend: Zar Alexander I. von Russland, ein Mann, der zu Gott gefunden hat und sich als Erlöser Europas von den revolutionären Strömungen sieht; König Friedrich Wilhelm III. von Preußen, der einem neuen Deutschen Bund vorstehen will und Russland dankbar ist, weil ohne das Bündnis mit ihm die Befreiung Preußens von Napoleon nicht gelungen wäre; Franz I. Kaiser von Österreich, der ebenfalls eine Führungsrolle im Deutschen Bund beansprucht und die Vormacht Preußens verhindern will, wobei er zugleich Angst vor einem zu starken Russland hat. Die Verhandlung führen fähige Politiker, von denen insbesondere der österreichische Staatskanzler Fürst von Metternich, desen Dienstsitz die Staatskanzlei ist, die Ergebnisse der Verhandlungen prägt. Ebenfalls anwesend ist Frankreich, repräsentiert durch Talleyrand. Als Vertreter der besiegten Macht hat er weniger Einfluss, kann aber für Frankreich die Grenzen von 1792 sichern. Dass Frankreich überhaupt teilnehmen darf, ist dem Bemühen der Großmächte um ein Gleichgewicht in Europa zu verdanken. Dies dürfte auch der Grund sein, warum Napoleon in Leipzig durch Österreich der Abzug ermöglicht wurde. Ohne Frankreich gäbe es auf dem Kontinent kein Gegengewicht zu Russland. Auch für Großbritannien, den großen Gewinner des Krieges – es hat große niederländische und französische Kolonien an sich gebracht –, ist das europäische Gleichgewicht ein Hauptanliegen, ein zweites ist die Abschaffung des Sklavenhandels, die mit der Kongressakte beschlossen wird.

Für die Sicherung des europäischen Gleichgewichts ist die Gestaltung des Deutschen Bundes entscheidend. Auf dem Gebiet des Reiches herrscht Chaos. Napoleon hat Fürsten entmachtet, Könige eingesetzt, das komplett neue Königreich Westphalen gegründet. Die Bevölkerung ist aufgewühlt. Einige fordern einen deutschen Nationalstaat. Viele sind im Rahmen ihres Territoriums patriotisch, und manche erhoffen sich mehr bürgerliche Rechte. Vor allem aber fehlt der Überbau, der mit der Niederlegung der Krone durch Franz 1806 zusammenbricht. Große Bestrebungen scheitern am Gegeneinander von Preußen und Österreich. Am Ende bleibt ein lockerer Staatenbund ohne Staatsoberhaupt, Regierung oder Volksvertretung. Das einzige Organ des Deutschen Bundes wird die Bundesversammlung in Frankfurt am Main, in der Österreich den Vorsitz führt. 35 Fürstentümer und vier Freie Städte unterzeichnen die Deutsche Bundesakte, die Teil der Kongressakte ist.

Die Neuordnung Europas ist von der Idee der Restauration, der Wiederherstellung der Vorkriegszustände, geprägt. Auch die Macht der Monarchie wird wiederhergestellt. Die Monarchen versprechen einander mit der im September gegründeten »Heiligen Allianz« gegenseitigen Schutz vor revolutionären Volksbewegungen.

Im Deutschen Bund hält die Ruhe nach dem Kongress bis 1830, in Europa kehrt für einige Jahrzehnte Frieden ein. Durch das neue Gleichgewicht und die Kooperation im Rahmen einer gemeinsamen Friedensordnung – das »Konzert der Mächte«, wie es genannt wird – können die Krisen überwunden werden. Doch langfristig hat dieser Frieden nicht gehalten. Als der österreich-ungarische Thronfolger 1914 in Sarajevo erschossen wird, gelingt es dem Konzert der Mächte nicht, den Ausbruch des Ersten Weltkrieges (→ 76) zu verhindern. Stattdessen trägt der in der Staatskanzlei amtierende Außenminister dem österreichischen Kaiser die Kriegserklärung an Serbien an.

Inzwischen weht am Ballhausplatz 2 die europäische Flagge. Es herrscht Frieden unter den Mitgliedern der Europäischen Union (→ 99), auch wenn es manchmal Misstöne gibt.

67

Das Hambacher
Schloss

Ein Fest der Hoffnung

BAUZEIT: 12.–14. Jahrhundert

Wie ein gewaltiger Steinblock thront das Hambacher Schloss auf
einem Bergkegel am Rand des Pfälzer Waldes. Einst befand sich dort
als Vorgängerbau eine salische Burg, die an einen Speyerer Bischof
ging. Die Burg war bei den Bischöfen von Speyer stets beliebt, sie
hielten sich, wie die Urkunden belegen, häufig hier auf. Irgendwann
zwischen dem 12. und dem 13. Jahrhundert wurde sie ausgebaut. Ein
kastenartiger Palas entstand, der noch immer das Aussehen des Hambacher Schlosses prägt.

Es ist ein erstaunlich hoher Bau. Von hier aus war das Land hinter
den drei Ringmauern bestens zu überwachen. Die äußere Ringmauer
ist noch weitgehend erhalten, und auch von der inneren Mauer sind
noch Abschnitte vorhanden. Die ersten beiden Geschosse des Schlosses weisen die ursprünglichen Buckelquader auf. Die weiten Spitzbogenfenster wurden nach mehreren Angriffen im Jahre 1560 eingefügt. Im Pfälzischen Erbfolgekrieg 1668/89 wurde die Burg schließlich
derart zerstört, dass sie als Ruine zurückblieb. Diesen Eindruck vermittelt sie noch immer, auch wenn sie nach dem Zweiten Weltkrieg zu
einem Museum und Veranstaltungsort ausgebaut wurde. Der eckige
Turm blickt mit schmalen Fensterschlitzen gen Westen. Einst waren
dort die Aborte untergebracht. Heute dient er als Aussichtsplattform,
auf der die deutsche Flagge im Wind flattert.

Zum ersten Mal weht im Jahre 1832 eine Fahne in den Farben
Schwarz-Rot-Gold auf dem Turm. Die Ruine ist damals ein beliebtes

NEUZEIT

Ausflugsziel, doch am 27. Mai sind nicht nur Einzelne unterwegs, sondern es ziehen zwischen 20 000 und 30 000 Männer, Frauen und Kinder aus allen Richtungen in die 6000 Seelenstadt Neustadt am Rhein, von wo aus am nächsten Tag der Festzug zum Schloss startet. Die Herbeigeströmten folgen einer Einladung, die einen Monat zuvor in vielen liberalen Zeitungen im Deutschen Bund und sogar über seine Grenzen hinaus erschienen war. Die ersten Sätze der Einladung machen deutlich, worum es bei dem Hambacher Fest geht: »Völker bereiten Feste des Dankes und der Freude beim Eintritte heilvoller großer Ereignisse ... Zu solcher Feier ist auch jetzt kein Anlass vorhanden, für den Deutschen liegen die großen Ereignisse noch im Keim; will er ein Fest begehen, so ist es ein Fest der Hoffnung. Nicht gilt es dem Errungenen, sondern dem zu Erringenden, nicht dem ruhmvollen Sieg, sondern ... dem Kampfe für Abschüttelung innerer und äußerer Gewalt, für Erstrebung gesetzlicher Freiheit und deutscher Nationalwürde.« Es geht also darum, etwas in Bewegung zu setzen. Es soll nicht das »Errungene« gefeiert werden, sondern das, was erst noch – auch durch das Fest – errungen werden muss, nämlich die bürgerliche Freiheit und die nationale Einheit.

Die Vorgeschichte beginnt mit dem erneuten Aufflammen der Revolution in Frankreich. In der Juli-Revolution von 1830 wird der letzte Bourbone entthront. Sein Nachfolger Louis Philippe I., der Bürgerkönig, erhält die Krone aus den Händen des Parlaments. Der Funke springt über. In den Niederlanden und in dem nun russischen Kongresspolen kommt es zu Unruhen. In Polen werden sie niedergeschlagen, und viele Bürgerinnen und Bürger verlassen das Land in Richtung Frankreich. Auch in Bayern ist der Funke zu spüren. Der bayerische König reagiert darauf mit einer stärkeren Pressezensur, die er allerdings auf Druck der Kammer zurücknehmen muss.

Die Idee, am Jahrestag der bayerischen Verfassung ein Fest am Hambacher Schloss zu feiern, stammt von einem Konservativen. Der Pressverein, der die Umgehung der Zensur zum Ziel hat, greift diese Idee auf, setzt das Fest aber für einen Tag später an, um nicht das ungenügend Errungende zu feiern. Das Fest wird zunächst durch die

Obrigkeit verboten. Durch den Streit um das Verbot erhält es jedoch zusätzliche Popularität. Es soll, da die öffentliche Meinungsbildung durch die Zensur eingeschränkt ist, als Forum für den Gedankenaustausch dienen. Nicht nur »Männer und Jünglinge« sind eingeladen, sondern auch Frauen, »deren politische Missachtung in der europäischen Ordnung ein Fehler und ein Flecken ist«.

Mit dem Fest werden die Farben Schwarz-Rot-Gold, wenngleich noch nicht in fester Reihenfolge, zum Symbol des Wunsches nach einem deutschen Nationalstaat. Sie kommen schon 1815 bei der Urburschenschaft vor, die bei der Suche nach den deutschen Farben auf die Uniformfarben eines Freiwilligenkorps der Befreiungskriege gestoßen ist, auf die des Lützowschen Freikorps. Diese trugen schwarze Uniformen mit roten Vorstößen und goldfarbenden Knöpfen.

Beim Festzug in Richtung des Hambacher Schlosses werden unzählige Fahnen mit diesen Farben geschwungen. Die Menschen tragen sie außerdem als Kokarden und Schärpen. Doch die Forderung der Gäste, die zum Teil von weither angereist sind, ist keine nach einer nationalen Absonderung. Es ist vielmehr eine nach einer europäischen Gemeinschaft, die durch das gemeinsame Streben nach Freiheit verbunden ist. Darum werden auch in Erinnerung an die Aufstände in Polen die polnischen Farben Rot und Weiß gehisst. Als Reaktion auf das Hambacher Fest wird die Zensur verschärft, und der Bundestag schränkt die Gültigkeit der Verfassungen ein.

Nicht ganz hundert Jahre später wird Schwarz-Rot-Gold zu den Farben der ersten deutschen Republik, der Weimarer Republik. Diese Farben sind so stark mit dem Ideal der Republik und der Freiheit verbunden, dass die Nationalsozialisten sie nicht nutzen, sondern auf die Farben des Nationalstaats von 1871 zurückgreifen: Schwarz und Weiß für Preußen und Rot für die Hansestädte.

Am Hambacher Schloss weht heute neben der an die erste deutsche Republik anknüpfenden deutschen auch die europäische Flagge. Wie einst zeigt die Beflaggung das Streben nach Freiheit in internationaler Gemeinschaft.

NEUZEIT

68

Der Kölner Dom

Ein Jahrhunderte dauerndes Bauprojekt

**BAUZEIT: ab 1248,
LETZTE BAUPHASE: 1842–1880**

Der Kölner Dom ist eines der bedeutendsten gotischen Bauwerke in Deutschland und ein Hauptwerk der Neogotik. Schon allein die Grundfläche mit 145 m Länge und 86 m Breite ist beeindruckend. Hinzu kommt die Höhe: Der Nordturm ragt 157,38 m auf – acht Zentimeter höher als der Südturm – und ist nach seiner Fertigstellung 1880 zehn Jahre lang der höchste Kirchturm der Welt – dann bricht der Ulmer Kirchturm 1890 den Rekord mit 161 m. Die Basilika hat je zwei Seitenschiffe auf beiden Seiten des Mittelschiffs, und wenn man die Flächen aller Glasfenster addiert, ergibt dies die Größe von ungefähr zwei Fussballfeldern.

1248 wird mit dem Dombau begonnen. Der Vorgängerbau wird nicht ganz abgerissen. Sein Langhaus wird, wie meist üblich, weiter benutzt, während der Neubau mit dem Chor anfängt. Es ist eine aufwendige Arbeit. Die vielen fein gemeißelten Schmucksteine auf den Strebepfeilern brauchen Zeit; wenn heute beispielsweise ein zwei Meter hoher Wasserspeier ersetzt werden muss, braucht ein Steinmetz dafür sechs Monate. 1304 ist der Chor so weit fertig, dass eine Mauer gebaut werden kann, die ihn im Westen abschließt. Sie wird erst 1863 wieder entfernt. Nun können die Pilgerscharen kommen, die am Dreikönigenschrein beten wollen. Die Zeitgenossen sind begeistert. Petrarca etwa lobt: »Ich sah inmitten der Stadt die ... wiewohl unvollendete Domkirche, die man nicht ohne Grund die allerherrlichste nennt.«

Als Nächstes werden die südlichen Seitenschiffe in Angriff genommen. Bis zur Höhe der Kapitelle bauen sie, dann schließen die Bauleute mit einem provisorischen Dach den Bauteil. 1357 beginnen sie mit dem Südturm. Sie erreichen 58 m Höhe – das ist etwas höher als die großen Maßwerkfenster über der Portalzone. Ein Baukran wird irgendwann Mitte des 15. Jahrhunderts auf den Stumpf des Südturms gestellt. Die Kölner Bevölkerung ist stolz, einen der größten Kräne ihrer Zeit zu besitzen, auch wenn er sich Jahrhunderte lang nutzlos im Wind drehen soll. Derweil ist das einzige Portal mit mittelalterlichen Bauskulpturen fertig geworden. Es ist das Petersportal unter dem Südturm rechts. Der Nordturm wächst nur 22 m nach oben, bevor die knappen Finanzen und das wachsende Desinteresse an der Gotik den Bau immer mehr ins Stocken geraten lässt. 1528 sind die letzten Baumaßnahmen verzeichnet. Dann ruhen Hammer und Meißel abgesehen von einigen Reparatur- und Verschönerungsarbeiten ganz.

1794 besetzt die französische Armee die Stadt, schließt den Dom für Gottesdienste und zweckentfremdet ihn als Korn- und Futterlager. 1797/98 wird die komplette hölzerne Einrichtung des Lang- und Querhauses verfeuert. Auf einmal entwickelt sich in der Bevölkerung eine neue Begeisterung für den Kölner Dom und insbesondere für den gotischen Stil. Getragen wird sie von einer Welle der Romantisierung des Mittelalters und insbesondere der Gotik. Die ersten Stimmen fordern die Fertigstellung des Doms.

1814 werden in Darmstadt und in Paris die beiden Teile des großen Westfassadenplans wiedergefunden, die während der Besatzungszeit verschwunden waren. Der riesige, auf Pergament gezeichnete Plan ist 4,05 m lang und ist heute in einer der Chorkapellen zu sehen. Er bildet die Grundlage für den Neubeginn der Bauarbeiten am Dom im Jahre 1842. Karl Friedrich Schinkel, der durch zahlreiche klassizistische Bauten in Berlin berühmt geworden ist, aber auch im Stil der Neogotik baut, erstellt ein Konzept für den Weiterbau, und der preußische König erklärt sich zur Übernahme der Kosten bereit. Dennoch verläuft der Anfang schleppend. Dies ändert sich erst mit dem Thronfolger Friedrich Wilhelm IV. Er genehmigt die Gründung eines Zentraldombauvereins, der bis heute besteht. Im Frühjahr 1842 wird der Verein mit enormem Zuspruch gegründet. Er zählt sogleich 4832 Mitglieder, die Geld für den Bau spenden und sammeln. Zudem werden in den ersten Jahren deutschlandweit und sogar in Paris weitere Hilfsvereine gegründet, die erstaunlich hohe Summen auftreiben. Der Zentraldombauverein spricht einen elitären Kreis an. Allein der Mitgliedsbeitrag kostet schon einen Taler – ein Steinmetz verdient zu der Zeit um die 200 Taler im Jahr –, und die meisten Veranstaltungen des Vereins finden tagsüber in der Woche statt, wodurch viele keine Möglichkeit der Teilnahme haben.

Für den König ist die Vollendung des Kölner Doms eine wichtige nationale Aufgabe. In seiner Rede bei der Grundsteinlegung des Weiterbaus am 4. September 1842 beschwört er mit viel Pathos die Einigkeit der deutschen »Fürsten und Völker«. Die Mitglieder des Vereins hoffen, durch den Weiterbau Gäste in die Stadt zu locken. Die gesamte Oberschicht der Region ist in den Verein eingetreten, der eine wunderbare Möglichkeit zur Selbstdarstellung bietet, etwa durch die Glasfenster des Künstlers Michael Welter, die sich heute teilweise im Nordquerhaus befinden. Unter den Heiligenfiguren sind die Wappen der Spenderinnen und Spender zu sehen. Und wer als Bürgerlicher kein Familienwappen besitzt, sucht sich nicht durch die Herkunft, sondern durch die eigene Leistung zu profilieren. So sind auf dem Wappen eines Telegrafen- und Stromkabelherstellers Blitze zu sehen, die Elektrizität symbolisieren.

1880 wird der Dom schließlich offiziell vollendet und geweiht. Doch fertig ist der Dom noch immer nicht. Das hat sich bis heute nicht geändert. Etwa 90 Personen arbeiten nach wie vor in der Dombauhütte. Sie haben noch auf Jahre hinaus zu tun, und wenn sie fertig sind, werden sie wohl von vorn anfangen, denn die Steine sind für Zersetzungsprozesse anfällig. Vielleicht ist das ein Glück, schließlich heißt es im Volksmund: »Wenn der Dom fertig ist, geht die Welt unter.«

NEUZEIT

69

Das Zeughaus
in Berlin

Der Sturm auf das Zeughaus
und die Revolution 1848/49

BAUZEIT: 1695–1729

Ein Gebäude, das mit jeder Skulptur die Waffenkunst ehrt, das Kriegen – zumindest den siegreich beendeten – huldigt und Krieg und Frieden als gleichwertig nebeneinanderstellt, scheint im 21. Jahrhundert nicht mehr denkbar. Ganz anders sahen dies die Bauherren der vergangenen Zeiten. Krieg war für sie ein akzeptables Mittel der Politik. Erst 1928 ächten im Pariser Vertrag, auch Kellogg-Briand-Pakt genannt, elf Nationen, darunter die Weimarer Republik, den Krieg als politisches Werkzeug.

Baulich manifestiert sich die positive Haltung zum Krieg in den Zeughäusern, die seit dem Spätmittelalter errichtet wurden, wobei mit Zeug die Waffen gemeint waren. Zeughäuser waren also Waffen- und Trophäenlager.

Kurfürst Friedrich III., der spätere König, lässt ab 1695 ein prächtiges Zeughaus direkt am Boulevard Unter den Linden erbauen. Es ist eine monumentale Vierflügelanlage mit Binnenhof. An der Fassade zu den Linden liegt das Hauptportal. Zu dessen Seiten stehen jeweils zwei weibliche Allegorien der für die Kriegskunst wichtigen Wissenschaften: Feuerwerkskunst und Geometrie links, rechts Arithmetik und Ingenieurskunst. In der rundbogigen Portalnische über der Tür flankieren zwei Adler das Portrait Friedrichs. Zwei weibliche Figuren mit Flügeln ruhen links und rechts auf dem Rundbogen und halten mit sachten Fingern die Kartusche, auf der eine Krone ruht: 1701 wird Friedrich zum König in Preußen gekrönt. In der anderen Hand hält die

eine weibliche Gestalt einen vergoldeten Palmzweig, das Symbol für
Frieden; die andere umfasst eine Posaune, mit der zur Schlacht gerufen wird. Im Giebelrelief unterweist Minerva, die römische Göttin der
Kriegskunst, Jünglinge im Kriegshandwerk. Auf der Dachbalustrade
zu beiden Seiten des Giebels wird der Beleg für die Kriegskunst des
Königs und seiner Soldaten erbracht: Kanonen, straußartige Bündel
und vollplastische leere Rüstungen mit Helm sind zu sehen. Rüstungen, Helme und Banner sind seit alters her eine wichtige Kriegsbeute,
die den Sieg über den Gegner bezeugen. Auch die Helme über den
Fenstern der Sockelfassade symbolisieren Trophäen. Sie sind einen
genauen Blick wert, denn zwischen den Federn der Helme schauen
phantastische Figuren hervor.

Nicht immer richtet sich die Streitmacht von Fürsten und König
nach außen. So werden etwa 1830 national-liberale Proteste mit
Waffengewalt unterdrückt. Dem Volk ist dies bewusst, als 1848 von
Frankreich ausgehend, wo die zweite französische Republik entsteht,
erneut Unruhen im Bund ausbrechen. Im Februar stellt eine Volksver-
sammlung in Mannheim die *Märzforderungen* auf: die Einberufung einer Nationalversammlung, Rede-, Presse- und Versammlungsfreiheit,
unabhängige Schwurgerichte, die politische Gleichberechtigung aller
Staatsbürger, ein Verfassungseid des Heeres und die allgemeine Volks-
bewaffnung. Schnell werden diese Forderungen in allen Teilen des
Bundes laut. In Berlin kommt es zu schweren Barrikadenkämpfen, die
König Friedrich Wilhelm IV. schließlich zwingen, die Märzforderungen anzuerkennen.

Am 1. Mai erfolgt die Wahl eines preußischen Nationalparlaments,
für das alle Männer über 24, die länger als sechs Monate in Preußen
wohnen und keine Armenunterstützung beziehen, wahlberechtigt
sind. Gleichzeitig finden Wahlen zur Frankfurter Nationalversammlung, der Paulskirchenversammlung statt. Auch hier sind nur Männer
wahlberechtigt, die »selbstständig« sind. Wie dieses Wort zu deuten
ist, wird den Bundesstaaten selbst überlassen; in einigen Staaten durften zum Beispiel Arbeiter nicht wählen. Doch trotz der Wahlen kehrt
in Preußen keine Ruhe ein. Argwöhnisch betrachtet die Bevölkerung

in Berlin die Soldaten des Königs und die neu aufgestellten Bürgerwehren. Denn ähnlich wie beim Wahlrecht steht der Zugang nicht
allen offen, da die Angehörigen der Bürgerwehren ihre Ausrüstung
selbst finanzieren müssen – von einem Arbeitergehalt ist das nicht
möglich. Als Mitte Mai Waffentransporte vom Zeughaus beobachtet
werden, vermehrt sich die Angst vor einer militärischen Niederschla-
gung der Revolution.

Die Situation spitzt sich zu. Aufgebracht zieht am 14. Juni eine
Menschenmenge zum Zeughaus, das Tag und Nacht bewacht wird. Sie
fordert die Herausgabe von Waffen und stürmt das Gebäude. Das Mili-
tär muss sich zurückziehen. Doch die erbeuteten Waffen sind in den
Händen des Volkes nutzlos. Die Technik der Gewehre ist ihm unver-
traut, zudem konnte keine Munition erbeutet werden. Entgegen der
Vorhersage von Karl Marx und Friedrich Engels, dass die Ereignisse
den Anfang einer zweiten Revolution bedeuten, zeichnet sich bald ihr
Scheitern ab. Friedrich Wilhelm IV. gibt seine kompromissbereite Haltung auf. Als er im März 1849 die Kaiserkrone durch die Frankfurter
Nationalversammlung angetragen bekommt, lehnt er diese mit den
Worten ab, sie trage den »Ludergeruch der Revolution«. Die Gründung
eines Nationalstaats auf parlamentarischem Wege ist gescheitert.

Der Sturm auf das Zeughaus in Berlin und an vielen anderen zentralen Orten zeigt den Herrschern, dass Waffenlager inmitten der Stadt
in Zeiten, in denen das eigene Volk aufbegehrt, nicht sinnvoll sind.
Vielerorts werden sie darum an den Stadtrand verlegt. Das gilt auch
für das Zeughaus in Berlin, das vom Waffenlager zum Museum wird.

Heute beherbergt es das Deutsche Historische Museum. An Kriege
wird dort immer noch erinnert. Doch geht es nicht mehr um ihre Ver-
herrlichung. Vielmehr steht die kritische Vermittlung von Geschichte
und ihren kriegerischen Ereignissen im Vordergrund. Ganz fremd war
allerdings auch den barocken Baumeistern das mit den Kriegen verbundene Leid nicht. Die Gesichtsmasken von sterbenden Kriegern im
Binnenhof – ein Hauptwerk von Andreas Schlüter – zeugen eindrucksvoll davon.

NEUZEIT

70

Die Zeche Carl
in Essen-Altenessen

*Ein Bauwerk im Zeichen
der Industrialisierung*

BAUZEIT: 1856–1861

»CARL.« prangt mit großen Lettern an dem massiven Backsteinturm. Drei Geschosse hoch, mit flachem, von unten verdecktem Dach steht der rechteckige Turm zwischen zwei kleineren Bauten. Ein dritter Anbau befand sich einst auf der Rückseite. Der Industriebau wirkt sachlich und ist schlicht gegliedert. Lisenen teilen die Fassade in drei Achsen. Diese vertikale Gliederung ist eindrücklicher als die schmalen horizontalen Bänder, die den Turm mit den beiden Anbauten verbinden. Seine Schnörkellosigkeit unterstreicht die Standfestigkeit des Gebäudes, das mit seinen mehreren Metern dicken Mauern zwar nicht uneinnehmbar, aber doch unumstößlich sein soll.

Den Eindruck von Kraft und Stärke vermittelt auch der Name dieses Bautyps, der ihm erst vom Volksmund, dann auch in der Fachliteratur gegeben wurde: Malakowturm. Der Name geht auf den Krimkrieg 1853–1856 zurück. Es war der erste Krieg zwischen den Mächten des Wiener Kongresses und begann als russisch-türkischer Krieg, bis sich Frankreich und Großbritannien auf der Seite des Osmanischen Reiches einschalteten, um die Expansion Russlands zu verhindern. Damals versuchten französische Truppen, das Fort Malakow vor Sewastopol zu erobern. Der mächtige Turm des Forts konnte aber erst nach langer Belagerung eingenommen werden. Die Kriegsberichterstattung machte den Turm schnell in Europa bekannt, und der Name Malakow wurde zum Synonym für Stärke und Standfestigkeit.

Beides benötigte der 1861 in Betrieb genommene Turm über dem

NEUZEIT

Schacht. 281,1 m wurde der Schacht in die Tiefe getrieben; später wurde sogar eine zweite Sohle in 570 m Tiefe angelegt. Die abgebaute Steinkohle musste durch den Schacht nach oben gebracht werden. Dazu wurde ein Förderkorb an ein Seil gehängt. Die komplette Last der Förderung hing dabei an den starken Mauern des Turmes.

Nicht nur die Kohle wurde durch den Schacht gefördert, auch die Bergleute nutzten diesen Weg. In den früheren Zechen verwendeten sie Leitern zum Ein- und Ausstieg, auch Fahrten genannt. Die Einfahrt über die Leitern dauerte bei einer Tiefe von 250 Metern etwa 30 Minuten, die Ausfahrt doppelt so lange. In der Zeche Carl nutzten die Kumpel für ihren Weg zunächst die Fahrkunst: Eine Dampfmaschine bewegte ein langes Gestänge im Schacht hinauf und wieder hinunter. Mit ihm konnte der Bergmann auf einem schmalen Tritt am Gestänge den Weg über mehrere Plattformen im Schacht zurücklegen. Zwei Jahre nach der Inbetriebnahme wurde in Essen die Fahrt in Förderkörben erlaubt. Jetzt erreichte ein Kumpel 250 Meter Tiefe in wenigen Minuten. Der Raum im Schacht und die Dampfmaschine konnten nun außerdem auch für die Förderung der Kohle genutzt werden. Die Zeche Carl erreichte dadurch eine Förderleistung von etwa 200 000 Tonnen im Jahr.

Kohle – insbesondere in ihrer veredelten Form als Koks – war der Brennstoff, der die Industrialisierung vorantrieb. Er befeuerte die Schmelzöfen der Stahlindustrie, lieferte die Energie für die Dampflokomotiven und trieb die Dampfmaschinen an. Die Entwicklung der Dampfmaschine war neben der industriellen Spinnmaschine die Initialerfindung der Industriellen Revolution und eng mit dem Bergbau verbunden. Eine der größten Schwierigkeiten beim Kohleabbau in der Tiefe war das eindringende Grundwasser, das mühsam mit Eimern abgeschöpft werden musste. Thomas Newcomen suchte nach einer Alternative. 1712 entwickelte er die erste Dampfmaschine. Doch sie war noch nicht ausgereift. 1769 gelang James Watt der Durchbruch. Doch obwohl die Erfindung auch in Deutschland Aufmerksamkeit erregte, dauerte es hier, wo die Industrialisierung erst um 1830 einsetzte, noch mehrere Jahrzehnte, bis die Dampfmaschine Einzug hielt.

NEUZEIT

Die Industrialisierung veränderte Europa. Noch um 1800 war das Reich ein Agrarstaat. Danach lebten immer mehr Menschen mehr schlecht als recht von der Arbeit in den neu entstehenden Industriebetrieben. In Altenessen lockte das Bergwerk unzählige Menschen aus den ländlichen Gebieten an. Hatte das Örtchen vor der Inbetriebnahme der Zeche kaum 500 Einwohnerinnen und Einwohner, waren es 1915 bei der Eingemeindung in die Stadt Essen 50 000.

Das extreme Wachstum brachte Probleme mit sich. Zwar war die Zeche durch die Bahnstation Altenessen an der 1847 eröffneten Bahnstrecke Köln-Minden an die Infrastruktur angebunden, die sie zum Verkauf der Kohle brauchte, doch fehlte es im Ort selbst an Unterbringungs- und Versorgungsmöglichkeiten für die wachsende Einwohnerzahl. Der Besitzer des Bergwerks, der Kölner Bergwerks-Verein, baute deshalb 1868 die erste Siedlung für die Arbeiter und ihre Familien.

Der Bergbau war eine lebensgefährliche und deshalb vergleichsweise lukrative Beschäftigung. Doch durch den Zustrom von immer mehr Arbeitskräften sanken die Löhne, wodurch die Industrialisierung in weiten Kreisen zu einer Verelendung der Arbeiterschaft führte. In vielen Branchen reichte der Verdienst der Eltern zur Versorgung der Familie schließlich nicht mehr aus, wodurch auch die Kinder mitarbeiten mussten. Die Arbeit von Kindern unter 12 Jahren war zwar verboten und die von Kindern unter 14 Jahren zugunsten eines rudimentären Schulunterrichts eingeschränkt, doch umgingen viele Betriebe diese Regelung. Auch im Bergbau wurden Kinder angestellt, die beispielsweise Steine aus der Kohle klaubten. Erst im späten Kaiserreich änderte sich diese Situation mit dem Anstieg der Löhne für die Eltern.

In der Zeche Carl schuftet heute schon lange niemand mehr unter Tage. 1929 wurde die Kohleförderung hier aufgegeben, der Schacht aber als Wetterschacht zur Belüftung verbundener Zechen weiterbenutzt. Inzwischen ist er verfüllt. Die Zeche Carl ist nun ein Ort der Freizeit, und ein Kulturzentrum nutzt das Gelände.

NEUZEIT

71

Schloss Hohenschwangau

*Der unwillige König, der Kaiserbrief
und das Deutsche Reich*

BAUZEIT: dritte Bauphase 1832–1838

Ein weißer Schwan erhebt sich auf dem höchsten Dach des Schlosses Hohenschwangau, als wollte er sich gleich in die Lüfte heben. Er ist seit jeher der Namensgeber dieses Adelssitzes, der im 15. Jahrhundert als Burg Schwanstein bezeichnet wird. 1832 kauft der bayerische Kronprinz Maximilian das zur Ruine verkommene Bauwerk und lässt es umfassend wieder aufbauen.

Der gelbe, von zinnenbekrönten Türmen umgebene Baukörper ist eigenartigerweise an zwei Seiten gerade geführt, an den anderen beiden hingegen abgerundet. Dieser Grundriss mag auf die erste, dem Gelände angepasste mittelalterliche Burg zurückgehen. Erst im Lauf der Jahrhunderte wurde das Gelände durch Erdabtragungen und Aufschüttungen an das größer werdende Bauwerk angeglichen.

Am Turm im Osten prangt das bayerische Wappen mit seinen blau-weißen-Rauten auf dem gelben Putz des Schlosses. Blau-Weiß sind auch die Markisen an den Fenstern. Hinter den zwei Fenstern an der Nordostseite mit Balkon verbirgt sich das einstige Schlafzimmer des bayerischen Königs Ludwig II., dem Sohn Maximilians. In diesem Raum lag der junge, schüchterne König am 30. November 1870 im Bett und klagte über Zahnschmerzen, die so schlimm zu sein schienen, dass er seinen Gesandten Graf Holnstein nicht empfangen konnte. Holnstein war ohne Unterbrechung aus Versailles angereist, wo sich das Hauptquartier des gegen Frankreich Krieg führenden deutschen Heeres befand.

NEUZEIT

295

Es war nicht der erste Krieg der deutschen Territorien in den letzten Jahren. Zwei Einigungskriege waren ihm vorausgegangen. Der zweite, der Deutsche Krieg, war 1866 zwischen Preußen und Österreich ausgefochten worden. Vordergründig ging es dabei um die Herrschaft über die im ersten Einigungskrieg gegen Dänemark 1864 gesicherten Gebiete, entscheidender war aber die Konkurrenz zwischen den beiden Großmächten um die Vormachtstellung in Deutschland. Auf Seiten Österreichs traten die süddeutschen Länder in den Krieg ein, auf Seiten Preußens, das aus dem Deutschen Bund ausschied, die norddeutschen Territorien. Der Krieg endete mit der Niederlage Österreichs. Der Deutsche Bund erlosch, und aus dem Militärbündnis gegen Österreich ging 1867 der Norddeutsche Bund hervor, dem der preußische Ministerpräsident Bismarck als Kanzler vorstand.

Der dann bewusst provozierte Krieg gegen Frankreich bot Bismarck die Chance, auch die süddeutschen Länder zum Eintritt in den Bund zu bewegen und eine nationale Einheit herzustellen, denn auch die süddeutschen Länder, die sich in den vergangenen Jahren dem Bund angenähert hatten, griffen zu den Waffen. Das vereinte Heer war siegreich, weite Teile Frankreichs konnten eingenommen werden. Mit dem Erfolg wuchs das Nationalgefühl in den deutschen Landen. Sich einem Beitritt zum Norddeutschen Bund zu verweigern war für den bayerischen König angesichts der Stimmung in Bayern unmöglich. Dennoch versuchte er, den Beitritt hinauszuzögern und vor allem die »Kaiserfrage« auszusitzen.

Die Überlegung, ein erneuertes Kaiserreich zu schaffen, kursierte seit Monaten in den deutschen Landen. Als aussichtsreichster Kandidat für die Kaiserkrone galt, wie 1848, der Preußische König als Oberhaupt des größten Mitgliedsstaats. Doch das widerstrebte Ludwig II., obwohl er von immer mehr Seiten gedrängt wurde, dem Plan zuzustimmen. Mehr noch: Er sollte derjenige sein, der Wilhelm die Krone anbot, denn auch Wilhelm war von den Plänen nicht begeistert. Schließlich stimmte Ludwig zu. Seinem Bruder schrieb er: »Ich erlebte mittlerweile recht viel Trauriges! Selbst der bayerische, monarchische Bray [ein Gesandter Ludwigs] beschwor mich ... so bald als möglich jenem König die deutsche Kaiserkrone anzubieten, da sonst die anderen Fürsten oder gar der Reichstag es tun würden. Könnte Bayern allein, frei vom Bunde, stehen, dann wäre es gleichgültig, da dies aber geradezu eine politische Unmöglichkeit wäre, da Volk und Armee sich dagegenstemmen würde ... so ist es, so schauderhaft und entsetzlich es ... bleibt, ein Akt von politischer Klugheit.«

Nun musste Ludwig nur noch den »Kaiserbrief« verfassen. Holnstein, der seinen König kannte, bat Bismarck, den Brief vorzuformulieren, und reiste anschließend nach Bayern, um dann schnell mit dem unterschriebenen »Kaiserbrief« nach Versailles zurückzukehren. Doch Ludwig weigerte sich, den Grafen zu empfangen. Verärgert drohte dieser schließlich, ohne das Schriftstück nach Versailles aufzubrechen, was einem öffentlichen Wortbruch Ludwigs gleichgekommen wäre. Daraufhin erhob sich Ludwig doch noch aus seinem Bett und schrieb resigniert die Worte Bismarcks nur wenig verändert ab.

Wilhelm nahm den Brief missgelaunt zur Kenntnis. Erst als der Reichstag, der die Verfassung geändert hatte, um zum 1. Januar 1871 den Titel Deutsches Reich und als Oberhaupt des Reiches den Kaiser einzuführen, ihm gemeinsam mit den Fürsten die Krone anbietet, akzeptiert Wilhelm die Wahl, verlangt aber eine Bestätigung aller Fürsten. Wieder kann sich Ludwig lange nicht dazu entschließen, das geforderte Schreiben zu unterzeichnen. So kann der neue Kaiser nicht am 1. Januar ausgerufen werden, sondern erst am 18. Januar 1871. Der Ort des Geschehens ist der Spiegelsaal des Schloss von Versailles, denn immer noch herrscht Krieg, und dieser Akt ist vor allem ein Affront gegen Frankreich.

Ludwig stehen unterdes schwierige Jahre bevor. Das in der Nachbarschaft von Hohenschwangau gebaute Neuschwanstein kann er nicht mehr genießen. Am 13. Juni 1886 stirbt er unter mysteriösen Umständen. Er, dem Bismarck geschmeichelt hatte, er würde »als der stärkste und mächtigste bayerische König die deutsche Geschichte zieren«, geht als geisteskranker und verschwenderischer Herrscher in die Historie ein. Das Zimmer, in dem er den entscheidenden Brief unterschrieb, kann immer noch besichtigt werden.

NEUZEIT

72

Die Hamburger
Speicherstadt

*Die »zweite« Stadt, das Deutsche Reich
und die Zollgrenzen*

BAUZEIT: 1885–1888

Unter den Blicken von Tausenden ziehen Schiffe aller Art an den
Landungsbrücken der Hansestadt Hamburg vorbei. Vom Kutter über
Kreuzfahrtschiffe bis zu historischen Segelschiffen ist alles dabei. In
den Fleeten der Speicherstadt ist es etwas ruhiger. Hier tummeln sich
die Menschen auf den Brücken, in den Gassen und Straßen. Sie feiern
den Hafengeburtstag, ein großes Ereignis für die Hansestadt. Es erinnert an die Gründung des Hafens durch ein Privileg von Kaiser Friedrich I. Barbarossa, das auf den 7. Mai 1189 datiert ist. Die Kaufleute der
Stadt erhielten dadurch das Recht, ihre Waren zollfrei ein- und auszuführen und konnten so zu Reichtum gelangen. Die Speicherstadt
entstand zwar erst sieben Jahrhunderte später, doch verdankt sie ihre
Gründung diesem alten Privileg.

Die Fleete sind die Lebensader der Speicherstadt, an die sich die
hohen Speicher drängen. Brücken verbinden hier und da die Straßen
und Gassen zwischen den Speichern auf der gegenüberliegenden Seite
der Fleete. Nicht alle Blöcke gehören zum ursprünglichen Baubestand.
Einige sind Neubauten, die nach den schweren Zerstörungen während des Zweiten Weltkrieges wieder aufgebaut wurden. Doch noch
immer bildet die Speicherstadt eine Einheit. Vor rund 125 Jahren fuhren kleine Schuten vollbeladen mit Waren geschäftig durch die Fleete,
nun sind die Sitzreihen der modernen Boote mit Gästen aus aller Welt
gefüllt, die begeistert auf die Reihen der rot in der Sonne leuchtenden
Speicher schauen.

NEUZEIT

Ende des 19. Jahrhunderts verfügte Hamburg über den wichtigsten Seehafen und die zweithöchste Einwohnerzahl im jungen Deutschen Reich. Im preußischen Berlin strebte Reichskanzler Otto von Bismarck nach einem einheitlichen deutschen Zollgebiet, das ihm für die Reichseinheit noch fehlte. Die freie Stadt Hamburg jedoch versuchte, ihre ihr einst von Barbarossa verliehene Zollfreiheit unter allen Umständen zu wahren. Im 18. Jahrhundert hatte sie ihr Recht schon zweimal verteidigt – einmal 1839, als der Zollverein gegründet wurde, der die vielen unterschiedlichen Zollgrenzen und Zölle vereinfachte, dann wieder 1867, als der Norddeutsche Bund entstand. Widerwillig gehörte auch Hamburg zu den Mitgliedsstaaten. Den Hanseaten gelang es aber, ein wichtiges Zugeständnis zu erreichen: Die Hansestädte Lübeck, Bremen und Hamburg durften mit einem Freihafenbezirk außerhalb der Zollgrenzen des Bundes bleiben, »bis sie ihren Anschluss in dieselbe beantragen«. In Hamburg umfasste dieser Bezirk die gesamte Stadt, die keinerlei Interesse zeigte, den Anschluss zu beantragen.

Doch nun, acht Jahre nach der Reichsgründung, ist Bismarck fest entschlossen, sein Ziel zu erreichen. Lübeck ist dem Zollgebiet bereits beigetreten und mit einem vom Zoll befreiten Freilager belohnt worden. Bremen weigert sich bis zum Schluss und geht leer aus. Nach hitzigen Debatten in der Bürgerschaft entscheidet sich schließlich auch Hamburg für den Beitritt und erhält dafür die Genehmigung für einen begrenzten Freihafen. Berlin erklärt sich zudem bereit, den Bau zur Hälfte mitzutragen, ohne in das Bauprojekt einzugreifen. Das einzige Zugeständnis, das Hamburg im Gegenzug noch machen muss, ist, den Freihafen umgehend zu errichten, denn der Zollanschluss ist für 1888 – in nur sieben Jahren – geplant.

Der Erfolg bringt nun eigene Schwierigkeiten mit sich. Die Speicher der Handelshäuser liegen bisher im gesamten Stadtgebiet verstreut. Eine ausreichend große Freifläche in passender Lage gibt es nicht. Zwei Jahre lang wird debattiert und gestritten. Schließlich steht der Entschluss fest. Die Speicherstadt soll südlich der Innenstadt auf zwei eng bebauten Inseln entstehen. Fast 1000 Häuser werden dem Abriss preisgegeben. Wer nun einen lauten Protest und Aufregung über die

Stadtgrenzen hinweg erwartet, irrt. Die Bewohnerinnen und Bewohner der Inseln nehmen es gelassen hin, obwohl sie meist ohne Entschädigung ausgesiedelt werden.

Als der Bau der ersten Speicher beginnt, bleiben nur noch drei Jahre, um das Projekt zu realisieren. Prämien, Androhungen von hohen Vertragsstrafen und im Ruhrgebiet vorgefertigte Eisenstützen machen es möglich, bis zum Datum des Zollanschlusses immerhin 60 Prozent des Areals fertigzustellen – und das trotz Brandschutzmaßnahmen und vollständiger Elektrifizierung. Die übrigen Blöcke werden in den nächsten Jahrzehnten hochgezogen.

Aus welcher Zeit die Speicher auch stammen, durch ähnliche Geschosshöhen und eine einheitliche Gestaltung sowie die Verwendung von Backsteinen fügen sie sich harmonisch in das Ganze ein. Das hat seinen Grund: Die Bauten sollen ganz bewusst dem Charakter der mittelalterlichen Backsteingotik (→ 28) entsprechen, welche die Architektur der Hansestädte prägt, während eine Ähnlichkeit mit den an der Antike orientierten Bauten (→ 65) der Hauptstadt vermieden werden soll. Die Botschaft ist deutlich: Obwohl das Reich die Hälfte der Kosten trägt, ist der Freihafen weiterhin hanseatisch-hamburgisch.

Im Oktober 1888 fügt Kaiser Wilhelm II. feierlich den Schlussstein in die Brooksbrücke ein. Die Speicherstadt ist damit eröffnet. Die Brücke, die eigens für diesen feierlichen Akt entworfen worden ist, zieren auf der Nordseite zwei Figuren: *Hammonia*, neulateinisch für Hamburg, und *Germania* stehen vereint am Eingang zur Speicherstadt und strecken sich einvernehmlich die Hände entgegen. Die »zweite« Stadt hat ihren Platz im neuen Staatssystem gefunden.

Die Brücke wurde im Zweiten Weltkrieg zerstört, und die Speicherstadt hat ihre einstige Funktion verloren. Der Freihafen ist mit den Containerschiffen an eine andere Stelle verlegt worden. Doch Anlass zum Feiern hat die rot leuchtende Speicherstadt dennoch. Seit dem 5. Juli 2015 gehört sie als 40. Stätte in Deutschland zum UNESCO-Weltkulturerbe.

NEUZEIT

73

Der Frankfurter Hauptbahnhof

*Die Eisenbahn als Wegbereiter
der Industrialisierung*

BAUZEIT: 1883–1887

Am 18. August 1888 wird in Frankfurt der neue Zentralbahnhof eröffnet. Er ist der bisher größte Bahnhof Europas. Erstaunlicherweise findet das Ereignis wenig Aufmerksamkeit in der Presse, obwohl zuvor lange über das Ergebnis des ersten deutschen Architekturwettbewerbs, der für den Bau ausgeschrieben worden war, diskutiert wurde. Vielleicht liegt der Grund darin, dass 1888 ein aufregendes Jahr ist, in dem es viel zu berichten gibt. Im März stirbt Kaiser Wilhelm I. im Alter von 90 Jahren. Sein schwerkranker Thronfolger Friedrich III. sitzt gerade mal 99 Tage auf dem Thron, als auch er stirbt. Nun ist sein Sohn Wilhelm II. deutscher Kaiser, der letzte, den es geben wird. Im Dreikaiserjahr hält zudem Jack the Ripper die Welt in Atem, und in Paris wird der Eiffelturm für die kommende Weltausstellung gebaut.

Fast ein Jahr später findet sich eine kleine Notiz in der *Frankfurter Zeitung* über die Installation einer zentralen Figurengruppe: »Heute morgen vor 6 Uhr wurde ... die Atlas-Gruppe glücklich auf den Zentralbahnhof gezogen. Die ganze Arbeit dauerte 3/4 Stunden.« Kurz zuvor hatten die Verantwortlichen noch entschieden, die mehr als 4,5 Tonnen schwere Gruppe mit einem dritten Seil zu sichern, und so verlief das schwierige Vorhaben, die kupferne Atlas-Gruppe auf der höchsten Stelle der Fassade des Haupteingangs aufzustellen, reibungslos. Der muskulöse Atlas, der in der griechischen Mythologie die Himmelskugel trägt, geht unter dem Gewicht der Erdkugel auf seinen Schultern in die Knie. Zwei Jünglinge mit Zackenkronen springen dem Titanen bei. Es sind die Allegorien »Elektrizität« und »Dampf«. Während die Zuschreibung der rechten Figur als Dampf nur auf die Aussagen des Künstlers zurückgeht, trägt die linke in ihrer rechten Hand, die den Erdball schützt, ein Bündel Blitze. Sie sind die Attribute der Elektrizität. Die Atlasgruppe ist der krönende Abschluss eines durchdachten Skulpturenprogramms. Darunter, am Scheitelpunkt des Bogens, prangt der preußische Adler, und über dem mittleren Portal säumen zwei Frauengestalten die große Bahnhofsuhr. Es sind der wache Tag und die müde Nacht, die den gesenkten Kopf schlafend auf einen Arm stützt.

Der Bau des Hauptbahnhofs war nötig geworden, um das wachsende Verkehrsaufkommen dreier konkurrierender Bahngesellschaften aufzunehmen, die zuvor jeweils eigene Bahnhöfe hatten. Das führte nicht nur beim Transport der Truppen im Deutsch-Französischen Krieg 1870/71 zum Chaos. Der monumentale Bahnhofsbau ist Ende des 19. Jahrhunderts noch eine neue Bauaufgabe. Die erste Bahnstrecke der Welt wird 1825 in Großbritannien eröffnet. Gleich vierzig Kilometer legt die Dampflok des britischen Ingenieurs George Stephenson zurück. Von ihm stammt auch die Dampflok »Adler«, die zehn Jahre später auf der nur sechs Kilometer langen Strecke zwischen Nürnberg und Fürth verkehrt. Dennoch ist die versammelte Menschenmenge von der Dampflok mit ihren neun Wagen für etwa 200 Passagiere begeistert, die die Strecke auf der Jungfernfahrt am 7. Dezember 1835 in weniger als zehn Minuten zurücklegt. Poetisch berichtet das *Stuttgarter Morgenblatt*: »Die Wagen waren dicht aneinandergekettet und fingen an, sich langsam zu bewegen; bald aber wiederholten sich die Ausatmungen des Schlotes immer schneller, und die Wagen rollten dahin, dass sie in wenigen Augenblicken den Augen der Nachschauenden entschwunden waren.«

Zuvor hatte das Ober-Medizial-Kollegium gewarnt: »Die schnelle Bewegung muss bei den Reisenden unfehlbar eine Gehirnkrankheit, eine besondere Art des ›Delirium furiosum‹ erzeugen. Wollen aber dennoch Reisende dieser grässlichen Gefahr trotzen, so muss der Staat wenigsten die Zuschauer schützen, denn sonst verfallen diese

beim Anblick des schnell dahinfahrenden Dampfwagens genau der-
selben Gehirnkrankheit.« Doch derlei Bedenken verstummen schon
bald. Drei Jahre später, als auch in Frankfurt die erste Eisenbahn-
strecke gebaut wird, ist es schon die neunte im Bund, und 1885 umfasst das Streckennetz im Deutschen Kaiserreich bereits rund 40 000
Eisenbahnkilometer, mehr als im Mutterland der Lokomotive.

Die Geschwindigkeit der Adler von 24–30 km/h, bei Demonstrati-
onsfahrten ohne Last sogar 60 km/h, mag im 21. Jahrhundert langsam
erscheinen. Doch in der Zeit der Pferdekutschen war die Verdreifa-
chung der Geschwindigkeit durch die Dampflokomotive gewaltig. 1863
werden die parallel auf den Gleisen noch betriebenen Pferdekutschen
wegen der höheren Betriebskosten und der langsameren Fahrten so
auch eingestellt.

Nicht nur in Nürnberg werden Dampf- und Pferdeantrieb in der
Anfangszeit nebeneinander genutzt, und das Wort Eisenbahn bezieht
sich zu Beginn nur auf die eisernen Schienen und wird erst später mit
der Dampflokomotive und dem maschinellen Bahnbetrieb verbunden. Zu diesem Zeitpunkt hatte sich Goethes Hoffnung schon erfüllt,
der 1828 mit Blick auf die englischen Bahnen äußerte: »Mir ist nicht
bange, dass Deutschland nicht eins werde, unsere guten Chausseen
und künftigen Eisenbahnen werden schon das Ihrige tun.«

Im Frankfurt hat die Atlas-Gruppe ihren Posten im Jahr 2014 zum
ersten Mal verlassen. Die Last der durch moderne Verkehrsmittel verbundenen Erde ist Altas zwar nicht losgeworden, doch wurde das ver-
rostete Gestell im Inneren der Skulptur restauriert, die aus dem Zweiten Weltkrieg stammenden Einschusslöcher im Erdball verschlossen
und der im Laufe der Jahre angesammelte Schmutz entfernt. Als er,
seine Last und seine modernen Helfer schließlich zurück an ihren
Platz gehoben werden, geschieht dies wieder ohne Schwierigkeiten,
doch nun unter dem Jubel einer großen Menschenmenge.

NEUZEIT

74

Das Alte Warmbad
auf Juist

Wasser und Seife

BAUZEIT: 1899

1526 bemerkte Erasmus von Rotterdam: »Vor 25 Jahren gab es in Brabant nichts Modischeres als öffentliche Bäder, heute gibt es keine mehr, die neue Plage hat uns gelehrt, sie zu meiden.« Durch die Kreuzfahrer war die Sitte des warmen Badens aus dem Orient nach Europa gekommen. Adlige und Reiche bauten sich eigene, die einfachere Bevölkerung besuchte öffentliche Badehäuser. Doch dann wütete die Pest in Europa, und den Menschen war der Spaß am Baden vergangen. Wer konnte, verkroch sich hinter Schloss und Riegel. Wilde Theorien versuchten, die Pest zu erklären. Eine erklärte die Pest durch die Konstellation der Sterne. Eine andere ging von einem Missverhältnis der vier Körpersäfte aus, von denen schon Hippokrates sprach. Um ihr Gleichgewicht zu wahren, müsste verhindert werden, dass sie in großen Mengen aus dem Körpern austreten. Und wenn man durch Baden die Poren öffne, statt sie zu verschließen, geschehe genau das. Nichtwaschen sei deswegen ein guter Schutz gegen die Pest.

Als das Warmbad 1899 auf der Nordseeinsel Juist eröffnet wird, sind solche Ansichten längst überwunden, und es wird wieder gern gebadet. Es ist das zweite Badehaus auf der ostfriesischen Insel. Das erste wurde 1873 gebaut und bezog das Meerwasser aus dem Wattenmeer. Als der Tourismus zunimmt, wird ein zweites Badehaus gebaut. Es ist ein schlichtes Backsteingebäude mit zwei Stockwerken, einem Dachgeschoss und zwei flankierenden Anbauten. Große Fenster sorgen für Licht und Luft. Lisenen und Zackenbänder schmücken es un-

NEUZEIT

aufdringlich. Trotz seiner Schlichtheit hebt sich das Badehaus von den meisten Inselhäusern dieser Zeit durch seine reiche Gliederung ab.

An den Hauswänden prangt der Schriftzug »Warme Seebäder«. Das Seewasser hierfür stammt diesmal von der Nordseite statt aus dem Wattenmeer: Eine mit einer kleinen Dampfmaschine betriebene Pumpe befördert das Meerwasser ins Bad. Innen warten einzelne Kabinen mit Zubern auf die Gäste.

Diese Art des Badens gibt es schon seit gut hundert Jahren auf der östlichen Nachbarinsel Norderney. Sie wird 1797 zum ersten ostfriesischen Seebad ernannt. 250 Gäste kommen in der ersten Saison, etwa 70 Haushalte haben sich überzeugen lassen, Kurgäste aufzunehmen, und in vier Häusern werden Wannen für kalte und warme Seebäder installiert. Während sich die Gäste für die Wannenbäder entkleiden, bleiben sie beim Bad im Meer sittlich verhüllt. Mit Wagen, die sie vor den Blicken anderer schützen, fahren sie bis ans Wasser, wo sie sich in züchtigen Badeanzügen erfrischen.

In Großbritannien bestehen Seebäder schon seit dem frühen 18. Jahrhundert. Allerdings wird den Badenden dort kaltes Wasser zur Förderung der Vitalität angeraten, schließlich, so ein zeitgenössischer britischer Historiker, sei das antike Römische Reich untergegangen, weil die Römer zu häufig heiß gebadet hätten. Anders als in der Pestzeit gilt es nun als gesund, die Poren zu öffnen. Grausame Experimente mit Pferden, die von Kopf bis Fuß geteert wurden und daraufhin elendiglich zugrunde gingen, liefern den Beweis für die Schädlichkeit von verstopften Poren. Der Gesundheitsaspekt des Badens tritt allerdings schon bald hinter den anderen Amüsements, die die Seebäder zu bieten haben, zurück.

Mit Hygiene hat das therapeutische warme Seebad auf Juist allerdings weniger zu tun. Dazu gibt es im Kaiserreich inzwischen über Tausend öffentliche Badeanstalten, in denen günstigere Wannenbäder und Duschen bereitstehen. Der Hygiene dienen auch die Badezimmer, die in den vornehmen Privathäusern in den Großstädten Ende des 19. Jahrhunderts eingerichtet werden. Bescheidenere Varianten erhalten auch die neuen Miethäuser, die mit einem Anschluss an die

Kanalisation und mit Wasserklosets ausgestattet werden. Auf dem Land, wo es noch keine kommunale Wasserversorgung gibt, bleibt das Plumpsklo allerdings noch lange Standard.

Nachdem mit der Versorgung durch fließendes Wasser die Basis für das Waschen des Körpers geschaffen wurde, wächst in der Bevölkerung das Interesse an reinigenden Produkten. Der Dresdener Unternehmer Karl August Lingner reagiert auf das Bedürfnis, auch den Mund zu reinigen, der nun als Einfallstor für Krankheiten angesehen wird. Mit Werbeanzeigen macht er sein antibakterielles Mundwasser bekannt. Die Glaubwürdigkeit seines Produktes sichert er durch ein eigenes chemisches Labor, in dem Wissenschaftler die Wirkung überprüfen und verbessern. Der Erfolg des Mundwassers Odol ist so groß, dass Lingner 1911 das Dresdner Hygienemuseum stiften kann. Aus dem Unternehmer wird so der Volksaufklärer in Sachen Sauberkeit.

Neben Mundwasser erscheinen nun auch andere Hygieneprodukte in den Apotheken und Drogerien. Seife, die zuvor aus Schlachtabfällen und Asche meist selbst hergestellt und auch fürs Putzen eingesetzt wurde, wird nun feiner und mit Duftstoffen angereichert in Parfümerien verkauft. Eine andere Revolution auf dem Hygienemarkt des Kaiserreiches sind die aus England übernommenen Haarwaschmittel in Pulverform. 1904 beliefert ein Berliner Unternehmer erstmals die lokalen Drogerien damit, 1927 folgt das erste Flüssigshampoo. Auch die erste Zahnpasta aus der Tube entsteht Anfang des 20. Jahrhunderts. Sie hat Pfefferminzgeschmack. Körperpflege und Sauberkeit wird zum Statussymbol, das durch die Wohnbedingungen zu Beginn des neuen Jahrhunderts (→ 75) den Angestellten und Beamtenfamilien vorbehalten bleibt.

Die Menschen, die heute im Warmbad ein- und ausgehen, geben sich meist besonders viel Mühe mit ihrem Erscheinungsbild. Seit 1970 das Meerwasserhallenbad auf Juist eröffnet wurde, gibt es keine warmen Bäder mehr im Juister Badehaus. Es wurde umgewidmet und beherbergt nun das Standesamt – so strandnah, dass manches Brautpaar zwischen Trauung und Feier vielleicht ein Bad im Meer genießt.

NEUZEIT

75

Die Gartenstadt Hellerau in Dresden

Neues Wohnen

BAUZEIT: 1908–1914

Eine gekrümmte Straße, liebevoll gepflegte Gärten, Häuser in Orange-tönen mit grünen Fensterläden bestimmen den Eindruck von der ersten deutschen Gartenstadt. Die Bebauung besteht hauptsächlich aus Reihenhäusern. »Am Grünen Zipfel« liegen die Häuser mit den kleinsten Wohneinheiten. Sie sind auf Arbeiter mit kleinen Familien zugeschnitten. Die beiden Reihenhäuser rechts verfügen über 48 Quadratmeter Wohnfläche. Hier führt die Haustür in einen kleinen Flur. Geradeaus steigt die Treppe zum Obergeschoss hoch, während seitlich die Wohnstube mit dem Fenster zum Vorgarten und dahinter die offene Küche liegt. Eine kleine, von der Küche aus zu betretende Spül-küche schließt sich an. Von hier aus gelangt die Familie in den Keller, während das WC und der sich zu einem Nutzgarten hin öffnende Hinterausgang über einen kleinen Korridor zu erreichen ist. Das Obergeschoss ist in zwei Schlafzimmer eingeteilt, das erste, rückwärtige ist ein Durchgangszimmer. Das größere, das über einen Waschtisch verfügt, ist durch ein Fensterband mit vier schmalen Fenstern angenehm hell.

Das Eckhaus ist großzügiger gestaltet. Eine »gute Stube« ergänzt das Erdgeschoss, und jedes der beiden vergrößerten Schlafzimmer im Obergeschoss besitzt einen Waschtisch. Insgesamt gibt es sieben unterschiedlich große Grundrisse in der Häuserreihe. Der größte umfasst 85 Quadratmeter. Diese Unterschiedlichkeit wurde bewusst gewählt, um eine Durchmischung der Anwohnerschaft zu erreichen.

NEUZEIT

Geschwungene Gartenwege sollen zudem den Kontakt über den Gartenzaun fördern.

Licht, Luft und Sonne sind die Leitmotive der Gartenstadt, die idealistisch durch qualitativ hochwertigen Wohnraum bessere Menschen schaffen sollte. Das städtebauliche Konzept der Siedlung am Stadtrand mit Nutzgärten und einer begrenzten Einwohnerzahl stammt aus Großbritannien und lieferte eine Antwort auf die Wohnungsnot und die unmenschlichen Bedingungen, unter denen das Proletariat lebte. Hatte zu Beginn des 19. Jahrhunderts noch 80 Prozent der englischen Bevölkerung auf dem Land gelebt, war das Land-Stadt-Verhältnis gegen Ende des Jahrhunderts fast umgekehrt. In Deutschland setzte diese Umkehrung durch die verzögerte Industrialisierung entsprechend später ein. 1871 wohnte noch 64 Prozent der Bevölkerung außerhalb der Ballungsräume, 1919 waren es nur noch 37 Prozent. Zugleich stieg die Bevölkerungszahl wie in Großbritannien rapide an: von 24,5 Millionen im Jahre 1801 auf 64 Millionen im Jahre 1911. In der größten deutschen Stadt, Berlin, lebten nun im Durchschnitt 77 Personen in einem Mehrfamilienhaus. Auch in anderen Städten führte die Wertsteigerung der Baugrundstücke zu einer dichten und hohen Überbauung. Die Vorderhäuser wurden mit historisierenden Fassaden noch aufwendig gestaltet, die »Mietskasernen« der Hinterhöfe hingegen schmuck- und lieblos hochgezogen. Mehrköpfige Familien wohnten in engen Einzimmerwohnungen. Selbst Keller- und Dachgeschosse wurden vermietet. Hier hausten Tagelöhner und ungelernte Arbeiter. Wer sich selbst das nicht leisten konnte, mietete sich eine Schlafstätte. Doch ein eigenes Bett bedeutete dies für den Schlafburschen oder die Schlafmagd noch lange nicht, auch hier wurde das Bett geteilt. Die Hygiene war trotz der verbesserten Wasserversorgung entsprechend katastrophal. Angesichts dieser gravierenden Missstände wurde der soziale Wohnungsbau im frühen 20. Jahrhundert ein zentrales Thema.

Hellerau ist nicht nur eine Gartenstadt, sondern zugleich auch eine Werkssiedlung, die von dem Möbelfabrikanten Karl Schmidt-Hellerau ins Leben gerufen wurde. Der gelernte Tischler gründete 1898 die »Dresdner Werkstätten für Handwerkskunst«, eine kleine Tischlerei und Möbelfabrik. Die Künstler, die die Möbel entwarfen, wurden namentlich genannt und an den Gewinnen beteiligt – ein absolutes Novum. Mehrfach nahm Karl Schmidt-Hellerau an internationalen Ausstellungen teil und lernte bei dieser Gelegenheit auch den Architekten, Designer und Kunstprofessor Richard Riemerschmid kennen. 1907 war Schmidt-Hellerau an der Gründung des Deutschen Werkbundes (→ 81) beteiligt. Im selben Jahr fusionierte er mit den Münchner Werkstätten für Möbeleinrichtungen zu »Deutsche Werkstätten für Handwerkskunst«.

In Dresden sollte ein neues Fabrikgebäude mit angegliederter Wohnsiedlung für die Arbeiter der Fabrik errichtet werden. Acht Kilometer vom Stadtzentrum entfernt fand Schmidt-Hellerau einen geeigneten Bauplatz, ein 140 Hektar großes Gelände. Für die Wohnsiedlung legte Riemerschmid die ersten Baupläne vor, später kommen weitere Architekten hinzu. Ebenso wie die Wohnsiedlung folgten auch die neuen Werkstätten der Idee eines Lebens an Licht und Luft. Große Fenster sorgten für eine taghelle Atmosphäre und bildeten dadurch einen deutlichen Gegensatz zu den sonst überwiegend dunklen Fabrikgebäuden.

Obwohl Hellerau als Werksiedlung gegründet wurde, war die Abhängigkeit vom Fabrikanten gering. Zu ihrer Verwaltung wurde eine Gesellschaft gegründet, die eine vergleichsweise niedrige Miete für die Häuser Am Grünen Zipfel oder für die der leitenden Angestellten in anderen Straßenzügen verlangte. Auch konnte das Mietverhältnis nicht von Seiten der Verwaltungsgesellschaft gekündigt werden, und das Mietrecht ging auf die Erben über.

Inzwischen befinden sich viele Häuser in Privatbesitz. Doch nachdem das einstige Konzept in der zweiten Hälfte des 20. Jahrhunderts in Vergessenheit geraten war, ist nun ein wenig vom Geist der Gartenstadt zurückgekehrt. Selbst in das Festspielhaus, das einst die erzieherischen Ideale der Gartenstadtbewegung verdeutlichte und zu den jährlichen Festspielen von Frank Kafka, Oskar Kokoschka und anderen besucht wurde, ist, nachdem es im und nach dem Krieg als Kaserne, dann als Behörde genutzt wurde, wieder Kultur eingekehrt.

NEUZEIT

76

Die Hohenzollernbrücke
in Köln

Der Erste Weltkrieg

BAUZEIT: 1907–1911

Etwa 1200 Züge fahren täglich über die Hohenzollernbrücke in Köln. Mit 409 Metern Länge streckt sie sich elegant über den Rhein und liegt dabei genau auf der Achse des Domes. Nur zwei Pfeiler ragen aus dem Rhein und stützen die Brücke. Gelassen nehmen die stählernen Fachwerkbögen die Last der Konstruktion und des Verkehrs auf. Zu dritt aneinandergereiht, beugen sie sich über die unten liegende Fahrbahn. Jeder Bogen besteht aus drei nebeneinanderliegenden Bögen, die jeweils zwei Gleise überspannen. 1911 nahmen nur zwei Bögen Gleise auf, der dritte Brückenzug diente dem Straßenverkehr. Den gibt es heute nicht mehr auf der Hohenzollernbrücke, dafür flankieren Fuß- und Radwege die Zugtrassen.

Beim Wiederaufbau nach dem Zweiten Weltkrieg – die Wehrmacht hatte die Brücke 1945 selbst gesprengt, um den Alliierten den Einmarsch zu erschweren – wurde die aufwendige Zierarchitektur reduziert. Vor dem Krieg standen burgartige neoromanische Portale auf den Brückenköpfen, durch jeweils drei Tore fuhr der Verkehr auf die Brücke. Vor jeder Portalanlage wurden Reiterstatuen aufgestellt und über den Rheinpfeilern erhoben sich steinerne Türme. Beim Wiederaufbau wurde auf die Türme verzichtet, die Portalanlagen wurden zurückgebaut. Diese, wenngleich umstrittenen Maßnahmen galten 1959 als Bereinigung eines überladenen Bauwerks. Zudem führte die Bundesbahn Kostengründe an, und der Denkmalschutz befasste sich noch nicht mit Bauwerken des eigenen Jahrhunderts. Erhalten blie-

NEUZEIT

ben die vier Reiterstatuen der drei Kaiser des Deutschen Kaiserreiches sowie des preußischen Königs Friedrich Wilhelm IV. Alle stammten aus dem Hause Hohenzollern und gaben der Brücke ihren Namen.

Anfang des 20. Jahrhunderts stand hier noch die gerade mal ein halbes Jahrhundert alte Dombrücke, die erste feste Brücke an dieser Stelle. Täglich nutzten 466 Züge die zwei Gleise der alten Brücke – ein Nadelöhr. Der nötige Neubau mit vier Gleisen erfolgte ohne Unterbrechung der Verkehrsachse, und schon 1909 rollt der erste Zug über den ersten neuen Brückenzug.

Nach der Fertigstellung 1911 ist der Kölner Bahnhof, ein Knotenpunkt sowohl des deutschen als auch des europäischen Verkehrsnetzes, für den wachsenden Schienenverkehr besser gerüstet. 1914 rollt Wagon um Wagon mit unzähligen jungen Soldaten über die neue Brücke. Anfang August rattert gar alle zehn Minuten ein Truppentransport über den Rhein. Es geht Richtung Belgien in den Ersten Weltkrieg.

Warum rund einen Monat nach dem Attentat auf den österreichisch-ungarischen Thronfolger in Sarajevo vom 28. Juni 1914 ein Krieg ausbricht, dem rund neun Millionen Soldaten und sechs Millionen Zivilistinnen und Zivilisten zum Opfer fallen, wird heftig diskutiert. Das Bündnis zwischen Großbritannien, Frankreich und Russland, *Entente* genannt, bedroht Deutschland von mehreren Seiten, und ein europäisches Wettrüsten in den letzten Jahrzenten vor Kriegsbeginn hat zu weiterem Misstrauen geführt. Als Wilhelm II. am 4. August vor dem Deutschen Reichstag eine Rede über die aufgeloderten Feindseligkeiten hält, hat Deutschland bereits Russland am 1. August und Frankreich am 3. August den Krieg erklärt. Um Kriegshandlungen an zwei Fronten zu verhindern, plant die Heeresleitung schon länger, im Ernstfall Frankreich überraschend anzugreifen und zu besiegen, um dann die Soldaten nach Osten gegen die, wie die Heeresleitung glaubt, nur langsam anrückenden russischen Truppen zu schicken.

Mit Zügen werden die Soldaten möglichst weit nach Westen transportiert, um den sogenannten Schlieffen-Plan umzusetzen. Einer der Soldaten, Hauptmann Heinrich von Helldorff, schreibt am 10. August an seine Frau: »Es ist eine herrliche Reise. Wunderbares Wetter. Wir sitzen lange Strecken auf den Maschinengewehren, die auf den offenen Wagen stehen. Wie einer sagte: ›Man sieht nochmals alles, was man verteidigen soll‹ ... Enorme Begeisterung überall. Wenn Du noch dabei wärst, wäre es die schönste Reise, die ich je gemacht habe.« Zwei Tage später überquert sein Zug die Hohenzollernbrücke: »Wundervoll war die Fahrt über den Rhein bei Köln. Auf den Maschinengewehren sitzend, fuhren wir über die schöne neue Brücke, gerade auf den Dom zu.«

Noch sind alle zuversichtlich, dass der Krieg zu Weihnachten vorbei sein wird. Helldorff fällt am 11. November in Flandern. Seine Begeisterung hat sich inzwischen gelegt, doch bis zum Schluss ist er von der Notwendigkeit des Krieges überzeugt. Vier Jahre soll der Krieg noch dauern. Statt an zwei Fronten wird er auf drei Kontinenten – Europa, Afrika und Asien – und auf den Meeren ausgetragen. Schätzungsweise 60 Millionen Soldaten stehen weltweit im Laufe der viereinhalb Jahre unter Waffen, allein im Kaiserreich sind es zwölf Millionen Mann. Es ist ein elender, grausamer Krieg, in dem Maschinengewehre mit 450 Schuss pro Minute, Giftgas und aus weiter Entfernung herbeisausende Fluggeschosse den Soldaten den Tod bringen, während die Bevölkerung an der Heimatfront hungert. Es ist die »Urkatastrophe des 20. Jahrhunderts«, wie ein amerikanischer Historiker 1979 formuliert, zu deren Folgen auch der Zweite Weltkrieg gezählt wird (→ 80).

Wo einst kriegsbegeisterte junge Männer über den Rhein in das Elend der Schützengräben fuhren, hängen jetzt Zeichen der Liebe. Am Geländer der Brücke sind Zehntausende Vorhängeschlösser von Verliebten angebracht worden. Die Schlüssel landen als Symbol der Untrennbarkeit im Rhein. Dieser Trend begann in den 1990er Jahren. An der Pariser Pont des Arts ist im Sommer 2014 ein Geländer unter den Lasten der Liebesbeweise weggebrochen. Etwa 22 Tonnen wiegen die Schlösser an der Hohenzollernbrücke, aber im Vergleich zu den sonstigen Lasten der Brücke ist das gering. Die Symbole der Liebe dürfen daher hängen bleiben.

NEUZEIT

77

Das Gewerkschaftshaus
in Kiel

Vom Matrosenaufstand zur Revolution

BAUZEIT: 1904–1907

Das Gewerkschaftshaus in Kiel ist weder Festung noch Burg. Große Tore
und Türen öffnen sich im Erdgeschoss des dreigeschossigen Ziegel-
baus. Helle Putzflächen mit floralen Mustern setzen sich von dem Rot
der Ziegel ab. Geschwungene Giebel machen einen eher romantischen
Eindruck und strahlen Gemütlichkeit aus. Es ist nicht die Suche nach
einem uneinnehmbaren Ort, sondern wohl eher die Hoffnung auf
einen unsichtbaren Schutz, der die Matrosen von fünf Kriegsschiffen
am 1. November in die Räume des Gewerkschaftshauses führt. Sie sind
im Begriff zu meutern. Unter dem Schutz der politischen Öffentlichkeit der Gewerkschaftskreise sind sie vielleicht vor einer Verhaftung
sicher.

Im Frühjahr 1918 ist die Oberste Heeresleitung hoffnungsvoll.
Nach der Oktoberrevolution in Russland, einem Waffenstillstand und
schließlich einem Friedensschluss zu Gunsten des Kaiserreiches wurden die Soldaten von der Ostfront zur Verstärkung an die Westfront
beordert, wo nun die Mittelmächte (Deutsches Kaiserreich, Österreich
und Osmanisches Reich) zahlenmäßig überlegen sind. Eine letzte
Offensive beginnt. Doch nach anfänglichen Erfolgen der Mittelmächte
wendet sich das Blatt. Während nach dem Eintreffen amerikanischer
Truppen in Europa die Gegenseite über neue Kräfte verfügt, sind die
deutschen Soldaten erschöpft und kampfmüde. Manche begeben
sich bewusst in Kriegsgefangenschaft, um weiteren Einsätzen zu entkommen. Im August muss die Heeresleitung überrascht feststellen,

NEUZEIT

319

dass die lange gehaltenen Stellungen der Deutschen von der Entente (Frankreich und Großbritannien, mit entscheidender Unterstützung durch die USA) zurückgedrängt werden. Am 29. September 1918 verlangt die Oberste Heeresleitung angesichts der aussichtslosen militärischen Lage von der Reichsregierung, Waffenstillstandsverhandlungen aufzunehmen (→ 78).

Die deutsche Hochseeflotte, deren Aufrüstung viel zum gegenseitigen Misstrauen in Europa beigetragen hat, spielt im Kriegsverlauf bisher keine entscheidende Rolle. Während das Heer in den Materialschlachten die Hauptlast der Kriegshandlungen trägt – bei dem häufig stundenlangen Beschuss attackieren sich beide Seiten mit insgesamt mehr als 850 Millionen Schuss aus unterschiedlichen Geschützen –, liegt die Hochseeflotte meist untätig in deutschen Häfen vor Anker. Resignation und Verärgerung über unzureichende Versorgung und schlechte Behandlung greifen unter den Matrosen um sich.

Die Seekriegsleitung ist ebenfalls frustriert. Als die Vorverhandlungen zum Waffenstillstand beginnen, versucht sie mit allen Mitteln, den uneingeschränkten U-Boot-Krieg fortzusetzen, bei dem feindliche Schiffe ohne vorherige Warnung durch U-Boote versenkt werden. Die Entente macht die Einstellung dieser U-Boot-Einsätze allerdings zur Bedingung für Verhandlungen. Die Seekriegsleitung unter Admiral Scheer und Konteradmiral von Trotha plant deshalb eine letzte große Operation der Hochseeflotte, »einen ehrenvollen Kampf der Flotte, auch wenn er ein Todeskampf wird«, wie Trotha es formuliert. Diese Operation soll die Auslieferung der Flotte an Großbritannien verhindern.

Trotz strengster Geheimhaltung verbreiten sich auf den vor Wilhelmshaven liegenden Schiffen Gerüchte über die bevorstehende große Schlacht. Am Abend des 30. Oktobers erhalten die Offiziere den Befehl, das Auslaufen vorzubereiten. Es kommt zu den ersten Befehlsverweigerungen. Matrosen auf drei Schiffen weigern sich, die Anker zu lichten, weil sie fürchten, eine Operation könne den Waffenstillstand verhindern. Ein Flugblatt fordert: »Schmeißt die Arbeit nieder! Wir wollen Frieden, oder nicht? ... Nieder mit dem Krieg!«

Um das Ausbreiten der Meuterei zu verhindern, verlegt die Flotten-leitung das III. Geschwader mit fünf Schiffen und 5000 Mann Be-satzung nach Kiel. Hier erhalten viele Matrosen Landurlaub in der Hoffnung, dass sich die Gemüter beruhigen.

250 Landurlauber finden so ihren Weg in das Gewerkschaftshaus. Sie beraten, wie sie ein erneutes Auslaufen verhindern können, und beschließen, die Freilassung der bereits inhaftierten Kameraden zu verlangen. Ihre Pläne verbreiten sich schnell. Am nächsten Tag ver-sammeln sich gleich doppelt so viele Matrosen. In der Nacht verfassen sie ein Flugblatt: »Kameraden, schießt nicht auf Eure Brüder! Arbeiter, demonstriert in Massen, lasst die Soldaten nicht im Stich!«

Um eine für den 3. November geplante Versammlung zu verhin-dern, beschließt der Kieler Gouverneur, der die militärische und zivile Gewalt der Stadt innehat, am Nachmittag den Stadtalarm zu läuten, der die Matrosen zurückbeordert. Aber er hat damit keinen Erfolg, stattdessen gesellen sich Neugierige zu den Matrosen. Bald bahnt sich ein großer Demonstrationszug durch die Stadt. Als die Menge schließ-lich einer Polizeiabsperrung gegenübersteht, eskaliert die Lage. Die Polizisten eröffnen das Feuer. Einige Demonstranten sind ebenfalls bewaffnet und schießen zurück, 7 Tote und 29 Verletzte sind zu bekla-gen, und ein Massenprotest ist geboren. Nachdem die Polizei sich zu-rückgezogen hat, findet am Abend des 4. November wieder eine Ver-sammlung im Gewerkschaftshaus statt, diesmal auch mit Vertretern der sozialdemokratischen Parteien. Im Laufe der Nacht entstehen ein Soldaten- und ein Arbeiterrat für den militärischen und den zivilen Bereich der Stadt. Die meuternden Matrosen holen die Kriegsflaggen ein und hissen die rote Fahne als Symbol der Räte.

Zugeständnisse, wie die Wahl eines Gouverneurs, sorgen in Kiel in den nächsten Tagen für Beruhigung, aber schon am 5. und 6. Novem-ber entstehen trotz der Pressezensur in den norddeutschen Küsten-städten weitere Arbeiter- und Soldatenräte. Die Revolution breitet sich aus.

NEUZEIT

78

Der Reichstag
in Berlin

»Es lebe die deutsche Republik!«

BAUZEIT: 1884–1894

Der Reichstag in Berlin – wer denkt da nicht an die gläserne Kuppel mit der begehbaren Spirale, gebaut nach dem Beschluss, das Parlament des wiedervereinigten Deutschlands nach Berlin zu verlegen? Oder an die leuchtend blauen Stühle der Abgeordneten im Plenarsaal? Vielleicht auch an den verhüllten Reichstag 1994, noch ohne Kuppel, ein Bild, das um die Welt ging?

Die Wenigsten denken vermutlich sofort an den Deutschen Kaiser und an die 215 Kronen, die das Gebäude einst allein am Außenbau auswies. An der sechssäuligen Vorhalle im Westen sind noch immer zahlreiche zu sehen, so etwa die beiden vollplastischen Kronen auf den vasenartigen Zierelementen links und rechts des Dreiecksgiebels. In diesem ist eine weitere als Relief ausgebildet. Sie bekrönt das große Reichswappen mit dem einköpfigen deutschen Adler. Ein Hermelinpelz umgibt das Wappen wie ein geöffneter Vorhang, unter dem zwei Krieger das Wappen flankieren. Die Krieger symbolisieren Nord- und Süddeutschland, die unter der Kaiserkrone vereint sind.

Die Einheit des Kaiserreiches wird auch in den Reliefs zwischen den äußeren Säulenpaaren thematisiert. Im linken Feld lehnt sich eine nackte männliche Figur an eine umgestürzte Vase, aus der sich ein Fluss ergießt. Es ist der Flussgott Rhein, der die westliche Reichsgrenze verkörpert. Ihm gegenüber ruht auf dem rechten Relief die Flussgöttin Weichsel als Sinnbild der östlichen Grenze. Hinter beiden wächst je ein Baum empor, der mit Wappen behängt ist. Es sind die

NEUZEIT

Wappen der 27 Territorien, die das Deutsche Kaiserreich gegründet haben. Wer genau hinschaut, erkennt insgesamt 20 Schilde, denn ähnliche Wappen wie die der Hansestädte werden in einem Wappen zusammengefasst. Die zwei großen Wappen auf der linken Seite verweisen auf die Königreiche Preußen und Sachsen, die auf der rechten auf Bayern und Württemberg. Über der Spitze der Wappenbäume fliegt jeweils der Reichsadler; in seinen Krallen hält er die achteckige Reichskrone.

Als das Parlament 1894 zum ersten Mal im Reichstag zusammentritt, hat es eine sehr schwache Stellung im Deutschen Reich. Das lässt sich auch deutlich dem der Monarchie verpflichteten Bauschmuck des Westportals entnehmen. Statt eines parlamentarisch regierten Nationalstaats, wie ihn das Parlament der Paulskirche 1848 beschlossen hatte, ist das Deutsche Reich von 1871 eine konstitutionelle Monarchie. Der Kaiser bestimmt den Reichskanzler, den das Parlament nicht absetzen kann. De facto bleibt diesem nur die Zustimmung bei der Gesetzgebung und beim Reichshaushalt. Die berühmte Rede Wilhelms II. bei Beginn des Ersten Weltkriegs (→ 1) ist aus diesem Grunde gehalten worden: Das Parlament, das der Kaiser ins Schloss beorderte, musste die Kriegskredite noch bewilligen. Die Macht des deutschen Volkes, dem das Gebäude gewidmet ist, wie die erst 1916 angebrachte Inschrift am Giebel verrät, ist beschränkt.

Anfang November 1918, ausgelöst durch den Matrosenaufstand in Kiel (→ 77), geht ein Teil des Volkes auf die Straße und protestiert gegen den inzwischen verhassten Kaiser und den blutigen Krieg. Wie ein Lauffeuer und mit überraschend wenig Blutvergießen verbreitet sich die Revolution im Kaiserreich; überall werden Soldaten- und Arbeiterräte gegründet. Am Abend des 7. November ruft der Vorsitzende der bayerischen USPD, der Unabhängigen Sozialdemokratischen Partei Deutschlands, in München die Bayerische Republik aus. Am nächsten Tag dankt der bayerische König als erster Monarch im Kaiserreich ab. Weitere folgen. Am Morgen des 9. November ist die Revolution auch in Berlin angekommen. Die Arbeiter treten in den Ausstand. Massen versammeln sich am Reichstag und am Schloss Unter den Linden. Sie fordern Frieden, die Abdankung des Kaisers und neue politische Verhältnisse. Selbst zuvor kaisertreue Regimenter schließen sich den Demonstrationen an. Da der Kaiser eine Abdankung verweigert, erklärt Prinz Max von Baden, der seit dem 3. Oktober Reichskanzler und an den Waffenstillstandsverhandlungen beteiligt ist, eigenmächtig den Thronverzicht des Hohenzollern. Wilhelm II., der im Hauptquartier der Heeresleitung im belgischen Spa residiert, betritt nie wieder das Land. Schon am nächsten Tag flieht er in die Niederlande. Er lebt dort bis 1941.

Prinz Max von Baden übergibt zudem sein Amt – verfassungswidrig – dem SPD-Vorsitzenden Friedrich Ebert. Dieser will unter allen Umständen Blutvergießen und Bürgerkriegszustände wie in Russland vermeiden. Zu einer schnellen Entscheidung über die neue Staatsform ist er nicht bereit, da er die Auffassung vertritt, dass sie von einer demokratisch gewählten Nationalversammlung getroffen werden solle. Doch unter den Politikern der SPD macht sich das Gerücht breit, Karl Liebknecht wolle eine sozialistische Republik ausrufen. Und tatsächlich ruft Liebknecht um 16 Uhr vom eingenommenen Berliner Stadtschloss aus die »freie sozialistische Republik Deutschland« aus. Doch Eberts Parteifreund Philipp Scheidemann kommt ihm zwei Stunden zuvor. Um 14 Uhr steht er auf einem Balkon des Reichstags und verkündet die Republik: »Das Alte und Morsche, die Monarchie, ist zusammengebrochen. Es lebe das Neue; es lebe die deutsche Republik!«

Das Reichstagsgebäude mit all seinen Verweisen auf die Monarchie ist zum Geburtsort der Republik geworden. Während des Zweiten Weltkriegs, als in Deutschland die Diktatur des Nationalsozialismus wütet, wird das Bauwerk zu einem buchstäblichen Geburtsort. Zum Schutz vor Luftangriffen befindet sich die Entbindungsstation des Berliner Krankenhauses Charité im Keller des Gebäudes. Zahlreiche Menschen erblicken hier das Licht der Welt.

NEUZEIT

79

Das Deutsche Nationaltheater
in Weimar

Die Weimarer Nationalversammlung

BAUZEIT: 1906–1907

Das Weimarer Nationaltheater ist bereits der dritte Theaterbau an dieser Stelle. Im ersten Theater wirkte Goethe als erster Leiter des neuen herzoglichen Hoftheaters. Unter ihm erlangte die vormals anrüchige Schauspielkunst ein gesellschaftliches Ansehen. 1825 brannte das Gebäude ab. Ihm folgte ein zweiter Theaterbau, in dem berühmte Musiker wie Franz Liszt oder Richard Wagner heimisch wurden. Als um 1900 die Rückbesinnung auf die Schauspielkunst erfolgte und ein neues avantgardistisches Mustertheater entstehen sollte, wurde der alte Bau abgerissen und der immer noch erhaltene Bau errichtet. Die Außenmauern und das Foyer haben den Zweiten Weltkrieg überstanden.

Die Fassade des neuen Baus zeigt zum Theaterplatz. Sie ist vergleichsweise zurückhaltend gestaltet. Sechs stämmige Säulen sind den Portalen vorgelagert. Sie tragen den Balkon des Obergeschosses. Flache Pilaster reichen über den Fries hinweg, der die beiden Obergeschosse scheidet. Lorbeergirlanden führen von Pilaster zu Pilaster, von einem Widderkopf der Kapitelle zum anderen. Die Fassade ist frei von Herrschaftszeichen – keine Kronen und keine Inschriften, die auf den Hauptfinanzier Herzog Carl August von Sachsen-Weimar-Eisenach oder auf den Kaiser hinweisen, der zur feierlichen Eröffnung des neuen Hoftheaters eigens anreiste. Stattdessen finden sich vor und im Theater Huldigungen anderer Art; Goethes und Schillers wird hier gedacht.

NEUZEIT

Die Nüchternheit und der Verweis auf die freiheitlich geprägte Weimarer Klassik erscheinen im Vergleich zu dem mit monarchistischen Symbolen überfrachteten Reichstagsgebäude in Berlin wohltuend und als Schauplatz eines staatlichen Neuanfangs geeignet, als die Nationalversammlung im Januar 1919 aufgrund von Unruhen gezwungen ist, die Hauptstadt zu verlassen. Doch auch die Außenpolitik spielt bei der Ortswahl eine Rolle. So meint der spätere Außenminister Brockdorff-Rantzau, dass »das Misstrauen gegen Berlin sehr groß ist … wir [werden], wenn wir Weimar wählen … einen besseren Frieden bekommen.«

Der Neuanfang ist schwer. Am 11. November tritt der Waffenstillstand in Kraft. Während die Welt feiert, herrschen im Deutschen Reich Unverständnis und Mutlosigkeit. Bis zum Schluss hat die Kriegspropaganda der deutschen Bevölkerung einen Siegfrieden in Aussicht gestellt. Nun wird schnell klar, dass sich Deutschland als Verlierer den Forderungen der Gegner unterordnen muss. Gleichzeitig leiden die Menschen noch immer unter Hunger. Armeen von kriegsversehrten Soldaten kommen ohne jegliche Perspektive nach Hause, und die vertrauten Strukturen haben sich aufgelöst. In Berlin führen die Meinungsverschiedenheiten darüber, wie die neuen republikanischen Strukturen aussehen sollen, zu blutigen Straßenkämpfen und zur Ermordung von Rosa Luxemburg und Karl Liebknecht.

Die Wahlen zur Nationalversammlung finden am 19. Januar 1919 statt. Zum ersten Mal dürfen auch Frauen wählen und gewählt werden. Das Wahlalter liegt bei 20 Jahren, fünf Jahre weniger als zuvor, und fast 20 Millionen Menschen sind wahlberechtigt. Trotz der lange geforderten Möglichkeit der politischen Mitbestimmung oder vielleicht gerade wegen der Unvertrautheit mit der Demokratie und der Unsicherheit der außenpolitischen Situation liegt die Wahlbeteiligung bei »nur« 83 Prozent und damit etwas niedriger als bei der letzten Reichstagswahl. Die SPD, die im Vergleich zu 1912 an Zuspruch verloren hat, wird mit 165 von 423 Sitzen die größte Fraktion. Ihr folgen die katholische Zentrumspartei mit 91 und die linksliberale DDP mit 75 Sitzen. Gemeinsam bilden sie mit einer Dreiviertel-Mehrheit die

Weimarer Koalition. Friedrich Ebert übernimmt das Amt des Reichspräsidenten, und Philipp Scheidemann führt als Ministerpräsident die Regierung.

Am 6. Februar tritt die Nationalversammlung wegen der Unruhen in Berlin zum ersten Mal im Deutschen Nationaltheater in Weimar zusammen, wie das Schauspielhaus nun genannt wird. Unter den Abgeordneten, die in die beengten Sitzreihen des Zuschauerraums einziehen, sind 37 Parlamentarierinnen, 8,7 Prozent der Mitglieder. Auf der Bühne finden das Präsidium und die Vertreter von Reichsregierung und Ländern Platz. Auf den Rängen tummelt sich die Presse. Zur Sicherheit der Versammlung ist der Bereich um das Theater großräumig abgesperrt, und auf den umliegenden Dächern sind bewaffnete Soldaten positioniert.

Zwei dringende Aufgaben warten auf die Nationalversammlung: der Abschluss der Friedensverhandlung (→ 80) und die Ausarbeitung einer Verfassung. Sachlich kommen die Abgeordneten der zweiten Aufgabe nach. Schon am 11. August unterzeichnet Ebert die Verfassung, und am 21. August legt die Nationalversammlung während der letzten Sitzung in Weimar den Eid auf sie ab. Eine Feier gibt es wegen des als Schandfrieden empfundenen Versailler Vertrags allerdings nicht.

Die neue Verfassung macht die Regierung vom Vertrauen des Reichstags abhängig; der Reichspräsident erhält als Gegengewicht weitreichende Befugnisse. Unter anderem gibt ihm Artikel 48 das Recht, bei einer Gefährdung der öffentlichen Sicherheit den Ausnahmezustand zu verhängen und Notverordnungen zu erlassen. Dieser Artikel begünstigt später die Machtergreifung der Nationalsozialisten (→ 84).

Noch 1919 wird die Nationalversammlung nach Berlin zurückverlegt, und im Weimarer Nationaltheater wird der Spielbetrieb wieder aufgenommen. Im Dritten Reich wird er erneut unterbrochen, dieses Mal für eine weniger rühmliche Fremdnutzung. Eine Rüstungsfabrik zieht bis zu ihrer Zerstörung 1945 ein. Nach dem Krieg wird das Weimarer Nationaltheater als erstes deutsches Theater wieder aufgebaut. Es eröffnet 1948 im Geist der Weimarer Klassik mit Goethes *Faust*.

NEUZEIT

80

Das Versailler Schloss

Der Vertrag von Versailles

BAUZEIT: ab 1631

Kaum ein anderes Gebäude außerhalb der wechselnden Grenzen der deutschen Lande ist so sehr mit der deutschen Geschichte verbunden wie das Schloss von Versailles mit seinem prunkvollen Spiegelsaal. Der Sonnenkönig Ludwig XIV. ließ das einstige Jagdschloss im 17. Jahrhundert zu einer prachtvollen Residenz ausbauen. Sie ist der Höhepunkt des europäischen Schlossbaus und das Vorbild für die Repräsentationsarchitektur des Barocks. Auf mehr als einem halben Kilometer entfaltet sich die gewaltige Anlage. Sie ist umgeben von einem weiten Garten. Das Zentrum des Baus ist der Mamorhof, in dem die Gäste Ludwigs zeremoniell begrüßt wurden. Es ist eine wunderschöne Kulisse. Heller Sandstein hebt sich kontrastreich von dem tiefen Rot der Ziegelmauern ab. Von hier führt der Weg in zwei längs aneinanderliegende Trakte.

Im hinteren erstreckt sich entlang der Gartenfassade der Spiegelsaal. Auf einer Länge von 73 Metern werden 17 hohe, bis zum Boden reichende Rundbogenfenster im Westen von 17 Spiegeln auf der Wandseite begleitet. Auch die Durchgänge zu den beiden flankierenden Sälen, dem Saal des Krieges im Norden und dem Saal des Friedens im Süden, haben die Form und die Größe der Fenster. Sie liegen auf einer Achse und bilden eine Enfilade, bei der die Fenster der begleitenden Säle parallel zu denen des Hauptsaals liegen. Diese Aneinanderreihung von Räumen und Verbindungstüren ist eines der wichtigsten Stilmittel repräsentativer Barockbauten.

NEUZEIT

Das Tonnengewölbe des Spiegelsaals ist reich dekoriert. Es ist Ludwig XIV. und seinen kriegerischen Erfolgen gewidmet. Ähnlich wie bei dem einige Jahrzehnte später erbauten Zeughaus in Berlin sind Darstellungen von Trophäen auch hier ein bevorzugtes Mittel, um den Triumph des Herrschers darzustellen. Helme und Rüstungen zieren als Wandmalereien die Decke und stecken als plastischer Schmuck an den goldenen Schilden auf dem Gebälk.

Der Spiegelsaal war außergewöhnlichen Anlässen wie fürstlichen Hochzeiten oder dem Empfang besonderer Gäste vorbehalten. 1770 wurden hier zum Beispiel Ludwig XVI. und Marie-Antoinette vermählt. An diesem so französischen Herrschaftsort wurde aber auch 1871 der preußische König Wilhelm als Kaiser des Deutschen Reiches proklamiert (→ 71) – ein Akt, der in Frankreich als Demütigung wahrgenommen wurde.

Es ist deshalb kein Zufall, dass die Friedensverhandlung mit dem Deutschen Reich in Versailles und die über die Verträge mit Deutschlands Verbündeten in anderen Pariser Vororten stattfinden. Diese Friedensschlüsse, die den Ersten Weltkrieg beenden, werden deshalb Pariser Vorortsverträge genannt. Die deutsche Delegation darf den Verhandlungen nicht beiwohnen, sie kann nur schriftlich ihre Positionen einbringen und auf den Entwurf des Vertrags antworten. Der Entwurf ist größtenteils ein Werk des amerikanischen Präsidenten Woodrow Wilson, des britischen Premierministers David Lloyd George und des französischen Ministerpräsidenten Georges Clemenceau.

Als das Ausmaß der minutiösen Forderungen im Deutschen Reich bekannt wird, herrscht Entsetzen darüber, dass der Friedensvertrag keineswegs auf dem vom Gedanken des Selbstbestimmungsrechts der Völker getragenen 14-Punkte-Plan Wilsons von 1918 basiert. Ein Jahr zuvor hatte ihn die Oberste Heeresleitung allerdings noch ignoriert. Doch Frankreich, auf dessen Gebiet der Großteil der Westfront lag, während auf dem Boden des Deutschen Kaiserreiches kaum gekämpft wurde, ist nun zu solch einem Friedensschluss nicht mehr bereit. Der mehrere hundert Punkte umfassende Versailler Vertrag fordert unter anderem die Anerkennung der alleinigen Kriegsschuld durch Deutschland und seine Verbündeten, umfassende Gebietsabtretungen, wovon auch Elsass-Lothringen betroffen ist, und eine drastische Reduktion der deutschen Heeresstärke. Zudem soll Deutschland auf seine Kolonien verzichten und hohe Reparationszahlungen an Frankreich und Großbritannien leisten. Der gewünschte Anschluss Österreichs an Deutschland wird von den Siegermächten verweigert.

Die Abgeordneten der in Weimar tagenden Nationalversammlung treffen sich außerordentlich am 12. Mai in der Friedrich-Wilhelms-Universität in Berlin zu einer Sitzung. Ministerpräsident Scheidemann lehnt die Unterzeichnung des Vertrags mit den vielzitierten Worten ab: »Welche Hand müsste nicht verdorren, die sich und uns in solche Fesseln legte?« Doch die Alliierten lehnen eine Vertragsänderung ab. Sie stellen ein Ultimatum und drohen mit Einmarsch, woraufhin das Kabinett Scheidemann am 20. Juni geschlossen zurücktritt. Der neue Außenminister Hermann Müller (SPD) und Verkehrsminister Johannes Bell (Zentrum) unterzeichnen am 28. Juni 1919 den sechs Tage zuvor von der Nationalversammlung akzeptierten Vertrag. Der Versailler Spiegelsaal ist bei diesem Ereignis bis in die letzte Ecke mit Menschen gefüllt, während sich vor dem Schloss und im Garten weitere Schaulustige versammelt haben. Viele wollen dabei sein, wenn Deutschland mit Artikel 231 die Kriegsschuld akzeptiert.

In der Weimarer Republik kursieren kurz darauf Karikaturen, die Müller und Bell als Verräter brandmarken. Zugleich erhält die Dolchstoßlegende neue Nahrung. Sie schiebt die Schuld für die Niederlage und den Schandfrieden den demokratischen Parteien und insbesondere der SPD in die Schuhe, weil sie durch die heimliche »Zersetzung von Flotte und Heer«, so der ehemalige Feldmarschall Paul von Hindenburg 1919, die im Felde unbesiegte deutschen Armee »von hinten erdolcht« haben. Der Versailler Vertrag und die Dolchstoßlegende tragen zum Niedergang der Weimarer Republik und dem Aufstieg der Nationalsozialisten bei und führen unter anderem, so ist auch die Wertung des Ersten Weltkriegs als Urkatastrophe zu verstehen, damit zum Zweiten Weltkrieg.

NEUZEIT

81

Die VIII. Mechanische Werkstatt
in Essen

Inflation und Ruhrbesetzung

BAUZEIT: 1900–1901

Das einstige Industrieareal der Gussstahlfabrik Krupp in Essen umfasste 230 Hektar und erstreckte sich von der Innenstadt bis zum
Rhein-Herne-Kanal. Nur wenig ist davon erhalten geblieben. In den
1990er Jahren wurden die letzten Produktionsbereiche stillgelegt. Was
nicht abgerissen wurde oder schon vorher im Krieg zerstört worden
war, erhielt irgendwann eine neue Funktion, so auch die VIII. Mechanische Werkstatt der Gussstahlfabrik, die heute als Colosseum-Theater
fungiert.

Mit 28 m Höhe und 104 m Länge ist das Gebäude das größte des Areals. Es bildet gemeinsam mit dem auf der anderen Straßenseite liegenden, in den Jahren 1915 und 1916 erbauten Press- und Hammerwerk, in
dem sich heute ein Parkhaus befindet, den Eingang zur Krupp-Stadt.
Imposant erhebt sich die dreischiffige Fassade der Mechanischen
Werkstatt in rotem Backstein. Dreiecksgiebel bekrönen das Bauwerk,
während große Fensterflächen den Blick auf die grüne Stahlkonstruk-
tion im Inneren freigeben. Sie halten die Lasten der lichten Halle, in
der Rahmen für Lokomotiven und Kurbelwellen für Schiffe hergestellt
wurden.

Im Versailler Vertrag hatte das Deutsche Reich die in der Ge-
schichtswissenschaft bis heute debattierte Kriegsschuld auf sich
nehmen müssen – auch die Verbündeten Deutschlands werden im
Vertrag als Schuldige genannt, aber in der Wahrnehmung der Weimarer Republik spielt dies keine Rolle. Das Eingeständnis bildet die

NEUZEIT

juristische Grundlage für den Umfang der Reparationsforderungen. Eine genaue Summe wurde in Versailles nicht festgelegt, erst im Mai 1921 wird ein Gesamtbetrag von 132 Milliarden Goldmark gefordert, der auch zahlreiche Sachleistungen umfasst. Der Regierung unter Joseph Wirth – es ist schon das fünfte Kabinett seit der Wahl der Nationalversammlung und das zweite seit der Reichstagswahl vom Juni 1920 – ist gezwungen, die Forderungen zu akzeptieren, da die Alliierten sonst mit der Besetzung des Ruhrgebiets drohen. Ein Großteil der Zahlung und Sachlieferungen gehen an Frankreich, das Geld und Güter zum Wiederaufbau des zerstörten Landes und zur Rückzahlung von Kriegskrediten insbesondere an US-amerikanische Gläubiger braucht. Wie spätere Regierungen auch versucht Wirths Kabinett eine Verringerung der Reparationsleistungen zu erreichen, indem es die Alliierten davon zu überzeugen versucht, dass die Forderungen für die deutsche Volkswirtschaft unerfüllbar hoch sind.

Die Erfüllungspolitik heizt die Inflation in Deutschland an. Gleichzeitig sind Tausende Kriegsheimkehrer zu arbeitsunfähigen Invaliden geworden, und durch die vertraglich zugesicherten Abrüstungsbestimmungen haben zudem rund 300 000 Reichswehrangehörige ihre Stellung verloren. In der Weimarer Republik brodelt es. Die als Erfüllungsgehilfen bezichtigten demokratischen Parteien verlieren an Rückhalt, während radikale politische Gruppierungen, darunter die 1920 gegründete NSDAP, die Nationalsozialistische Deutsche Arbeiterpartei, durch gezielte Propaganda immer mehr Zustimmung bekommen. Immer wieder beziehen sie sich auf die Dolchstoßlegende, um insbesondere die SPD zu diskreditieren.

Schon im August 1922 sind die finanziellen Probleme der Weimarer Republik so gravierend, dass sich die Alliierten zu einem vorübergehenden Verzicht auf Geldzahlungen bereit erklären. Als Ausgleich verlangen sie jedoch höhere Sachleistungen. Ende des Jahres ist Deutschland dann mit Lieferungen von mehreren hunderttausend Telegraphenmasten und Kohle in einem Gegenwert von 24 Millionen Goldmark im Verzug. Am 10. Januar wird deshalb eine französisch-belgisch-italienische Kommission zur Kontrolle der Kohleproduktion angekündigt, und schon am nächsten Tag marschieren fünf französische und eine belgische Division ins Ruhrgebiet ein. Die deutsche Bevölkerung ist kaum bereit, die Besatzer zu dulden, und folgt den Aufrufen von Reichspräsident Ebert und Reichskanzler Wilhelm Cuno, der Besatzung mit passivem Widerstand zu begegnen, obwohl dies die Inflation weiter beschleunigt. Der zivile Ungehorsam führt aber auch dazu, dass den Besatzern kaum Arbeitskräfte in den okkupierten Schlüsselindustrien zur Verfügung stehen. Als Reaktion darauf weisen die Besatzer Tausende Deutsche aus dem Ruhrgebiet aus, ziehen öffentliche Kassen und Firmenvermögen ein und gehen mit äußerster Härte gegen Widerständler vor. Am 31. März 1923 kommt es vor der VIII. Mechanischen Werkstatt zu einem Blutbad.

Es ist Karsamstag. Zwei französische Militärkommandos wollen auf dem Gelände von Krupp Fahrzeuge beschlagnahmen. Doch immer mehr wütende Arbeiter stellen sich mit erhobenen Hämmern, Spaten und Rohren den Soldaten entgegen. Schließlich verlieren diese die Nerven und feuern in die Menge. 13 Menschen sterben, zahlreiche sind schwer verletzt. Insgesamt sterben während der Besatzung 137 Deutsche und mehrere Besatzer. Die deutschen Opfer werden zu Märtyrern, die Saboteure zu Helden stilisiert.

Der passive Widerstand ist nicht lange durchzuhalten, denn der Regierung geht das Geld für die Bezahlung der Streikenden aus. Am 23. September hebt der nächste Reichskanzler, Gustav Stresemann, den passiven Widerstand auf. Inzwischen kostet ein Pfund Kartoffeln 100 000 Papiermark. Durch die Vermittlung der Vereinigten Staaten kommen Wirtschaft und Verwaltung im Ruhrgebiet im September 1924 wieder unter deutsche Leitung, und der Dawes-Plan passt die Höhe der Reparationszahlungen an die Wirtschaftskraft an. Allerdings verlassen die Besatzer das Ruhrgebiet erst im August 1925.

90 Jahre später gibt es die Gussstahlfabrik nicht mehr. Die VIII. Mechanische Werkstatt ist zur Spielstätte eines niederländischen Entertainment-Unternehmens geworden, und Menschen aus aller Welt stehen auf der Bühne des Colosseum Theaters.

NEUZEIT

337

82

Das Bauhausgebäude
in Dessau

Neues Bauen

BAUZEIT: 1925–1926

»glas ist der reinste baustoff aus irdischer materie, zwar raumab-
schließend, witterung abhaltend, aber dennoch in seiner wirkung
raumöffnend, wesenlos und rein...«, schreibt Walter Gropius 1926 mit
dem für Texte des Bauhauses typischen Verzicht auf Großbuchstaben.
Glas ist denn auch das entscheidende Material des Bauhausgebäudes in Dessau. Die Fähigkeit, große Wandbereiche statt mit massiven
Baustoffen in Glas auszuführen und sogar auf unterbrechende Stützen verzichten zu können, ist noch neu. 1909/10 gelingt es Gropius
und seinem Kollegen Adolf Meyer erstmals beim Fagus-Werk, einer
Schuhleistenfabrik in Alfeld an der Leine, Glasbahnen zwischen zu-
rückgesetzte Pfeiler zu spannen. Doch dort sind die Bahnen noch horizontal und auch vertikal voneinander getrennt. Am Werkstattflügel
des Bauhausgebäudes in Dessau greifen sie dagegen über drei Geschosse. Sogar die Ecke ist stützenlos. Diese Ecke, an der Glas auf Glas
trifft, steht sinnbildlich für das Neue Bauen des Bauhaus. Wenn die
Vorhänge geöffnet sind, fällt der Blick sowohl auf die Fassade als auch
ins Innere und sogar durch das Innere hindurch wieder nach draußen.
Asymmetrie statt Symmetrie, unterschiedliche Bauhöhen der drei klar
definierten Bauteile Werkstatt, Schulflügel und Verwaltung, Variatio-
nen der Fenstergrößen und klare geometrische Formen sind weitere
Charakteristika des Gebäudes und des Neuen Bauens.
    Am 1. April 1919 gründet Walter Gropius das Staatliche Bauhaus
Weimar und führt die Großherzogliche Kunsthochschule und die

NEUZEIT

Großherzogliche Sächsische Kunstgewerbeschule zusammen. »Das Endziel aller bildnerischen Tätigkeit ist der Bau!«, heißt es im vierseitigen Gründungsmanifest. Der Name Bauhaus soll an die mittelalterlichen Bauhütten der Kathedralen erinnern (→ 22), die Architektur, Bildhauerei und Malerei als Handwerke vereinten. Auch die Vermeidung des Wortes Schule ist beabsichtigt, da Gropius die Auffassung vertritt, dass sich Kunst nicht an Kunstschulen vermitteln lasse, sondern von einer Werkstatt ausgehen müsse. Akademische Zugangsbeschränkungen werden aufgehoben, um jedem begabten Menschen unabhängig von Schulabschluss, Geschlecht oder Staatsangehörigkeit die Teilnahme zu ermöglichen.

Anfangs gilt die Rückbesinnung auf das Handwerk als Gegenpol zur technischen Entwicklung, doch schon ab 1922 vollzieht Gropius eine Wende: Kunst und Technik werden als Einheit verstanden, die industrielle Produktion wird als Herstellungsform von Werken akzeptiert, und der Handwerker oder die Handwerkerin wird zum Produktgestalter oder zur Industriedesignerin. Ihre Produkte sind Gegenstände der Raumgestaltung, an der Bau und Design gemeinsam wirken. Diese Wende ist auch an den Studenten und Studentinnen zu erkennen. Hüllen sie sich in den Anfangszeiten noch in lange Mäntel, sind die Bauhäusler in Dessau meist in engen, modischen Anzügen gekleidet, während die Bauhaus-Frauen Bubikopf und Hosen oder knielange Röcke tragen. Letztere verkörpern die in der bauhausnahen Zeitschrift *die neue linie* stilisierte »neue Frau«, die arbeitet und männliche Verhaltensweisen annimmt. Sie fährt Auto und raucht sogar.

Eines der bekanntesten Produkte, die in der Weimarer Anfangszeit entstehen, ist die berühmte Bauhaus-Lampe von Wilhelm Wagenfeld. Ihr kugelförmiger Schirm ist aus Opalglas gefertigt, ein Glas, das zuvor nur im industriellen Bereich Verwendung fand. Es ermöglicht die gleichmäßige Streuung des Lichtes und schafft so eine neue Wahrnehmung des Raumes. Die einfachen Formen folgen der Funktion des Gegenstandes, unnötige Ornamente werden vermieden. Dieser Leitgedanke, dass die Form der Funktion folgt, verbindet das Bauhaus mit dem Deutschen Werkbund, einer 1907 von Künstlern und Unternehmern mit dem Ziel gegründeten Vereinigung, deutschen Produkten durch eine neue Qualität zum internationalen Erfolg zu verhelfen.

1924 wird der Wegzug aus Weimar nötig, als eine rechts orientierte Partei die Mehrheit im Thüringer Landtag erhält. Die Wahl des neuen Standorts fällt auf die SPD-regierte Stadt Dessau. Hier will das Bauhaus eine Verbindung zu den ansässigen Unternehmern aufbauen. Die Stadtverwaltung von Dessau verspricht sich durch die Unterstützung ihrerseits einen kulturellen Aufschwung und die Schaffung von günstigem Wohnraum, eines der sozialpolitischen Ziele des Bauhauses.

Wie vor dem Krieg ist Wohnraum in den Ballungszentren auch jetzt knapp. Die Währungsreform Ende 1923, die Anpassung der Reparationszahlungen an die deutsche Wirtschaftskraft und günstige ausländische Kredite sorgen zwar für einen wirtschaftlichen Aufschwung, führen aber zugleich wieder zu einer steigenden Landflucht. Zwischen 1926 und 1928 entstehen experimentelle Wohnbauten in der Siedlung Dessau-Törten. Durch eine Standardisierung der Bauteile sollen die Kosten gesenkt werden, wobei durch die individuelle Zusammenstellung der Fertigbauteile für Vielfalt und Individualität der Häuser gesorgt wird. Doch die Bauten erfüllen die Hoffnungen der Stadt nicht. Ende der 1920er Jahre wächst deshalb die Unzufriedenheit im Gemeinderat.

1931 gewinnt die NSDAP die Gemeinderatswahl, und das Bauhaus muss erneut weichen. Doch auch am neuen Standort in Berlin kann es sich nur kurz halten, bevor es nach zahlreichen Beschränkungen durch das neue nationalsozialistische Regime im Juli 1933 aufgelöst wird. Die Nationalsozialisten erklären viele Werke des Bauhauses für »entartet«. Dennoch zieht bald eine Verwaltungsschule der NSDAP in das Gebäude in Dessau ein. Der markante Schriftzug am Werkstattflügel wird entfernt, aber die typische Bauhausarchitektur lässt sich nicht verändern. Seit 1976 ist der berühmte Name wieder in weißen Lettern an dem Gebäude zu sehen.

NEUZEIT

83

Die Agentur für Arbeit
in Hamburg-Altona

Aufschwung und Wirtschaftskrise

BAUZEIT: 1926–1927

Grüne Rasenflächen und niedrige Hecken umgeben das Gebäude des einstigen Arbeitsamtes, der heutigen Agentur für Arbeit in Altona. Bäume ragen über das flache Dach. Ein Wellblechdach, das nicht zum Originalbestand gehört, schützt die Menschen vor Regen, bevor sie durch den Eingang treten und als Kundinnen und Kunden zu ihren Terminen eilen. Dass dieses Bauwerk mit seinen in das weiße Raster des Betonskeletts eingepassten braunen Klinkerplatten denkmalgeschützt ist, mag zunächst nicht einleuchten. Doch es ist einer der ersten modernen Bauten eines Arbeitsamtes oder der Behörde des »Öffentlichen Arbeitsnachweises«, wie sie zu Beginn der Weimarer Republik genannt wurde. Das Besondere an dem Bauwerk ist sein Architekturstil, der den Prinzipien des neuen Bauens entspricht, und die damit zum Ausdruck gebrachte neue Umgangsform mit arbeitssuchenden Menschen.

Im Kaiserreich waren die Arbeitsvermittlung und die Unterstützung von Arbeitssuchenden nicht durch den Staat, sondern durch meist bürgerliche Interessengruppen durchgeführt worden. Ein Anspruch auf Arbeitslosenhilfe bestand nicht, und nicht in jeder Stadt gab es Arbeitsnachweise. Nur an einigen Orten entstanden spezielle Bauten hierfür. Ihre Architektur hatte meist einen historisierenden Charakter. Der 1913 in München eröffnete Arbeitsnachweis etwa wurde im Stil des Neobarocks errichtet. In ihrer Raumaufteilung waren die mächtigen Bauten, die allein durch ihre Größe die Hilfesuchenden zu

NEUZEIT

343

Bittstellern machten, von bürgerlichen Moralvorstellungen geprägt; so wurden die Arbeitssuchenden nach Geschlecht, Schicht und Alter getrennt.

In der Industriestadt Altona, die zu diesem Zeitpunkt noch nicht zu Hamburg gehört, gibt es zu Beginn der Weimarer Republik zwar einen nun staatlichen Arbeitsnachweis, aber kein eigenes Gebäude dafür. Die Behörde zieht so häufig um, dass die *Altonaer Nachrichten* 1927 rückblickend schreiben: »Behörden sind eine unerfreuliche Angelegenheit ... Besonders unbeliebt hat sich lange Jahre hindurch das Arbeitsamt gemacht. ›Amt im Umherziehen‹ nannte man es.« Seit 1923 ist das Amt in einem ehemaligen Lazarett untergebracht. Der Eingangsbereich besteht aus dürftigen Bretterverschlägen mit improvisierten Hinweisschildern, und die Wartezonen befinden sich auf unbefestigtem Boden im Freien. Die Behörde ist dennoch gut besucht. Neben Kiel, Aachen, Bochum und Hamburg gehört Altona zu den Städten mit der höchsten Arbeitslosenzahl. 1924 wird dann ein Sozialdemokrat Oberbürgermeister, und der parteilose, aber SPD-nahe Architekt Gustav Oelsner wird zum neuen Bausenator in Altona. Die beiden legen einen Entwurf für ein eigenes modernes Arbeitsamtgebäude vor und erhalten von der Reichsarbeitsverwaltung die finanziellen Mittel für seine Realisierung. Am 20. August 1927 wird das Gebäude eröffnet.

Das niedrige Bauwerk soll einladend wirken. Die flache Monumentalität des Vierflügelbaus mit der kleinen Gartenanlage ist bewusst gewählt. Nichts soll sich vor den Arbeitssuchenden auftürmen. Der Verzicht auf jedes Ornament drückt statt herrschaftlicher Repräsentation die nüchterne Logik und Organisation des Amtes aus. Neben dem Haupteingang stehen 15 weitere Eingänge zur Verfügung, die einzelnen Berufsfeldern zugeteilt sind – sie wurden zur Wiedereröffnung 2001 geschlossen, und hinter den bodentiefen Fenstern befinden sich nun ebenfalls Büros. Die Altonaer Nachrichten reagieren begeistert: »Luft und Licht – das ist ... der erste überwältigende Eindruck, wenn man den Bau betritt. Große breite Fenster tauchen das Innere des ganzen Gebäudes in Helligkeit. Farbe fängt diese Helligkeit auf. Farbe an den Wänden, Farbe an den Türen, den Möbeln, den Tischflächen und den Kacheln des Flures. Farbe von verschwenderischer Fülle, geeignet um zu erheben und zu befreien ...«

Gerade einen Monat zuvor hat der Reichstag mit überwältigender Mehrheit das Gesetz zur Einführung einer staatlichen Arbeitslosenversicherung verabschiedet. Wer arbeitswillig und unfreiwillig arbeitslos ist, hat nun erstmals einen Anspruch auf Arbeitslosenunterstützung, statt auf Fürsorge angewiesen zu sein. Eine Arbeitslosenversicherung, bei der Arbeitgeber und Arbeitnehmer Beiträge in gleicher Höhe – maximal drei Prozent des Lohnes – einzahlen, finanziert die Unterstützung für maximal 39 Wochen. Aufgrund der von der arbeitgeberfreundlichen Deutschen Volkspartei relativ niedrig gehaltenen Prozentsätze sind die Mittel der Reichsanstalt für Arbeitsvermittlung und Arbeitslosenversicherung begrenzt. Sie kann maximal 1,4 Millionen Personen gleichzeitig versorgen. 1927 erlebt die Weimarer Republik ihre konjunkturelle Hochphase. In Altona hoffen die Politiker, ermutigt durch sinkende Arbeitslosenzahlen, dass das Arbeitsamt bald unnötig sein wird. »Der ganze Bau ermöglicht eine Umstellung auf andere Mieter, wenn man in hoffentlich nicht allzu ferner Zeit das Arbeitsamt wird entbehren können«, heißt es parallel zur Eröffnung.

Doch das Gegenteil tritt ein: Am 24. und 25. Oktober 1929, dem »Schwarzen Freitag«, brechen die Kurse an der New Yorker Börse ein, und der für Investitionen wichtige Kapitalfluss nach Deutschland versiegt. Gleichzeitig schrumpft der Welthandel und mit ihm der Exportmarkt. In der Folge gehen auch in Deutschland Firmen und Banken bankrott, und die Arbeitslosenzahlen steigen rapide. Die finanziellen Mittel der Arbeitsversicherung sind durch die Massenarbeitslosigkeit bald erschöpft. 1932 sind 6 Millionen Menschen arbeitslos und müssen täglich stempeln gehen, um zumindest etwas Unterstützung zu bekommen. In Altona steigt die Arbeitslosenzahl so stark an, dass das Gebäude nicht mehr ausreicht. Erneut müssen Bretterbuden errichtet werden, diesmal als »Stempelbuden«.

Das Elend der damaligen Arbeitslosen lässt sich beim Anblick der heutigen Agentur für Arbeit in Altona nicht mehr erahnen.

NEUZEIT

84

Die Villa Schröder
in Köln

Die Machtübergabe an Adolf Hitler

BAUZEIT: um 1910

Den wenigsten Fahrgästen, die an der Haltestelle Wüllnerstraße
in Köln aus der Stadtbahn aussteigen, dürfte das weiß gestrichene
Wohnhaus am Stadtwaldgürtel 35 wirklich auffallen. Es ist ein großes
Gebäude mit einem kleinen, säulengestützten Portikus. Um 1910 gebaut, hat es sich über die Jahrzehnte mehrfach verändert. Jetzt ist es
ein Mehrfamilienhaus mit Eigentumswohnungen. Vor ein paar Jahren war das Gebäude noch blau gestrichen, während der Sandstein der
Säulen und die Fensterlaibungen weiß waren. Früher hatte die Villa
kein penthouseartiges drittes Geschoss, sondern ein Mansardendach
mit geschwungenem Giebel über der Portikusachse.

Am Vormittag des 4. Januar 1933 wird die Villa zum Schauplatz
eines historischen Treffens, das gelegentlich als »Geburtsstunde des
Dritten Reiches« bezeichnet wird. Der mittelständische Bankier Kurt
Freiherr von Schröder, der zu diesem Zeitpunkt mit seiner Familie in
der Villa wohnt, empfängt hier an diesem trüben Januartag den ehemaligen Reichskanzler Franz von Papen und den Führer der NSDAP
Adolf Hitler. Das Gespräch der beiden Politiker in Schröders Arbeitszimmer dauert mehrere Stunden. Sie verständigen sich grundsätzlich
auf eine Regierungszusammenarbeit. Schröder, der dem Gespräch
nur teilweise beiwohnt, fasst den Kern des Treffens 1947 während der
Nürnberger Prozesse wie folgt zusammen:

»Weiterhin führte Papen aus, dass er es für das Beste halte, eine
Regierung zu formen, bei der die konservativen und nationalen Ele-

NEUZEIT

mente, die ihn unterstützt hatten, zusammen mit den Nazis vertreten seien … Daraufhin hielt Hitler eine lange Rede, in der er sagte, dass, wenn er zum Kanzler ernannt würde, Anhänger von Papen als Minister an seiner [Hitlers] Regierung teilnehmen könnten, sofern sie gewillt wären, seine Politik, die viele Änderungen bestehender Zustände verfolge, zu unterstützen. Er skizzierte diese Änderungen, einschließlich der Entfernung aller Sozialdemokraten, Kommunisten und Juden von führenden Stellungen in Deutschland und der Wiederherstellung der Ordnung im öffentlichen Leben.«

Das Treffen ist nicht ohne einen Blick auf die schwierige politische Lage in der späten Weimarer Republik zu verstehen. Mit der Weltwirtschaftskrise wuchs die Zahl der Arbeitslosen so stark, dass eine Reform der Arbeitslosenversicherung dringend notwendig wurde. Doch an dem Streit über die Finanzierung zerbrach die Große Koalition am 27. März 1930 und mit ihr die letzte vom Parlament gestützte Regierung der Republik. Reichspräsident Paul von Hindenburg setzte drei Tage später ein Präsidialkabinett unter dem Zentrumspolitiker Heinrich Brüning ein, ohne den Versuch einer Koalitionsbildung abzuwarten.

Die Weimarer Verfassung gab dem Staatsoberhaupt weitreichende Befugnisse. Der für sieben Jahre durch das Volk gewählte Reichspräsident hatte mit Artikel 48 das Recht zur Verabschiedung von Notverordnungen. Zudem konnte er den Reichstag aufgrund von Artikel 25 auflösen. Nach dem plötzlichen Tod Friedrich Eberts war Paul von Hindenburg zum Reichspräsidenten gewählt worden. Hindenburg, der zu Kriegsende der Obersten Heeresleitung angehört hatte, wurde in weiten Teilen der Bevölkerung für den von ihm geführten Sieg über die russische Armee in der Schlacht von Tannenberg 1914 verehrt. Mit der eigenmächtigen Berufung einer Regierung ohne parlamentarischen Rückhalt handelte der bekennende Anhänger der Monarchie allerdings gegen die Verfassung. Brüning hielt später fest, Hindenburg habe »das Parlament im gegebenen Augenblick für eine Zeit nach Hause schicken und in dieser Zeit mit Hilfe des Artikels 48 die Sache in Ordnung bringen« wollen. Als das Parlament versuchte, eine Notverordnung Brünings aufzuheben, löste Hindenburg es auf.

Die Neuwahlen im Juli 1930 wurden zum Desaster für die demokratischen Parteien, die deutlich an Stimmen verloren, während die zuvor kleine Splitterpartei NSDAP, die noch 1928 lediglich 2,6 Prozent erhalten hatte, mit 18,3 Prozent und 107 Abgeordneten als zweitstärkste Fraktion in den Reichstag einzog. Bei der nächsten Wahl, die keine zwei Jahre später stattfand, stieg die NSDAP mit 37,3 Prozent zur größten Fraktion auf. Hitler versuchte nun, Hindenburg dazu zu bewegen, ihn zum Reichskanzler zu ernennen. Doch noch lehnte der Reichspräsident dies ab. Von Papen, den Hindenburg schon vor der Neuwahl zum dritten präsidialen Reichskanzler ernannt hatte, blieb weiter an der Regierung, trat aber, nachdem die zweiten Reichstagswahlen ihm keine Mehrheitsregierung ermöglicht hatten, im November 1932 zurück. Bei diesen Wahlen verlor die NSDAP wieder leicht an Stimmen. Die Presse reagierte erleichtert. So schrieb die *Frankfurter Zeitung*: »Der gewaltige nationalsozialistische Angriff auf den demokratischen Staat ist abgeschlagen.«

Doch fern davon beginnt mit den Treffen in der Villa Schröder der Aufstieg Hitlers zur Macht. Von Papen, der selbst wieder in die Regierung will, setzt sich nach einem zweiten Treffen mit Hitler bei seinem Schwiegervater Hindenburg, dessen Vertrauen er noch immer genießt, für die Ernennung Hitlers zum Reichskanzler ein. Er selbst will Vizekanzler werden. Hindenburg stimmt nun zu. Beide sind der Meinung, Hitler kontrollieren zu können.

Am 30. Januar 1933 ernennt Hindenburg Hitler zum Reichskanzler. Nach seinem vergeblichen Putschversuch von 1923 wird Hitler nun die Regierung ganz legal übergeben. Dass die Villa Schröder der Schauplatz der Vorbereitung dieser Machtübergabe war, wissen nur wenige. Heute erinnert vor Ort nur eine unauffällige Bodenplatte im Gehweg an das Ereignis.

NEUZEIT

349

85

Das Seebad Prora
auf Rügen

»Kraft durch Freude«

BAUZEIT: 1936–1939

Ein wahres Monstrum liegt in Rügen am Meer. An einer malerischen Bucht auf der Ostseite der Insel sollte nach dem Plan der National-sozialisten ein »Seebad der 20 000« entstehen. Auf etwa 4,5 km er-streckt sich nun ein nie fertiggestellter Baukoloss am Strand. Sechs-geschossig sind die Bettenhäuser, die die kleinen Zimmer für die »Volksgenossinnen« und »-genossen« aufnehmen sollten. Als die Arbeiten im September 1939 aus Kriegsgründen eingestellt wurden, waren alle acht vorgesehenen Häuser weitestgehend im Rohbau, also mit den Mauern, aber ohne Treppenstufen, Fenster und Dachdeckung, abgeschlossen. Die Dächer mussten während des Kriegs schlecht ver-sorgte Zwangsarbeiterinnen und Zwangsarbeiter aus Polen und Russ-land decken.

Heute stehen südlich des Festplatzes, auf dem eine gigantische Säulenhalle als Festsaal geplant war, noch drei Bettenhäuser, nörd-lich zwei. Alle Unterkünfte des Seebads sollten zum Wasser ausge-richtet sein. Um den freien Blick zu garantieren, wurden deshalb die Treppenhäuser mit den Sanitäreinrichtungen wie die Zacken eines Kamms auf der Landseite angefügt. Zur See hin waren weit zum Was-ser vortretende, dreigeschossige Flügel für Restaurants und Gemein-schafträume vorgesehen. Der Architekt Clemens Klotz entwarf sie im Stil des Neues Bauens mit einer im Osten abgerundeten Fassade. Auf der Südseite wurde gar nicht mit dem Bau begonnen, sodass zwischen den Bettenblöcken Lücken frei geblieben sind. Zum Festplatz schließt

NEUZEIT

ein querstehender Bauteil den südlichen Gebäuderiegel ab. Wuchtige Pfeiler stützen das weit überstehende Dach des Gebäudes, das als Empfangsbereich dienen sollte.

Gleich nach seiner Ernennung zum Reichskanzler am 30. Januar 1933 (→ 84) beginnt Adolf Hitler mit der Gleichschaltung des Deutschen Reiches, indem er die Presse- und Versammlungsfreiheit einschränkt und Mitglieder der widerstandsbereiten Kommunistischen Partei verhaften lässt. Anfang März erhält die NSDAP die Mehrheit bei den Reichstagswahlen, verfehlt aber wider Erwarten trotz massiver Propaganda und Einschüchterungen die absolute Mehrheit. Doch mit dem »Ermächtigungsgesetz« vom 23. März, das der Reichstag zum Teil unter Gewaltandrohung und mit wenigen Gegenstimmen seitens der SPD passieren lässt, wird der Regierung das Recht eingeräumt, auch nicht verfassungskonforme Gesetze ohne Zustimmung des Parlamentes zu verabschieden.

Am 1. Mai beginnt die Gleichschaltung der Arbeiter. Der von der Arbeiterbewegung schon lang geforderte arbeitsfreie »Tag der nationalen Arbeit« wird eingeführt und mit Massenaufmärschen zelebriert, um von der auf den nächsten Tag angesetzten Zerschlagung der Gewerkschaften abzulenken. Diese werden in die neu gegründete Deutsche Arbeitsfront (DAF) eingegliedert. Der »Führer der Arbeitsfront« zitiert auf dem NSDAP-Parteitag 1934 den Befehl, den er von Hitler erhalten hat: »Sie übernehmen die Gewerkschaften, damit sie als politische Seuchenherde unserem Gegner entzogen werden ... Ich hoffe, dass es Ihnen gelingt, aus dem Instrument der Volksverhetzung ein Instrument der Volksgemeinschaft zu machen.«

Am 27. November wird schließlich innerhalb der DAF die Organisation »Kraft durch Freude« (KdF) gegründet. Sie soll die Kontrolle der Bevölkerung über den Arbeitstag hinaus bis in das Privatleben ausdehnen. Theateraufführungen, Konzerte, Kunst, Vereine werden Teil der Arbeitsfront und Teil der NS-Propaganda. Ebenso Urlaubsreisen, die für wenig Geld über Kraft durch Freude gebucht werden können. Bis 1939 macht jede zehnte Familie eine KdF-Reise. Vor allem die Kreuzfahrten sind gefragt und werden in den Medien ausführlich präsentiert. Bilder von Arbeitern mit Arbeitermonturen, die auf dem Sonnendeck von Kreuzfahrtschiffen entspannen, gehen um die Welt und vermitteln ein positives Bild vom NS-Staat. Verschwiegen wird, dass die Reisen spätestens ab 1936 von der Geheimen Staatspolizei, der Gestapo, überwacht werden. Schon die Verweigerung des gemeinschaftlichen Absingens der Nationalhymne führt zur Verhaftung. Zudem dient der Urlaub nicht dem Wohl der Menschen, sondern der Kriegsvorbereitung. »Wir schicken unsere Arbeiter nicht in Schiffen auf Urlaub oder bauen ihnen gewaltige Seebäder, weil es uns Spaß macht ... Wir taten das nur, um die Arbeitskraft des Einzelnen zu erhalten und ihn verstärkt und neu ausgerichtet an seinen Arbeitsplatz zurückkehren zu lassen«, erklärt der Pressereferent der DAF 1939. Die Streiks an der Heimatfront am Ende des Ersten Weltkriegs vor Augen will die NSDAP-Führung die Bevölkerung durch Urlaube bei Laune und kriegstauglich halten.

Am 2. Mai 1936 wird der Grundstein für das Seebad Prora gelegt. Prora soll das erste von mehreren Seebädern werden. Es ist gleichzeitig Teil der Kriegsinfrastruktur. Die Zimmer sind ebenso wie auf den Kreuzfahrtschiffen so ausgelegt, dass der Komplex auch als Lazarett benutzt werden kann. Notdürftig hergerichtet dienen einige Teile während des Krieges unter anderem als Wohn- und Ausbildungsstandort für Nachrichtenhelferinnen.

Im Seebad Prora haben nie Arbeiter Urlaub gemacht. Während der DDR-Diktatur wird der Komplex zum militärischen Sperrgebiet, und Bausoldaten, die den Dienst an der Waffe verweigert haben, müssen hier Dienst schieben. Nach der Wende verfallen die Bauten dann mehr und mehr, weil ein sinnvolles Nutzungskonzept fehlt. Seit 2011 ist im Nordflügel eine Jugendherberge untergebracht, und im Südflügel befinden sich zwei Ausstellungen, die der Geschichte Proras während der zwei Diktaturen gewidmet sind. Ob sie noch lange bleiben können, ist fraglich. 2012 hat eine Unternehmensgruppe eines der Bettenhäuser gekauft, um hier ein Luxushotel mit edlen Appartements entstehen zu lassen.

NEUZEIT

86

Die Polnische Post
in Danzig

Der Beginn des Zweiten Weltkrieges

BAUZEIT: 1844

Etwas abseits der malerischen Altstadt mit ihren hohen Giebelhäusern und der mächtigen Backsteinkirche steht ein breites Gebäude aus dunkelroten Ziegeln. Es fällt vor allem durch seine Größe auf; die Gliederung des Gebäudes hingegen ist recht schlicht. Nur der Haupteingang ist aufwendig gestaltet. Er springt leicht aus der Fassade hervor, wobei ein verzierter rechteckiger Rahmen den Rundbogen des Portals umgibt. Ursprünglich diente das Gebäude als Krankenhaus, seit 1926 beherbergte es die Polnische Post. Ein Schild über dem Eingang wies in polnischer Sprache auf das Post- und Telegrafenamt hin; links und recht des Portals hingen Postkästen.

Danzig, das vor dem Ersten Weltkrieg zu Preußen gehört hat, ist mit dem Versailler Vertrag aus dem Deutschen Reich herausgetrennt worden und untersteht nun als Freie Stadt dem Völkerbund, der eine gewisse Anbindung an Polen vorsieht. So hat Polen beispielsweise das Recht, eigene Postkästen in der Stadt aufzuhängen, was anfangs einigen Ärger mit der zu 96 Prozent deutschen Bevölkerung auslöst. Polen darf auch auf einer dem Hafen vorgelagerten Halbinsel, der Westerplatte, ein Munitionsdepot anlegen.

Bereits wenige Tage nachdem ihm am 30. Januar 1933 durch seine Ernennung zum Reichskanzler die Macht übergeben wurde, spricht Adolf Hitler mit den ranghöchsten Offizieren der Reichswehr über seine Pläne einer Eroberung von »Lebensraum im Osten«. Ab 1938 wird die Bevölkerung dann subtil durch die gleichgeschaltete Presse

NEUZEIT

auf einen Krieg eingestimmt. Ziel ist Polen, gegen das schon wenige Monate später antipolnische Propaganda verbreitet wird.

Als am 23. August 1939 der als »Hitler-Stalin-Pakt« bekannt gewordene deutsch-sowjetische Nichtangriffspakt unterzeichnet wird, der aus den ehemals verfeindeten Ländern Verbündete macht mit dem Ziel, Polen wieder nach den alten Grenzen untereinander aufzuteilen, intensiviert Deutschland die Hetze gegen seinen Nachbarn noch. Fast täglich erschienen Berichte über angebliche Verletzungen des deutschen Grenzraumes durch Polen. Der bekannteste Vorfall ist sicherlich der fingierte Überfall auf den Radiosender Gleiwitz am 31. August 1939, der angeblich durch polnische Aufständische, tatsächlich aber durch SS-Leute erfolgt. Mit dem Vorfall wird gegenüber der Bevölkerung der Angriff auf Polen gerechtfertigt, mit dem am 1. September 1939, einem Freitag, der Zweite Weltkrieg beginnt.

Ziele dieses ersten Angriffs, der von der Propaganda zur »Strafaktion« stilisiert wird, sind die polnischen Einrichtungen in Danzig, darunter die Post und das Waffendepot. Um 4:45 Uhr feuert der Kreuzer »Schleswig-Holstein« den ersten Schuss auf das Munitionsdepot. Eine Stunde später beginnt die Einnahme des Postgebäudes durch die Danziger Schutzpolizei, deren Amtsräume an die Post angrenzen.

Doch wie die Posten des Munitionslagers sind auch die Männer in der Polnischen Post auf den Angriff vorbereitet. Die Tagschicht ist über Nacht zusätzlich zur Nachtschicht im Gebäude geblieben und verteidigt nun mit drei Maschinengewehren, 40 Pistolen und einigen Kisten Handgranaten die Stellung. Sie warten auf die eigene Armee, die zur Verteidigung aus Polen anrücken soll. Doch deren am Vortag verkündeter Plan hat sich inzwischen verändert. Trotzdem können die deutschen Angreifer die polnischen Verteidiger erst am Abend zur Aufgabe zwingen. Inzwischen versperren Trümmer den eingestürzten Eingang der Polnischen Post, und alle Fensterscheiben des Gebäudes sind zu Bruch gegangen. Die ersten Postler, die das Gebäude, weiße Tücher schwenkend, verlassen, werden sofort erschossen. Die anderen werden inhaftiert und Anfang Oktober als »polnische Freischärler« zum Tode durch Erschießen verurteilt. Innerhalb von fünf Wochen kann die Wehrmacht, wie die Reichswehr seit 1935 heißt, Polen einnehmen. Unterstützt wird sie dabei durch die Rote Armee, die vereinbarungsgemäß am 17. September 1939 von Osten her nach Polen eindringt. Frankreich und Großbritannien haben dem Deutschen Reich zwar bereits am 3. September den Krieg erklärt, halten sich aber noch militärisch zurück. Große Teile der deutschen Bevölkerung, die zunächst schockiert auf den Kriegsbeginn reagiert, ergreift mit dem Erfolg des »Blitzkrieges« eine Kriegseuphorie.

Nach dem Erfolg in Polen folgt die Besetzung Dänemarks und Norwegens, dann beginnt ab Mai 1940 die Westoffensive. Nach rund sechs Wochen muss Paris kapitulieren. Erst mit dem Kampf gegen Großbritannien und dem Feldzug nach Osten gerät der europäische Vormarsch Hitlers ins Stocken. Die deutsche Niederlage gegen die Vereinigten Staaten, Großbritannien und die Sowjetunion ist bereits 1942 absehbar. Dennoch führt die Deutsche Heeresleitung den Krieg bis zum bitteren Ende 1945 fort. Der Zweite Weltkrieg kostet weltweit über 50 Millionen Menschen das Leben.

Viele an den Kriegsgräueln und an der Judenvernichtung beteiligte Deutsche bleiben nach der Kapitulation zunächst unbehelligt. Zu ihnen gehört der Richter, der die Todesurteile über die polnischen Postler gesprochen hat. Zwanzig Jahre nach dem Angriff auf die Polnische Post liegt *Die Blechtrommel* auf seinem Amtstisch. Er ist inzwischen Vizepräsident des Oberlandesgerichts Bremen und soll beurteilen, ob der Roman des in Danzig geborenen Schriftstellers Günter Grass wegen der darin enthaltenen sexuellen Szenen zensiert werden soll. Der Roman hat dem Überfall auf die Polnische Post ein literarisches Denkmal gesetzt. Der Richter lässt den Roman unzensiert durchgehen; er habe das Buch nach den ersten Kapiteln weggelegt, betont er.

Die Polnische Post ist heute ein Museum. Eine Skulptur erinnert an die Opfer des 1. Septembers, und der polnische Adler ziert den Bogen des Eingangsportals.

NEUZEIT

87

Das Eingangstor
zu Auschwitz II-Birkenau

Das Tor des Todes

BAUZEIT: 1942

Dieses Bauwerk ist ein *Pars pro Toto*, ein Teil, der für ein größeres Ganzes steht und in vielen Regionen der Welt als Symbol für den nationalsozialistischen Völkermord und das Vernichtungslager Auschwitz verstanden wird. Es ist ein einfaches, funktionales Bauwerk. Ein zweistöckiger Wachturm dominiert den langen, schmalen Ziegelbau. Im Erdgeschoss öffnet sich der Turm zu einem breiten Tor. Schienen führen durch die Einfahrt. Dahinter liegt ein Bahnsteig, der von den Aufsehern des Todeslagers als »Judenrampe« bezeichnet wurde.

Hier halten zwischen 1942 und Januar 1945 mehrmals täglich Züge. Es sind Viehwaggons, die aus weiten Teilen Europas kommen und vollgestopft sind mit Menschen – Minderheiten, die von den Nationalsozialisten für minderwertig erklärt wurden. Die meisten von ihnen sind jüdisch. Sobald sie aussteigen, werden sie in »Arbeitsfähige« und »Lebensunwerte« – Kinder, ihre Mütter, Alte und Kranke – sortiert. Letztere werden sofort in die Gaskammern gebracht. Die verbliebenen Häftlinge werden zur härtester Arbeit gezwungen und ebenfalls umgebracht, wenn sie Widerstand leisten, krank werden oder vor Erschöpfung und Hunger nicht mehr arbeiten können.

Der 1947 als Kriegsverbrecher hingerichtete Lagerkommandant Rudolf Höß verfasst in der Haft seine Memoiren. Emotionslos schreibt er über die Gaskammern: »Zuerst kamen die Frauen mit den Kindern hinein, hernach die Männer. Die Tür wurde schnell zugeschraubt, und das Gas in einen Luftschacht geworfen. Durch das Beobachtungs-

NEUZEIT

fenster konnte man sehen, dass die dem Einwurfschacht am nächsten Stehenden sofort tot umfielen. Die anderen fingen an zu taumeln, zu schreien und nach Luft zu ringen. Das Schreien ging bald in ein Röcheln über, und in wenigen Minuten lagen alle. Eine halbe Stunde nach dem Einwurf des Gases wurde die Tür geöffnet und die Entlüftungsanlage eingeschaltet. Den Leichen wurden nun durch das Sonderkommando die Goldzähne entfernt und den Frauen die Haare abgeschnitten. Hiernach wurden sie durch den Aufzug nach oben gebracht vor die inzwischen angeheizten Öfen.«

Zu Beginn der NS-Diktatur war die Vertreibung der jüdischen Bevölkerung aus Deutschland das Ziel der Nationalsozialisten. Erreicht werden sollte dies durch Gewaltakte, Schikanen und Diffamierungen, den Entzug der wirtschaftlichen Lebensgrundlagen und Berufsverbote. Mit Kriegsbeginn 1939 verschärften sich die Maßnahmen: Arische Verwalter übernahmen den jüdischen Grundbesitz, Radiogeräte und Wertgegenstände wurden eingezogen, Ausgangssperren und Platzverbote schränkten den Lebensraum der jüdischen Bevölkerung ein. Seit September 1941 mussten die noch im Land verbliebenen Jüdinnen und Juden den gelben Judenstern als Erkennungsmerkmal tragen. Im Oktober wurde ihnen dann die Ausreise verboten.

Wenig später begannen die Deportationen aus dem »Altreich« nach Osten. Für eine Flucht war es nun meist zu spät. Nur wenigen gelang es, bei nichtjüdischen Bekannten oder hilfsbereiten Fremden unterzutauchen. Ein genauer Zeitpunkt, zu dem aus den gewaltsamen Abtransporten in Ghettos und Konzentrationslager eine systematische Vernichtungspolitk wurde, ist nicht auszumachen. Adolf Hitler hat eine Aussage zur Vernichtung als »Endlösung« immer vermieden. Fest steht nur, dass die »praktische Umsetzung« des Führerwunsches nach einem judenfreien Europa durch einzelne Untergebene und insbesondere durch Heinrich Himmler schon vor den systematischen Deportationen begann. In den Arbeitslagern setzte sich die Praxis durch, Arbeitsunfähige zu erschießen, um »unnütze Esser« zu beseitigen. Zudem war schon im September 1939 mit der Ermordung psychisch kranker Menschen begonnen worden. Manche wurden auch »nur«

sterilisiert, um ihre Fortpflanzung zu verhindern, weil ein gesundes deutsches Volk erhalten werden sollte.

Im September 1941 jedenfalls werden zur Erprobung der Wirkung des Giftgases Zyklon B in Auschwitz sowjetische Kriegsgefangene versuchsweise vergast. Lagerkommandant Höß ist mit den Ergebnissen zufrieden, und bald darauf wird Auschwitz II fertiggestellt, das nicht nur über technisch ausgeklügelte Gaskammern, sondern auch über Krematorien zur Beseitigung der Leichen verfügt. Es ist das größte nationalsozialistische Vernichtungslager. Über 1 300 000 Menschen – Jüdinnen und Juden, Angehörige der Sinti und Roma, Kriegsgefangene – werden hier ermordet.

1944 rückt die Rote Armee näher. Himmler hat für diesen Fall die Zerstörung der Vernichtungslager befohlen. Es sollen keine Beweise für den Massenmord zurückbleiben. 65 000 »arbeitsfähige« Häftlinge werden noch bis Januar 1945 zur Zwangsarbeit in deutsche Rüstungsbetriebe gebracht, während im Lager die Gaskammern und Krematorien gesprengt werden. Die noch im Lager verbliebenen über 60 000 Menschen müssen, sofern sie irgendwie können, den Komplex zu Fuß verlassen. Ihre Befreiung soll verhindert werden. Es sind Todesmärsche. Doch selbst nach der Befreiung von Auschwitz am 27. Januar 1945 durch die Rote Armee sterben noch unzählige ehemalige Häftlinge an den Folgen von Hunger, Krankheit und Erschöpfung.

Der nationalsozialistische Völkermord mit seiner systematischen, industriellen Vernichtung von Menschenleben verschließt sich jeder menschlichen Vorstellungskraft und kann ohne Zeitzeuginnen und Zeitzeugen gerade den Nachgeborenen kaum vermittelt werden. Umso wichtiger ist es, Orte des Genozids zu bewahren und durch eine fundierte geschichtliche Vermittlung den gegenwärtigen und kommenden Generationen zugänglich zu machen. Das Vernichtungslager Auschwitz mit seinen hohen Elektrozäunen und dem einfachen Torbau, dem »Tor des Todes«, ist einer dieser Orte wider das Vergessen. Seit Eröffnung der Gedenkstätte haben knapp 30 Millionen Menschen aus allen Teilen der Welt Auschwitz besucht.

NEUZEIT

88

Schloss Cecilienhof
in Potsdam

Die Besatzungsmächte unter sich –
die Potsdamer Konferenz

BAUZEIT: 1913–1917

Noch während des Ersten Weltkriegs wurde am Schloss Cecilienhof in Potsdam gebaut. Idyllisch am Ufer des Jungfernsees gelegen, sollte es zur Residenz für Kronprinz Wilhelm und seine Gemahlin werden. Die beiden hatten sich ein Domizil im englischen Cottagestil mit Backsteinmauern und Fachwerk gewünscht. Bauflügel gruppieren sich, vor- und zurückspringend, um fünf Innenhöfe. Und so wirkt das Bauwerk, das 55 unterschiedlich gestaltete Schornsteine bekrönen, trotz seiner Größe gemütlich.

Einer der schönsten Räume ist das Kajütenzimmer der Kronprinzessin Cecilie, die es wie eine Kabine auf einem Luxusdampfschiff gestalten ließ. Der wichtigste Raum aber ist ein anderer: die ehemalige Wohnhalle der Familie, die das Schloss 1923 als Privatbesitz zugesprochen bekommen hatte. Am Ende des Zweiten Weltkriegs verlässt sie Potsdam jedoch fluchtartig, als sowjetische Soldaten nach Berlin vorrücken.

Angesichts der aussichtslosen Lage begehen Adolf Hitler und einige seiner Getreuen im Führerbunker Selbstmord. Wenige Tage später ergeben sich die Wehrmachtstruppen in der Hauptstadt, und am 8. Mai 1945 titelt die *Aachener Zeitung* in Großbuchstaben: »Der Krieg ist aus!« Die Wehrmacht hat die bedingungslose Kapitulation unterzeichnet.

Im Schloss Cecilienhof quartieren sich Soldaten der Roten Armee ein. Möbel werden umgestellt, herausgetragen, herbeigebracht. Im Garten des Hauptinnenhofs wird ein Stern aus roten Rosen gepflanzt und in Moskau ein runder Tisch mit über drei Metern Durchmesser gezimmert. Er findet seinen Platz in der Wohnhalle, wo die Potsdamer Konferenz der drei Siegermächte Sowjetunion, Vereinigte Staaten und Großbritannien stattfindet. Ihre Nationalflaggen stehen in der Mitte des Tisches und schmücken die Wände. Die Stühle, die eng nebeneinander um den Tisch stehen, stammen aus dem beschädigten Niederländischen Palais in Berlin. In denen mit den Armlehnen sitzen die »Großen Drei«: der sowjetische Diktator Josef Stalin als Gastgeber der Konferenz, der britische Premier Winston Churchill und der US-Präsident Harry S. Truman.

Als Churchill am Tag vor der Konferenz durch Berlin fährt, sieht er eine Trümmerwüste mit obdachlosen Menschen, verzweifelten Flüchtlingen und hungernden Kindern. Und er sieht trotz aller Niedergeschlagenheit der deutschen Bevölkerung Hoffnung. Später erinnert er sich:

»Da die Fahrt natürlich nicht angekündigt worden war, befanden sich auf den Straßen nur die üblichen Passanten. Vor der Reichskanzlei stand eine größere Menschenmenge. Als ich aus dem Auto stieg und mich unter sie mischte, ließen sie mich mit Ausnahme eines alten Mannes, der missbilligend den Kopf schüttelte, hochleben. Seit Deutschland den Kampf aufgegeben hatte, war mein Hass verflogen, und diese Demonstration bewegte mich ebenso sehr wie die abgezehrten Züge und die abgetragene Kleidung der Bevölkerung.«

Diese versöhnliche Tendenz ist auch einige Wochen später bei Truman in seiner bekannten Rundfunkansprache an die amerikanische Bevölkerung zu hören: »Deutschland soll von den Kräften befreit werden, die es so gefürchtet und verhasst gemacht und die es nun ins Verderben geführt haben. Der Nazismus, die Armee, die Kriegsindustrie, der Generalstab und seine militaristische Tradition werden ausgemerzt. Stattdessen soll die Demokratie wieder aufgebaut werden durch die Kontrolle des Erziehungssystems, durch die Reorganisation der lokalen Selbstverwaltung und der Justiz und durch die Ermutigung, Redefreiheit, Pressefreiheit, Religionsfreiheit und Streikrecht wahrzunehmen.«

ZEITGESCHICHTE

Schon im Jahr zuvor haben die Alliierten in London die Aufteilung und Besetzung Deutschlands beschlossen. Nun kommt Frankreich als vierte Besatzungsmacht hinzu. Die sowjetische Zone nimmt den Osten ein und umschließt das in vier Sektoren geteilte Berlin. Anders als Churchill und Truman versucht Stalin, Reparationszahlungen festzuschreiben. Er hofft, dass die Vereinigten Staaten wie nach dem Ersten Weltkrieg die Reparationszahlungen der Deutschen durch Kredite unterstützen und so indirekt den Wiederaufbau der Sowjetunion mitfinanzieren. Doch Truman bleibt hart: »Dieses Mal werden die Reparationen in Form von Sachvermögen aus den Ressourcen zu bezahlen sein, welche Deutschland nicht zur Sicherstellung seiner Selbstversorgung im Frieden benötigt.« Jeder Besatzungsmacht wird es selbst überlassen, welche und wie viele Ressourcen sie aus ihren Zonen zieht.

In einem anderen, wegweisenden Punkt werden Briten und Amerikaner allerdings vor vollendete Tatsachen gestellt. Während sich die Großen Drei zuvor bereits über eine Verschiebung der deutschen Ostgrenze – oder die Westverschiebung der polnischen Grenze – geeinigt hatten, ist noch strittig, wo die Grenze gezogen werden soll. Die Sowjetunion besteht auf einer Westverschiebung der polnischen Grenze bis zur Oder, was auch rein deutsche besiedelte Gebiete eingemeindet. Stalin will dadurch umstrittene Gebiete im Osten für die Sowjetunion sichern. Da die westlichen Alliierten eine Umsiedlung von Menschen aus den rein deutschen Gebiete entschieden ablehnen, hatte Stalin in den Monaten vor der Konferenz mit der Vertreibung der Volksdeutschen zwischen Oder und Neiße Tatsachen geschaffen.

Die Briten und die Amerikaner erkennen die Grenzziehung zwar nicht völkerrechtlich an, aber sie haben kaum Möglichkeiten einzuschreiten. Auf dem berühmten Foto, das auf der Terrasse des Schlosses Cecilienhof in Potsdam am 25. Juli aufgenommen wurde, sitzen die Großen Drei noch einig nebeneinander. Alle drei stützen ihre Arme auf die Lehnen ihrer Korbstühle. Doch schon bald zementiert sich der Konflikt zwischen Ost und West und die Teilung zwischen der östlichen Besatzungszone und den Westzonen.

ZEITGESCHICHTE

89

Die Paulskirche
in Frankfurt

Drei Waggons mit Bauholz für die Demokratie

BAUZEIT: 1789–1833 und 1947–1948

Wer im Juni 1945 vom Römerberg aus auf Frankfurt schaute, sah eine Stadt in Trümmern. Ein Großteil der Wohnhäuser war zerstört oder beschädigt worden, hatte Dach und Decken verloren. Die ausgebrannte Ruine der Paulskirche, des Entstehungsorts der ersten deutschen, wenngleich nie durchgesetzten Verfassung (→ 67), fiel da nicht weiter ins Auge und war für viele Menschen, die Obdach und Nahrung benötigten und um ihre Angehörigen trauerten, nicht relevant.

Als dann 1946 die Aufräumarbeiten im vollen Gange sind, kommt die Idee auf, die Kirche rechtzeitig zum Jubiläum der Paulskirchenversammlung von 1848 (→ 67) wieder aufzubauen. Es geht darum, ein Symbol der Überwindung des Nationalsozialismus zu errichten. »Wenn wir inmitten unserer Not glauben, dieses Denkmal europäischer Geisteshaltung und Größe wiedererrichten zu sollen, dann tun wir das in tiefer sittlicher Verpflichtung nach aller Schuld, die Verblendete im Namen unseres Volkes der ganzen Menschheit zugefügt haben«, erklärt der Oberbürgermeister Walter Kolb. Es soll ein »Haus aller Deutschen« werden, denn der Aufbau sei gesamtdeutsche Angelegenheit.

Tatsächlich beteiligen sich überraschend viele Menschen, Gemeinden, Vereine und Parteien aus ganz Deutschland an dem Projekt. 327 Sachspenden treffen in Frankfurt ein. Aus Thüringen werden zum Beispiel drei volle Waggons mit Bauholz – damals ein außerordentlich kostbares Gut – geschickt. Offenbach sendet Leder für die Bestuhlung, und aus Kassel trifft 1950 ein Relief für den Türgiebel ein.

ZEITGESCHICHTE

Zu den Spendern gehört auch die Sozialistische Einheitspartei aus Berlin, zu der sich SPD und KPD in der Sowjetischen Besatzungszone 1946 zwangsweise zusammengeschlossen haben. Sie spendet 10.000 Reichsmark.

Für den Wiederaufbau der Paulskirche werden nur die noch stehenden Außenmauern verwendet. Das Innere und sogar das Dach mit seiner einstigen Spitzkuppel werden verändert. Im Innenraum wird der Boden ausgehoben, damit eine Wandelhalle im Untergeschoss Platz findet. Darüber ruht ein hoher Saal. Der Kontrast zwischen niedrigem und dunklem Raum und einem hellen, weiß gestrichenen Saal ist symbolisch aufgeladen. Dazu der am Entwurf beteiligte Architekturprofessor Rudolf Schwarz: »Aus der Wandelhalle steigt man auf zwei mit der Rundung der Wand geschwungenen Treppen in den hohen Saal hinauf. Das Erlebnis dieses Aufstiegs aus dem Dunkeln und Drückenden ins Helle und Freie ist stark, und wir dachten uns etwas dabei. Der Bau sollte sagen, was die Versammlung in diesem Haus für unser Volk zu tun hatte ... und wir meinten damit die Gesinnung, in der die neue Gründung des Reiches erfolgen sollte.«

Der Neuanfang ist schwer, wie schon die Tatsache zeigt, dass Rudolf Schwarz von einer Neugründung »des Reiches« spricht. 1945 ist eben keine *Stunde Null*, nach der die deutsche Bevölkerung unbelastet neu beginnen kann. Schon vor Kriegsende haben die Alliierten die Entnazifizierung Deutschlands beschlossen. Die NSDAP mit ihren Unterorganisationen wird 1945 verboten, die NS-Gesetze werden aufgehoben und die Symbole des Dritten Reiches aus dem Alltag entfernt. Und am 20. November 1945 beginnen die Nürnberger Prozesse gegen 22 der ursprünglich 24 angeklagten NS-Hauptkriegsverbrecher, von denen ein Jahr später zwölf zum Tode verurteilt werden (Martin Bormann in Abwesenheit). Acht Millionen Deutsche sind Mitglieder in der NSDAP gewesen. Gegen sie richten sich die Entnazifizierungsmaßnahmen der Alliierten. Deutsche werden an der »Säuberung« nicht beteiligt, da den Deutschen eine Kollektivschuld unterstellt wird, und selbst deutsche Gruppen, die NS-Verbrecher und Verbrecherinnen aufspüren, um sie der Justiz zuzuführen, werden bereits im Frühsommer 1945 verboten.

Besonders entschlossen geht die amerikanische Besatzungsmacht bei der Entnazifizierung vor. Noch im Sommer verschickt sie einen 131 Punkte umfassenden Fragebogen, den alle Betroffenen zu beantworten haben. In Bayern bearbeitet die zuständige Militärabteilung bis zum 15. März 1946 804 653 Fragebögen, deren Auswertung dazu führt, dass 19 Prozent der Befragten aus ihren Positionen entlassen werden. Doch vor allem die Entlassung von Fachpersonal des öffentlichen Dienstes verursacht Probleme, da es häufig keinen Ersatz für sie gibt. Zugleich beginnt eine juristische Aufarbeitung, die aber bei Abschluss der Entnazifizierung zum 31. März 1948 abgebrochen wird.

In der britischen und in der französischen Besatzungszone hingegen überwiegen pragmatische Überlegungen. Nach der Entfernung der Hauptschuldigen aus hohen Positionen hat die Bedeutung der Betroffenen für den Wiederaufbau in Verwaltung und Wirtschaft Vorrang vor einer politischen Überprüfung. In der Sowjetischen Besatzungszone wiederum steht die Schaffung eines sozialistischen Systems im Vordergrund. 520 000 Personen werden aus ihren Positionen entfernt und durch Kommunisten ersetzt. Hochrangige Nationalsozialisten werden wie in den Westzonen in Speziallagern inhaftiert. Aber die sowjetische Geheimpolizei nutzt die Lager, die zum Teil in vorherigen Konzentrationslagern eingerichtet werden, nicht nur zur Inhaftierung von Nationalsozialisten, sondern auch von politischen Gefangenen.

Ab 1946 liegen die Verfahren bei deutschen, von den Besatzungsmächten beaufsichtigten Behörden. Sowohl in der Ost- als auch in den Westzonen bleiben ehemalige NSDAP-Mitglieder in ihren Ämtern und können in den nächsten Jahrzehnten aufsteigen oder kehren schon bald in ähnliche Positionen wie früher zurück. Dennoch stellt die Wiedereröffnung der Paulskirche hundert Jahre, nachdem am 18. Mai 1848 die Abgeordneten der Nationalversammlung unter Glockengeläut in den Versammlungsraum eingezogen waren, ein wichtiges Zeichen auf dem Weg zur Demokratie dar.

90

Das Museum Alexander Koenig in Bonn

Der Weststaat und das Grundgesetz –
ein Provisorium

BAUZEIT: 1912–1934

Studiis zoologicis sacrum steht mit großen Buchstaben zwischen den Säulen dieses Bauwerks, das zoologischen Studien gewidmet ist. Und so zeigt das große Giebelfeld des Museums Alexander Koenig keine Allegorie, keine Gottheiten und auch keinen Herrscher. Es ist der König der Tiere, ein Löwe mit mächtiger Mähne, der auf der Mittelachse steht. Triumphierend stützt er sich auf seine Beute. Es ist das einzige erlegte Tier auf dem Tympanon. Die Bildkomposition macht die am Boden zusammengesunkene Gestalt als Gegengewicht zu dem majestätischen Adler nötig, der mit weit geöffneten Schwingen die Spitze des Dreiecks einnimmt. Zu beiden Seiten der Dreiergruppe drängen sich weitere Tiere. Bär, Elefant, Hirsch und Wolf gehören zu ihnen.

Der Zoologe Alexander Koenig ließ das Museum für seine umfangreiche naturkundliche Sammlung errichten. 1934 wurden es zusammen mit einem darin untergebrachten Forschungsinstitut eingeweiht. Bis 1943 blieb das Museum geöffnet, während in seinem Keller ein Lazarett eingerichtet wurde. Den Krieg überstand es mit nur geringen Schäden und war 1948 das einzige Gebäude in Bonn, das über einen nutzbaren repräsentativen Saal verfügte.

Der Lichthof des Museums ist mit Glas überdacht. Hier sind präparierte Tiere ausgestellt. Die Inszenierung der Tiere hat sich seit dem Kriegsende verändert, doch auch damals schon standen die meisten, darunter zwei Giraffen, im Lichthof. Der Legende nach hat eine der

ZEITGESCHICHTE

Giraffen die Eröffnungsfeier des Parlamentarischen Rates im Lichthof beobachtet. Die Feier war der erste Schritt zur Gründung der Bundesrepublik Deutschland.

Im Dezember 1947 scheitern in London die Beratungen der Außenminister der Siegermächte über die Neubildung eines deutschen Staates. Die Differenzen zwischen den Westmächten und der Sowjetunion sind inzwischen zu groß. Großbritannien, die Vereinigten Staaten und Frankreich fassen deshalb die gemeinsame Gründung eines föderalen westlichen deutschen Staates ins Auge. Den Grundstein für den Föderalismus haben sie in den vergangenen Jahren bereits durch die Errichtung von elf demokratischen Ländern gelegt. Und so sind es die elf Ministerpräsidenten, die am 1. Juli 1948 die Anweisung erhalten, bis zum 1. September eine verfassungsgebende Versammlung zur Bildung eines demokratischen und föderalen Staates in den Westzonen einzuberufen. Die Westalliierten verlangen zudem, dass die Verfassung durch ihre Militärgouverneure genehmigt und von der westdeutschen Bevölkerung durch eine Volksabstimmung legitimiert wird.

Ihre Aufforderung weckt in Deutschland keine Begeisterung. In gedrückter Stimmung beraten die Ministerpräsidenten im Hotel Rittersturz in Koblenz. Sie fürchten, dass mit einer westlichen Staatsgründung die Teilung Deutschlands in Ost und West endgültig wird. Sie können sich zwar nicht grundsätzlich widersetzen, aber es gelingt ihnen, die Westmächte zu einem Kompromiss zu bewegen. Statt einer Verfassung soll nur ein Grundgesetz ausgearbeitet werden, das durch die einzelnen Landtage ratifiziert, aber nicht durch eine Volksabstimmung legitimiert wird. Dadurch wollen die Ministerpräsidenten den provisorischen Charakter des Weststaates unterstreichen. Eine Verfassung soll erst ein Gesamtstaat erhalten. Sie verzichten auch auf die Einberufung einer Nationalversammlung, denn dann wäre der Ostteil der Nation nicht vertreten. Stattdessen soll eine Versammlung von Abgeordneten aus den Landesparlamenten unter dem Namen Parlamentarischer Rat einberufen werden.

Am 1. September 1948 werden die Flaggen der elf Länder vor dem Museum gehisst. Eine Flagge für Berlin ist nicht mit dabei. Aufgrund des Sonderstatus der geteilten Stadt dürfen die fünf Berliner Abgeordneten nur beraten, aber nicht mit abstimmen. Der SPD-Fraktionsvorsitzende Carlo Schmid erinnert sich später an den ungewöhnlichen Festort: »In der Halle dieses in mächtigen Quadern hochgeführten Gebäudes standen wir unter den Länderfahnen, rings umgeben von ausgestopftem Getier aus aller Welt. Unter den Bären, Schimpansen, Gorillas und anderen Exemplaren exotischer Tierwelt kamen wir uns ein wenig verloren vor.« Zu sehen sind die Tierpräparate während des Festakts allerdings nicht. Sie wurden zur Seite geschoben und hinter Vorhängen verborgen. Nur die Giraffen waren zu schwer zum Verschieben, sie stehen, so die Legende, noch in einer Ecke des Hofes. Die Sitzungen der 65 Abgeordneten des Parlamentarischen Rates, dem auch vier Frauen angehören, finden später in anderen Räumlichkeiten und daher ohne die Beobachtung durch die Tierwelt statt. Dafür lauschen Bürgerinnen und Bürger an den Fenstern der Aula der nahe gelegenen Pädagogischen Akademie dem Geschehen. Die Mütter und Väter des Grundgesetzes ziehen Lehren aus der Weimarer Republik und der NS-Diktatur. Sie stellen sicher, dass der Bundestag in seinen Befugnissen nicht ausgeschaltet werden kann, und installieren den Bundesrat als Länderkammer, die alle Gesetze, welche die Länder betreffen, bestätigen muss.

Am 23. Mai 1949 unterzeichnet Konrad Adenauer als Präsident des Parlamentarischen Rates als Erster das Grundgesetz, das am nächsten Tag in Kraft tritt. Die Bundesrepublik Deutschland ist damit gegründet. Am 14. August finden die ersten Bundestagswahlen statt. Einen Monat später zieht Adenauer als erster Bundeskanzler wieder in das Museum Koenig ein. Es fungiert nun als das erste Bundeskanzleramt der neuen Republik.

Das Gebäude, dessen Giebel mit Tieren aus aller Welt verziert ist, kann als einer der kuriosesten Orte des deutschen Parlamentarismus bezeichnet werden. In Bonn ist es nicht der einzige, wie bei einem Spaziergang entlang des ausgeschilderten »Weg der Demokratie« zu erfahren ist.

ZEITGESCHICHTE

91

Das Detlev-Rohwedder-Haus
in Berlin

Die Gründung des ostdeutschen Staates

BAUZEIT: 1934–1936

Gewaltig ist das richtige Wort für dieses Gebäude. Sieben Geschosse türmen sich zu dem langgestreckten Haupttrakt an der Leipziger Straße auf. Das Bauwerk, das den Zweiten Weltkrieg fast unbeschadet überdauert hat, nimmt die gesamte Breite des Blocks ein, umschließt vier Höfe und öffnet sich zu einem Ehrenhof. Alle Flügel zusammen verfügen über etwa 112 000 qm pro Stockwerk. Mehr als 2100 Büroräume gibt es hier, 17 Treppenhäuser, vier Aufzüge und drei Paternoster. Wer alle Flure ablaufen will, geht über 6,8 km. Und Fensterputzen wird bei den 4000 Fenstern zur Daueraufgabe.

Platten aus Muschelkalkstein verbergen das Stahl-Beton-Skelett des Baus. Die sachliche Fassade des Haupttrakts erhält durch die monumentalen Pfeiler der Kolonnaden und die zehn über zwei Geschosse reichenden Fenster eine aufstrebende Wirkung. Hermann Göring, Reichstagspräsident, Reichsluftfahrtminister und einer der mächtigsten Männer im Dritten Reich, ließ das Gebäude ab 1934 als Reichsluftfahrtministerium bauen. Das alte Kriegsministerium, das nicht dem repräsentativen Anspruch nationalsozialistischer Herrschaftsarchitektur entsprach, musste dafür ebenso wie einige benachbarte Wohnhäuser weichen. Nach seiner Fertigstellung schmückten Insignien der Nationalsozialisten das Gebäude. So wurde der NS-Hoheitsadler an den Geländern der zehn hohen Fenster am Haupttrakt angebracht, und an dessen Pfeilern prangten Hakenkreuze. Nach dem Zweiten Weltkrieg wurden die Symbole und Bilder entfernt, und die Militär-

verwaltung der Sowjetischen Besatzungszone bezog das nur minimal
beschädigte Bürogebäude.

Als ein gesamtdeutscher Staat unter sozialistischen Vorzeichen
nicht mehr realistisch erscheint, beginnen auch in der Ostzone Vorbereitungen für eine eigene Staatsgründung. 1949 steht ein von der SED
vorgelegter Verfassungsentwurf fest. Die Annahme der Verfassung soll
zumindest einen demokratischen Anschein haben. Im Mai 1949 werden deshalb Wahlen abgehalten. Statt eine Partei wählen zu können,
kann nur für eine Liste mit gesetzten Kandidatinnen und Kandidaten
gestimmt werden. Wer zustimmt, wirft den Wahlzettel in die Urne.
Die Mehrheit der gelisteten Personen gehört zur SED. 66,1 Prozent der
Wahlberechtigten stimmen für die Liste. Die SED-Mehrheit im dritten
Volkskongress wird noch durch die Vergabe von Sitzen an die SED-
Massenorganisationen wie die Freie Deutsche Jugend oder den Demokratischen Frauenbund Deutschlands gestärkt. Die Versammlung von
1400 Abgeordneten wählt den Zweiten Deutschen Volksrat, der über
die Verfassung entscheiden soll.

Im September 1949 reist die aus Wilhelm Pieck, Otto Grotewohl
und Walter Ulbricht bestehende Spitze der SED nach Moskau, um sich
die Details der Staatsgründung von Stalin genehmigen zu lassen. Sie
hoffen zudem auf eine Unterstützung beim Wiederaufbau durch Rohstoffe und bitten um die Entlassung der Kriegsgefangenen sowie um
die Auflösung von Speziallagern auf deutschem Boden. Die Delegation arbeitet vermutlich alles in enger Absprache mit den Spitzen des
sowjetischen Politbüros aus. Nach rund einer Woche erhält sie eine
Antwort auf ihr vorgelegtes Papier. Das Schreiben, das keinen Verfasser nennt, wird zum entscheidenden Gründungsdokument. Die darin
genannten Vorschläge des Politbüros der Kommunistischen Partei der
Sowjetunion (KPdSU) »zur Bildung einer provisorischen Regierung
der Deutschen Demokratischen Republik« bestätigen das Vorgehen
der SED. In dem Schreiben werden zudem schon vor dem Gründungsakt die Ministerposten der neuen Regierung festgelegt.

Am 7. Oktober 1948 ist es dann so weit. Die Abgeordneten des Volksrates treten im Großen Saal des ehemaligen Reichsluftfahrtministeriums zusammen. Ein Banner in Schwarz-Rot-Gold hängt am Ehrenhof zur Wilhelmstraße. Wenig später verkündigt Pieck: »Auf der Grundlage der vom 3. Deutschen Volkskongress bestätigten Verfassung ist in der deutschen Hauptstadt Berlin einmütig von allen Parteien und Massenorganisationen im deutschen Volksrat die Deutsche Demokratische Republik geschaffen worden.« Er wird zum ersten und einzigen Präsidenten der DDR bestimmt. Grotewohl wird mit der Regierungsbildung beauftragt, und Walter Ulbricht wird einer seiner Stellvertreter, während er im Hintergrund die Geschicke lenkt.

Nicht ganz fünf Jahre später beginnt auf dem Platz an der Leipziger Straße ein Volksaufstand. Bauarbeiter ziehen vor das Gebäude, in dem nun die Ministerien der DDR untergebracht sind. Sie protestieren gegen den Fünf-Jahres-Plan der Regierung, der die Löhne an die Erfüllung höherer Arbeitsnormen koppelt. Am nächsten Tag, dem 17. Juni 1953, demonstrieren überall in der DDR Menschen und verlangen freie Wahlen, Freiheit für alle politischen Gefangenen und die Wiedervereinigung. Bevor die SED reagieren kann, verhängt die Sowjetunion den Ausnahmezustand. Mit Panzern wird der Aufstand niedergewalzt. Etwa 50 Menschen werden dabei getötet. Im selben Jahr wird ein Fries aus bemalten Keramikfliesen in der Kolonnadenhalle aufgehängt. Das Werk trägt den Titel: »Die Bedeutung des Friedens für die kulturelle Entwicklung der Menschheit und die Notwendigkeit des kämpferischen Einsatzes für ihn.«

Seit 1999 ist das als Reichsluftfahrtministerium erbaute, später als Sitz der Deutschen Wirtschaftskommission und dann als Regierungssitz der DDR fungierende Gebäude Sitz des Bundesfinanzministeriums. Es trägt nun den Namen von Detlev Karsten Rohwedder, dem 1991 von der Roten Armee Fraktion ermordeten Präsidenten der Treuhand, die bis 1995 im Gebäude ihren Sitz hatte. Das sozialistische Kunstwerk aus Keramikfliesen in der Kolonnadenhalle ist geblieben, aber es wird nun durch ein neues Werk kommentiert. Eine Glasplatte in den gleichen Maßen wurde in den Boden vor der Halle eingelassen. Unter ihr ist eine Fotografie der Arbeiter von 1953 auf ihrem Protestmarsch zu sehen.

ZEITGESCHICHTE

92

Das US-Radargebäude der
Field Station in Berlin

Die großen Ohren des Westens – der Kalte Krieg

BAUZEIT: 1969–1972

Über 25 Millionen Kubikmeter Trümmer haben dem Teufelsberg und dem benachbarten Drachenberg im Berliner Stadtforst Grunewald ihre Gestalt gegeben. 1950 entschied der Westberliner Senat, eine zentrale Schuttkippe für die nicht wieder verwertbaren Kriegstrümmer einzurichten. Durch seine Insellage, die West-Berlin vom Hinterland abschnitt, war nur wenig Platz für Schuttkippen. Die Verantwortlichen entschieden deshalb, die Ruine eines der Bauprojekte der Nationalsozialisten, die Wehrtechnische Fakultät auf dem Teufelsberg, als Zentralkippe zu nutzen. Zuerst wurden kostbare Materialien entfernt; mit den Sand- und Basaltlavasteinen wurden beispielsweise Bordsteine und das Gebäude der Technischen Universität Berlin ausgebessert. Dann fuhren bis 1972 täglich durchschnittlich 600 bis 900 Fahrzeuge mit Schutt auf den Teufelsberg.

Auf diesem inzwischen aufgeforsteten Schuttberg erheben sich nun wieder Ruinen. Zahlreiche Gebäude säumen die Bergkuppe. Manche wurden entkernt, andere halb abgerissen. Neue Bauten wurden begonnen und nach der Legung des Fundaments wieder aufgegeben. Kaum eine Fensterscheibe ist noch ganz. Graffiti zieren die rohen Wände, und Pflanzen erobern den Komplex. Markant sticht das US-Radargebäude mit seinen drei Radoms, den Radarkuppeln, ins Auge. Die weißen Schutzplanen, welche die Antennen im Inneren der Kuppeln einst vor Wind und Regen bewahrten, ohne die Übertragung zu stören, sind teilweise zerrissen. Hier hat vor allem der Vandalismus

ZEITGESCHICHTE

seine Spuren hinterlassen. Die beiden direkt auf dem Dach des Radargebäudes stehenden Radoms überdeckten bis 1992 je eine Parabolantenne mit 12 m Durchmesser. Zwischen ihnen ist ein sechsgeschossiger Turm mit einer weiteren Kuppel positioniert. Der Turm war auf allen Geschossen mit Abhörgeräten gefüllt. Allein im Radom befanden sich acht Antennen. Ihr Zweck bestand darin, Signale und Gespräche auf allen Frequenzen zu belauschen und zu speichern.

1948, nur wenige Jahre, nachdem sich die Sowjetunion mit Großbritannien und den Vereinigten Staaten zu einer Koalition gegen das Hitler-Regime zusammengeschlossen hat, wird durch die Berlin-Blockade deutlich, wie ernst der aufziehende Konflikt zwischen der Sowjetunion und den Westmächten ist. Die Vier-Mächte-Verwaltung Deutschlands ist mit dem Auszug der sowjetischen Vertreter aus dem Alliierten Kontrollrat im März 1948 gescheitert. Ein Konfliktpunkt der Parteien ist die unterschiedliche Auffassung über ein für Gesamtdeutschland geeignetes Wirtschaftssystem. Während sich die Westmächte für eine freie Marktwirtschaft aussprechen, will die Sowjetunion eine zentral gesteuerte Planwirtschaft verankern, deren Durchsetzung sie in ihrer Besatzungszone mit der Industrie- und Bodenreform schon eingeleitet hat.

Knapp drei Monate später führen die Westmächte in den ihnen unterstellten Zonen eine gemeinsame Währungsreform durch und heben die Preisbindung auf. Die fast wertlose Reichsmark wird im Verhältnis von 100:6,5 D-Mark getauscht. Die Militäradministration der sowjetischen Besatzungszone fürchtet, von der wertlosen Reichsmark überschwemmt zu werden, und verkündet deshalb eiligst eine eigene Währungsreform. Sie soll auch für ganz Berlin, das in vier Sektoren geteilt ist, gelten. Die Westmächte weigern sich jedoch, die Ostwährung in ihren Sektoren anzuerkennen, und weiten ihre Reform auch auf West-Berlin aus. Seit Verkündung der westlichen Währungsreform am 19. Juni 1948 hat die sowjetische Besatzungsmacht begonnen, alle Straßen-, Schienen- und Wasserwege zwischen West-Berlin und den westlichen Zonen abzusperren, um so die Gründung eines Weststaates zu verhindern und ihren Einfluss auf ganz Berlin auszudehnen. Um ihren Einfluss in Berlin nicht zu verlieren, richten die US-Amerikaner und Briten jedoch eine Luftbrücke ein. Über sie werden die zwei Millionen Menschen in West-Berlin bis zum 6. Oktober 1949 versorgt.

Angesichts der Verschärfung des Konfliktes gründen die Vereinigten Staaten, Kanada, Großbritannien, Frankreich und acht weitere europäische Staaten Anfang April 1949 das Verteidigungsbündnis North Atlantic Treaty Organization (NATO). Die Notwendigkeit dieses Schrittes scheint sich wenige Wochen später durch den sowjetischen Atomwaffentest, durch den die Vereinigten Staaten ihr Atomwaffenmonopol verlieren, zu bestätigen. In den folgenden Jahren werden beide deutschen Staaten eng an ihre Besatzungsmächte gebunden. Die Bundesrepublik erhält am 5. Mai 1955 ihre weitgehende Souveränität, wird aber wenige Tage später Mitglied der NATO. Als Reaktion erfolgt die Gründung des Warschauer Paktes unter dem Oberbefehl der Sowjetunion. Zu ihm gehört auch die DDR, deren Souveränität schon ein halbes Jahr zuvor formal bestätigt wurde.

Gegenseitiges Misstrauen zeichnet den Kalten Krieg zwischen Ost und West aus, und mehrfach scheint ein dritter Weltkrieg kurz vor dem Ausbruch zu stehen. Um möglichst gut über die Vorgänge im »Ostblock« unterrichtet zu sein, finanzieren die Westmächte, allen voran die Vereinigten Staaten, ein weltweites Spionagenetz. Einer der wichtigsten Stützpunkte ist die Field Station in Berlin. Weit hinter dem »Eisernen Vorhang« – ein 1946 von Winston Churchill geprägter Begriff – fangen die Briten und die Amerikaner die Kommunikationen innerhalb der DDR und der Staaten des Warschauer Paktes ab. Durch die Höhe der Abhöranlage, die mehr als 100 m über dem Meeresspiegel liegt, reichen die westlichen Ohren sogar fast bis nach Moskau.

Jahrzehnte nachdem die erste Antenne aufgestellt wurde, nutzt einer der Abhörspezialisten, Richard Smith, sein Wissen aus den abgefangenen Kommunikationen. Wie später bekannt wird, verlässt er am Nachmittag das Radargebäude und geht zu einem der Grenzübergänge zwischen Ost und West. Es ist der 9. November 1989, der Tag, an dem die Berliner Mauer fällt und der Kalte Krieg endet.

ZEITGESCHICHTE

381

93

Die Justizvollzugsanstalt in
Stuttgart-Stammheim

*Die Festung Stammheim und
der Deutsche Herbst*

BAUZEIT: 1963 und 1975

Am 16. Mai 1975 titelt die *Zeit*: »Finale in der Festung Stammheim«.
Der Prozess gegen Mitglieder der ersten Generation der Roten Armee
Fraktion, kurz RAF, beginnt in wenigen Tagen. Die Angeklagten Ulrike
Meinhof, Andreas Baader, Gudrun Ensslin und Jan-Carl Raspe sitzen
schon seit dem Vorjahr in der Justizvollzugsanstalt Stuttgart-Stammheim, einem Reformgefängnis, ein. Auch der Prozess gegen die Ter-
roristinnen und Terroristen soll hier in einer niedrigen Mehrzweckhalle stattfinden, die für die Gerichtsverhandlungen am Rande des
Gefängnisgeländes gebaut wurde. Noch sind die Arbeiten nicht ganz
fertig. An einem kugelsicheren Pförtnerhaus wird noch gemauert. Etwas weiter hinten ragt ein Trakt mit Gefängniszellen in den Himmel.
Nicht nur die Höhe, sondern auch der an den Längsseiten zackige
Grundriss des Bau I ist markant.

Das Reformgefängnis, in dem es einmal darum ging, die Haftbedingungen in der Bundesrepublik zu verbessern, ist wegen der Inhaftierung der Baader-Meinhof-Gruppe zum Hochsicherheitsgefängnis geworden. Über den Hof ist ein Stahlnetz gespannt worden, damit die
Angeklagten nicht, wie es 1973 Mitgliedern der IRA gelungen war, mit
einem Hubschrauber befreit werden können. Nachts wird die Anlage
durch Flutlichter erhellt, und 400 bewaffnete Polizisten kontrollieren das Gebäude und die Umgebung. Und die Besucherinnen und Besucher sollen Leibesvisitationen unterzogen werden. Ja, Stammheim
gleicht einer Festung, doch der Prozess ist nicht das Finale.

NEUZEIT

383

Die Zellen der Angeklagten befinden sich in Bau I. im siebten Stock. Eine Trennung in einen Frauen- und einen Männertrakt wurde nicht vorgenommen. Noch ungewöhnlicher erscheinen der Presse und Teilen der Bevölkerung die Haftbedingungen in dem Hochsicherheitsgefängnis. Im »Umschluss« können sich die Gefangenen regelmäßig treffen. Und sie werden von draußen gut versorgt. Im Herbst 1977 werden 1550 Bücher und 283 Schallplatten in den Zellen gezählt.

Die RAF-Terroristin Brigitte Mohnhaupt wird ebenfalls hier untergebracht. Ihre Haft endet im Februar 1977 – Ulrike Meinhof ist zu diesem Zeitpunkt schon tot. Nach ihrer Entlassung taucht Mohnhaupt unter und nimmt Kontakt zur zweiten RAF-Generation auf, deren »Kommandos« auf die Befreiung der Baader-Meinhof-Gruppe gerichtet sind. Statt aber die Festung anzugreifen, sollen die Häftlinge freigepresst werden. Bereits 1975 war zu diesem Zweck die deutsche Botschaft in Stockholm überfallen worden. Nun nimmt die RAF führende Persönlichkeiten in Staat und Wirtschaft ins Visier. Am 7. April wird Generalbundesanwalt Siegfried Buback erschossen. Drei Wochen später fällt in Stammheim das Urteil – lebenslänglich. Doch noch ist es nicht rechtskräftig. Ende Juli versuchen Brigitte Mohnhaupt, Christian Klar und die mit der Familie Ponto befreundete Susanne Albrecht den Dresdner-Bank-Chef Jürgen Ponto zu entführen. Der mit der Waffe bedrohte Ponto wehrt sich und wird erschossen.

Die Entführung des Arbeitgeberpräsidenten Hanns Martin Schleyer, dessen Gefangennahme auch mit seiner NS-Vergangenheit gerechtfertigt wird, gelingt hingegen am 5. September 1977, nachdem seine vier Begleiter ermordet wurden. Am nächsten Tag entdeckt ein evangelischer Dekan in Wiesbaden in seinem Briefkasten einen an die Bundesregierung adressierten Umschlag. Er enthält ein Schreiben und ein Foto von Schleyer vor einem Plakat mit dem RAF-Logo. Schleyer selbst trägt ein Schild mit der Aufschrift »Gefangener der RAF«. Ähnliche Fotos folgen, wobei auf den Schildern jeweils vermerkt ist, wie lange Hanns Martin Schleyer bereits gefangen ist – so will die RAF die Bundesregierung verstärkt unter Druck setzen. Diese versucht mit allen Mitteln, den Ort ausfindig zu machen, an dem Schleyer versteckt wird. Über das Bundeskriminalamt läuft eine Rasterfahndung. Zu einem Gefangenenaustausch sind die Verantwortlichen, da sind sie sich mit der Opposition einig, nicht bereit, denn schließlich haben freigelassene RAF-Terroristen anschließend Anschläge in der Bundesrepublik verübt.

Im Oktober ist der RAF klar, dass ihr Handel nicht gelingt. Sie bittet die Volksfront zur Befreiung Palästinas, eine palästinensische Terrororganisation, um Unterstützung. Zwei Männer und zwei Frauen entführen daraufhin am 13. Oktober 1977 die Lufthansa-Maschine Landshut auf dem Weg von Mallorca nach Frankfurt am Main. Sie fordern erneut die Freilassung der inhaftierten RAF-Mitglieder. In Bonn wird ein Krisenstab zusammengerufen. Für die 87 Personen an Bord der Maschine beginnt eine mehrtägige Odyssee. Sie endet in der Nacht zum 18. Oktober, als es der Grenzschutzgruppe 9 (GSG 9) gelingt, das Flugzeug zu stürmen. Abgesehen von dem Piloten, den der Anführer der Terroristen bereits am 16. Oktober erschossen hatte, können alle Geiseln gerettet werden.

In Stammheim wird gleichzeitig über die RAF-Gefangenen eine Kontaktsperre verhängt. Radiogeräte werden entfernt, und selbst der Besuch der Anwälte wird untersagt. Dennoch erfahren Baader, Ensslin und Raspe unverzüglich – wohl durch ein eingeschmuggeltes Radio – von der Befreiung der Landshut. Als am Morgen die Zellen geöffnet werden, sind Baader und Ensslin bereits tot, Raspe stirbt wenig später. Die Obduktionsberichte geben als Todesursachen Selbstmord an. Die Nachricht von der »Todesnacht in Stammheim« gelangt schnell an die Presse. Am nächsten Tag erhält der Bundeskanzler ein Schreiben, in dem ihm mitgeteilt wird, wo er den Leichnam von Hanns Martin Schleyer abholen könne. Schleyer war 43 Tage in Gefangenschaft der RAF.

Die Justizvollzugsanstalt in Stuttgart-Stammheim steht stellvertretend für den Deutschen Herbst, der die Bundesrepublik 1977 in Atem hielt. Die Zukunft dieses Ortes ist ungewiss. Inzwischen wurde ein neuer, moderner Trakt gebaut, während Bau I und die Mehrzweckhalle möglicherweise abgerissen werden.

NEUZEIT

94

Die Nikolaikirche in Leipzig

»Keine Gewalt!«
Die Friedensgebete in Leipzig

BAUZEIT: 12.–16. Jahrhundert

Der Palmwedel ist das prägnanteste Gestaltungselement im Innenraum der Leipziger Nikolaikirche. Der annähernd quadratische Hallenraum wird durch zwei Säulenreihen in drei gleich hohe Schiffe geteilt. Die hellrosa Säulen sind kanelliert, die schmalen, senkrechten Rillen der Säulenschäfte betonen die Höhe der Stützen. Die runden Kapitelle mit ihren schmalen Palmblättern sind weiß. Auf ihnen lasten die Rippen der Sterngewölbe. Doch die Ansätze der Gewölbes sind hinter einem Kranz aus Palmwedeln versteckt, die sich mit langen und kurzen Blättern an die Gewölberippen schmiegen. Die Rippen sind ebenfalls in hellrosa gefasst. Die Palmwedel dagegen haben einen sanften Grünton.

Der »Palmenhain«, zu dem der Innenraum der Nikolaikirche gegen Ende des 18. Jahrhunderts umgestaltet wurde, verblüffte die Gläubigen, und die Verwandlung der spätgotischen Kirchenschiffe mit ihren achteckigen Pfeilern fand große Zustimmung. Es sei ein Wunder, hieß es in einem Handbuch für Reisende aus dem Jahr 1792, »dass aus einer so gotischen Masse die Kunst ... einen Tempel hervorgebracht ... [hat]. Es ist ein Gefühl der Seligkeit, das einen ergreift, sobald man hineintritt: Das Auge wird bei den so vielen beinahe überreichen Schönheiten entzückt und reißt sich nur sehr ungern von ihnen los.«

Der Palmwedel ist in der Kunst ein Symbol, das, wie am Beispiel des Zeughauses in Berlin beschrieben (→ 69), für Frieden stehen kann. Umso passender scheint es, dass die Friedensgebete, die zur fried-

ZEITGESCHICHTE

lichen Revolution in der DDR führen, in der Nikolaikirche stattfinden. Anfangs – die ersten Gebete finden 1981 statt – treffen sich die Gläubigen noch in der kleinen Nordkapelle, die von außen durch ihre polygonale Form ins Auge sticht. Dann kommen immer mehr Menschen hinzu, um im relativen Freiraum der Kirche über politische und gesellschaftliche Themen zu sprechen, die in der Öffentlichkeit nicht diskutiert werden können, ohne den Staatssicherheitsdienst, die Stasi, auf den Plan zu rufen. Der Alltag in der DDR wird außer durch politische Einschränkungen und fehlende Reisefreiheit durch die Versorgungsengpässe der Planwirtschaft und besonders durch die Bespitzelung der Stasi belastet.

Aber auch in der Sowjetunion herrscht eine große Unzufriedenheit in der Bevölkerung. Michail Gorbatschow veranlasst deshalb ab Mitte des Jahrzehnts Reformen durch Glasnost (Offenheit) und Perestroika (Umgestaltung). Die neue Freiheit gestattet auch die Loslösung der Staaten des Warschauer Paktes vom sowjetischen Diktat. Ungarn reagiert darauf mit einer ersten Öffnung gen Westen. Anfang Mai 1989 beginnen Arbeiter mit dem Abbau der Grenzanlagen zu Österreich. Als in der DDR bei Kommunalwahlen von der Opposition Wahlfälschungen aufgedeckt werden, treffen sich noch mehr Menschen zu den Friedensgebeten in der Nikolaikirche.

Am Montag, dem 4. September 1989 bleiben rund 1000 Teilnehmerinnen und Teilnehmer im Anschluss an das Friedensgebet auf dem Platz vor dem Gotteshaus. Zwei Frauen entrollen ein Transparent und fordern »ein offenes Land mit freien Menschen«. Es dauert vielleicht ein, zwei Minuten, bis Stasi-Mitarbeiter auf sie zulaufen und ihnen das Bettlaken so heftig wegreißen, dass eine der Frauen zu Boden fällt. Die Menge reagiert mit »Stasi raus«-Rufen. An diesem Tag sind anlässlich der Leipziger Messe westdeutsche Presseleute in der Stadt. Ein Kamerateam hat den Vorfall gefilmt und kann die Aufnahme nach Westdeutschland bringen. Nur wenige Stunden später ist die Demonstration auf dem Platz vor der Nikolaikirche in der Tagesschau die Hauptnachricht. Die Aufnahmen aus Leipzig laufen über west- und ostdeutsche Fernsehbildschirme.

ZEITGESCHICHTE

In den folgenden Wochen versammeln sich immer mehr Bürgerinnen und Bürger an der Nikolaikirche. Einen Monat später sind es bereits 20 000 Menschen. Und auch in anderen Städten regt sich der Widerstand. Ungeachtet des Unwillens des Volkes beginnen in Ost-Berlin die Feierlichkeiten zum 40. Geburtstag der DDR. Tausende Menschen sind an der Spree versammelt. »Wir sind das Volk!« und »Gorbi!« rufen einige, als sich die Versammlung zerstreut. Sie werden auf dem Heimweg, abseits der Kameras, abgefangen und unsanft festgenommen.

Die nächste Montagsdemonstration am 9. Oktober 1989 wird ein Tag der Entscheidung. Es ist eine heikle Situation, denn die SED hat Vorbereitungen getroffen, die Demonstration gewaltsam niederzuschlagen. Am Stadtrand stehen Militärfahrzeuge, und in den örtlichen Krankenhäusern werden Betten und Blutplasma bereitgestellt. Dem begegnen die Demonstranten mit den Rufen: »Keine Gewalt!« Der Aufruf gilt den 8000 Volkspolizisten, Stasi-Mitarbeitern und Soldaten der Nationalen Volksarmee, denen Erich Honecker den Schießbefehl erteilt hat, um den Spuk ein für alle Mal zu beenden. Der Ruf »Keine Gewalt!« gilt aber auch den Demonstrantinnen und Demonstranten selbst, denn es soll keine Gegengewalt provoziert werden. Angesichts der 70 000 Personen, die an der Montagsdemonstration teilnehmen, und dem Kräfteverhältnis, das sich daraus ergibt, beschließt der Leipziger SED-Sekretär eigenmächtig, den Einsatzbefehl zurückzunehmen. Die Staatsmacht zieht sich zurück, das Volk hat einen ersten Sieg errungen. Als in der Nacht von Donnerstag, dem 9. November, auf Freitag, den 10. November 1989 dann in Berlin die Mauer fällt und die Menschen aus Ost-Berlin ungehindert in den Westen strömen können, ist dieser Sieg vollkommen.

An den Mut der Menschenmenge erinnert vor der Nikolaikirche eine Säule. Sie steht auf dem Platz, auf dem die Demonstrationen begannen. Sie sieht wie eine der Säulen des Palmenhains der Kirche aus, nur ist ihr Schaft weiß. Und oben auf dem Kapitell strecken sich frei und ungezügelt die Blätter der Palmwedel – ein Symbol für den Frieden und eine friedliche Revolution.

95

Gedenkstätte
Berliner Mauer

Teilung und Mauerfall

BAUZEIT: ab 1961

»Die Mauer« – selbst ohne Ortsbezeichnung erzeugen diese beiden Worte Bilder. Etwa das eines jungen NVA-Soldaten, der die letzte Chance nutzt und über den Stacheldraht in den Westen springt. Das war am 14. August 1961 an der Bernauer Straße. Dort ist heute das letzte Stück Berliner Grenzstreifen erhalten. 1,4 km zieht er sich an der Straße entlang. Nur hier wird noch begreiflich, dass die Mauer mehr war als bloß eine Mauer.

Wer aus dem Westen kam, kannte die Mauer als eine graue, 3,60 m hohe Wand aus Stahlbeton. Auf der West-Berliner Seite konnte jeder ganz nah herangehen. Grafitti zierte das Grau. An manchen Stellen in der Stadt, etwa am Brandenburger Tor, standen Aussichtsplattformen. Sie erlaubten den Menschen, einen Blick nach »drüben« zu werfen, aber auch zu winken, ein Schild mit Grüßen hochzuhalten.

Wer im Osten lebte, kam im Normalfall gar nicht erst an die Mauer heran. Sie bildete den hintersten Teil der Grenzanlage, der sich auf 162 km um West-Berlin zog – eine letzte Sicherung und ein Sichtschutz zugleich. Vor dieser Sperrmauer verlief ein breiter Grenzstreifen mit Kontrollstreifen, Kolonnenweg und Wachtürmen. Nachts war er von Licht überflutet, und ständig patrouillierte die Grenzpolizei mit Schusswaffen und scharfen Hunden. Davor verliefen Höcker- und Flächensperren und der Grenzsignalzaun, vor dem zum Teil noch eine Hinterlandmauer errichtet war. Nur wenige Grenzübergänge erlaubten den Transfer zwischen Ost und West.

Schon vor dem Bau der Berliner Mauer wurden die Straßen zwischen dem sowjetischen Ostsektor und den Westsektoren kontrolliert. Schmuggel sollte verhindert werden, aber auch Republikflüchtlinge sollten abgefangen werden. Bis zu ihrem Bau verließen 3,5 Millionen Menschen den Osten. Die Mauer sollte weitere Menschen, darunter vor allem Fachkräfte, die für die Stabilisierung der Wirtschaft gebraucht wurden, am Verlassen der DDR hindern.

Im Juli 1961 steigen die Zahlen drastisch an. 30 000 Menschen verlassen in diesem Monat die DDR. »Niemand hat die Absicht, eine Mauer zu errichten«, versicherte Generalsekretär Walter Ulbricht noch im Juni auf einer Pressekonferenz im Haus der Ministerien, dem heutigen Detlev-Rohwedder-Haus (→ 91). Doch Anfang August fasst die SED-Spitze in Absprache mit Moskau und den Staaten des Warschauer Paktes den geheimen Beschluss, doch eine gesicherte Grenzbefestigung um West-Berlin zu bauen.

In den frühen Morgenstunden des 13. August 1961 wird die Grenze mit bewaffneten Truppen gesichert. Arbeiter reißen das Straßenpflaster auf, Barrikaden werden aufgeschichtet und Stacheldraht gezogen. Fassungslos sehen die Menschen im Osten wie im Westen zu. In den nächsten Tagen und Wochen wird die Mauer errichtet und immer unüberwindbarer. Willy Brandt, der regierende Bürgermeister von West-Berlin, wertet den Mauerbau als »empörendes Unrecht«, kann aber nichts tun. Die Westalliierten reagieren nur zögerlich und sprechen erst 72 Stunden nach der Abriegelung einen Protest aus. Und auch der Bundeskanzler Konrad Adenauer hält sich zurück. Der Mauerbau wird akzeptiert, um einen Weltkrieg zu vermeiden.

Zehn Tage nach der Abriegelung, am Nachmittag des 24. August 1961, fallen das erste Mal tödliche Schüsse an der Grenze. Die SED-Führung hat den Befehl erteilt, auf alle zu schießen, die versuchen, Ost-Berlin unerlaubt zu verlassen. Exakte Zählungen liegen nicht vor. Das Zentrum für Zeithistorische Forschung in Potsdam geht von 138 Maueropfern aus, andere Stellen sprechen von über 200.

28 Jahre, zwei Monate und 28 Tage trennt die Berliner Mauer Ost von West. Ihr Fall beginnt in Ungarn, wo am 2. Mai 1989 das erste Stück

der Grenzanlage zu Österreich abgebaut wird. Es ist das erste Loch im Eisernen Vorhang. Am 10. September 1989 öffnet die ungarische Regierung offiziell die Grenzen. Ein Strom von Flüchtlingen aus der DDR setzt sich in Bewegung. Sie fliehen in die westdeutschen Botschaften in Prag und Warschau und hoffen auf eine Ausreisegenehmigung. Schließlich gibt die SED-Führung dem Druck nach. Die Flüchtlinge dürfen ausreisen. Die Worte, die der Außenminister der Bundesrepublik Dietrich Genscher am 30. September auf dem Balkon der Botschaft in Prag spricht, gehen in die Geschichtsschreibung ein und im Jubel der Menge unter: »Ich bin heute zu Ihnen gekommen, um Ihnen zu sagen, dass heute Ihre Ausreise ...« Sonderzüge bringen die Menschen in die Bundesrepublik, während im Land selbst immer mehr Bürgerinnen und Bürger den Mut zum Protest aufbringen.

Am 9. November 1989 gibt die überforderte SED-Führung eine Pressekonferenz. Politbüromitglied Günter Schabowski verliest neue Ausreiseregelungen: Die DDR-Bürgerinnen und -Bürger können ohne weitere Formalitäten die Ausreise beantragen. Ab wann die Regelung gelte, fragt ein Journalist. Zögernd blickt Schabowksi auf den Zettel, den er kurz zuvor erhalten hat. »Sofort, unverzüglich«, lautet dann seine Antwort.

Am Abend berichten die Westmedien von der Öffnung. Die Menschen in Ost-Berlin verstehen sie als Zusage, dass ihre Ausreise ab sofort und ohne Antrag möglich ist. Zu Tausenden versammeln sie sich an den Grenzübergängen. Schließlich sehen die Grenzposten an der Bornholmer Brücke unter dem Druck der Massen keinen anderen Ausweg mehr, als die Grenze zu öffnen. Die Mauer ist gefallen. Menschen aus dem Osten drängen nach Westen und werden von jubelnden Menschen auf der anderen Seite empfangen.

Die Mauer, das Symbol der Unterdrückung, wird nach und nach mit den Sicherungsanlagen an immer mehr Stellen entfernt. Einige der abgerissenen Mauerteile sind heute auf der ganzen Welt verteilt. Sie sind zum Symbol der Freiheit, der Überwindung des Kalten Krieges und der Macht des Volkes geworden.

ZEITGESCHICHTE

96

Das Alte Wasserwerk
in Bonn

»Wir sind ein Volk!«
Die Wiedervereinigung Deutschlands

BAUZEIT: 1875–1901

Am 9. September 1986 eröffnet Bundestagspräsident Dr. Philipp Jenninger nach der Sommerpause die 227. Sitzung des Parlamentes. Es ist das erste Mal, dass der Bundestag an diesem Ort zusammentrifft. »Wie Sie sehen, haben wir die Sommerpause genutzt«, erklärt Jenninger. »Unser Ausweichquartier, offiziell ›Ersatzplenarsaal‹, inoffiziell ›Wasserwerk‹ genannt, ist fertig. Ich finde es gelungen ...«

Das Bauwerk, in dem der Bundestag vom September 1986 bis zum Oktober 1992 tagt, liegt an einem Uferbereich des Rheins, dem Stresemann-Ufer. An den rechteckigen Saalbau stößt von Nordosten ein schmaler Eingangstrakt. Ein reich gerahmtes Portal nimmt fast die gesamte Fläche der Eingangsfassade ein. Der Rahmen bestimmt die Gestaltung des Fassadengiebels mit Ecktürmchen und einer Firstzinne. Die Giebel des Saalbaus sind auf ähnliche Weise gegliedert. Ihre Strenge wird durch die von großen Fenstern durchbrochenen Traufseiten des Saals gemildert.

Bis Ende der 1950er Jahre wurde im Wasserwerk Grundwasser aus den Tiefen hochgepumpt, um den Wasserbedarf Bonns zu decken. 1958 übernahm der Wahnbachtalsperrenverband die Wasserförderung für die Stadt. Einige Jahre später wurde das Alte Wasserwerk an die Bundesrepublik verkauft. Die technischen Anlagen wurden bis auf einen Notbrunnen demontiert.

Von Beginn an spiegelten die Bauten des Bundestages den provisorischen Charakter, den die Aufnahme von Regierungsgeschäften

ZEITGESCHICHTE

in Bonn haben sollte, wider; die Vorläufigkeit, die mit der Gründung der Teilrepublik verbunden wurde. Die erste, explizit für das Parlament errichtete Architektur wurde 1949 noch vor dem Gründungsakt der Bundesrepublik begonnen, während der Parlamentarische Rat in der Pädagogischen Akademie (→ 90) tagte. Helligkeit, klare Linien und Transparenz waren die Grundelemente des Bundeshauses, das aber schon bald zu klein wurde.

Als dann 1961 das Politbüro der DDR die Berliner Mauer bauen ließ, schien die Zeit gekommen, sich in Bonn einzurichten und dort ein neues Parlamentsgebäude zu bauen. Doch dann entschieden sich die Verantwortlichen angesichts der Haushaltslage gegen den Neubau eines Bundestagsgebäudes. In den 1980er Jahren musste die Bausubstanz des Bundeshauses dringend saniert werden. Und so wurde beschlossen, vorübergehend in das Alte Wasserwerk zu ziehen. Für 363 Sitzungen tagt der Bundestag dann hier.

»Der Raum ist hell und licht, die Rundbogen- und Rosettenfenster geben der Stätte eine leicht sakrale Atmosphäre«, befindet der Korrespondent der *Westdeutschen Allgemeinen* nach der ersten Sitzung. Die räumlichen Verhältnisse sind allerdings weniger vorteilhaft. Nur die Hälfte des vorherigen Platzes steht im Plenarsaal zur Verfügung, sodass nur für 404 der 519 Abgeordneten ein Sitzplatz zur Verfügung steht. Wenn alle anwesend sind, müssen einige von ihnen mit Wandklappsitzen und Behelfsstühlen vorliebnehmen. Und nur die ersten beiden Reihen verfügen über Schreibpulte. »Vielleicht hat die räumliche Enge sogar ihr Gutes«, wendet Jenninger die Situation ins Positive, »indem sie unseren gemeinsamen Wunsch fördert, die Debatten lebendiger zu führen.«

Am 9. November 1989 debattiert der Bundestag gerade über die Altersvorsorge, als die Nachricht vom Mauerfall hereinbricht. Nach einer aufgeregten Pause und einigen Reden kommt es zu einem bewegenden Moment: Einige Abgeordnete stimmen die westdeutsche Nationalhymne an, und alle anderen stimmen mit ein.

Die Menschen in der DDR haben sich ihre Freiheit erkämpft. Aber die Demonstrationen gehen weiter, und aus dem Ruf »Wir sind das

Volk!« wird »Wir sind ein Volk!«. Statt Reformen fordert nun ein lauter Teil der Menschen die Wiedervereinigung. Bundeskanzler Helmut Kohl, der während des Mauerfalls gerade in Polen ist, präsentiert dem Bundestag Ende November ein Zehn-Punkte-Programm. Nicht nur die Abgeordneten sind über den eingeschobenen Tagesordnungspunkt überrascht, sondern auch die Öffentlichkeit und das Ausland. Lediglich US-Präsident Georg H. W. Busch ist über den Schritt informiert gewesen. Frankreich, Großbritannien und die Sowjetunion reagieren ablehnend. Ein vereintes, starkes Deutschland ist ihnen nicht geheuer.

Am 7. Dezember 1989 tritt in Ost-Berlin ein Runder Tisch zusammen. In der ersten Sitzung fällt der Entschluss, eine freie Volkskammerwahl abzuhalten, bei der die SED erstmals als »Partei des demokratischen Sozialismus« (PDS) antritt. 93 Prozent der wahlberechtigten DDR-Bürger geben am 18. März 1990 ihre Stimme ab. Wahlsieger ist die »Allianz für Deutschland«, die für die deutsche Einheit eintritt. Ende August 1990 beschließt die erste frei gewählte Volkskammer mit 294 von 400 Stimmen den Beitritt der DDR zum Geltungsbereich des Grundgesetzes der Bundesrepublik Deutschland nach Artikel 23 des Grundgesetzes.

Eine Wiedervereinigung ist gemäß der Beschlüsse der Potsdamer Konferenz von 1945 (→ 88) nur mit Zustimmung der Siegermächte möglich. Zwischen Mai und September tagen die Außenminister der DDR und der Bundesrepublik mit den Vertretern der Vereinigten Staaten, Frankreichs, Großbritanniens und der Sowjetunion. Am 12. September erhalten sie die Genehmigung zur Wiedervereinigung. Als Gegenleistung bestätigt Deutschland unter anderem die Gültigkeit der bestehenden Grenzen und erklärt den endgültigen Verzicht auf die ehemaligen deutschen Ostgebiete.

Die Wiedervereinigung tritt am 3. Oktober 1990 in Kraft. Am 2. Dezember 1990 findet die erste freie Parlamentswahl in ganz Deutschland seit 1932 statt. 662 Abgeordnete ziehen nach der Wahl in das Alte Wasserwerk ein, wo den Stühlen die Armlehnen abmontiert wurden, um Platz für weitere Sitze für die 144 zusätzlichen Abgeordneten zu schaffen.

ZEITGESCHICHTE

97

Das Bundeskanzleramt
in Berlin

*Berlin oder Bonn –
die Debatte um die Hauptstadt*

BAUZEIT: 1997–2001

Die Spree schlängelt sich am Schlossplatz und der Museumsinsel vorbei durch Berlin, passiert den S-Bahnhof Friedrichsstraße und fließt auf den Reichstag zu, zieht eine Kurve und setzt ihren Weg mit einer halbkreisförmigen Windung fort. Im Scheitel dieser Kurve sticht der kleine Kanal ein, der zum quadratischen Becken des Humboldthafens führt. Gegenüber, in der Kurve, liegt der Spreebogenpark. Daran schließt sich Richtung Tiergarten ein rechteckiger Stadtraum an. An diesem Ort sollte, so sah es die Stadtplanung Mitte der 1990er vor, ein Bürgerforum entstehen und mit Cafés, Galerien und Geschäften den Platz beleben. Stattdessen wurde lediglich eine Freifläche mit Randbepflanzung und ebenerdigem Springbrunnen angelegt. An der Ostseite des Platzes erhebt sich die Glasfassade des Paul-Löbe-Hauses, ein Gebäude mit Büros und Sitzungssälen für die Abgeordneten des Deutschen Bundestages. Auf der Westseite wurde 2001 das Kanzleramt eingeweiht.

Zwei lange fünfgeschossige Gebäude markieren die Grenzen des Bauplatzes, die mit der Breite des Paul-Löbe-Hauses und des Platzes korrespondieren. Diese beiden Trakte beherbergen die Verwaltung des Kanzleramtes. Zwischen ihnen ragt der Block des repräsentativen Leitungsgebäudes, wie der Bauteil genannt wird, hervor. Nach Westen wie auch nach Osten sind die Außenmauern zu großen Glasflächen aufgelöst. Vom siebten Obergeschoss aus, in dem sich die großen Büros des Chefs des Bundeskanzleramtes und der Bundeskanzlerin be-

ZEITGESCHICHTE

finden, fällt der Blick frei auf den östlichen Hof, der als Ehrenhof dient. Zwischen weißen Stelen ist dort ein Hängedach gespannt. Es übernimmt die trapezförmige Gestalt des oberen Daches. Die Architektur, die in der Bevölkerung und in der Presse einige Irritation ausgelöst hat, erschließt sich am besten aus der Vogelperspektive, denn die scheinbar unordentlich platzierten Stelen und das Hängedach folgen der Form der Pflasterung des Ehrenhofes.

Das Bauwerk aus Glas und weißem Sichtbeton bringt nicht mehr die Zurückhaltung der Bonner Regierungsbauten zum Ausdruck. Deren sachlicher Architekturstil war durch die Entscheidung für Bonn als provisorische Hauptstadt entstanden und wurde auch später noch von einer grundsätzlichen Bescheidenheit getragen. Auf Repräsentation und Größe wurde bewusst verzichtet, um sich von den gigantischen Bauvorhaben der Nationalsozialisten zu unterscheiden. Der Bundeskanzler führte sein Amt nach der ersten Phase im Museum Koenig von einem Altbau aus, dem Palais Schaumburg.

Den mit der Zeit gestiegenen Platzanforderungen war das Gebäude Ende der 1960er Jahre allerdings nicht mehr gewachsen. Das Bundeskabinett unter Willy Brandt entschloss sich deshalb für einen Neubau. Die Bauarbeiten begannen 1973. Die Architektur wird von Pragmatismus beherrscht. Das Besondere an dem Gebäude ist die Variabilität des Großteils der Innenwände, die je nach Anforderungen flexibel versetzt werden können. Es war dann aber nicht mehr Willy Brandt, sondern sein Amtsnachfolger Helmut Schmidt, der 1976 in das neue Bonner Kanzleramt einzog. Schmidt war von dem Baustil wenig beeindruckt und meinte, wie kolportiert wird, der Bau habe den »Charme einer rheinischen Sparkasse«.

Nach der Wiedervereinigung wird Berlin 1990 zur Hauptstadt Deutschlands. Nun stellt sich die Frage, ob auch der Bundestag und die Regierung nach Berlin ziehen sollen oder nur der Bundesrat und der Bundespräsident. Bonn als Regierungssitz steht für viele für den wirtschaftlichen Aufschwung, einen funktionierenden Sozialstaat und dafür, dass sich die Bundesrepublik wieder ein internationales Ansehen hat erarbeiten können. Außerdem ist Bonn im letzten Jahr-

zehnt vor der Wiedervereinigung zu mehr als einem Provisorium geworden. Insbesondere Helmut Kohl hat den Standort gefördert und
als Zeichen der Entspannung gegenüber der SED-Führung die Bundes-
präsenz in West-Berlin verringert.

Nach monatelangen Diskussionen tritt der Bundestag am 20. Juni
1991 zusammen, um einen Entschluss in der Frage Berlin/Bonn zu
finden. Zwölf Stunden dauert die hitzige Debatte. »Ich glaube, in den
vierzig Jahren, in denen wir geteilt waren«, gibt Wolfgang Schäuble zu
denken, »hätten die allermeisten von uns … die Frage, wo denn Parlament und Regierung sitzen werden, wenn wir die Wiedervereinigung
haben … nicht verstanden und gesagt: selbstverständlich in Berlin.«
Ergriffen erhebt sich der Altkanzler Willy Brandt, der 1961 Regierender
Bürgermeister West-Berlins war, und reicht Schäuble die Hand. Später
wird behauptet, dieser emotionale Moment habe die Entscheidung
zugunsten Berlins beeinflusst. Um 21:49 Uhr verkündet Bundestags-
präsidentin Rita Süssmuth das knappe Ergebnis zugunsten des Um-
zugs von Regierung und Parlament nach Berlin.

Mit dem Berlin/Bonn-Gesetz wird 1994 festgelegt, dass, um Arbeits-
plätze zu erhalten, doch sechs Ministerien in Bonn bleiben sollen. Die
Planung für die Regierungsbauten in Berlin ist unterdessen schon in
vollem Gange. Um die Wichtigkeit des Bundestags zu betonen, wird
auf den Bau des Kanzleramtes gegenüber dem alten Reichstagsgebäude, in dem der Bundestag zusammenkommt, verzichtet. Der stadt-
planerische Entwurf versetzt das Kanzleramt deshalb etwas weiter
nach Osten auf eine Linie mit dem Paul-Löbe-Haus und dem Marie-
Elisabeth-Lüders-Haus auf dem anderen Spreeufer. Die Linie dieser
Gebäude bezeichnet der Entwurf als »Band des Bundes«. Es soll zudem
ein Band sein, das Ost und West verbindet. Aus der Vogelperspektive
ist die städtebauliche Absicht gut zu erkennen.

Im November 2005 wird dieses Band auch personell gezogen. Mit
Bundeskanzlerin Angela Merkel zieht nicht nur die erste Frau in das
Kanzleramt, zum ersten Mal ist das Amt auch mit einer Politikerin aus
Ostdeutschland besetzt.

ZEITGESCHICHTE

98

Das Alte Rathaus
in Hannover

»Ein Kuss geht um die Welt«

BAUZEIT: 13.–19. Jahrhundert

Der Marktplatz von Hannover wird durch zwei Gebäude bestimmt: durch die Marktkirche an der Nordseite und durch das vierflüglige Alte Rathaus an der Südseite. Die Vierflügelanlage verbirgt die älteste Profanarchitektur Hannovers. Wer sie sehen möchte, muss unter dem Marktflügel hinabsteigen. Dort befindet sich ein Kellergeschoss aus dem 13. Jahrhundert, das ursprünglich das Erdgeschoss des ersten steinernen Rathauses war. Zwei Jahrhunderte später war das Bodenniveau deutlich höher, sodass die spätgotischen Mauern nach einigen Erdaufschüttungen auf die alte, nun unterirdische Bausubstanz aufgesetzt wurden. Der spätgotische Bau liegt mit der Längsseite zum Markt. Ein hohes Dach, das im Osten und Westen von Staffelgiebeln geschlossen wird, deckt ihn. Der Westgiebel wurde nach den Zerstörungen während des Zweiten Weltkrieges 1964 gelungen rekonstruiert. Die westliche Schmalseite prägt eine kleine Gerichtslaube. Der mit einem Kreuzrippengewölbe versehene Anbau wurde 1490 angebaut. Auf der Höhe ihres oberen Abschlusses verläuft ein reich verziertes Stockgesims, das sich fast über den gesamten Bau zieht. Ein Stockwerk höher setzt auf dem Giebelfuß, einem breiten, mit gitterartigem Maßwerk verzierten Gesims, der Giebel an. Zehn lange Fialen, welche die Staffeln trennen, steigen vom Giebelfuß in die Höhe empor. Sie werden von filigranen blumenförmigen Schmucksteinen und kleinen eisernen Kleeblättern bekrönt. Das Kleeblatt ist Teil des Stadtwappens. Es ist dreiblättrig, also kein Glücksklee.

ZEITGESCHICHTE

403

Dass es am 1. August 2001 am Alten Rathaus zu einem Kuss kommt, über den selbst die ausländische Presse berichtet, ist auch eher Zufall als Glück. An diesem Mittwoch tritt das Gesetz in Kraft, das gleichgeschlechtlichen Paaren die Eintragung als Lebenspartnerschaft ermöglicht. Überall in Deutschland lassen sich an diesem Tag homosexuelle Paare standesamtlich trauen. Zufällig ist die Verpartnerung, die um 8.20 Uhr im Alten Rathaus stattfindet, die erste bundesweit. Der Oberbürgermeister, der gern an der Zeremonie teilnehmen wollte, hatte um eine Vorverlegung gebeten. Darum werden Heinz-Friedrich Harre und Reinhard Lüschow, als sie an diesem Morgen nach der Trauung aus dem Alten Rathaus treten, von einem Blitzlichtgewitter empfangen. Konfetti fliegt, als sie sich vor den Kameras küssen. »Ein Kuss geht um die Welt«, steht zehn Jahre später über einer Rückschau der *Süddeutschen Zeitung.*

Im November 2000 hatte die rot-grüne Koalition, die nur im Bundestag die nötige Mehrheit besaß, zwei Gesetzesentwürfe eingebracht. Der erste ermöglichte eine rechtlich anerkannte Lebenspartnerschaft für gleichgeschlechtliche Paare und wurde verabschiedet. Rechtliche Vorteile, die bei einer Ehe zwischen Frau und Mann gelten, wurden mit dem Gesetz nicht verbunden. Dadurch berührte das Gesetz keine Bereiche, die Ländersache waren, und musste nicht den Bundesrat passieren. Ein zweiter Gesetzesentwurf sollte steuer- und sozialrechtliche Begünstigungen ermöglichen. Es scheiterte aber, wie erwartet, an den Stimmen der von den Unionsparteien geführten Länder.

Paragraf 175 des Strafgesetzbuchs war zu diesem Zeitpunkt noch keine zehn Jahre abgeschafft. Er stammt aus dem Deutschen Kaiserreich und lautete in seiner ursprünglichen Fassung: »Die widernatürliche Unzucht, welche zwischen Personen männlichen Geschlechts oder von Menschen mit Tieren begangen wird, ist mit Gefängnis zu bestrafen; auch kann auf Verlust der bürgerlichen Ehrenrechte erkannt werden.« Dass sich das Gesetz allein gegen homosexuelle Männer richtete, ist mit der Sexualmoral des späten 19. Jahrhunderts zu erklären. Frauen galten als unfähig, sexuelle Lust zu empfinden, weshalb ihre Einbeziehung in das Verbot nicht nötig erschien. Im Kaiserreich gab es relativ wenige Fälle, in denen der Paragraf Anwendung fand. Dies änderte sich in der Weimarer Republik, als sich mehr Männer und Frauen offen zu ihrer Homosexualität bekannten.

Im Nationalsozialismus verschärfte sich die gesetzliche und gesellschaftliche Ächtung Homosexueller drastisch. Homosexualität wurde zur Krankheit erklärt. Schätzungsweise 10 000 Homosexuelle wurden in Konzentrationslager verschleppt, wo sie als Erkennungszeichen einen rosa Winkel tragen mussten.

Sowohl die DDR als auch die Bundesrepublik haben den Paragrafen übernommen. Im Laufe der nächsten Jahrzehnte wurde das Verbot allerdings in beiden Staaten abgeschwächt. Ab Ende der 1960er Jahre war der einvernehmliche Geschlechtsverkehr zwischen zwei erwachsenen Männern straffrei. Komplett abgeschafft wurde das Gesetz dann 1994 unter der Regierung von Helmut Kohl.

Die gesetzliche Diskriminierung Homosexueller ist aber mit der Abschaffung des Paragrafen und der Einführung der eingetragenen Lebenspartnerschaft noch nicht aufgehoben. Die Trauung von Homosexuellen im Standesamt als eingetragene Lebenspartnerschaft ist nicht mit einer Ehe gleichzusetzen, weder steuerlich noch beim Adoptionsrecht.

Nach der gesetzlichen Zulassung von Lebenspartnerschaften verkündete Ministerpräsident Edmund Stoiber: »Aber wenn es um fundamentale Weichenstellungen geht, die gegen unsere innere Überzeugung stehen, da müssen wir auch das Volk mobilisieren und zur Hilfe rufen, damit nicht Entscheidungen gegen den Willen des Volkes bei fundamentalen Entscheidungen stattfinden.« Die Begeisterung, die das positive Referendum in Irland über die Einführung der gleichgeschlechtlichen Ehe im Mai 2015 auch in Deutschland ausgelöst hat, zeigt ebenso wie eine repräsentative Umfrage, von der die FAZ nach dem Referendum berichtet, dass zwei Drittel der Bevölkerung für eine Gleichstellung homosexueller Lebenspartnerschaften mit der Ehe sind. Bis sich diese Zustimmung allerdings auch juristisch durchsetzt, ist wohl auf einen weiteren Kuss, der um die Welt geht, zu warten.

ZEITGESCHICHTE

99

Der Eurotower
in Frankfurt am Main

Die Europäische Union und der Euro

BAUZEIT: 1971–1977

Das deutsche Finanzzentrum ist Frankfurt am Main. Diesen Aufstieg hat die Stadt der US-Besatzungsmacht zu verdanken, die 1945 hier ihr US-Headquarter gründete. Das zog zwar 1947 nach Heidelberg, doch wurde Frankfurt nun zum Verwaltungssitz der amerikanisch-britischen Bizone, aus der wenig später mit der Integration der französischen Besatzungszone die Trizone wurde. Frankfurt wurde dadurch auch zum Standort der 1948 gegründeten Bank Deutscher Länder und später der daraus hervorgegangenen Bundesbank. Die Hoffnung, zur Hauptstadt eines westdeutschen Staates zu werden, erfüllte sich nicht. Doch 1957 erhielt die Frankfurter Börse wieder die Erlaubnis zum Handel mit internationalen Wertpapieren, und dadurch wurde Frankfurt zur westdeutschen Finanzhauptstadt, der spätestens seit den 1980er Jahren auch internationale Bedeutung zukam.

Diese Entwicklung spiegelt sich in den immer höher emporsteigenden Hochhäusern der Stadt wider, die Symbole des Kapitals und zugleich eine pragmatische Lösung des hohen Bürobedarfs auf einer begrenzten Fläche sind. In der ersten Etappe stiegen die Häuser in den 1950er und 1960er Jahre noch zögerlich auf und blieben deutlich unter der Höhe des Frankfurter Kaiserdoms, der 94,80 m emporragt. Anfang der 1970er änderte sich dies sprunghaft, und die Hochhäuser begannen, den Dom deutlich zu überragen.

In diese Etappe fällt auch der Eurotower, der von 1971 bis 1977 für die Bank für Gemeinwirtschaft (BfG) gebaut wurde. Das 148,5 m hohe

ZEITGESCHICHTE

407

Bauwerk verfügt über 40 Geschosse und nimmt einen ganzen Straßen-
block am Willy-Brandt-Platz ein. Drei Geschosse bilden einen rechteckigen Sockel. In diesem befand sich lange Zeit ein wenig rentables
Einkaufszentrum. Die über dem gläsernen Sockel aufsteigenden Geschosse sind in zwei Turmteilen untergebracht, die mittig auf dem
Unterbau stehen. Ihre Grundrisse haben die Form flacher Pfeilspitzen,
die ineinander gedreht sind. Ihr inneres Stahlbetonskelett ist hinter
einer vorgehängten Fassade aus Glas und Alu verborgen.

Von 1998 bis 2014 residiert die Europäische Zentralbank im Eurotower. Der Weg zur gemeinsamen europäischen Währung, dem von der
Europäischen Zentralbank ausgegebenen Euro, ist steinig. Er beginnt
mit der europäischen Einigung. Nach dem Zweiten Weltkrieg besteht
in Europa weitgehende Einigkeit, dass ein weiterer Krieg langfristig
nur vermieden werden kann, wenn sich die europäischen Nationen
zusammenschließen. Ein wichtiger Schritt dazu ist die Aussöhnung
zwischen Frankreich und Deutschland, denn, wie Winston Churchill
1946 formulierte, müssen sie die Führungsrolle bei all den notwendigen Schritten übernehmen.

Ein erster Schritt in Richtung einer Europäischen Einigung erfolgt 1957 in Rom. Sechs europäische Staaten – Frankreich, Italien, die
Niederlande, Belgien, Luxemburg und die Bundesrepublik – einigen
sich auf die Errichtung einer Europäischen Wirtschaftsgemeinschaft
(EWG). Dafür wird eine europäische parlamentarische Versammlung
mit Abgeordneten der nationalen Parlamente gegründet, die über ein
Beratungs- und Kontrollrecht verfügen. Zudem wird eine Kommission für die Durchführung von Beschlüssen eingerichtet. Großbritannien fehlt aufgrund des Widerstandes des französischen Präsidenten
Charles de Gaulles unter den Unterzeichnern und tritt erst 1973 nach
dem Tod de Gaulles bei. Charles de Gaulles hat Bedenken, dass der
Beitritt Großbritanniens den Charakter der Gemeinschaft verändern
würde. »Das Land«, so de Gaulles auf einer Pressekonferenz, habe
»in all seinem Tun sehr eigenwillige Gewohnheiten und Traditionen.«
Natürlich spielt auch die Angst, dass Frankreichs Bedeutung in der
EWG durch Großbritannien geschwächt werden könnte, eine Rolle.

Der schon 1952 für die Klärung wirtschaftlicher Streitigkeiten innerhalb der europäischen Montanunion eingerichtete Europäische Gerichtshof wird nun auch für die EWG zuständig. Für die etwa 170 Millionen Menschen in der EWG sind insbesondere die Freizügigkeit für Arbeitnehmer und die Niederlassungsfreiheit für Unternehmen wichtig. Symbol dieser ersten europäischen Gemeinschaft sind zwölf im Kreis angeordnete gelbe Sterne auf blauem Grund.

Anfang der 1990er Jahre wächst die Gemeinschaft weiter zusammen. Zum 1. November 1993 schließen sich die zwölf Nationen der EWG zur Europäischen Gemeinschaft zusammen. Neben Reformen der europäischen Strukturen enthält der Gründungsvertrag von Maastricht auch den Plan zur Schaffung einer Gemeinschaftswährung.

Am 1. Januar 2002 wird der Euro erstmals als Bargeld an die Bevölkerung ausgegeben. Seit 2014 ist er für 18 Nationen die Landeswährung. Die Einführung der neuen Währung hat vor allem in Deutschland gemischte Reaktionen und viel Skepsis hervorgerufen, weil befürchtet wird, dass eine Gemeinschaftswährung nicht hinreichend stabil ist. Der Maastrichter Vertrag führt deshalb genaue Kriterien auf, welche die Staaten der Währungsgemeinschaft zu erfüllen haben. Dazu gehört neben der No-Bailout-Klausel (kein EU-Mitglied muss für einen anderen Staat haften) die Defizitgrenze, die die Neuverschuldung der einzelnen Staaten auf drei Prozent ihrer Wirtschaftsleistung beschränkt – eine Regelung, gegen die auch Deutschland schon verstoßen hat. Seit 2009 befindet sich die Gemeinschaftswährung durch die Überschuldung mehrerer Euro-Länder in einer Krise.

Das Schicksal des Euro ist noch nicht entschieden – ebenso wenig wie das der großen Euro-Skulptur, die seit 2002 auf dem Willy-Brandt-Platz steht. Weggeworfen werden soll sie jedenfalls nicht. Vielmehr ist sie gerade erst saniert worden. Zur Institution im Eurotower passt sie weiterhin, denn Ende 2015 zieht die Bankenaufsicht in das Hochhaus. Sie wird die 120 wichtigsten Banken der Eurozone von hier aus überwachen.

ZEITGESCHICHTE

100

Die Windkraftanlage
Fröttmaning in München

Die Energiewende

BAUZEIT: 1999

Am Autobahnkreuz München-Nord steht auf einer Anhöhe, dem Frött-
maninger Berg, eine Windkraftanlage. Das Windrad ist knapp 100 m
hoch. Der schmale grüne Turm verjüngt sich nach oben; er hat unten
einen Durchmesser von rund 4 m und oben von 2 m, wobei sich der
Grünton des Turmes mit zunehmender Höhe abschwächt. Die Ma-
schinengondel und die Nabe, über die die die drei Rotorenblätter mit der
Rotorwelle verbunden sind, sind wie ein Tropfen geformt. Es ist eine
typische Windkraftanlage, wie sie überall in Deutschland stehen.

In der Weihnachtszeit im Jahre 2009 wird aus diesem typischen
Windrad etwas ganz Einmaliges. Es leuchtet in der Nacht in wechselnden Farben – und das nicht, weil es von unten angestrahlt wird,
sondern weil seine drei Rotorenblätter in mühsamer Handarbeit mit
9000 Leuchtdioden beklebt wurden. Die Farben der Installation entsprechen denen der nahe gelegenen Allianz-Arena, deren Fassade
ebenfalls in wechselnden Farben beleuchtet wird. Durch die Position
des Windrads auf der Anhöhe ist es bei gutem Wetter bis zu 30 Kilometer weit zu sehen, so die Begründung des Projektveranstalters. Das
Windrad verwandele sich dadurch in einen »Stern des Südens«. Die
Verantwortlichen sind nicht etwa Umweltaktivistinnen oder -aktivis-
ten. Es ist die Firma Siemens, die die Windkraftanlage betreibt und
gemeinsam mit dem Münchener Künstler Michael Pendry die Licht-
installation verwirklicht hat. »Der Siemens-Stern des Südens ist eine
technologische Pionierleistung und ein wichtiges Symbol vor der

ZEITGESCHICHTE

411

Weltklimakonferenz in Kopenhagen«, erklärt der Hauptgeschäftsführer des Unternehmens. »Grüne Innovationen beleuchten unseren Weg in eine bessere Zukunft.«

Der Bezug zu der vom 7. bis 18. Dezember 2009 in Kopenhagen tagenden UN-Klimakonferenz erklärt den Namen der Installation. Denn in Kopenhagen gibt es einen Gegenpart. Dort steht am Rathausplatz ein großer, schön geschmückter Weihnachtsbaum. Um ihn herum stehen mehrere, über Leitungen mit den Lichterketten des Baumes verbundene Fahrräder. Mit ihnen können die Besucherinnen und Besucher des Marktplatzes Strom erzeugen, um den Baum zum Leuchten zu bringen. Der »Weihnachtsbaum des Nordens« wird durch saubere Energie in Form von Muskelkraft angetrieben. Und die Leuchtdioden der Windkraftanlage, die im Süden Deutschlands vor dem Nachthimmel strahlen, erhalten ihre Energie durch saubere Windenergie.

Dadurch soll ein Zeichen für eine saubere Energie gesetzt werden, also eine, die aus erneuerbaren Quellen stammt und umweltverträglich ist. Das trifft hauptsächlich für Energie aus Wind-, Sonnen- und Wasserkraft, und für solche aus Biomasse bedingt zu. Kohle und Atomkraft werden aufgrund ihrer Umweltschädlichkeit nicht zu den sauberen Energiequellen gezählt.

Der erste Atomreaktor der Bundesrepublik wird 1957 in Garching bei München in Betrieb genommen. 1962 geht das erste Kernkraftwerk ans Netz. Weitere folgen. Als die Regierung unter Helmut Schmidt während der Ölkrise von 1973, die zu einer Verteuerung des Erdöls führt, beschließt, weitere Kernkraftwerke zu bauen, gewinnt die noch junge Anti-Atom-Bewegung an Schwung. Als in Wyhl in Baden-Württemberg ein Atomkraftwerk gebaut werden soll, kommt es im Februar 1975 zu einer Massendemonstration, an der 28 000 Menschen teilnehmen. Sie besetzen den Bauplatz und harren in Zelten aus. Die Situation bleibt friedlich. Schließlich scheitert der Plan, da der Bau eines Atomkraftwerks in Wyhl den politischen Rückhalt verloren hat. Doch nach dem ersten großen Erfolg der Anti-Atomkraftbewegung folgt im nächsten Jahr eine gewaltsame Auseinandersetzung in Brokdorf zwischen der Polizei und den Demonstrantinnen und Demonstranten.

100 Personen werden verletzt. Das AKW wird trotzdem gebaut und geht 1986 ans Netz.

Aus der sich bildenden Umweltschutzbewegung entsteht Ende der 1970er Jahre die Partei die Grünen. Ihr gelingt 1983 der Sprung in den Bundestag. Mit der Atomkatastrophe von Tschernobyl 1986 gewinnt die Anti-Atomkraft-Bewegung erneut an Bedeutung und löst in der SPD einen Richtungswechsel aus. Doch erst im Jahr 2002 beschließt der Bundestag unter der ersten rot-grünen Regierung seit Tschernobyl ein Atomausstiegsgesetz, das den Neubau von kommerziellen Kernkraftwerken verbietet und die Laufzeit bestehender AKWs auf 32 Jahre seit Inbetriebnahme begrenzt.

Im September 2010 wird unter der schwarz-gelben Regierung Angela Merkels die Laufzeit der Atomkraftwerke um bis zu 14 Jahre verlängert. Doch die große Atomkatastrophe im japanischen Fukushima wenige Monate später löst in großen Teilen der Unionsparteien ein Umdenken aus. Am 11. März 2011 erschüttert ein schweres Erdbeben Japan. Der folgende Tsunami beschädigt die Stromversorgung und das Kühlsystem der an der Küste gelegenen Atomkraftwerke bei Fukushima. Es kommt zur Kernschmelze. Das Meer und die umliegenden Gebiete werden nachhaltig verseucht, und viele Menschen sterben oder erkranken schwer.

Vor diesem Hintergrund erhält der Atomausstieg in Deutschland eine neue Dringlichkeit. »Wir haben doch in einem hoch entwickelten Industrieland gesehen, dass Risiken aufgetreten sind, die wir nicht für möglich gehalten hätten«, erklärt Angela Merkel. »Das hat mich davon überzeugt, dass wir den Ausstieg beschleunigen sollten.«

Acht ältere Atomkraftwerke werden sofort heruntergefahren. 2022 sollen auch die restlichen AKWs vom Netz genommen werden. Bis dahin müssen allerdings noch zahlreiche Probleme gelöst werden, damit in der Bundesrepublik und darüber hinaus bald nicht nur eine atomkraftfreie, sondern auch eine saubere Energieversorgung möglich wird. Selbst ohne Lichter ist das Windrad in Fröttmaning ein Markstein auf diesem Weg hin zu einer Geschichte, die erst noch geschrieben werden muss.

ZEITGESCHICHTE

413

Chronologie der Reiche und Staaten in »Deutschland«

800–843	Frankenreich (auch fränkisches oder karolingisches Reich genannt)
843–911	Ostfränkisches Reich
911–962	Osfränkisch-deutsches Reich
962–1806	Heiliges Römisches Reich deutscher Nation (hier auch abgekürzt als Reich bezeichnet, zum Namen → 32)
1806–1813	Rheinbund
1815–1866	Deutscher Bund
1867–1870	Norddeutscher Bund
1871–1945	Deutsches Reich
	1871–1918 Deutsches Kaiserreich
	1919–1933 Weimarer Republik
	1933–1945 »Drittes Reich«
1949–1990	Deutsche Teilung
	1949–1990 Deutsche Demokratische Republik
	1949 Bundesrepublik Deutschland
seit 1990	wiedervereinigte Bundesrepublik Deutschland

Epochen der Geschichtswissenschaft
(mit verallgemeinerten Epochengrenzen → 37)

Antike	800 v. Chr.–476 n. Chr.
Frühmittelalter	476–1024 (auch üblich: 962 Kaiserkrönung Ottos I.)
Hochmittelalter	1024– ca. 1250
Spätmittelalter	1250– um 1500
Frühe Neuzeit	um 1500–1789 (Französische Revolution)
Neuzeit	1789– ca. 1945
Zeitgeschichte	seit etwa 1945 (Gegenwartsgeschichte mit lebenden Zeitzeuginnen und Zeitzeugen)

ANHANG

Glossar ausgewählter architektonischer Fachbegriffe

APSIS (gr. Rundung, Bogen) Halbkreisförmiger, mit einer Halbkuppel überwölbter Raum, der an einen Hauptraum angebaut ist

ARKADE (lat. *Arcus* – Bogen) Auf Pfeilern oder Säulen ruhender Bogen (Bogenstellung), meist als fortlaufende Reihe

BACKSTEIN Aus Ton oder Lehm geformter und gebrannter Baustein

BASILIKA Grundform der ersten christlichen Kirchen mit drei- bis fünfschiffigem Kirchenraum und einem gegenüber den Seitenschiffen erhöhten Mittelschiff, um den Innenraum durch eine zusätzliche Fensterreihe (Obergaden) stärker zu beleuchten

BERGFRIED Hoher, mächtiger Turm einer Burg, letzte Zuflucht im Angriffsfall

BAUPLASTIK/-SCHMUCK Alle Skulpturen und Ornamente, die mit einem Bauwerk zusammenhängen

BRUCHSTEIN Natürliche Steine, die im Gegensatz zu behauenen Steinen weitgehend in der Form bleiben, in der sie im Steinbruch gebrochen wurden

BUCKELQUADER Behauener Baustein, dessen Vorderseite nur schwach bearbeitet ist und damit vorspringt, zum Teil durch einen abgearbeiteten Rand (Randschlag) betont, der das exakte Versetzen der Steine ermöglicht

BRÜCKENKOPF Befestigungsanlage einer Brücke auf der nicht zum eigenen Territorium gehörenden (feindlichen) Uferseite; daraus Bezeichnung für Brückenauffahrt bzw. markante Gebäude auf der Brückenauffahrt

CHOR Ort des Chorgebets von Geistlichen und Mönchen vor dem Hochaltar; daraus Bezeichnung für den gesamten Altarbereich

CHORABSCHLUSS/-HAUPT Ostabschluss einer Kirche, meist durch eine Apsis oder einen mehreckigen Bauteil, auch mit innerem Umgang möglich (Chorumgang)

DACHREITER Schlankes Türmchen mit einer Glocke oder einer Uhr auf dem Dachfirst

EHRENHOF Dreiseitig umgrenzter Hof eines Barockschlosses oder eines repräsentativen Bauwerks, auf dem Gäste zeremoniell empfangen werden

ENFILADE (frz. Aufreihung) Eine Zimmerflucht, deren Türen auf einer Achse liegen und bei geöffneten Türen die Durchsicht vom ersten bis zum letzten Zimmer erlauben

FENSTERROSE Rundfenster, das mit filigranem Maßwerk versehen ist

FLÜGEL Baukörper, der sich an einen Hauptbau anschließt, häufig paarweise (Dreiflügelanlage) oder mit vier Flügeln einen Innenhof umschließend (Vierflügelanlage)

ANHANG

415

FIALE Typische architektonische Zierform der Gotik, schlankes, spitz zulaufendes Türmchen, meist auf Strebepfeilern oder Giebeln, mit Maßwerk verziert

FIRST Obere, meist waagerechte Schnittlinie zweier schräger Dachflächen

GEFACH Das von Hölzern umschlossene Feld beim Fachwerkbau, das durch Ausfachung, Tür oder Fenster verschlossen wird

GESIMS/SIMS Horizontales Bauelement zur Gliederung der Architektur

GEWÄNDE Schräg geführte Begrenzung (Laibung) einer Maueröffnung (Fenster, Portale), manchmal abgetreppt mit eingestellten Säulen oder Skulpturen

GEWÖLBE Raumdecke in gewölbter Form; typische Gewölbeformen:
Tonnengewölbe halbkreisförmiger Querschnitt
Kreuzgewölbe zwei sich kreuzförmig durchdringende, gleichhohe Tonnengewölbe
Kreuzgratgewölbe mit schmalen Graten
Kreuzrippengewölbe mit verstärkten, erhabenen Rippen, die auf dem Verlauf der Grate angeordnet sind
Sterngewölbe bei sternförmiger Anordnung der Rippen

GIEBEL Abschluss eines Satteldaches; Bekrönung eines Fensters oder eines Portals, häufig in Dreiecksform oder segmentbogenförmig abgerundet

HALLENKIRCHE Mehrschiffige Kirchenanlage, bei der die Kirchenschiffe gleichhoch sind, wodurch das Mittelschiff nicht extra durch Fenster beleuchtet wird

KÄMPFER Zone, auf der ein Bogen oder ein Gewölbe aufsetzt; meist quadratische Abdeckplatte eines Kapitells

KAPITELL ausladendes Kopfstück einer Säule, das zwischen dem runden Säulenschaft und dem eckigen Kämpfer vermittelt

KASSETTE Vertieftes Feld einer Decke

KOLONNADE Fortlaufende Reihe von Pfeilern oder Stützen, auf der waagerecht Balken (Architrav) ruhen; Gegensatz zur Arkade

KRYPTA Überwölbter, unterirdischer oder halbunterirdischer Gang, meist unter dem Chor; Gruft

LANGHAUS Zwischen der Westfassade bzw. dem Westbau und dem Querhaus bzw. dem Chor gelegener Bauteil einer Kirche

LANZETTFENSTER Schlanke Fenster mit überhöhtem Spitzbogen

LETTNER Mehrere Meter hohe Abtrennung in einer Kirche zwischen Chor und Langhaus

LISENE Aus der Mauer hervortretende senkrechte Vorlagen zur Gliederung einer Architektur

MASSWERK Geometrisch konstruiertes, filigranes Bauornament

OBERGADEN Der über die Seitenschiffdächer hinausreichende Teil des Mittelschiffs, der zur zusätzlichen Belichtung mit Fenstern versehen ist

PALAS Repräsentativer Wohn- bzw. Saalbau einer Burg oder Pfalz

PFALZ Repräsentativer Regierungssitz auf königlichem Boden, auch als Bischofspfalz für bischöflichen Verwaltungssitz benutzt

PFEILER Stütze aus Mauerwerk mit meist quadratischem oder eckigem Grundriss

PILASTER Wandpfeiler mit Basis (ausladender Fuß einer Säule oder eines Pfeilers) und Kapitell

PORTIKUS Vorhalle mit Säulen oder Pfeilern vor der meist breiteren Hauptfront eines Gebäudes

PROFANBAU Weltliches, nicht kultisches Gebäude; Gegensatz zur Sakralarchitektur

QUERHAUS/QUERSCHIFF Bauteil, der quer zum Langhaus verläuft

RINGMAUER Ringförmige Mauer einer Stadtbefestigung oder einer Burg

RISALIT Bauteil, der vor die Flucht eines Hauptbaukörpers vorspringt, häufig mittig als Mittelrisalit

SAALKIRCHE Kirche ohne Seitenschiffe, deren Innenraum als Saal nicht durch Pfeiler oder Säulen unterteilt wird

SAKRALBAU Ein den Kultzwecken dienendes Bauwerk (Kirche, Moschee, Synagoge); Gegensatz zur Profanarchitektur

SATTELDACH Giebeldach, das aus zwei gegen einen gemeinsamen First ansteigenden Flächen besteht

SCHAUGIEBEL Besonders reich verzierter Giebel an der Hauptfassade

SCHIFF/KIRCHENSCHIFF Innenraum einer Kirche, insbesondere für Langhäuser benutzt, die durch Stützen in mehrere Raumteile gegliedert werden, meist breites Mittelschiff und schmalere Seitenschiffe

SCHLUSSSTEIN Meist reichdekorierter Stein im Scheitelpunkt eines Bogens oder Gewölbes, ohne technische Funktion

SKELETTBAU Bauweise, bei der im Gegensatz zum Massivbau alle tragenden Funktionen auf ein Skelett aus Holz (Fachwerk), aus Stein (Strebewerk) oder aus Stahl/Stahlbeton beschränkt sind

STAFFELGIEBEL/STUFENGIEBEL Giebel mit abgestufter/abgetreppter Kontur

STILISIEREN Vereinfachen einer Naturform zu einer häufig geometrischen Grundform, die Charakteristika der ursprünglichen Form werden beibehalten

STREBE Schräg stehendes, versteiftes Holz, das die Druckkräfte aufnimmt

STREBEBOGEN/HOCHSCHIFFSTREBE Bogen, der den Gewölbeschub aufnimmt, meist am Ausbau der gotischen Kirchen

STREBEPFEILER Pfeilerartige Verdickung der Mauer zur Aufnahme der Druck- und Schubkräfte

STUFENPORTAL Portal, dessen Gewände meist nach innen abgetreppt ist, wodurch die innere Öffnung des Portals kleiner ist als die äußere, häufig mit eingestellten Figuren oder Säulen

ANHANG

417

TRAUFE Waagerechte untere Begrenzung einer Dachfläche parallel zum First; Häuser, die mit der Traufseite zur Straße stehen, sind Traufenhäuser, Gegensatz zu Giebelhäusern

TYMPANON Meist mit Bauplastik verziertes Giebelfeld an einem Tempel, Portal oder Portikus

VIERUNG Teil des Kirchenraums, an dem sich Mittelschiff, Chor und Querhaus kreuzen

VORBURG Befestigte Anlage vor der Kernburg zur Sicherung des Haupttores

VORKRAGEN Vorspringen eines Bauteils vor die Flucht des Mauerwerks

WERKSTEIN/HAUSTEIN Ein von einem Steinmetz sorgfältig bearbeiteter Naturstein

WESTWERK Eigenständiger Bauteil im Westen einer Kirche

WIMPERG Giebelartige Bekrönung an gotischen Portalen und Fenstern, meist mit Maßwerk

Literaturhinweise
(Auswahl)

1

· Binder, Beate: Vom Preußischen Stadtschloss zum Humboldt-Forum. In: Rekonstruktion des Nationalmythos? Göttingen 2013, S. 99–120

2

· Schieffer, Rudolf: Kaisertum aus der Hand des Papstes. In: Otto der Große und das Römische Reich. Regensburg 2012, S. 401–406
· Untermann, Matthias: »Opere mirabili constructa«. Die Aachener Residenz Karls des Großen. In: 799 – Kunst und Kultur der Karolingerzeit. Mainz 1999, S. 152–164

3

· Laudage, Johannes: Die Karolingische Renaissance und Bildungsreform. In: Isti moderni. Erneuerungskonzepte und Erneuerungskonflikte in Mittelalter und Renaissance. Düsseldorf 2009, S. 29–72
· Zöller, Achim [Bearb.]: Einhardsbasilika in Seligenstadt. München 1985

4

· Pinsker, Bernhard / Zeeb, Annette [Bearb.]: Kloster Lorsch. Vom Reichskloster Karls des Großen zum Weltkulturerbe der Menschheit. Petersberg 2011
· Geuenich, Dieter: Karl der Große, Ludwig »der Deutsche« und die Entstehung eines »deutschen« Gemeinschaftsbewußtseins. In: Zur Geschichte der Gleichung »germanisch-deutsch«. Berlin 2004, S. 185–198

5

· Claussen, Hilde: Kloster Corvey. München 1990
· Lobbedey, Uwe: Der Kirchenbau im sächsischen Missionsgebiet. In: 799 – Kunst und Kultur der Karolingerzeit. Mainz 1999, S. 498–512

6

· Beuckers, Klaus G. [Hrsg.]: Die Ottonen. Kunst, Architektur, Geschichte. Petersberg 2006
· Lobbedey, Uwe: Die Stiftskirche St. Marien zu Walbeck. Baubefund und Baugeschichte. In: Walbecker Forschungen. Petersberg 2010, S. 99–138

7

· Berschin, Walter [Bearb.]: Reichenauer Wandmalerei 840–1120. Heidelberg 2012
· Hauschild, Stephanie: Skriptorium. Die mittelalterliche Buchwerkstatt. Darmstadt 2013

8

· Ristow, Sebastian: St. Pantaleon in Köln. Ausgrabungen, Bau- und Forschungsgeschichte der Lieblingskirche von Kaiserin Theophanu. In: Byzanz in Europa. Turnhout 2011, S. 50–64
· Wolf, Gunther G. [Hrsg.]: Kaiserin Theophanu: Schriften. Hannover 2012

9

· Mietke, Gabriele: Die Bautätigkeit Bischof Meinwerks von Paderborn und die frühchristliche und byzantinische Architektur. Paderborn 1991

- Stiegemann, Christoph / Kroker, Martin [Hrsg.]: Für Königtum und Himmelreich. Regensburg 2009

10
- Gallisti, Bernhard: Bischof Bernwards Stiftung St. Michael in Hildesheim. In: Concilium medii aevi 14 (2011), S. 239–287
- Lutz, Gerhard / Weyer, Angela [Hrsg.]: 1000 Jahre St. Michael in Hildesheim. Petersberg 2012

11
- Stieldorf, Andrea: Reiseherrschaft und Residenz im frühen und hohem Mittelalter. In: Historisches Jahrbuch 129 (2009), S. 147–177
- Zotz, Thomas: Die Goslarer Pfalz im Umfeld der königlichen Herrschaftssitze in Sachsen. In: Deutsche Königspfalzen. Göttingen 1996, S. 248–287

12
- Schmitt, Reinhard: Burg Querfurt. Beiträge zur Baugeschichte. Querfurt 2002
- Monarchisch-aristokratische Organisationsformen. In: Enzyklopädie des Mittelalters, Darmstadt 2008, S. 47–63

13
- Körntgen, Ludger: Der Investiturstreit und das Verhältnis von Religion und Politik im Frühmittelalter. In: Religion und Politik in Deutschland und Großbritannien. München 2013, S. 89–116
- Müller, Matthias [Hrsg.]: Der Dom zu Speyer. Konstruktion, Funktion und Rezeption zwischen Salierzeit und Historismus. Darmstadt 2013

14
- Codreanu-Windauer, Silvia / Schmidt, Michael: Die Steinerne Brücke von Regensburg. In: Denkmalpflege-Informationen 149 (2011), S. 34–38

15
- Goldmann, Zeev: The hospice of the Knights of St. John in Akko. In: Archaeological Discoveries in the Holy Land 19 (1966), S. 182–189
- Sternthal, Barbara [Hrsg.]: Kreuzritter. Sankt Pölten 2007

16
- Binding, Günther: Deutsche Königspfalzen. Von Karl dem Großen bis Friedrich II. (765–1240). Darmstadt 1996
- Ehlers, Joachim: Die Reichsfürsten. In: Heiliges Römisches Reich Deutscher Nation 962 bis 1806. Von Otto dem Großen bis zum Ausgang des Mittelalters. Dresden 2006, S. 199–209

17
- Lubich, Gerhard: Das Kaiserliche, das Höfische und der Konsens auf dem Mainzer Hoffest (1184). In: Staufisches Kaisertum im 12. Jahrhundert. Regensburg 2010, S. 277–293

18
- Bormann, Margrit: Möglichkeiten und Grenzen der Putzerhaltung in der mittelalterlichen Mikwe zu Worms. In: Der Wormsgau 28 (2010/11), S. 61–74
- Generaldirektion Kulturelles Erbe Rheinland-Pfalz [Hrsg.]: Die SchUM-Gemeinden Speyer, Worms, Mainz. Auf dem Weg zum Welterbe. Regensburg 2013

19
- Borchardt, Karl: Mauern – Tore – Türme. Zeugnisse zur Geschichte von Rothenburg ob der Tauber. Rothenburg 2005
- Meckseper, Cord: Städtebau. In: Die Zeit der Staufer. Stuttgart 1977, S. 75–86

20
- Friedel, Birgit: Die Nürnberger Burg. Geschichte, Baugeschichte und Archäologie. Petersberg 2007
- Rzihacek, Andrea / Spreitzer, Renate [Hrsg.]: Philipp von Schwaben. Wien 2010

21
- Behr, Hans-Joachim: Dichtung und höfische Kultur des 12. und 13. Jahrhunderts. In: Heiliges Römisches Reich Deutscher Nation 962 bis 1806. Von Otto dem Großen bis zum Ausgang des Mittelalters. Dresden 2006, S. 237–248
- Hotz, Walter: Wildenberg. Entstehung und Gestalt einer staufischen Burg. Amorbach 1972

22
- Puhle, Matthias [Hrsg.]: Aufbruch in die Gotik. Der Magdeburger Dom und die späte Stauferzeit. Mainz 2009

23
- Hammel-Kiesow, Ralf: Lübeck und die Hanse. In: Schleswig-Holstein von den Ursprüngen bis zur Gegenwart. Eine Landesgeschichte. Hamburg 2002, S. 111–120
- Kallen, Peter W.: Die Kunst der Fuge. Die Baukunst der Gotik in Lübeck. In: Die Hanse. Macht des Handels. Der Lübecker Fernhandelskaufmann. Bonn 2002, S. 30–57

24
- Meckseper, Cord: Castel del Monte. Seine Voraussetzungen in der nordwesteuropäischen Baukunst. In: Zeitschrift für Kunstgeschichte 33 (1970), S. 211–231
- Stürner, Wolfgang: Kaiser Friedrich II. als Herrscher im Imperium und im Königreich Sizilien. In: Staufer und Welfen. Zwei rivalisierende Dynastien im Hochmittelalter. Regensburg 2009, S. 172–189

25
- Krohm, Hartmut [Hrsg.]: Der Naumburger Meister. Petersberg 2012

26
- Schumann, Dirk: Herrschaft und Architektur. Otto IV. und der Westgiebel von Chorin. Berlin 1997

27
- Kalchthaler, Peter: Baustelle Gotik. Das Freiburger Münster. Petersberg 2013

28
- Möhlenkamp, Annegret: Die Pilgerherberge des Heilig-Geist-Hospitals von 1365 in Lübeck. In: Jahrbuch für Hausforschung 60 (2010), S. 371–378

29
- Hucker, Bernd U.: Die Marienburg im Spiegel des Burgenbauprogramms und der Symbolik des Deutschen Ordens. In: Die Marienburg. Vom Machtzentrum des Deutschen Ordens zum mitteleuropäischen Erinnerungsort. Paderborn 2013, S. 35–52
- Mentzel-Reuters, Arno: Der Deutsche Orden als geistlicher Orden. In: Cura animarum. Seelsorge im Deutschordensland Preußen. Köln 2013, S. 15–43

30
· Poggendorf, Gabriele: Die Sterne am Rathaus von Stralsund. In: Baltische Studien 95 (2009), S. 55–76
· Uitz, Erika: Die Frau in der mittelalterlichen Stadt. Freiburg im Breisgau 1992

31
· Dietrich, Dagmar: Der ehemalige Siechhof in Eichstätt. In: Das Jura-Haus 11 (2005/06), S. 43–66
· Jankrift, Kay P.: Epidemien im Hochmittelalter. In: Pest. Die Geschichte eines Menschheitstraumas. Stuttgart 2005, S. 129–141

32
· Schröck, Katja: Der Prager Veitsdom. In: Kirche als Baustelle. Köln 2013, S. 210–223
· Krötzl, Christian: Prag als Universität. In: Die Prager Universität Karls IV. Potsdam 2010, S. 15–44

33
· Fritz, Wolfgang D. [Bearb.]: Die Goldene Bulle Kaiser Karls IV. vom Jahre 1356. Weimar 1972
· Schembs, Hans-Otto: Frankfurt und die Wahl und Krönung der deutschen Könige. In: Hessen. Geschichte und Politik. Stuttgart 2009, S. 137–148

34
· Bedal, Konrad: Bauernhäuser aus dem Mittelalter. Ein Handbuch. Bad Windsheim 1997
· Weber, Andreas Otto: Studien zum Weinbau der altbayerischen Klöster im Mittelalter. Stuttgart 1999

35
· Atzbach, Rainer: Die Belagerung der Burg Tannenberg bei Darmstadt 1399. In: Fundberichte aus Hessen 50 (2010), S. 707–728
· Boockmann, Andrea: Fehde, Fehdewesen. In: Lexikon des Mittelalters. München 1989, Sp. 331–334

36
· Buck, Thomas M. / Kraume, Herbert: Das Konstanzer Konzil (1414–1418). Ostfildern 2013
· Konrad, Bernd: Wandmalerei der Konzilszeit. Der Rundbogenfries am Obergaden des Münster. In: Das Konstanzer Münster Unserer Lieben Frau. Regensburg 2013, S. 136–138

37
· Dobras, Wolfgang [Bearb.]: Gutenberg. Aventur und Kunst. Vom Geheimunternehmen zur ersten Medienrevolution. Mainz 2000

38
· Helm, Claudia [Bearb.]: 1495. Kaiser, Reich, Reformen. Der Reichstag zu Worms. Koblenz 1995
· Untermann, Matthias: Die drei Kaiserdome Speyer, Mainz und Worms. In: Die Staufer und Italien. Darmstadt 2010, S. 201–210

39
· Großmann, G. Ulrich: Das Dürer-Haus. Nürnberg 2007

40
· Lorenz, Sönke / Zotz, Thomas: Spätmittelalter am Oberrhein. Stuttgart 2001
· Sarrazin, Jenny / Petershagen, Henning: Schopper, Schiffer, Donaufischer. Ulmer Schiffleute und ihr Handwerk. Ulm 1997

41

- Bergdolt, Klaus: Armut in der Renaissance. Wiesbaden 2013
- Tietz-Strödel, Marion: Die Fuggerei in Augsburg. München 1979

42

- Gruhl, Bernhard: Die Schlosskirche in der Lutherstadt Wittenberg. Regensburg 2006
- Ott, Joachim: Luthers Thesenanschlag. Leipzig 2008

43

- Arnold, Heinz Ludwig [Hrsg.]: Martin Luther. München 1983
- Schuchardt, Günter: Die Wartburg. Eine Entdeckungsreise in die deutsche Geschichte. Regensburg 2013

44

- Kreishandwerkerschaft Memmingen-Mindelheim [Hrsg.]: Ein geschichtsträchtiges Haus. Einst und Jetzt. Krumbach o.J.
- Hasselhoff, Görge K. / Mayernburg, David von [Hrsg.]: Die Zwölf Artikel von 1525 und das »Göttliche Recht« der Bauern. Würzburg 2012

45

- Brendle, Franz: Das konfessionelle Zeitalter. Berlin 2010
- Kreis, Georg [Hrsg.]: Basel. Geschichte einer städtischen Gesellschaft. Basel 2000

46

- Paal, Bernhard: Jesuitenkirche St. Michael in München. Regensburg 2014
- Weiß, Dieter J.: Katholische Reform und Gegenreformation. Darmstadt 2005

47

- Petráň, Josef: Die Anfänge des Krieges in Böhmen. In: 1648. Krieg und Frieden in Europa. Münster 1998, S. 85–93
- Pokorný, Miloš: Die Prager Burg. Brennpunkt der Geschichte. Praha 2014

48

- Gerlach, Walther: Johannes Kepler. Der Begründer der modernen Astronomie. München 1987
- Strobel, Richard: Das Wohnhaus von Johannes Kepler in Regensburg. München 2011

49

- Oster, Uwe [Hrsg.]: Burgen in Deutschland. Darmstadt 2006
- Schmitz, Liane: Zur Geschichte von Lüdinghausen und Seppenrade. Lüdinghausen 2000

50

- Großmann, G. Ulrich: Die Bockwindmühle im Westfälischen Freilichtmuseum Detmold. Westfalen-Lippe 1986

51

- Bußmann, Klaus / Schilling, Heinz [Hrsg.]: 1648. Krieg und Frieden in Europa. Münster 1998
- Selle, Otto-Ehrenfried: Rathaus und Friedenssaal zu Münster. Münster 2002

52

- Hubel, Achim: Studien zum Reichssaalbau des Alten Rathauses in Regensburg. In: Kunstgeschichte und Denkmalpflege. Petersberg 2005, S. 137–154

- Luttenberger, Albrecht K.: Der Immerwährende Reichstag zu Regensburg, das europäische Mächtesystem und die politische Ordnung des Reichs. In: Reichsstadt und Immerwährender Reichstag (1663–1806). Kallmünz 2001, S. 11–23

53
- Beier-de Haan, Rosmarie: Hexenwahn. Ängste der Neuzeit. Wolfratshausen 2002
- Demandt, Karl E.: Die Schreckensjahre von Lindheim nach den Dokumenten dargestellt. Altenstadt 1981

54
- Hartl, Hans / Merz, Heinrich: Die älteste Volksschule Deutschlands. Tittling/Passau 1981
- Flachenecker, Helmut / Kiessling, Rolf: Schullandschaft in Altbayern, Franken und Schwaben. München 2005

55
- Forstmann, Wilfried: Der Fall der Reichsstadt Straßburg und seine Folgen. Bad Neustadt a. d. Saale 1981
- Kurmann, Peter: Deutsche Kaiser und Könige. Zum spätstaufischen Herrscherzyklus und zur Reiterfigur Rudolfs von Habsburg am Straßburger Münster. In: Kunst im Reich Kaiser Friedrichs II. von Hohenstaufen. München 1997, S. 154–169

56
- Allmayer-Beck, Johann C.: Bedrohung und Befreiung Wiens 1683. In: Österreich und die Osmanen. Wien 1988, S. 32–41
- Ludwig, Vinzenz O.: Die Leopoldskirche auf dem Leopoldsberg. Wien 1957

57
- Dölemeyer, Barbara: Glaube und Migration. Die Hugenotten und Waldenser in Hessen. In: Glaube und Toleranz. Wiesbaden 2001, S. 70–81

58
- Müller, Christian: Peuplierung. Zu einem Aspekt absolutistischer Residenzgründungen. In: Planstädte der Neuzeit. Karlsruhe 1990, S. 259–278

59
- Schauer, Hans-Hartmut: Quedlinburg. Fachwerkstadt Weltkulturerbe. Berlin 1990
- Brinkschulte, Eva / Labouvie, Eva: Dorothea Christiana Erxleben. Halle (Saale) 2006

60
- Richter, Susan: Die Schwetzinger Moschee – ein Tempel der Weltweisheit? In: Archiv für Kulturgeschichte 90 (2008), S. 109–128
- Willems, Gottfried: Geschichte der deutschen Literatur. Aufklärung. Wien 2012

61
- Holler, Wolfgang / Knebel, Kristin: Goethes Wohnhaus. Weimar 2011
- Klassik Stiftung Weimar [Hrsg.]: Erlebnis Weimar. Anna Amalia, Carl August und das Entstehen der Klassik. Leipzig 2007

62
- Bock, Helmut: Napoleon und Preußen. Berlin 2013
- Wiemer, Karl Peter [Bearb.]: Das Ensemble Beethoven-Haus in Bonn. Köln 2008

63

- Hausberger, Karl: Dalbergs Konkordatspläne für das Reich und den Rheinbund. In: Der Wiener Kongress – eine kirchenpolitische Zäsur? Göttingen 2013, S. 11–39

64

- Smidt, Thorsten [Hrsg.]: Expedition Grimm. Kassel 2013

65

- Janzing, Godehard: Sicherheitsarchitektur. Das Brandenburger Tor und die Berliner Öffentlichkeit zur Zeit der Französischen Revolution. In: Die Königstadt. Hannover 2008, S. 99–133
- Rodekamp, Volker: Helden nach Maß. 200 Jahre Völkerschlacht bei Leipzig. Leipzig 2013

66

- Bundespressedienst Wien [Hrsg.]: Wien Ballhausplatz 2. Wien 2001
- Husslein-Arco, Agnes: Europa in Wien. Der Wiener Kongress 1814/15. München 2015

67

- Foerster, Cornelia: Hambacher Fest 1832 – 1932. Neustadt an der Weinstrasse 1986

68

- Borger-Keweloh, Nicola: Die mittelalterlichen Dome im 19. Jahrhundert. München 1986
- Laufer, Ulrike: Gründerzeit. 1848–1871. Dresden 2008

69

- Müller, Heinrich: Das Berliner Zeughaus. Vom Arsenal zum Museum. Berlin 1994

70

- Becher, Bernhard / Becher, Hilla: Die Architektur der Förder- und Wassertürme. München 1971
- Pierenkemper, Toni: Die Industrialisierung europäischer Montanregionen im 19. Jahrhundert. Stuttgart 2002

71

- Baumgartner, Georg: Schloß Hohenschwangau. München 1987
- Deuerlein, Ernst [Bearb.]: Die Gründung des Deutschen Reiches 1870/71 in Augenzeugenberichten. Düsseldorf 1977

73

- Rödel, Volker: Eisenbahngeschichte und -baugattungen 1829–1999. Stuttgart 2005
- Schomann, Heinz: Der Frankfurter Hauptbahnhof. Stuttgart 1983

74

- Homann, Hermann: Juist. Münster o. J.
- Thoms, Ulrike: Körper, Kultur, Konsum. Die Konsumgeschichte der alltäglichen Hygiene. In: Die Konsumgesellschaft in Deutschland 1890–1990. S. 97–113

75

- Lampugnani, Vittoria: Die Stadt im 20. Jahrhundert. Berlin 2010
- Mann, Michael: Gartenstadt Hellerau oder die Verbürgerlichung einer urbanen Utopie. In: Historische Anthropologie 9 (2001), S. 405–431

76

- Feldpostbriefe – Lettres de poilus. 1914–1918. CDs produziert von Deutschlandradio/Deutschlandfunk. Berlin 1999
- Hammer, Lothar: Köln. Die Hohenzollernbrücke. Köln 1997

77
· Danker, Uwe: Revolutionsstadt Kiel. Ausgangsort für die erste deutsche Demokratie. In: Demokratische Geschichte 25 (2014), S. 285–306

78
· Wefing, Heinrich [Hrsg.]: »Dem Deutschen Volke«. Der Bundestag im Berliner Reichstagsgebäude. Bonn 1999

79
· Gerber, Stefan: Weimar und Nationalversammlung. In: Weimar und die Republik. Weimar 2009, S. 15–37

80
· François, Étienne / Krumeich, Gerd: Der Vertrag von Versailles und die deutsch-französischen Beziehungen. In: Weimar und die Republik. Weimar 2009, S. 137–160
· Beutler, Christian: Paris und Versailles. Stuttgart 1970

81
· Kentgens-Craig, Margret: Das Bauhausgebäude in Dessau 1926–1999. Basel 1998

82
· Krueger, Susanne: Route Industriekultur. Krupp und die Stadt Essen. Essen 1999
· Schulte, Benjamin: Das Scheitern »kultureller Demobilisierung« nach dem Ersten Weltkrieg. Die Ruhrkrise 1923. In: Historisch-politische Mitteilungen 19 (2012), S. 109–136

83
· Mattiesson, Christiane: Die Rationalisierung des Menschen. Architektur und Kultur der deutschen Arbeitsämter 1890–1945. Berlin 2007

84
· Schildt, Axel: Die Republik von Weimar. Deutschland zwischen Kaiserreich und »Drittem Reich« (1918–1933). Erfurt 2009
· Turner, Henry Ashby: Die Großunternehmer und der Aufstieg Hitlers. Berlin 2003

85
· Rostock, Jürgen / Zadniček, Franz: Paradiesruinen. Das KdF-Seebad der Zwanzigtausend auf Rügen. Berlin 1992

86
· Schenk, Dieter: Die Post von Danzig. Reinbek 1995

87
· Mommsen, Hans: Das NS-Regime und die Auslöschung des Judentums in Europa. Bonn 2014
· Świebocka, Teresa [Hrsg.]: Architektur des Verbrechens. Das System der Sicherung und Isolation im Lager Auschwitz. Oświęcim 2008

88
· Müller, Heike: Schloß Cecilienhof und die Konferenz von Potsdam 1945. Potsdam 1999

89
· Hils-Brockhoff, Evelyn / Hock, Sabine: Die Paulskirche. Symbol demokratischer Freiheit und nationaler Einheit. Frankfurt am Main 1998

90
· Galka, Sebastian: Parlamentarismuskritik und Grundgesetz. Baden-Baden 2014

- Stiftung Haus der Geschichte der BRD / Bundeszentrale für politische Bildung [Hrsg.]: Bonn – Orte der Demokratie. Bonn 2014

91
- Benz, Wolfang: Auftrag Demokratie. Die Gründungsgeschichte der Bundesrepublik und die Entstehung der DDR 1945–49. Berlin 2009
- Wagner, Volker: Regierungsbauten in Berlin. Geschichte, Politik, Architektur. Berlin 2001

92
- Beckmann, Katharina: Field Station Berlin. Berlin 2013
- Greß, Gerhard: Die Berliner Blockade 1948/49. Freiburg i. B. 2013

93
- Müller, Sabrina [Red.]: RAF – Terror im Südwesten. Stuttgart 2013

94
- Fraude, Andreas: Die Friedliche Revolution in der DDR im Herbst 1989. Bonn 2014
- Wegner, Reinhard: Gotik und Exotik im Zeitalter der Aufklärung. In: Deutsche Baukunst um 1800. Köln 2000, S. 53–63

95
- Hertle, Hans-Hermann [Hrsg.]: Mauerbau und Mauerfall. Berlin 2002

96
- Rödder, Andreas: Deutschland einig Vaterland. Die Geschichte der Wiedervereinigung. Bonn 2010

97
- Burg, Annegret / Redecke, Sebastian: Kanzleramt und Präsidialamt der Bundesrepublik Deutschland. Internationale Architekturwettbewerbe für die Hauptstadt Berlin. Berlin 1995
- Görtemaker, Manfred: Orte der Demokratie in Berlin. Berlin 2005

98
- Grimm, Matthias [Hrsg.]: Die Geschichte des § 175. Berlin 1990

99
- Flierl, Bruno: Hundert Jahre Hochhäuser. Berlin 2000
- Loth, Wilfried: Europas Einigung. Eine unvollendete Geschiche. Frankfurt am Main 2014

100
- Bundeszentrale für politische Bildung: Ende des Atomzeitalters? Von Fukushima in die Energiewende. Bonn 2012

Glossar
- Koepf, Hans / Binding, Günther: Bildwörterbuch der Architektur. Stuttgart 2005

Bildnachweis

Danksagung

Ohne die Unterstützung und den Zuspruch anderer wäre diese *Geschichte Deutschlands in 100 Bauwerken* nicht zustande gekommen.

Mein zutiefst empfundener Dank gilt Katharina Januschewski für ihr Engagement und die unzähligen Stunden, die sie für dieses Projekt in Bibliotheken verbracht hat. Ohne ihre gründliche Literaturrecherche und -beschaffung wäre diese Geschichte nicht pünktlich fertig geworden.

Ich danke Kim-Patrick Sabla. Sein unumstößliches Vertrauen in mich und in dieses Projekt haben es mir ermöglicht, diese Geschichte zu schreiben.

Meinen Dank möchte ich auch Joanna Olchawa aussprechen, ohne sie wäre diese Geschichte nur eine Idee geblieben. Dank gebührt ebenfalls Mareike Neukam, meiner Lektorin, die sich von Anfang an für diese Geschichte stark gemacht hat, mit der ich über den Sinn kleiner Worte und großer Zusammenhänge diskutieren konnte. Sie hat in der zum Teil schwierigen Bildrecherche wahre Wunder vollbracht. Ich danke des Weiteren der Textredakteurin Anita Krätzer, die mit ihren Vorschlägen dieser Geschichte den letzten Schliff gegeben hat, Katharina Fuchs und Massimo Peter für die wunderschöne Gestaltung dieses Buches, Helmut Feller, dem Cheflektor von Quadriga, und Christoph Lämmel in der Herstellung sowie allen anderen, die im Verlag an diesem Projekt beteiligt waren und sind. Ich danke zudem allen Fotografinnen und Fotografen sowie insbesondere Marcus Niendorf, der extra eine Fotografie seiner Löwen-Apotheke in Lübeck machen ließ.

Mein Dank gebührt darüber hinaus: Maria und Franz-Josef Bayer sowie meiner ganzen Familie, Thomas Westerbur, Mirjam Eisenzimmer, Jula Danylow, Wiebke Bozkurt, Bodo Henke, Mareike Teichmann und Susanne Zimmermann, der »D. sechs«, sowie den Referentinnen und Referenten des Deutschen Historischen Museums und allen anderen, die mich unterstützt haben.

Zu guter Letzt möchte ich all jenen herzlichst danken, die die Bauwerke dieser Geschichte schätzen, bewahren und vermitteln.

MARÍON BAYER wurde 1977 im Münsterland geboren. Sie ist Kunsthistorikerin, Historikerin und Sozialpädagogin mit einem besonderen wissenschaftlichen Interesse an Architekturgeschichte.

Ihrer Leidenschaft, Geschichte verständlich und faszinierend zu vermitteln, ging sie erst am Museum für Sepulkralkultur in Kassel und später am Deutschen Historischen Museum in Berlin nach. In ihrem Werk EINE GESCHICHTE DEUTSCHLANDS IN 100 BAUWERKEN verbindet sie ihre Begeisterung für Architektur und Geschichte.